国家出版基金项目
NATIONAL PUBLICATION FOUNDATION

南岭走廊契约文书汇编（1683—1949年）

主　编　杨文炯　骆桂花　唐学情
副主编　李　双　沈世明

郴州卷

毛　帅　褚春霖
张　璞　林启悦　编校

中山大学出版社
SUN YAT-SEN UNIVERSITY PRESS
·广州·

图书在版编目（CIP）数据

南岭走廊契约文书汇编：1683—1949 年．郴州卷 / 毛帅等编校；杨文炯，骆桂花，唐学情主编；李双，沈世明副主编．—广州：中山大学出版社，2023.12

ISBN 978 - 7 - 306 - 07929 - 9

Ⅰ．①南…　Ⅱ．①毛…　②杨…　③骆…　④唐…　⑤李…　⑥沈…　Ⅲ．①契约—文书—汇编—中国—1683—1949　Ⅳ．① D923.69

中国国家版本馆 CIP 数据核字（2023）第 208022 号

NANLING ZOULANG QIYUE WENSHU HUIBIAN：1683—1949 NIAN · CHENZHOU JUAN

出版人：王天琪

策划编辑：王天琪　嵇春霞

责任编辑：林梅清

封面设计：曾　斌

责任校对：梁锐萍

责任技编：靳晓虹

出版发行：中山大学出版社

电　话：编辑部（〇二〇）八四一一一九〇一

　　　　发行部（〇二〇）八四一一一一九八

地　址：广州市新港西路一三五号

邮　编：五一〇二七五

印刷者：广州市友盛彩印有限公司

开　本：十六　印　张：二五点八七五　字　数：五〇七千

版次印次：二〇二三年十二月第一版　二〇二三年十二月第一次印刷

定　价：一一八元

南岭走廊契约文书汇编（1683—1949年）

凡例

一、本汇编所收契约文书之时间，上限为一六八三年，下限为一九四九年十月中华人民共和国成立前；按地域分为五卷，分别是粤北卷，郴州卷，贺州卷，桂林、柳州、来宾、贵港卷，衡阳、永州、浏阳、玉林、赣州卷。

二、本汇编所收原件为收藏在广东瑶族博物馆和连山壮族瑶族自治县统战部的契约文书。

三、本汇编所录契约文书皆无名称，均由编者自拟，文书名称包括时间、责任者（立契人或发布人）、事由、文书类别。

四、本汇编每一卷中的契约文书先按地域排列，再以时序编次。若一契写有两个年份者，以初立契约日为序编排；若干支纪年与历史纪年不对应者，按照历史纪年排序；若只知年号不知年份者，排在该年号的最后。

五、本汇编之录文，无版本依据不作按断。简体字以二〇一三年六月国务院公布之通用规范汉字表为准。通假字、生僻字，不改。繁体字、异体字（人名与地名除外）、避讳字，径改。舛误，用（　）标注正确的内容。衍字，用［　］标示。疑讹字，用〔　〕号补上拟正的字。根据上下文或者前后文的意思，需补充的字用〈　〉标示。画押符号均写成『【押】』，印章均写成『【印】』。

六、本汇编凡原文献因年代久远、手写或印刷等因素导致字迹漫漶不清、缺字、纸页残缺者，按照以下方式处理：无法辨认的用『⍰』标示；据所缺字数用『□』逐一标示，字数难以确定者用『▨』标示，可以补齐的用〈　〉标示。

七、本汇编中出现的对少数民族的蔑称均根据国家相关民族政策一律改为规范称呼，如『猺』改为『瑶』。

其余未规定事项，为保存历史文献原貌，一般从原。

南岭走廊契约文书汇编（1683—1949年）

总序

杨文炯

民间契约文书的发掘、整理、出版和跨学科研究是改革开放四十余年以来中国学术文化苑中最亮丽的风景之一，形成了『东有石仓文书，西有敦煌文献、黑水城文献，南有徽州文书、清水江文书，北有太行山文书的研究格局』[一]。自近代民间契约文书发现以来，作为历史文化现象的民间契约文书遍布西北、华南、华北、华中、西南等广大地区，不仅存在于汉族地区，而且存在于少数民族分布地区。这种文化现象的普遍性及其『大同小异』的丰富内容无疑呈现了『多元一体的中国社会』——一个沉淀在底层社会且呼应着经史子集之大传统的『小传统』的中国社会。如果说作为正史的二十四史是大一统历史的『上层建筑』——王朝国家的话语表达，那么这些浩如烟海的民间契约文书作为『元史料』就是它的『下层建筑』——乡土中国的乡土话语。正如赵世瑜先生所说的清水江文书的研究具有『重建西南乃至中国的历史叙述』[二]之价值，亦如郑振满先生指出的『系统收集和整理、利用民间历史文献，深入揭示民间文化的传承机制，开展多学科结合的综合研究，对于推动中国人文社会科学的发展具有战略性意义。通过深入发掘和研究民间文献，有助于深化对中国基本国情的认识，建构具有中国特色的人文社会科学理论模式与概念体系』[三]。因此，这些民间历史文献的全面发掘、整理和研究，有助于对中国社会历史文化深层结构的探究，有助于深化对中华文明之突出特性的理解与揭示，有助于提升中国式现代化的文化自信，有助于构建中国人文社会科学的话语体系。

每一份民间契约文书都是沉默的全息的历史文本。它们作为乡土中国的乡土话语是老百姓曾经的日常生活实践和生活样态的真实写照，作为今天学术研究的史料又是我们寻找中国文化乡土之根的历史记忆。传统的中国文化是土地里长出来的，正如费孝通先生所言的：『中国基本的社会结构和生活方式都植根于农村这个乡土社会，这

〔一〕鲁书月、顾海燕：邯郸学院藏太行山文书学术研讨会综述，中国史研究动态二〇一五年第三期。
〔二〕赵世瑜：清水江文书在重建中国历史叙述上的意义，原生态民族文化学刊二〇一五年第四期。
〔三〕郑振满：民间历史文献与文化传承研究，东南学术二〇〇四年增刊。

是中国的国情。因此，我认为认识中国社会，认识中国人，首先要认识中国农村社会，认识农村经济，认识农民生活及其社会心态。』[一]差序格局是乡土熟人社会的基本结构，礼制又是生于斯、长于斯的乡土人不言自明的规矩，信用是教化、内化于『礼』中的『规』，又是敬畏、服膺于心的『矩』。所以，『乡土社会的信用并不是对契约的重视，而是发生于对一种行为的规矩熟悉到不假思索时的可靠性』[二]。因此，民间契约文书作为文化记忆是连结过去与未来的生生不息的文脉，对它的学术研究正是对历史的追问与对未来承前启后的理性思考，更是理解『何为中国』的一种全新的学术视角。从学术史的角度看，此类研究也是傅衣凌、梁方仲二位先生所开创的华南学派的学术传统，近些年学术界关于清水江文书的发现和整理研究而形成的『清水江学』就是典型个案。正如张应强先生指出的：『从宏观上看，如果把清水江文书反映的具体社会生活，与大的历史背景、区域的历史建构联系起来，那么，从非常具体而微的个案入手，围绕清水江文书的解读，就不仅可以助益我们对区域社会文化过程的认识和理解，而且还提供了理解和解释明清西南开发历史进程的新途径，乃至通过西南理解和解释中国历史的一把钥匙。』[三]同样，朱荫贵先生从构建中国特色哲学社会科学体系的角度指出：『长期以来，学术界对明清以来中国社会经济各个领域的研究，受史料和文化传承等影响，基本集中在东部、中部和汉族文化地区，这种状况使得已有的研究成果很难说完整地代表了整个中华文明，也成为现有研究成果难以避免的弱点之一。清水江文书的发现和整理研究……也为今后更长期的历史研究和从更广泛的角度研究中国奠定了坚实基础，有可能使中国的社会科学研究在某些领域和课题上具有更加鲜明的中国特色，并大大增强站在世界学术研究前沿的可能性。』[四]同时，作为方法的清水江文书的中国研究又有着『小中见大』的重要意义，即透过地方性『小问题』『小历史』而发现中国性的『大意义』『大历史』。如张新民先生指出的：『我们既要透过中华文明的整体架构来准确地分析复杂多元的地域文明形态，也要以复杂多元的地域形态来客观完整地反映中华文明的整体架构。研究清水江流域乡民生存、生活、交往与劳作的社会性实践模式，当然应该将其置于中华文明变迁发展的整体历史背景中，以「多元一体」即大一统复合型文明共同体的视域来展开多方面的分析，在强调其地方性（个别性）的同时也注意其国家性（共同性），而注意国家性（共同性）则决不意味着可以忽视地方性（个别性）……复线式的叙事学研究方法之所以显得重要，

〔一〕费孝通：《中国乡村考察报告·总序》，《社会》二〇〇五年第一期。
〔二〕费孝通：《乡土中国》，人民出版社二〇一五年版，第七页。
〔三〕张应强：《方法与路径：清水江文书整理研究的实践与反思》，《贵州大学学报》二〇一八年第一期。
〔四〕朱荫贵：《从贵州清水江文书看近代中国的地权转移》，杨军昌主编《清水江学研究》，中央民族大学出版社二〇一六年版，第五十四页。

即在于它能够帮助我们更好地认知多重地理文化空间组合而成的完整意义上的中国。』[一] 由此可见，因为民间历史文献学的『下层建筑』视角呈现了被长期遮蔽的中国历史文化之根深叶茂的乡土性，从而与正史的『上层建筑』视角构成了深度理解中国社会多元一体结构的全新视阈，使得以往的中国研究的宏大叙事因为落地生根的乡土性而使『中国故事』更为生动、真实、丰满，使得『何为中国』的自主性知识体系的本土话语更有中国特色、风格、气派。

我们步学界后尘，与广东瑶族博物馆合作出版五卷本南岭走廊契约文书汇编（1683—1949年）。这套民间历史文献具有三大特点：一是时间跨度大，从清朝康熙二十二年（一六八三）到一九四九年，其间虽经『三千年未有之大变局』与改朝换代之巨变，但这些民间契约文书作为一种文化现象却保持了相当的历史连续性与书写风格的一致性。二是这些文献主要分布在南岭走廊，它是历史上多元族群的共生之地，又是不同族群南来北往、东进西出的必经之道。大量契约文书的存在，既反映了这一地区的社会流动性，又说明了契约文书是地方社会之共识性契约与社会制度的设置。三是这些契约文书最大的特点是绝对多数是『白契』，即民契。如果说『红契』作为官契是地方社会正式制度，那么，『白契』就是非正式制度，是传统乡土社会自在的契约文化的载体与物证。如仲伟民、王正华先生指出的：『契约文书揭示了中国历史最真实的样态，从中我们可以看到传统中国尤其是乡土社会所表现出的务实精神、契约精神和法治精神。就契约文书的内容与格式而言，呈现出丰富多彩的面貌，同时又具有极大的相似性，从此出发可以让我们对于中国文化的多样性与统一性有更为深层的理解。』[二] 但笔者依然需要追问的是，什么样的意义使得这些作为非正式制度的『白契』在地方社会起着让人信守契约的重要作用？这些『一纸值千金』的『白契』的神圣性何在，即是什么样的神圣性让人们敬畏契约、尊重契约？这就需要我们的研究回归它所在的没有『祛魅』的地方社会中，因为它是这些契约文本被生产的语境，这一语境不仅有显性的归户性、宗族性、地方性的社会结构，更有其隐性的、内嵌于宇宙观之中的神圣价值结构。人是意义的社会存在，亦如马克斯·韦伯所言，人是悬挂在自己编织的意义之网上的动物。这些契约文书是无声的历史话语，我们只有通过分析文本话语，即对意义的追问才能回归对『人』的主体性研究，因为历史研究不是研究『史料』本身，而是通过『史料』认识、理解具体的『人』。笔者在阅读这些契约文书时，发现大量的契约文书在契尾处的『中见人』

〔一〕张新民：寻找中国文化的乡土社会之根，广西民族研究二〇一六年第三期。

〔二〕仲伟民、王正华：契约文书对中国历史研究的重要意义，史学月刊二〇一八年第五期。

「经场人」「代笔人」「保人」「中证人」「族老某某正」等上方明确写有「天理良心」「存乎天理」「存乎天良」「仁心天理」「永年千秋」「天长地久」「长发祺祥」「添丁进业」「永远善业」「风调雨顺」等字样。显而易见，这些字样不是装饰的，它恰似契约文书的「天眼」，是契约文本话语的关键词。透过这些源自文化主体之宇宙观的「心灵话语」，笔者看到了乡土社会无处不在的香火袅袅的土地庙、佛道与民间信仰杂糅的寺院、宗祠乃至家屋墙上的「天地君亲师」，更见到了作为大传统的宋明理学在乡土社会的根植与功能。这些「白契」文书不只是一张张立字为据的契约，更是一张无形的意义之网。在乡土社会，它们不仅是可见的「礼」——工具性的乡规民约，更是人们心灵的「理」——乡土人安身立命的价值之基，正是这种内在的「理」与外在的「礼」构筑了乡土社会「白契」之有效性契约规范的双重价值维度。因此，对这些契约文书的研究让我们找到了中国乡土社会生生不息的文脉，看到了中国社会悠久的契约文化传统和精神，揭橥了源远流长的中华文明之连续性、统一性、稳定性的文化基因。

在本套丛书付梓之际，我们非常感谢中山大学出版社王天琪社长、嵇春霞副总编辑的大力支持和各位编辑付出的艰辛劳动！同时，谨以本套丛书的出版纪念骆桂花教授！

目录

第一部分　郴县等地（第一批）

第二部分　郴县等地（第二批）

第三部分　郴县等地（第三批）

第四部分　永兴县（第一批）

第六部分 永兴县（第三批）

第七部分　资兴市（第一批）

第八部分 资兴市（第二批）

第九部分　资兴市（第三批）

第十部分　桂阳县

第一部分　郴县等地（第一批）

道光九年九月二十六日樊祥占等发批约

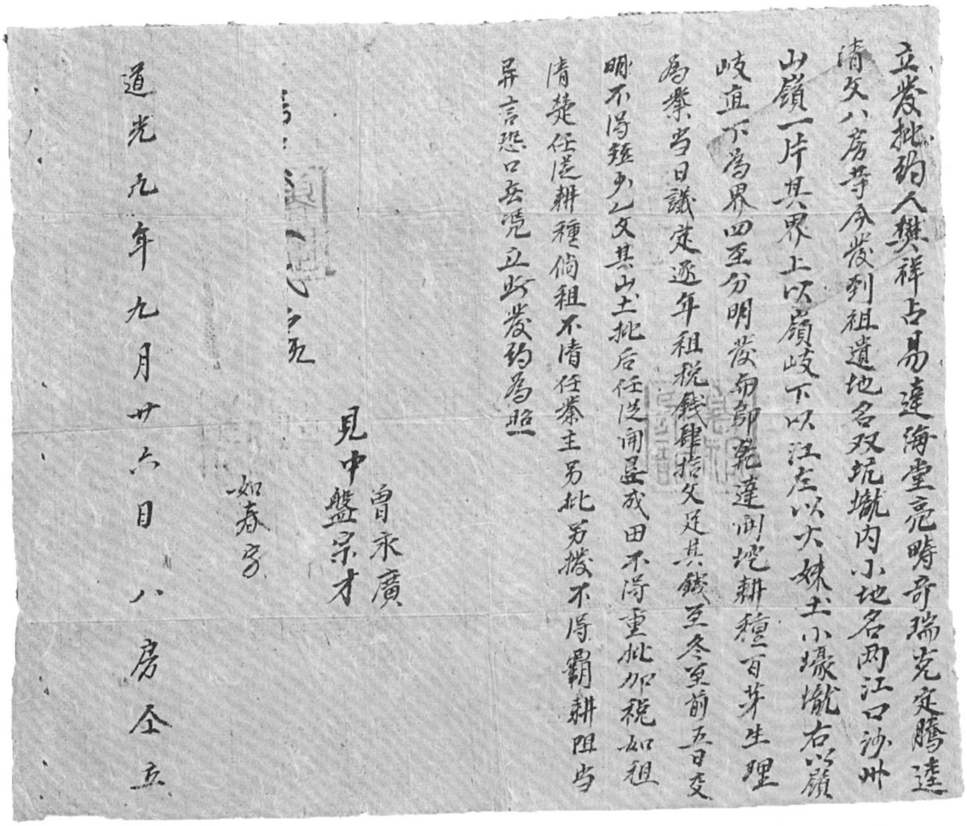

立发批约人樊祥占易达海堂亮畴奇瑞克定腾逵清文八房等今发到祖遗地名双坑垅内小地名两江口沙州山岭一片其界上以岭岐下以江左以大妹土小壕垅右以岭岐直下为界四至分明发与邬乾达开挖耕种百芽生理为业当日议定逐年租税钱肆拾文足其钱至冬至前五日交明不得短少一文其山土批后任从开垦成田不得重批加税如租清楚任从耕种倘租不清任业主另批另拨不得霸耕阻当（挡）异言恐口无凭立此发约为照

见中曾永广盘宗才

□□□□□

如春字

道光九年九月廿六日八房仝立

道光三十年二月初六日袁六妹等杜退茶山土浆棕杉树契

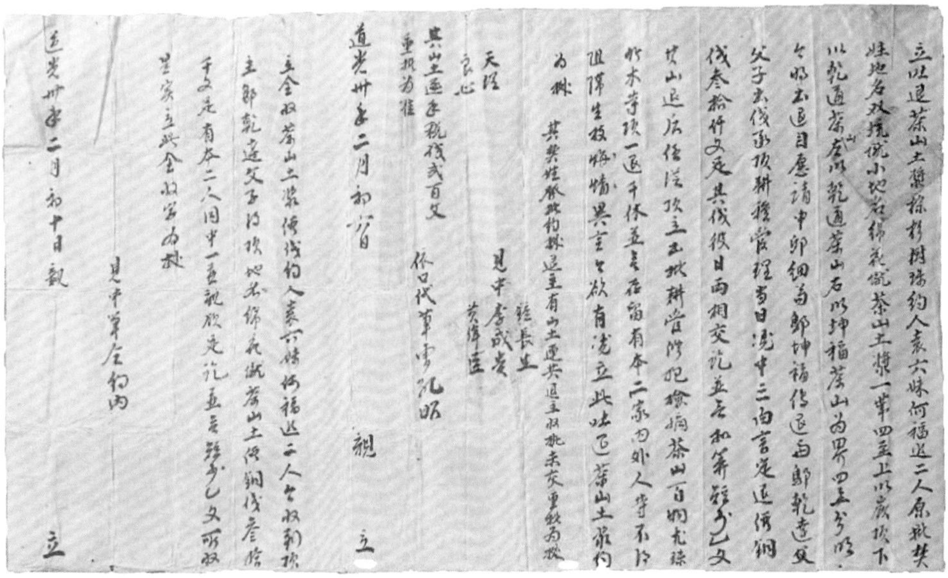

立吐（杜）退茶山土浆棕杉树珠约人袁六妹何福进二人原批樊姓地名双坑垅小地名绵花垅茶山土浆一带四至上以岭顶下以乾通茶山左以乾通茶山右以坤福茶山为界四至分明今将出退自愿请中邱细苟邬坤福传退与邬乾达父子出钱承顶耕种管理当日凭中三面言定退价铜钱叁拾仟文足其钱彼日两相交讫并无扣算短少一文其山退后任从顶主出批耕管修抱捡摘茶山百物术（树）珠（株）竹木等项一退千休并无存留有本二家内外人等不得阻滞生枝憣悔异言今欲有凭立此吐（杜）退茶山土浆约为据

其樊姓发批约据退主有山土连共退主收执未交重批为据

天理良心

见中钟长生李成贵黄伟臣

其山土逐年税钱贰百文

重批为准

依口代笔曹孔昭

道光卅年二月初六日亲立

立全收茶山土浆价钱约人袁六妹何福进二人今收到顶主邬乾达父子得顶地名绵花垅茶山土价铜钱叁拾千文足有本二人同中一并亲领足讫并无短少一文所收是实立此全收字为据

见中笔仝约内

道光卅年二月初十日亲立

同治九年闰十月初九日曾永星退茶山棕杉竹木荒熟土字

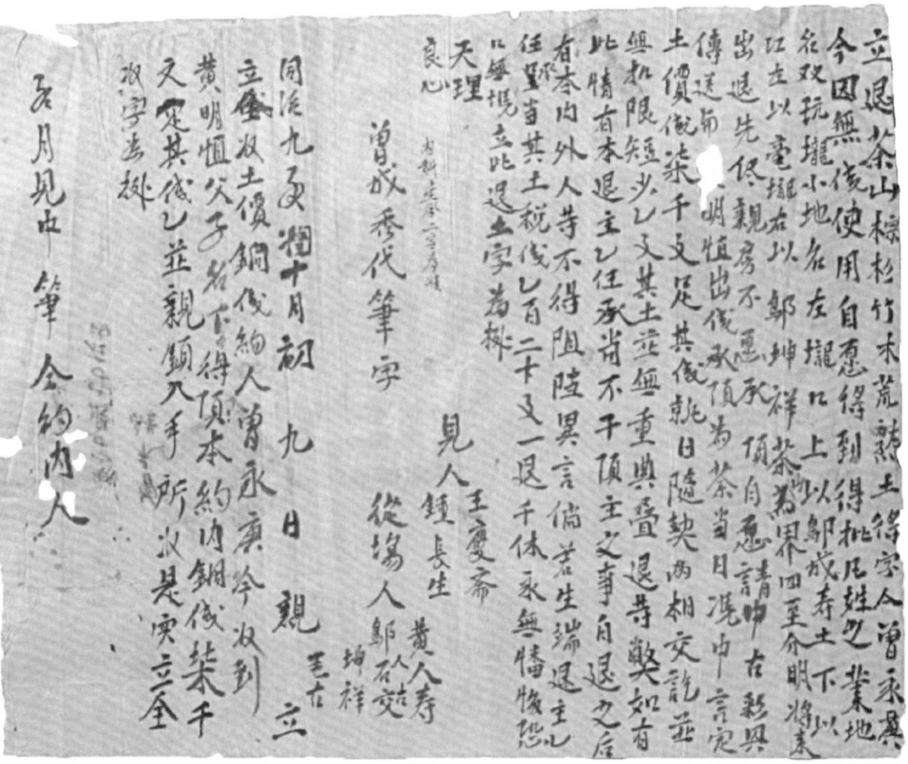

立退茶山棕杉竹木荒熟土得字人曾永星今因无钱使用自愿得到得批凡姓之业地名双坑垅小地名左垅口上以邬成寿土下以江左以毫垅右以邬坤祥茶山为界四至分明将来出退先尽亲房不愿承顶自愿请中古彩兴传送与（黄）明恒出钱承顶为业当日凭中言定土价钱柒千文足其钱就日随契两相交讫并无扣限短少一文其土并无重典叠退等弊如有此情有本退主一任承当不干顶主之事自退之后有本内外人等不得阻陷（挡）异言倘若生端退主一任承当其土税钱一百二十文一退千休永无憣悔恐口无凭立此退土字为据

内斟星承二字为准

天理良心

见人王庆斋钟长生

曾成秀代笔字

从场人黄人寿黄人古邬石交邬坤祥邬毛古

同治九年润（闰）十月初九日亲立

立全收土价铜钱约人曾永庚今收到黄明恒父子名下得顶本约内铜钱柒千文足其钱一并亲领入手所收是实立全收字为据

年月见中笔仝约内人

同治九年十一月二十日邬乾通退屋图字

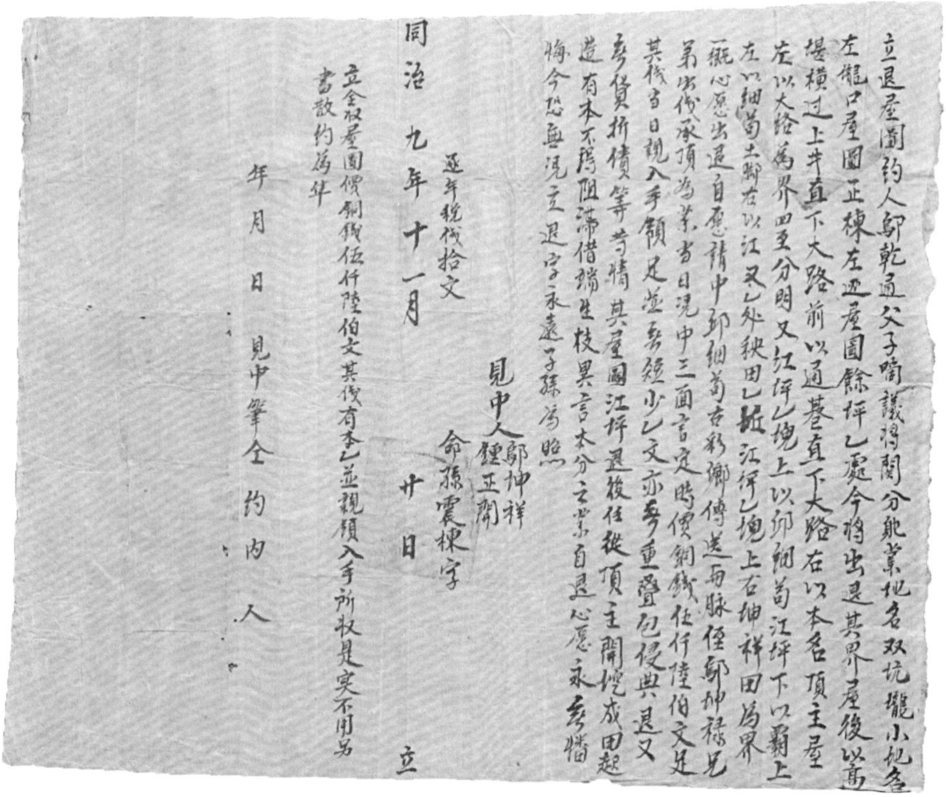

立退屋图约人邬乾通父子嘀（商）议将关分己业地名双坑垅小地名左垅口屋图正栋左边屋图余坪一处今将出退其界屋后以高堪横过上井直下大路前以通基直下大路右以本名顶主屋左以大路为界四至分明又江坪一块上以邱细苟江坪下以霸上左以细苟土脚右以江又一处秧田一丘江坪一块上右坤祥田为界一概心愿出退自愿请中邱细苟古彩乡传送与脉侄邬坤禄兄弟出钱承顶为业当日凭中三面言定时价铜钱伍仟陆佰文足其钱当日亲入手领足并无短少一文亦无重叠包侵典退又无贷折债算等情其屋图江坪退后任从顶主开挖成田起造有本不得阻滞借端生枝异言本分之业自退心愿永无憣悔今恐无凭立退字永远子孙为照

见中人邬坤祥钟正开

命孙震栋字

逐年税钱拾文

同治九年十一月廿日立

立全收屋图价铜钱伍仟陆伯（佰）文其钱有本一并亲领入手所收是实不用另书散约为准

年月日见中笔仝约内人

光绪九年十一月二十八日段蠢古大卖田契

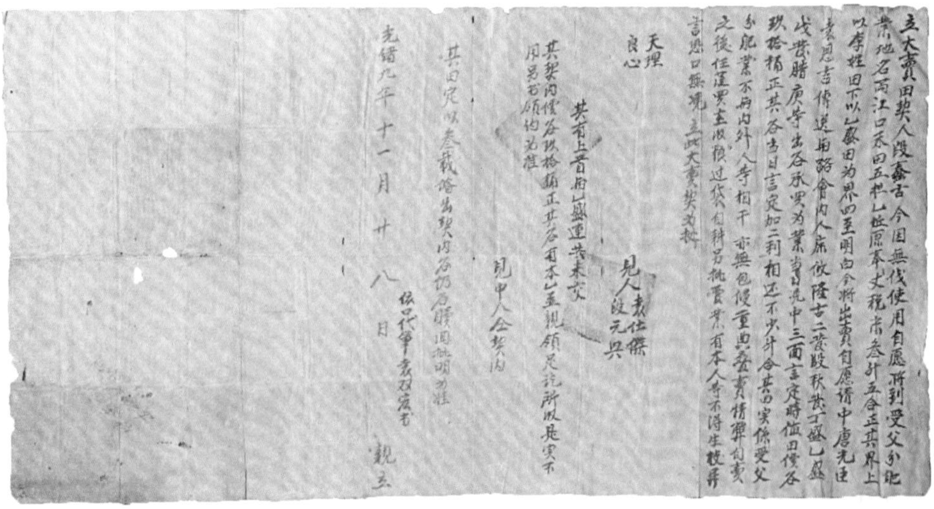

立大卖田契人段蠢古今因无钱使用自愿将到受父分己业地名两江口禾田五担一丘原奉丈税米叁升五合正其界上以李姓田下以乙盛田为界四至明白今将出卖自愿请中唐光臣袁恩吉传送与路会内人康攸隆古二发段秋发丁盛乙盛戊发腊庚等出谷承买为业当日凭中三面言定时值田价谷玖拾桶正其谷当日言定加二利相还不少升合其田实系受父分己业不与内外人等相干亦无包侵重典叠卖情弊自卖之后任从买主收粮过袋自耕另批管业有本人等不得生枝异言恐口无凭立此大卖契为据

天理良心

见人袁仕杰段元兴

其有上首与乙盛连共未交

其契内价谷玖拾桶正其谷有本一并亲领足讫所收是实不用另书领约为准

见中人仝契内

其田定以叁载备出契内谷仍谷赎回批明为准

依口代笔袁双宏书

光绪九年十一月廿八日亲立

光绪十年十二月二十三日黄满福等退荒山茶叶棕杉竹木熟土字

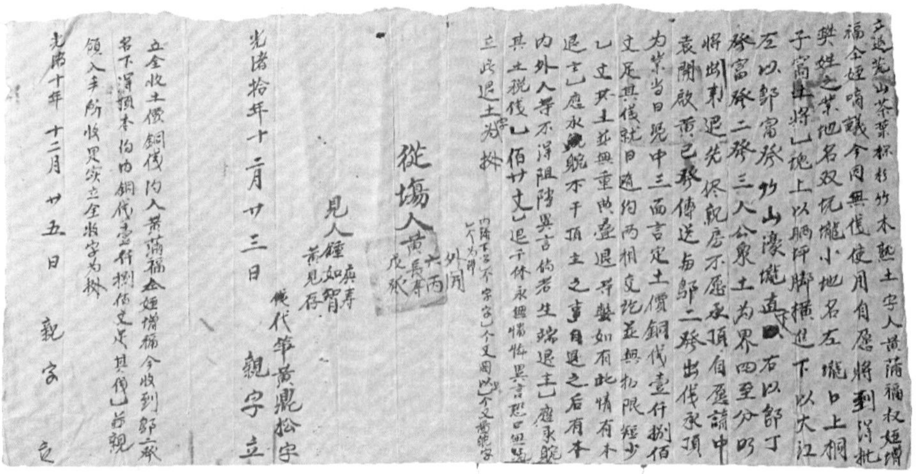

立退荒山茶叶棕杉竹木熟土字人黄满福叔侄增福仝侄嘀（商）议今因无钱使用自愿将到得批樊姓之业地名双坑垅小地名左垅口上桐子窝土将一块上以聃坪脚横进下以大江左以邬富发竹山濠垅直下右以邬丁发富发二发三人公众土为界四至分明将来出退先尽亲房不愿承顶自愿请中袁开启黄己发传送与邬二发出钱承顶为业当日凭中三面言定土价铜钱壹仟捌佰文足其钱就日随约两相交讫并无扣限短少一文其土并无重典叠退等弊如有此情有本退主一应承晲（担）不干顶主之事自退之后有本内外人等不得阻陷（挡）异言倘若生端退主一应承晲（担）其土税钱一佰廿文一退千休永无憣悔异言恐口无凭立此退土字为据

内添下字一个字字一个又图以字一个又图晲（担）一个为准

从场人黄外开黄六丙黄长寿黄戊发

见人钟庚寿钟如智黄见存

代笔黄鼎松字

光绪拾年十二月廿三日亲字立

立全收土价铜钱约人黄满福仝侄增福今收到邬二发名下得顶本约内铜钱壹仟捌佰文足其钱一并亲领入手所收是实立全收字为据

光绪十年十二月廿五日亲字立

光绪十六年十一月二十六日樊姓业主发批约

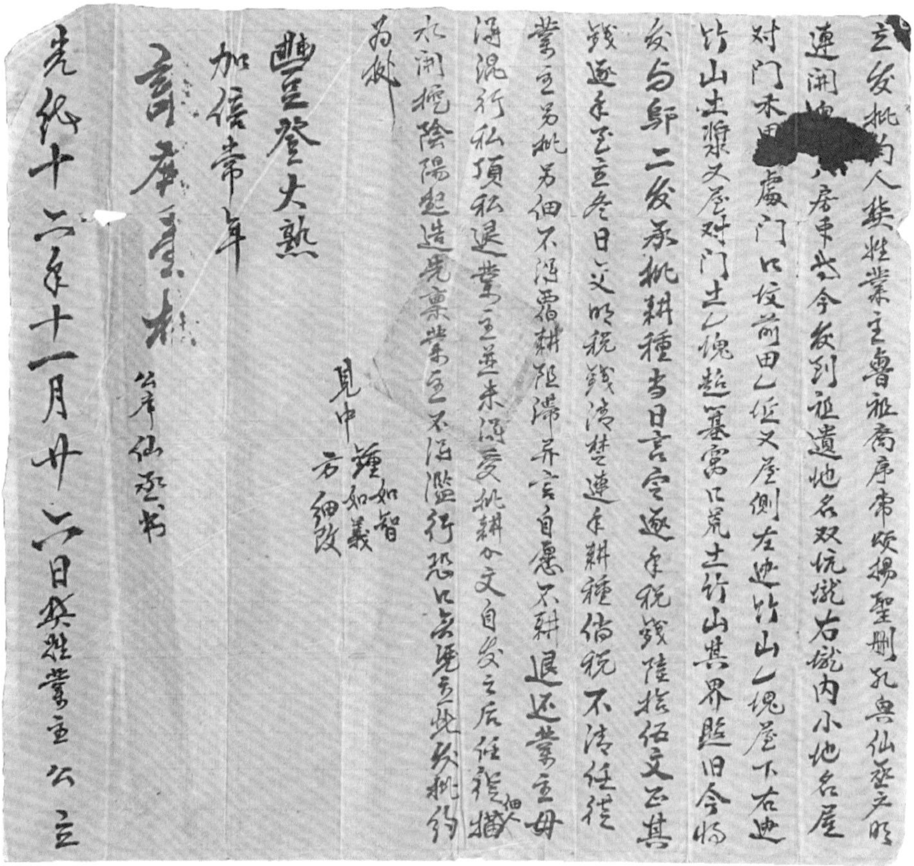

立发批约人樊姓业主曾祖裔序常颂扬圣删孔兴仙丞文明连开□□八房众等今发到祖遗地名双坑垅右垅内小地名屋对门禾田□处门口坟前田一丘又屋侧左边竹山一块屋下右边竹山土浆又屋对门土一块超箕窝口荒土竹山其界照旧今将发与邬二发承批耕种当日言定逐年税钱陆拾伍文正其钱逐年至立冬日交明税钱清楚连年耕种倘税不清任从业主另批另佃不得霸耕阻滞异言自愿不耕退还业主毋得混行私顶私退业主并未得受批耕钱文自发之后任从佃人抽水开挖阴阳起造先禀业主不得滥行恐口无凭立此发批约为据

见中钟如智钟如义方细改

丰登大熟

加倍常年

□□□□

公举仙丞书

光绪十六年十一月廿六日樊姓业主公立

光绪十七年正月二十二日邬震明等退熟土荒山字

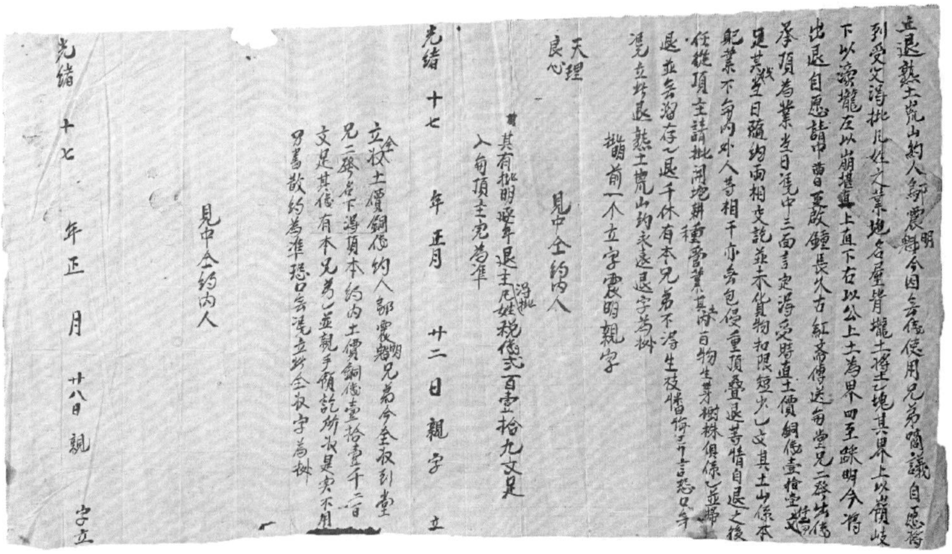

立退熟土荒山约人邬震明邬震魁今因无钱使用兄弟嘀（商）议自愿将到受父得批凡姓之业地名屋背垅土壍一块其界上以岭岐下以濠垅左以崩堪直上直下右以公上土为界四至踩明今将出退自愿请中曹夏启钟长久古红斋传送与堂兄二发出钱承顶为业当日凭中三面言定得受时直土价铜钱壹拾壹仟二百文足其钱当日随约两相交讫并未货物扣限短少一文其土山系本己业不与内外人等相干亦无包侵重顶叠退等情自退之后任从顶主请批开挖耕种管业其土内百物生芽树株俱系一并扫退并无溜（留）存一退千休有本兄弟不得生枝憣悔异言恐口无凭立此退熟土荒山约永远退字为据

批明前一个立字震明亲字

天理良心

见中仝约内人

其有批明逐年退主得批凡姓税钱贰百壹拾九文足入与顶主完为准

光绪十七年正月廿二日亲字立

立全收土价铜钱约人邬震明邬震魁兄弟今全收到堂兄二发名下得顶本约内土价铜钱壹拾壹千二百文足其钱有本兄弟一并亲手领讫所收是实不用另书散约为准恐口无凭立此全收字为据

见中仝约内人

光绪十七年正月二十八日亲字立

光绪十七年十月初六日樊姓业主发批约

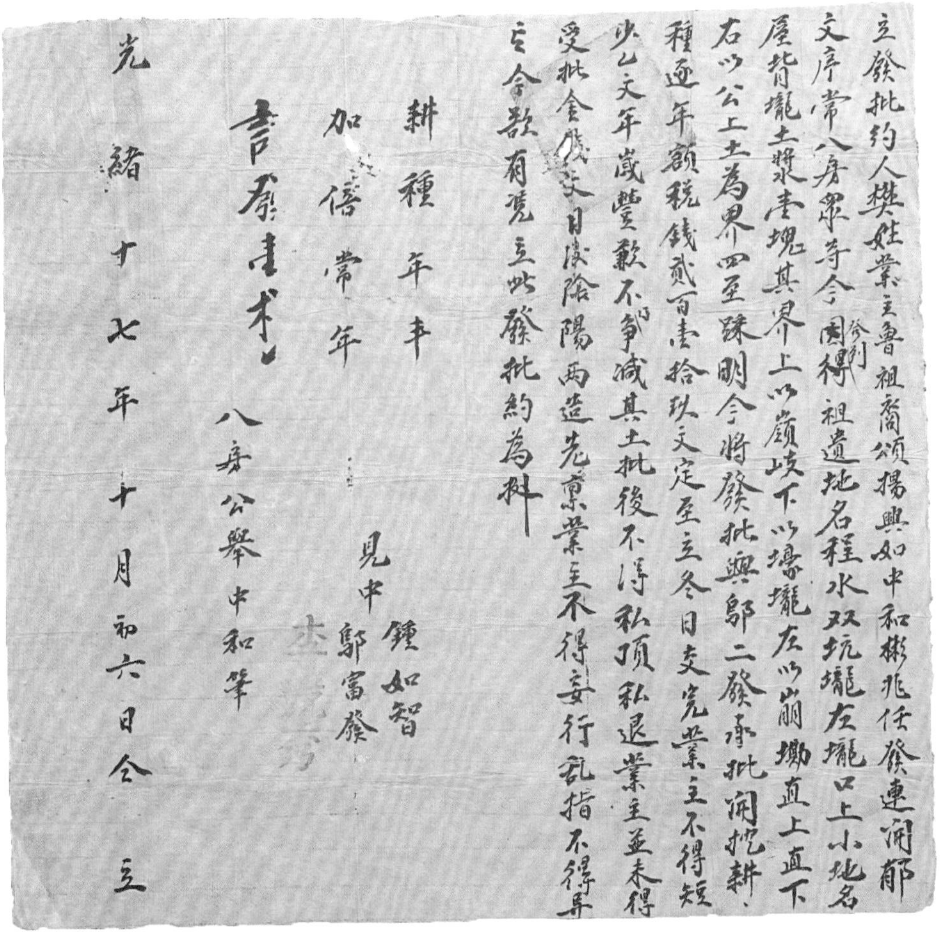

立发批约人樊姓业主鲁祖裔颂扬兴如中和彬兆任发连开郁文序常八房众等今发到祖遗地名程水双坑垅左垅口上小地名屋背垅土浆壹块其界上以岭岐下以壕垅左以崩𡑞直上直下右以公上土为界四至踩明今将发批与邬二发承批开挖耕种逐年额税钱贰百壹拾玖文定至立冬日交完业主不得短少一文年岁丰歉不得争减其土批后不得私顶私退业主并未得受批金钱文日后阴阳两造先禀业主不得妄行乱指不得异言今欲有凭立此发批约为据

耕种年丰

加倍常年

□〈发〉□□

见中钟如智邬富发李竞秀

八房公举中和笔

光绪十七年十月初六日仝立

民国三十七年古十一月十六日钟富才等大卖禾田字契

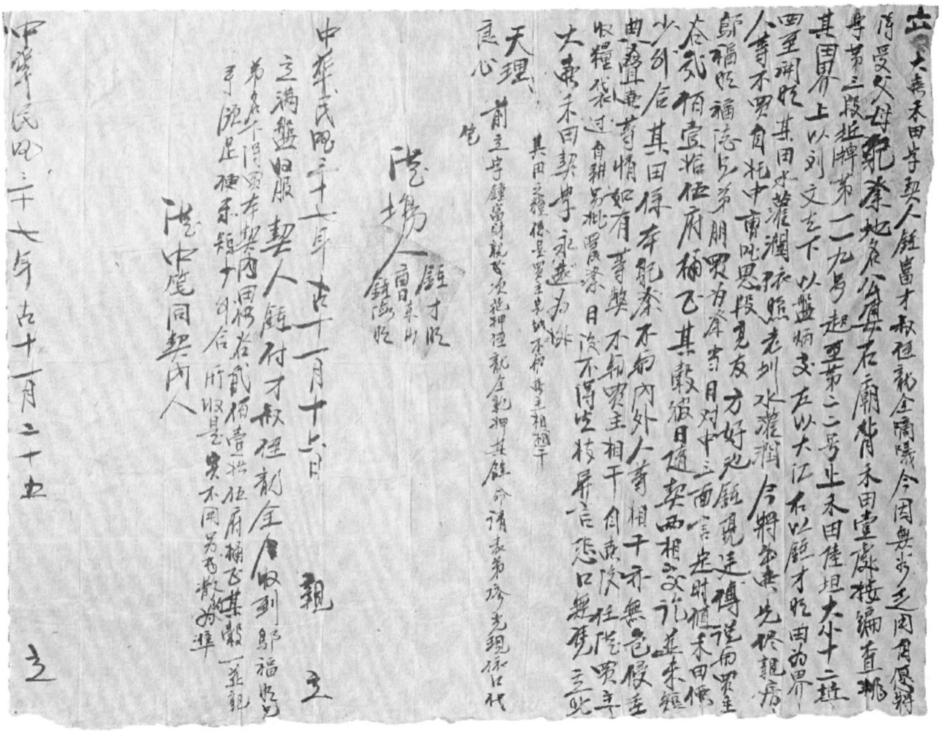
立大卖禾田字契人钟富才叔侄龙全[illegible]，今因无钱乏用，自愿将
承受父母[illegible]地名公母石庙背禾田壹处，按编查非
字第三段丘牌第一九号起至第二二号止，禾田陆坦，大小十二丘，
其田界上以刘文左下，以盘炳文，左以大江，右以钟才胜田为界，
四至开明。其田水灌涧依照老圳水灌润。今将出卖，先尽亲房
人等不要，自托中[illegible]段觅友，方好退钟观廷[illegible]出承买
郎福胜、福德兄弟朋买为[illegible]业。当日对中三面言定时值禾田价
大洋[illegible]贰佰壹拾伍元，府稀飞，其钱银日适契两相交讫，并未短
少分合。其田係本[illegible]不[illegible]内外人等相干，亦无[illegible]
[illegible]如有等弊，不干买主相干，自卖后任从买主
收粮[illegible]过户耕[illegible]，[illegible]日后不得生枝异言[illegible]。立
大卖禾田契字永远为照。
其田之粮[illegible]买主[illegible]不[illegible]卖主相干
天理
良心
前立字钟富财龙[illegible]并福胜侄龙全亲押其钱，命请表弟[illegible]光现依口代
笔
[illegible]场人 钟才[illegible] 曾东山 钟海[illegible]
中华民国三十七年古十一月十六日 亲 立
立满盘收服契人钟付才叔侄龙全[illegible]收到郎福[illegible]
[illegible]本契内田价[illegible]贰佰壹拾伍元[illegible]稀飞其钱一并亲
手[illegible]足[illegible]十分合，所收是实，不用另[illegible]为准
[illegible]中[illegible]同契内人
中华民国三十七年古十一月二十[illegible] 立

立大卖禾田字契人钟富才叔侄龙全嘀（商）议今因无谷乏用自愿将得受父母己业地名公婆右庙背禾田壹处按编查桃字第三段丘牌第一一九号起至第二二号止禾田陆坦（担）大小十二丘其田界上以刘文光下以盘炳交左以大江右以钟才明田为界四至开明其田水灌润依照老圳水灌润今将出卖先尽亲房人等不买自托中曹国恩段见友方好池钟见廷传说与买主邬福明福志兄弟朋买为业当日对中三面言定时值禾田价谷贰佰壹拾伍府桶正其谷彼日随契两相交讫并未短少升合其田系本己业不与内外人等相干亦无包侵重典叠卖等情如有等弊不与买主相干自卖后任从买主收粮过袋自耕另批管业日后不得生枝异言恐口无凭立此大卖禾田契字永远为据

其田之粮系是买主完纳不与卖主相干

天理良心

前立字钟富财亲书次花押侄龙全亲押其余命请表弟廖光现依口代笔

从场人钟才明曹东山钟海明

中华民国三十七年古十一月十六日亲立

立满盘收服契人钟付才叔侄龙全今收到邬福明兄弟名下得买本契内田价谷贰佰壹拾伍府桶正其谷一并亲手领足便（并）未短少升合所收是实不用另书散约为准

从中笔同契内人

中华民国三十七年古十一月二十五立

第二部分　郴县等地（第二批）

光绪三十二年十一月初九日声达典卖水田塘池契

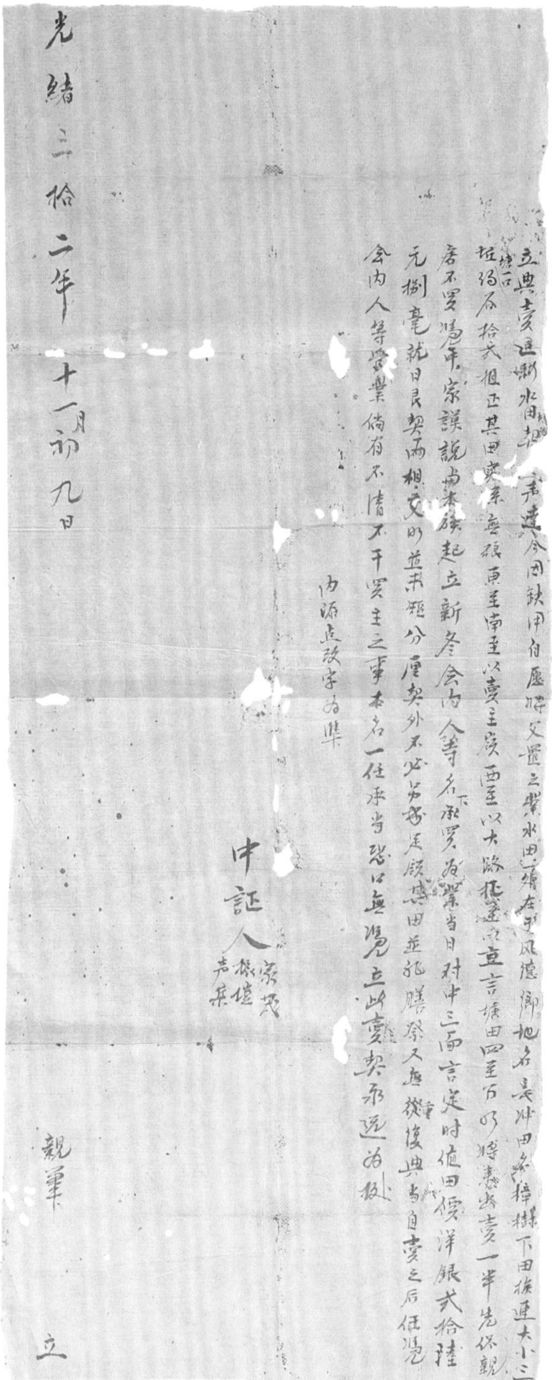

立典卖退耕水田塘池契〈人〉声达今因缺用自愿将父置之业水田一处在于风德乡地名长冲田名樟树下田挨连大小三丘塘一口约谷拾贰担正其田实系无粮东至南至以卖主岭西至以大路北至以立言塘田四至分明将来出卖一半先尽亲房不买凭中家谟说与本族起立新冬会内人等名下承买为业当日对中三面言定时值田价洋银贰拾陆元捌毫就日银契两相交明并未短分厘契外不必另书足领其田并祖膳祭又无重复典当自卖之后任凭会内人等管业倘有不清不干买主之事本名一任承当恐口无凭立此卖契永远为据

内添点改字为准

中证人家茂振塏声集

光绪三拾二年十一月初九日亲笔立

光绪三十三年九月十六日黄啟性离耕卖田契

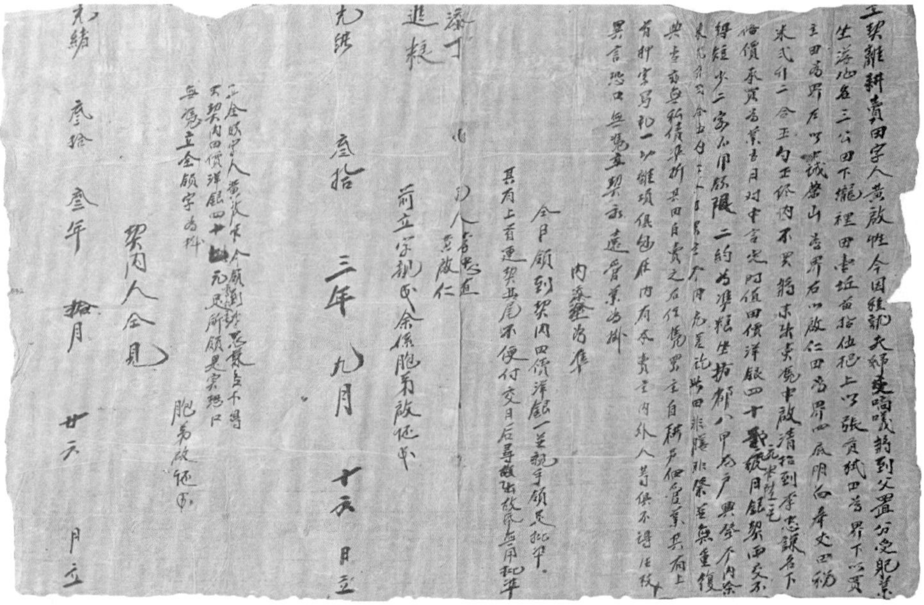

立契离耕卖田字人黄啟性今因移就夫妇嘀（商）议将到父置分受已业坐落地名三公田下垅里田壹丘苗拾伍把上以张贤栻田为界下以买主田为界左以中诚茶山为界右以啟仁田为界四底明白奉丈田税米贰升二合五勺正尽内不买将来出卖凭中启清招到李忠谦名下备价承买为业当日对中言定时值田价洋银四十壹元零陆毛正彼日银契两交不得短少二家不用短限二约为准粮坐坊都八甲花户兴发不内除米贰升贰合五勺□□□买主不内充差讫此田非膳非祭并无重复典当亦无私债准折其田自卖之后任凭买主自耕另佃管业其有上首押字写礼一切杂项俱包在内有本卖主内外人等俱不得生枝异言恐口无凭立契永远管业为据

内添涂为准

仝日领到契内田价洋银一并亲手领足批准

其有上首连契共尾不便付交日后寻出故纸无用批准

添丁进粮

见人李忠直黄啟仁

前立字亲书余系胞弟啟怀书

光绪叁十三年九月十六日立

立全领字人黄啟性今领到李忠谦名下得买契内田价洋银四十一元零六毛足所领是实恐口无凭立全领字为据

契内人仝见

光绪叁拾叁年拾月廿六日立

光绪年间其古分关契约

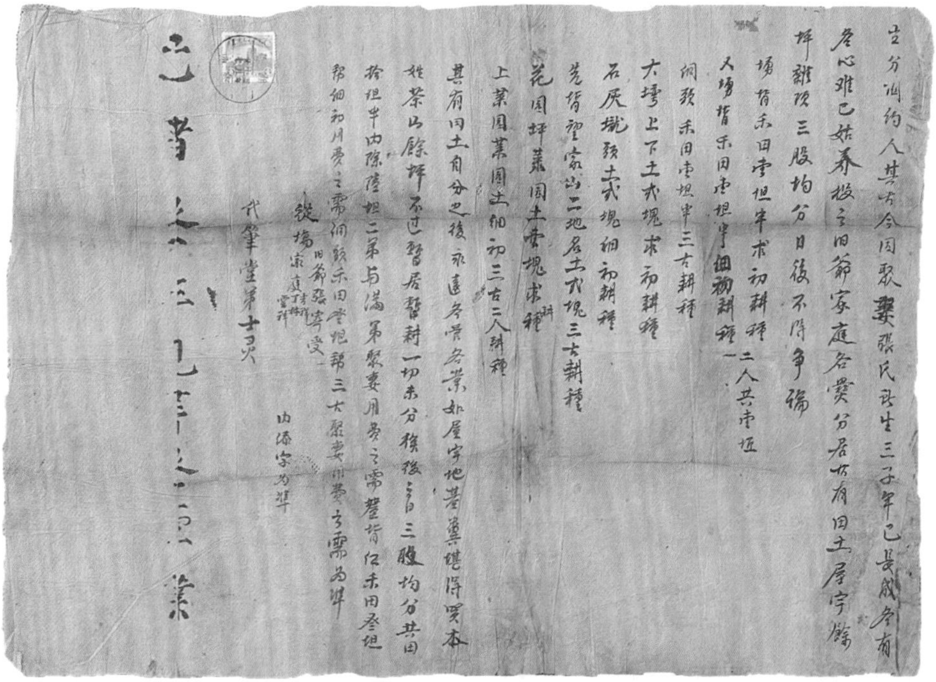

立分关约人其古今因聚（娶）妻张氏所生三子年已长成各有各心
难已（以）姑养投之旧（舅）爷家庭各爨分居其有田土屋宇余坪
杂项三股均分日后不得争论
塝背禾田壹担半求初耕种
又塝背禾田壹担半细初耕种
二人共壹丘
洞头禾田壹担半三古耕种
大塝上下土贰块求初耕种
石灰垅头土贰块细初耕种
先背望家山二地名土贰块三古耕种
花园坪菜园土壹块求〈初〉耕种
上菜园菜园土细初三古二人耕种
其有田土自分之后永远各管各业如屋宇地基粪堪得买本姓茶山余
坪不过暂居暂耕一切未分俟后之日三股均分共田拾担半内除陆担
二弟与满弟娶妻用费之需屋背红禾田叁担帮细初用费之需洞头禾
田叁坦（担）帮三古聚（娶）妻用费之需为准
从场旧（舅）爷张寄受家庭才祥才林云祥
内添字为准
代笔堂弟士灵
〈光绪□年见书〉□□□

宣统三年二月二十九日李阿雷氏等离耕杜卖垦田塘契

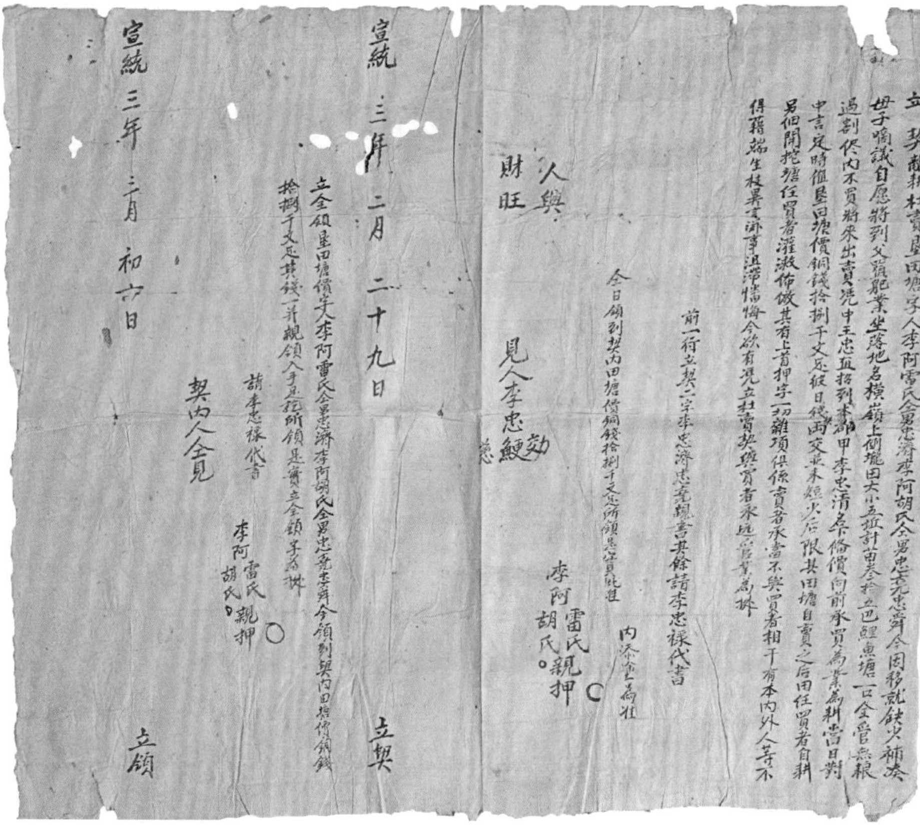

立契离耕杜卖垦田塘字人李阿雷氏仝男忠济李阿胡氏仝男忠尧忠舜今因移就缺少补凑母子嘀（商）议自愿将到父置已业坐落地名横岭上侧垅田大小五丘计苗叁拾五巴（把）鲤鱼塘一口全管无粮过割尽内不买将来出卖凭中王忠直招（召）到本都甲李忠清名下备价向前承买为业为耕当日对中言定时值垦田塘价铜钱拾捌千文足彼日钱契两交并未短少后限其田塘自卖之后田任买者自耕另佃开挖塘任买者灌救布放其有上首押字一切杂项俱系卖者承当不与买者相干有本内外人等不得借端生枝异言滋事阻滞憣悔今欲有凭立杜卖契与买者永远管业为据

前一行立契二字李忠济忠尧亲书其余请李忠禄代书

内添涂为准

仝日领到契内田塘价铜钱拾捌千文足所领是实批准

李阿雷氏【押】李阿胡氏【押】亲押

人兴财旺

见人李忠效李忠鲠李忠慈

宣统三年二月二十九日立契

立仝领垦田塘价字人李阿雷氏仝男忠济李阿胡氏仝男忠尧忠舜今领到契内田塘价铜钱拾捌千文足其钱一并亲领入手足讫所领是实立全领字为据

请李忠禄代书

李阿雷氏【押】李阿胡氏【押】亲押

契内人仝见

宣统三年三月初六日立领

宣统三年十一月初二日家会典卖退耕水田塘稍梨树株契

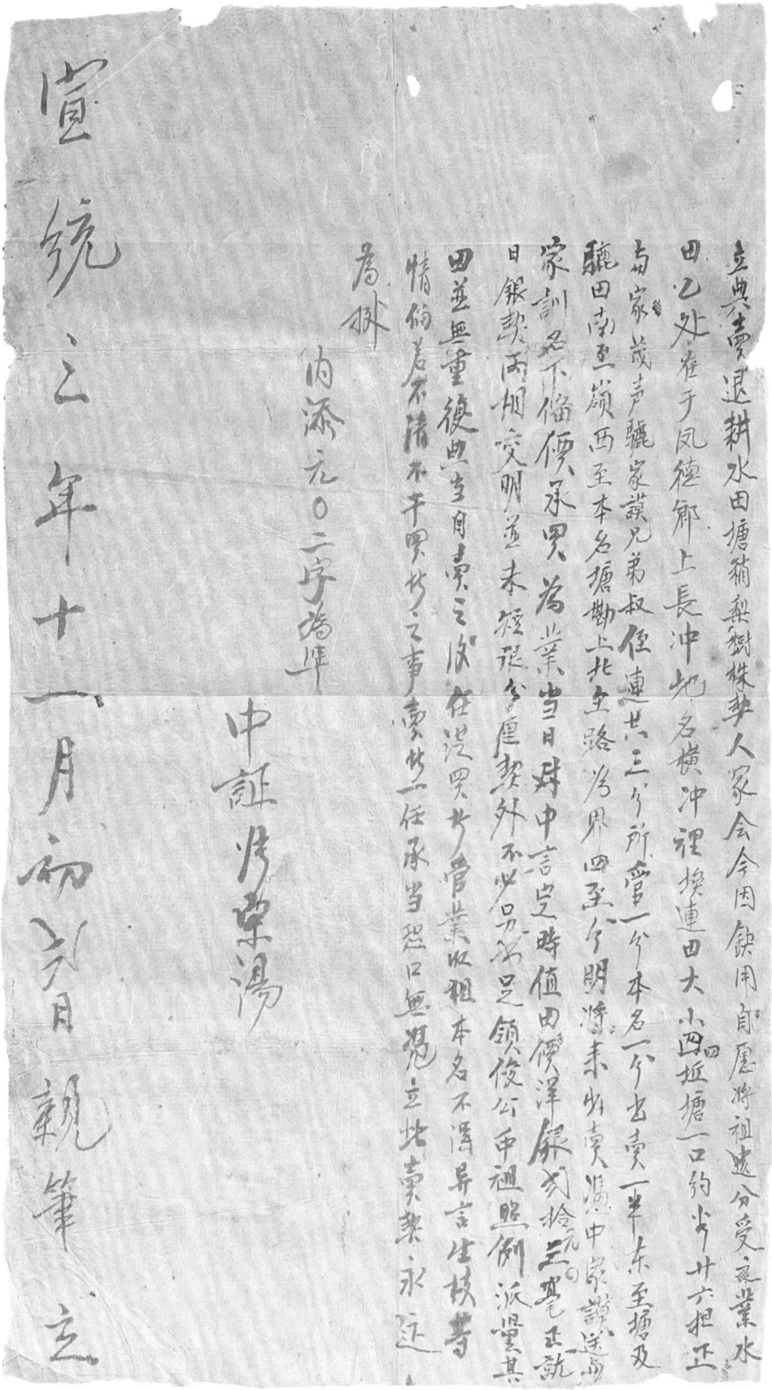
立典賣退耕水田塘稍梨樹株契人家会今因缺用自愿將祖遺分受己業水
田乙处在于鳳德鄉上長冲地名横冲裡換連田大小四坵塘一口約共廿六把正
与家族声驪家族兄弟叔侄連共三分所管一分本名一分出賣一半东至塘及
驪田南至嶺西至本名塘背上北至路为界四至分明請來出賣憑中家識送與
家訓名下備價承買為業當日對中言定時值田價洋銀式拾元〇三毫正就
日銀契兩相交明並未短少分厘契外不必另寫足領俟公平祖照例派量其
田並無重復典当自賣之後任從買者管業收租本名不得异言生枝等
情倘若不清不干買者之事賣者一任承当恐口無憑立此賣契永遠
為据
内添元〇二字為準
中証 張榮湯
宣統三年十一月初二日親筆立

立典卖退耕水田塘稍梨树株契人家会今因缺用自愿将祖遗分受之业水田一处在于凤德乡上长冲地名横冲里挨连田大小四丘塘一口约谷廿六担正与家茂声驪家谟兄弟叔侄连共三分所管一分本名一分出卖一半东至塘及驪田南至岭西至本名塘塝上北至路为界四至分明将来出卖凭中家谟送与家训名下备价承买为业当日对中言定时值田价洋银贰拾元〇三毫正就日银契两相交明并未短限分厘契外不必另书足领俊公众祖照例派量其田并无重复典当自卖之后任从买者管业收租本名不得异言生枝等情倘若不清不干买者之事卖者一任承当恐口无凭立此卖契永远为据

内添元〇二字为准

中证张宗汤

宣统三年十一月初贰日亲笔立

民国六年十月初九日刘书周祖后裔等发批禾田契

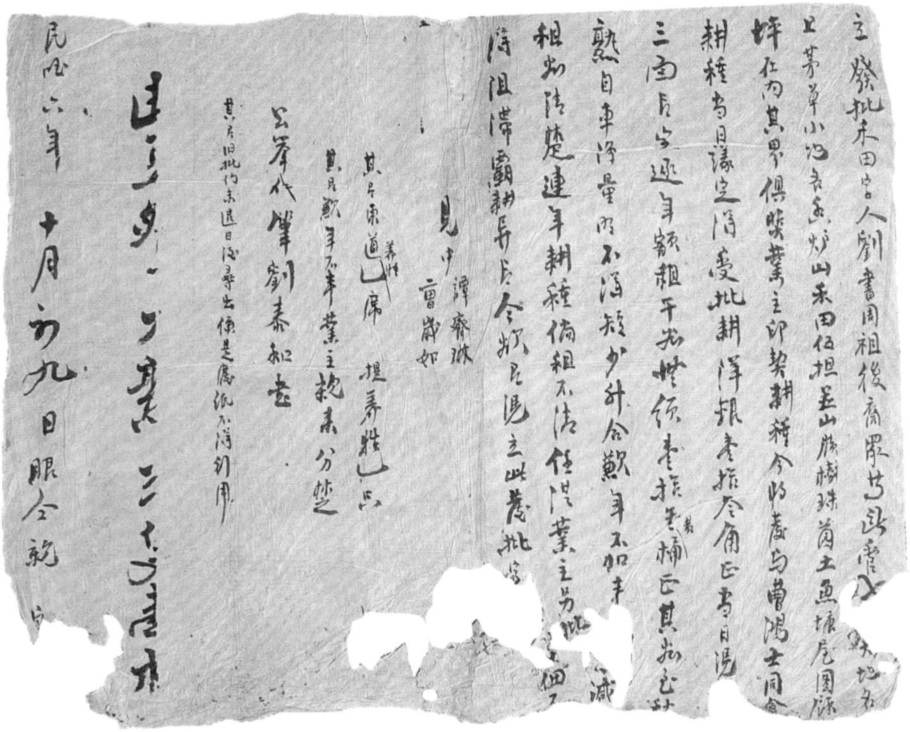

立发批禾田字人刘书周祖后裔众等所管□□大地名上茅草小地名香炉山禾田伍担并山岭树珠（株）园土鱼塘屋图录坪在内其界俱哭（明）业主印契耕种今收荐与曹鸿士同仓耕种当日议定得受批耕洋银壹拾叁角正当日凭（中）三面言定逐年额租干谷无须壹拾叁黄桶正其谷至秋熟自车净量明不得短少升合歉年不加□□□□租谷清楚连年耕种倘租不清任从业主另批（另）佃（不）得阻滞霸耕异言今欲有凭立此发批字□□

见中谭齐琳曹岁如

其□东道养牲一席提养牲一只

其□歉年不丰业主亲来分楚

公举代笔刘泰和书

其□旧批约未退日后寻出系是废纸不得利用

☐

民国六年十月初九日眼仝亲〈立〉

民国八年六月初二日声早卖退耕水田契

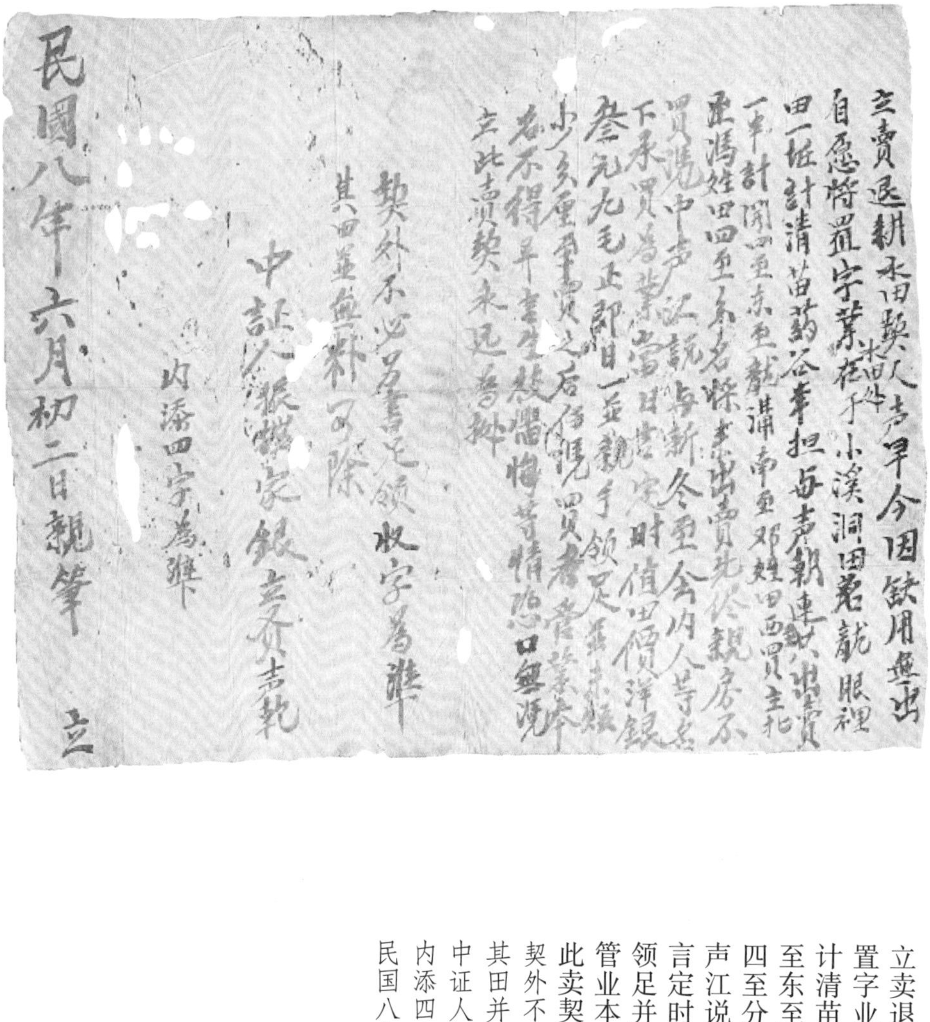

立卖退耕水田契人声早今因缺用无出自愿将
置字业水田处在于小溪洞田名龙眼里田一丘
计清苗药谷半担与声朝连共出卖一半计开四
至东至龙沟南至邓姓田西至买主北至冯姓田
四至分名（明）将来出卖先尽亲房不买凭中
声江说与新冬至会内人等名下承买为业当日
言定时值田价洋银叁元九毛正即日一并亲手
领足并未短少分厘至（自）卖之后任凭买者
管业本名不得异言生枝憣悔等情恐口无凭立
此卖契永远为据

契外不必另书足领收字为准

其田并无粮可除

中证人振垲家银立贤声乾

内添四字为准

民国八年六月初二日亲笔立

民国十二年古九月初二日黄壬贵等杜卖包退耕垦禾田契

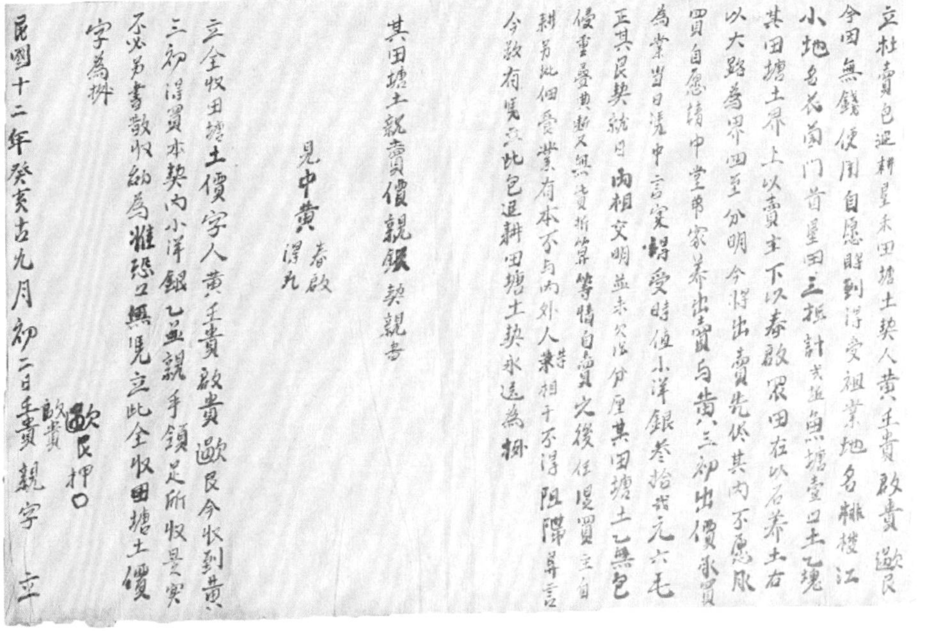

立杜卖包退耕垦禾田塘土契人黄壬贵啟贵欧民今因无钱使用自愿将到得受祖业地名椎楼江小地名花园门首垦田三担计贰丘鱼塘壹口土一块其田塘土界上以卖主下以春啟众田左以石养土右以大路为界四至分明今将出卖先尽其内不愿承买自愿请中堂弟家养出卖与黄三初出价承买为业当日凭中言定得受时值小洋银叁拾贰元六毛正其银契就日两相交明并未欠限分厘其田塘土一无包侵重叠典断又无货折算等情自卖之后任从买主自耕另批佃管业有本不与内外人等相干不得阻滞异言今欲有凭立此包退耕田塘土契永远为据

其田塘土亲卖价亲领契亲书

见中黄春啟黄得凡

立全收田塘土价字人黄壬贵啟贵欧民今收到黄三初得买本契内小洋银一并亲手领足所收是实不必另书散收约为准恐口无凭立此全收田塘土价字为据

欧民啟贵押【押】

民国十二年癸亥古九月初二日壬贵亲字立

民国十四年古五月十五日黄外啟杜卖茶山土浆契

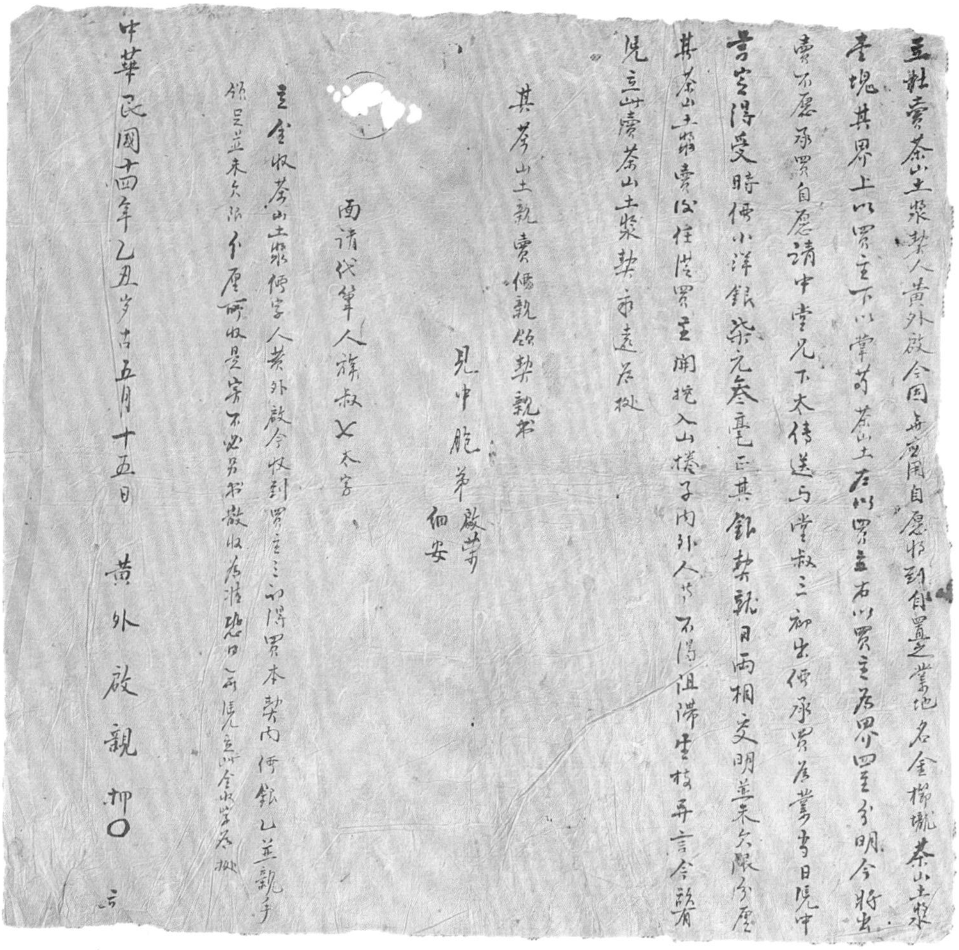

立杜卖茶山土浆契人黄外啟今因无应用自愿将到自置之业地名金栁垅茶山土浆壹块其界上以买主下以掌荀茶山土左以买主右以买主为界四至分明今将出卖不愿承买自愿请中堂兄下太传送与堂叔三初出价承买为业当日凭中言定得受时价小洋银柒元叁毫正其银契就日两相交明并未欠限分厘其茶山土浆卖后任从买主开挖入山捲子内外人等不得阻滞生枝异言今欲有凭立此卖茶山土浆契永远为据

其茶山土亲卖价亲领契亲书

见中胞弟啟荣细安

面请代笔人族叔七太字

立全收茶山土浆价字人黄外啟今收到买主三初得买本契内价银一并亲手领足并未欠限分厘所收是实不必另书散收为准恐口无凭立此全收字为据

中华民国十四年乙丑岁古五月十五日黄外啟亲押【押】立

民国十四年十二月十七日张阿李氏等离耕杜卖垦田契

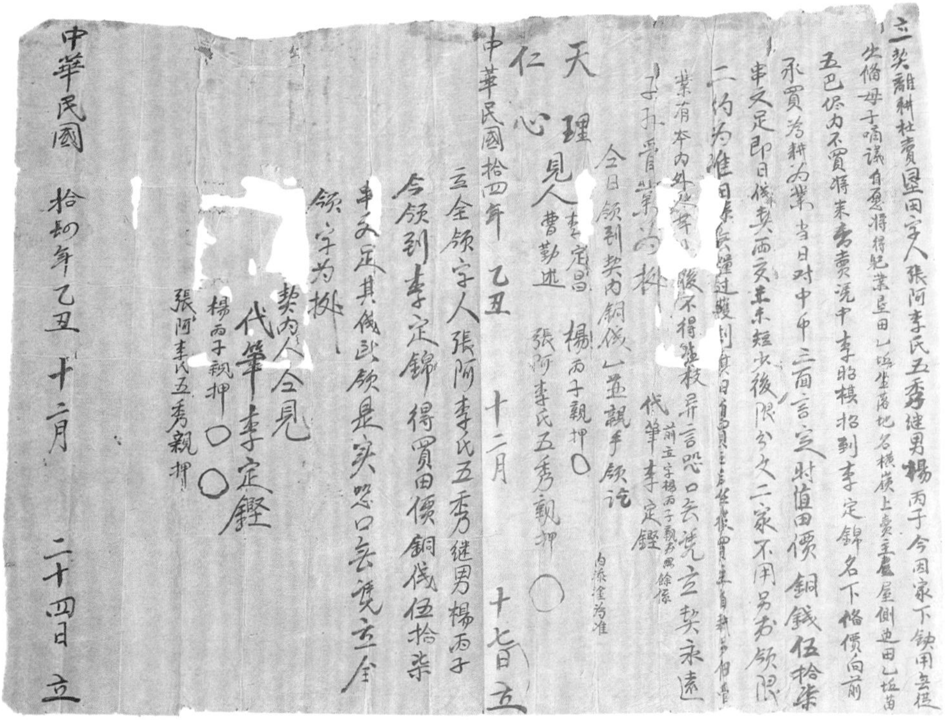

立契离耕杜卖垦田字人张阿李氏五秀继男杨丙子今因家下缺用无从出备母子嘀（商）议自愿将得己业垦田一丘坐落地名横岭上卖主屋侧边田一丘苗五巴（把）尽内不买将来出卖凭中李昭棋招到李定锦名下备价向前承买为耕为业当日对中［中］三面言定时值田价铜钱伍拾柒串文足即日钱契两交并未短少后限分文二家不用另书领限二约为准田系无粮过□〈割〉其田自卖之后任从买主自耕另佃管业有本内外人等〈日〉后不得生枝异言恐口无凭立契永远子孙管业为据

前立字杨丙子亲书余系代笔李定铿

仝日领到契内铜钱一并亲手领讫

内添涂为准

天理仁心

见人李定昌曹勤述

杨丙子亲押【押】

张阿李氏五秀亲押【押】

中华民国拾四年乙丑十二月十七日立

立全领字人张阿李氏五秀继男杨丙子今领到李定锦得买田价铜钱伍拾柒串文足其钱所领是实恐口无凭立全领字为据

契内人仝见

代笔李定铿

杨丙子亲押【押】

张阿李氏五秀亲押

中华民国拾肆年乙丑十二月二十四日立

民国二十一年八月十三日唐门邓氏离耕卖垦田契

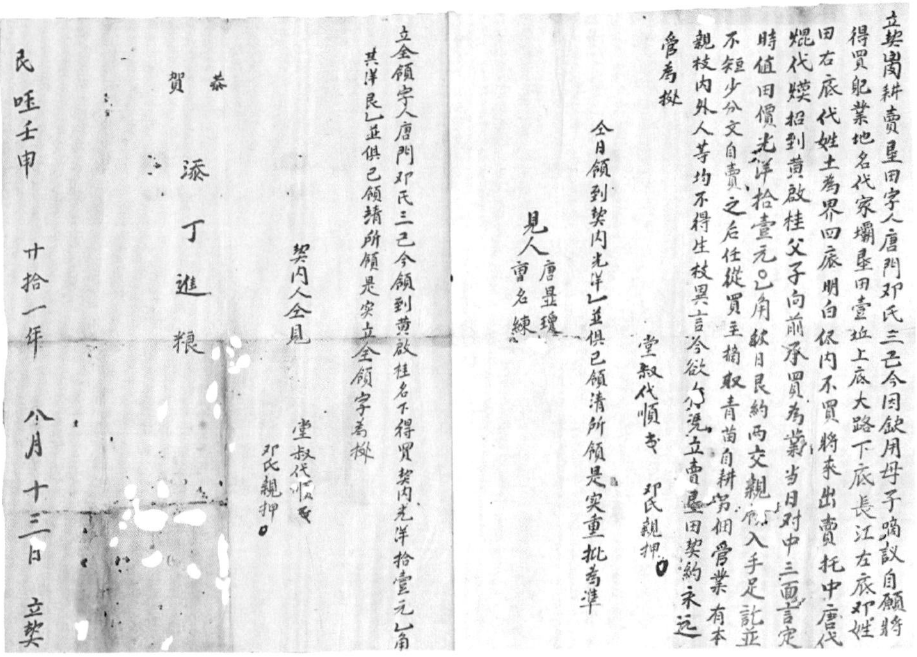

立契离耕卖垦田字人唐门邓氏三已今因缺用母子嘀（商）议自愿将得买己业地名代家坝垦田壹丘上底大路下底长江左底邓姓田右底代姓土为界四底明白尽内不买将来出卖托中唐代焜代熯招到黄啟桂父子向前承买为业当日对中三面言定时值田价光洋拾壹元〇一角彼日银约两交亲领入手足讫并不短少分文自卖之后任从买主摘取青苗自耕另佃管业有本亲枝（支）内外人等均不得生枝异言今欲有凭立卖垦田契约永远管为据

堂叔代顺书

邓氏亲押【押】

仝日领到契内光洋一并俱已领清所领是实重批为准

见人唐显琼曹名练

立全领字人唐门邓氏三已今领到黄啟桂名下得买契内光洋拾壹元一角其洋银一并俱己（已）领清所领是实立全领字为据

契内人仝见

堂叔代顺书

邓氏亲押【押】

恭贺添丁进粮

民国壬申廿拾一年八月十三日立契

民国二十五年古十月满房三初得拈产业契

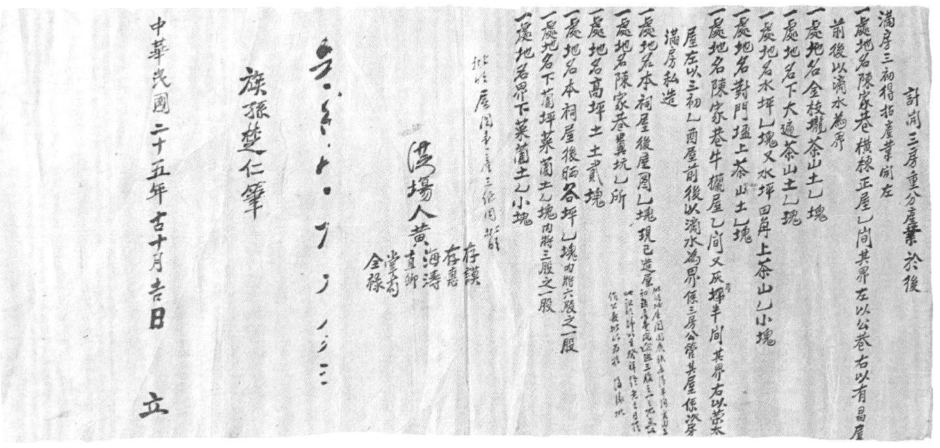

计开三房重分产业于后
满房三初得拈产业开左
一处地名陈家巷横栋正屋一间其界左以公巷右以有昌屋前后以滴水为界
一处地名金枝垅茶山土一块
一处地名下大遍茶山土一块
一处地名水坪一块又水坪田角上茶山一小块
一处地名对门塭上茶山土一块
一处地名陈家巷牛栏屋一间又灰屋半间其界右以荣太屋左以三初乙酉屋前后以滴水为界系三房公管其屋系次房满房私造
一处地名本祠屋后屋图一块现已造屋批明此屋图园广狭未得平均实由三初起屋壹间逾越三股之一之地点以此议准归公至发祥终老之日准作公卖批明
另准海涛批
一处地名陈家巷粪坑一所
一处地名高坪土土贰块
一处地名本祠屋后晒谷坪一块内将六股之一股
一处地名下园坪菜园土一块内将三股之一股
一处地名界下菜园土一小块
批明屋图壹产三低同批明
从场人黄存谟黄存惠黄海涛黄直卿黄掌苟黄全禄
⧄
族孙楚仁笔
中华民国二十五年古十月吉日立

民国二十六年七月十七日黄三初卖屋契

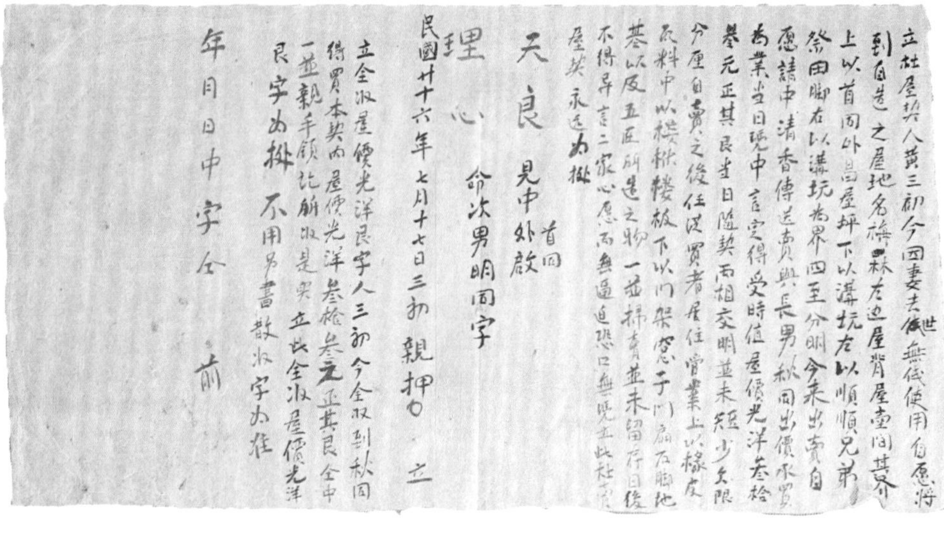

立杜屋契人黄三初今因妻去世无钱使用自愿将到自造之屋地名梅林左边屋背屋壹间其界上以首同外昌屋坪下以沟坑左以顺顺兄弟祭田脚右以沟坑为界四至分明今来出卖自愿请中清香传送卖与长男秋同出价承买为业当日凭中言定得受时值屋价光洋叁拾（拾）叁元正其银当日随契两相交明并未短少欠限分厘自卖之后任从买者居住管业上以椽皮瓦料中以楼栿楼板下以门架窗子门扇石脚地基以及五匠所造之物一并扫卖并未留存日后不得异言二家心愿两无逼迫恐口无凭立此杜卖屋契永远为据

天理良心

见中首同外啟

命次男明同字

民国廿十六年七月十七日三初亲押【押】立

立全收屋价光洋银字人三初今全收到秋同得买本契内屋价光洋叁拾（拾）叁元正其银仝中一并亲手领讫所收是实立此全收屋价光洋银字为据不用另书散收字为准

年月日中字仝前

民国二十八年正月十八日曹义成夫妇离耕卖桐茶山契

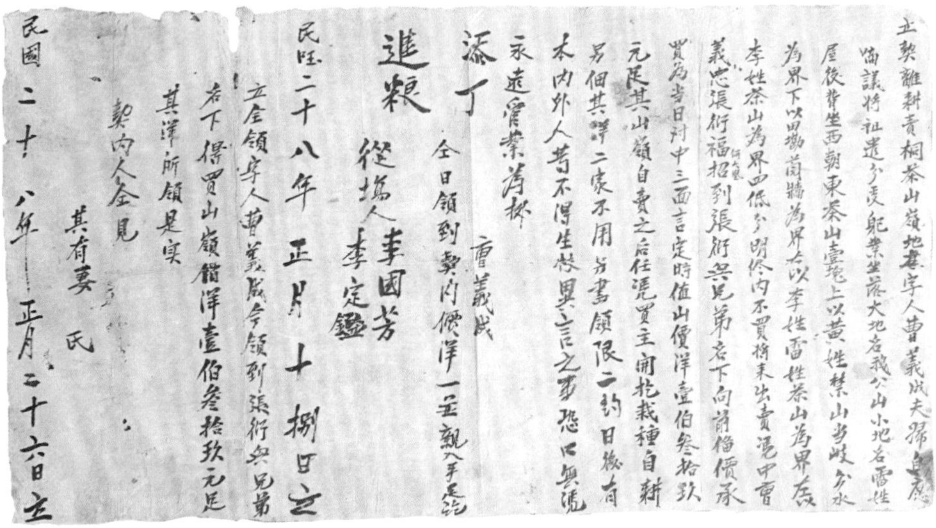

立契离耕卖桐茶山岭地字人曹义成夫妇自愿嘀（商）议将祖遗分受己业坐落大地名鹅公山小地名雷姓屋后背坐西朝东茶山壹块上以黄姓禁山当岐分水为界下以田塝园墙为界右以李姓雷姓茶山为界左以李姓茶山为界四低（抵）分明尽内不买将来出卖凭中曹义忠张衍福何大凰招到张衍兴兄弟名下向前备价承买为〈业〉当日对中三面言定时值山价洋壹伯（佰）叁拾玖元足其山岭自卖之后任凭买主开挖栽种自耕另佃其〈洋〉二家不用另书领限二约日后有本内外人等不得生枝异言之事恐口无凭永远管业为据

曹义成

仝日领到契内价洋一并亲入手足讫

添丁进粮

从场人李国芳李定鉴

民国二十八年正月十捌日立

立全领字人曹义成今领到张衍兴兄弟名下得买山岭价洋壹伯（佰）叁拾玖元足其洋所领是实

契内人仝见

其有妻氏

民国二十八年正月二十六日立

民国二十九年十二月初二日邓常诗等离耕杜卖田契

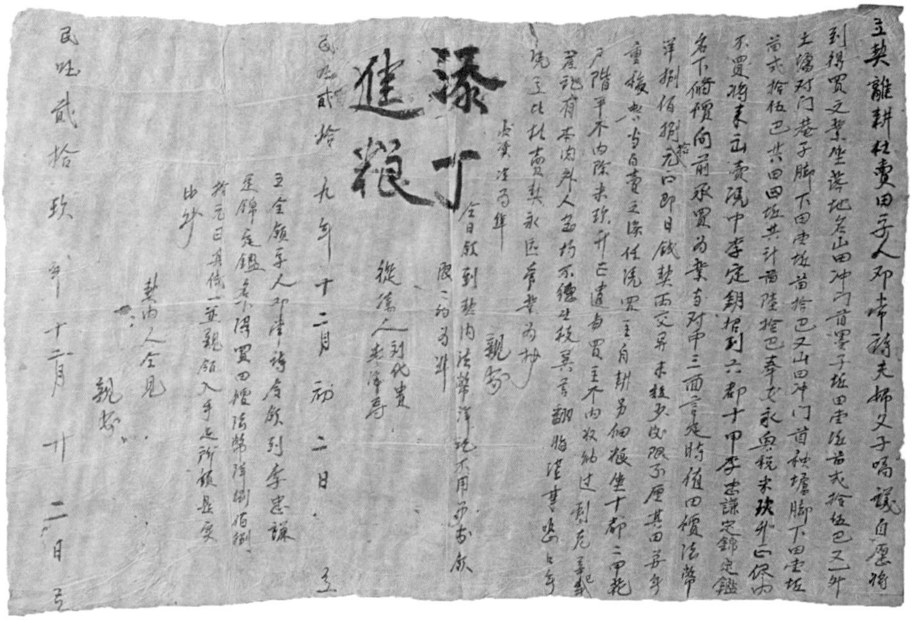

立契离耕杜卖田字人邓常诗夫妇父子嘀（商）议自愿将到得买之业坐落地名山田冲门首墨子坧田壹丘苗贰拾伍巴（把）又一处土垱对门巷子脚下田壹丘苗拾巴（把）又山田冲门首秧垱脚下田壹丘苗贰拾伍巴（把）共田四丘共计苗陆拾巴（把）奉书永典税米玖升正尽内不买将来出卖凭中李定钥招到六都十甲李忠谦定锦定鑑名下备价向前承买为业当对中三面言定时值田价法币洋捌佰捌拾元正即日钱契两交并未短少欠限分厘其田并无重复典当自卖之后任凭买主自耕另佃粮坐十都二甲花户阶平不内除米玖升正遣与买主不内收纳过割克辛巳年产讫有本内外人等均不德（得）生枝异言翻悔滋事恐口无凭立此杜卖契永远管业为据

书添涂为准　亲书

仝日领到契内法币洋讫不用另书领限二约为准

添丁进粮

从场人刘代贵李海寿

民国贰拾九年十二月初二日立

立全领字人邓常诗今领到李忠谦定锦定鑑名下得买田价法币洋捌佰捌拾元正其钱一并亲领入手足所领是实此据

契内人仝见

亲书

民国贰拾玖年十二月廿二日立

民国三十三年十一月十二日黄啟财离耕杜卖田塘契

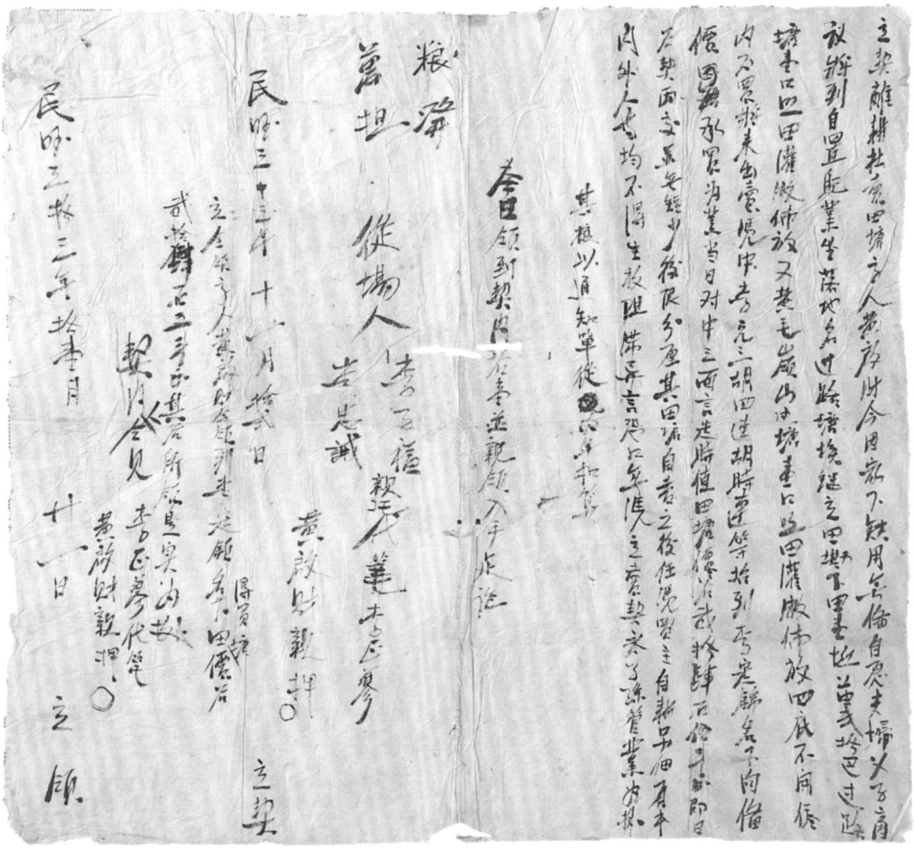

立契离耕杜卖田塘字人黄啟财今因家下缺用无备自愿夫妇父子商议将到自置已业坐落地名过路塘坳继立田勘下田壹丘苗贰拾巴（把）过路塘壹口照田灌溉布放又黄毛岭山边塘壹口照田灌溉布放四底不开尽内不买将来出卖凭中李元三胡四达胡时连等招到李定锦名下向备价承买为业当日对中三面言定时值田塘价谷贰拾肆石伍斗正即日谷契两交并无短少后限分厘其田塘自卖之后任凭买主自耕另佃有本内外人等均不得生枝阻滞异言恐口无凭立卖契永子孙管业为据

其粮以通知单从次年扣算

仝日领到契内谷一并亲领入手足讫

粮发万担

从场人李子福李忠诚

亲托代笔李正蓼

黄啟财亲押【押】

民国三十三年十一月拾贰日立契

立全领字人黄啟财今领到李定锦名下得买田塘价谷贰拾肆石五斗正其谷所领是实为据

契内人仝见

李正蓼代笔

黄啟财亲押【押】

民国三拾三年拾壹月廿一日立领

民国三十三年古十一月十八日李兰馨典当田塘字

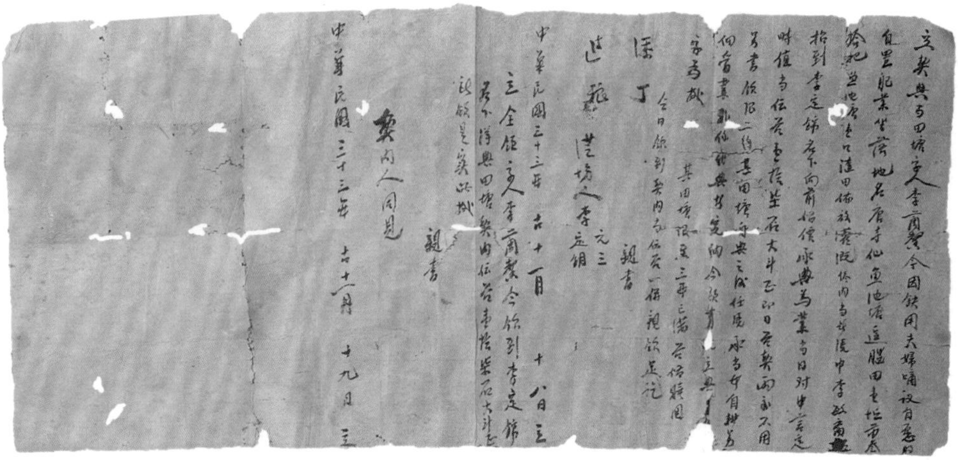

立契典当田塘字人李兰馨今因缺用夫妇嘀（商）议自愿将自置己业坐落地名唐寺仙鱼池塘边脑田壹丘苗叁拾把鱼池塘壹口随田布放灌溉尽内当无凭中李敏斋招到李定锦名下向前备价承典为业当日对中言定时值当伝（价）谷壹拾柒石大斗正即日谷契两交不用另书领限二约其田塘自典之后任凭承当者自耕另佃管业粮系出典者完纳今欲有凭立典□□□字为据

其田塘限至三年已满谷备赎回

仝日领到契内当伝（价）谷一并亲领足讫

亲书

添丁进粮

从场人李元三李定钥

中华民国三十三年古十一月十八日立

立全领字人李兰馨今领到李定锦名下洋典田塘契内伝（价）谷壹拾柒石大斗正此领是实此据

亲书

契内人同见

中华民国三十三年古十一月十九日立

民国三十四年二月初八日黄啟财离耕杜卖田塘契

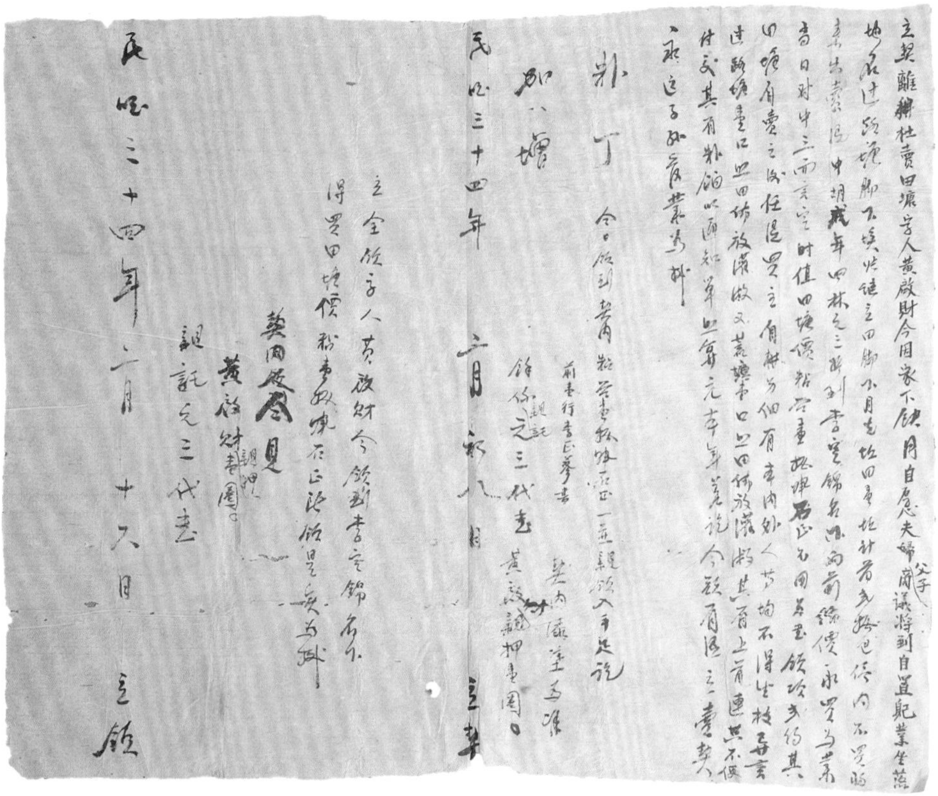

立契离耕杜卖田塘字人黄啟财今因家下缺用自愿夫妇父子商议将到自置己业坐落地名过路塘脚下埃张继立田脚下月光丘田壹丘计苗贰拾巴（把）尽内不买将来出卖凭中胡成年四林元三招到李定锦名下向前备价承买为业当日对中三面言定时值田塘价粘谷壹拾肆石正不用另书领限贰约其田塘自卖之后任凭买主自耕另佃有本内外人等均不得生枝异言过路塘壹口照田布放灌溉又荒塘壹口照田布放灌溉其有上兰连照不便付交其有粮饷以通知单照算充本年差讫今欲有凭立卖契永远子孙管业为据

仝日领到契内粘谷壹拾肆石正一并亲领入手足讫

粮丁加增

前壹行李正蓼书

余系亲托元三代书

契内添涂为准

黄啟财亲押壹圈【押】

民国三十四年二月初八日立契

立全领字人黄啟财今领到李定锦名下得买田塘价粘壹拾肆石正所领是实为据

契内人仝见

黄啟财亲押壹圈【押】

亲托元三代书

民国三十四年二月十六日立领

民国三十四年十二月初四日张阿何氏等杜卖桐茶山地基契

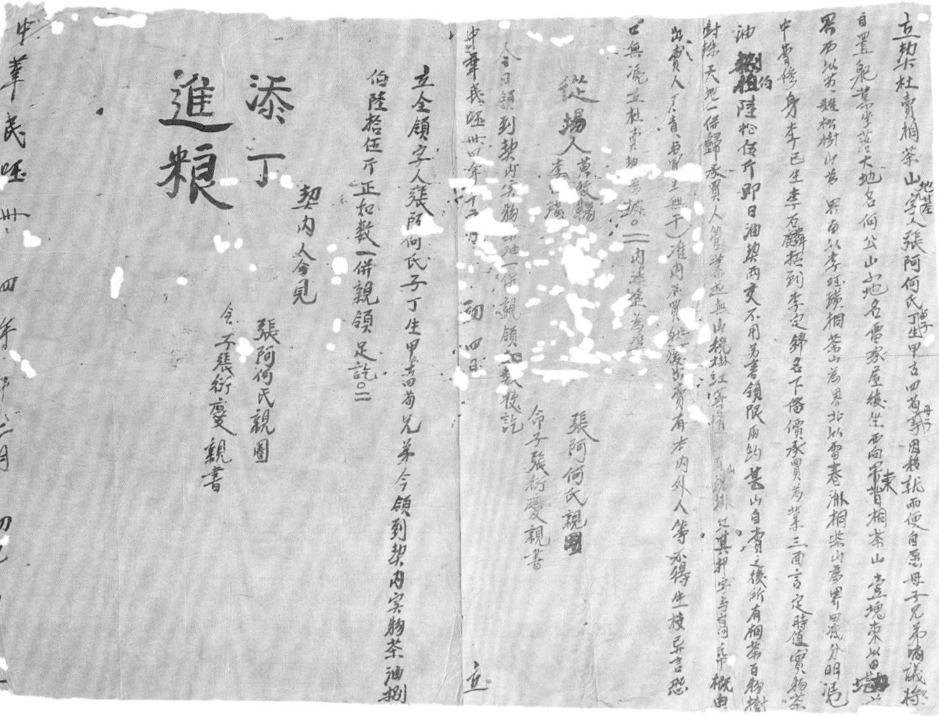

立契杜卖桐茶山地基字人张阿何氏与子丁生甲古四苟母子等因移就两便自愿母子兄弟嘀（商）议将自置已业坐落大地名何公山小地名雷家屋后坐西向东背桐茶山壹块东以田塝〈为〉界西以黄姓松树山为界南以李国璜桐茶山为界北以雷春洲桐茶山为界四底分明凭中曹修身李巳生李石麟招到李定锦名下备价承买为业三面言定时值实物茶油捌伯（佰）陆拾伍斤即日油契两交不用另书领限两约其山自卖之后所有桐茶百物树［树］株天地一并归承买人管业并无山税挂红等情（〈如〉有山税挂红其押字与写纸概由出卖人负责与买主无干）准内不买然后出卖有本内外人等不得生枝异言恐口无凭立杜卖〈契〉为据

内添涂为准

从场人黄启畅李〈国〉璜

张阿何氏亲圈

命子张衍庆亲书

仝日领到契内实物〈茶〉油一并亲领如数收讫

中华民国卅四年十二月初四日立

立全领字人张阿何氏子丁生甲古四苟兄弟今领到契内实物茶油捌伯（佰）陆拾伍斤正如数一并亲领足讫

契内人仝见

添丁进粮

张阿何氏亲圈

命子张衍庆亲书

中华民国卅四年十二月初九日立

民国三十七年古四月二十六日李定鍊离耕卖田塘契

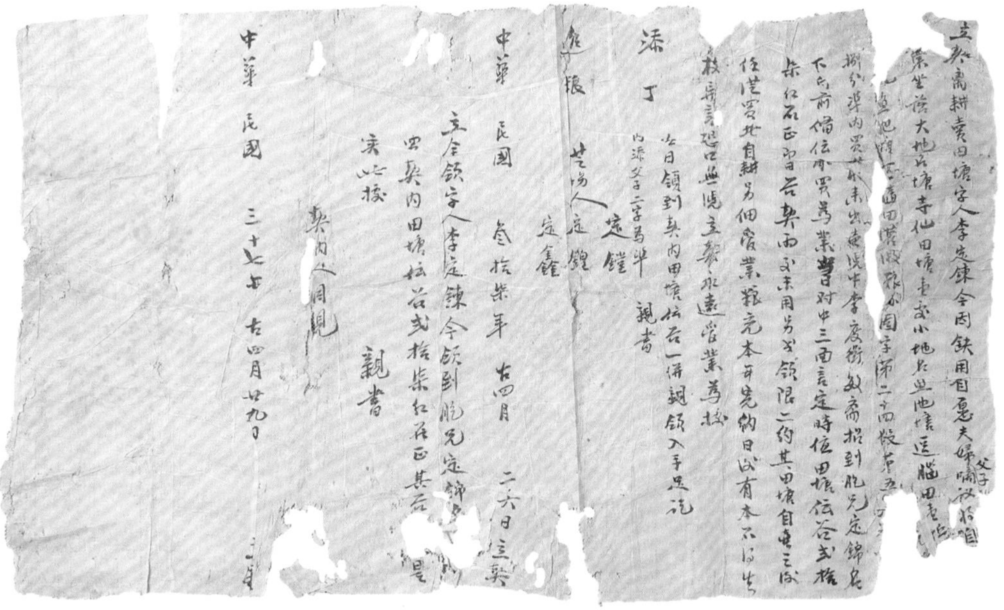

立契离耕卖田塘字人李定鍊今因缺用自愿夫妇父子嘀（商）议将自□
业坐落大地名塘寺仙田塘壹处小地名鱼池塘边脑田壹丘□□□□□鱼
池塘一口随田灌溉粮（钱）固字第二十四段第五□六□□□捌分准内
买□□来出卖凭中李度衡敏斋招到胞兄定锦名下向前备伝（价）承买
为业当日对中三面言定时值田塘伝（价）谷贰拾柒红石正即日谷契两
交未用另书领限二约其田塘自卖之后任从买者自耕另佃管业粮充本年
完纳日后有本不得生枝异言恐口无凭立契永远管业为据
仝日领到契内田塘伝（价）谷一并亲领入手足讫
添丁进粮
内添父子二字为准　亲书
从场人定镗定锃定鑫
中华民国叁拾柒年古四月二六日立契

立全领字人李定鍊今领到胞兄定锦〈名下得〉买契内田塘伝（价）谷
贰拾柒红石正其谷□□是实此据
亲书
契内人同见
中华民国三十七年古四月廿九日〈立〉□

第三部分　郴县等地（第三批）

咸丰二年三月二十七日陈宏顶借字

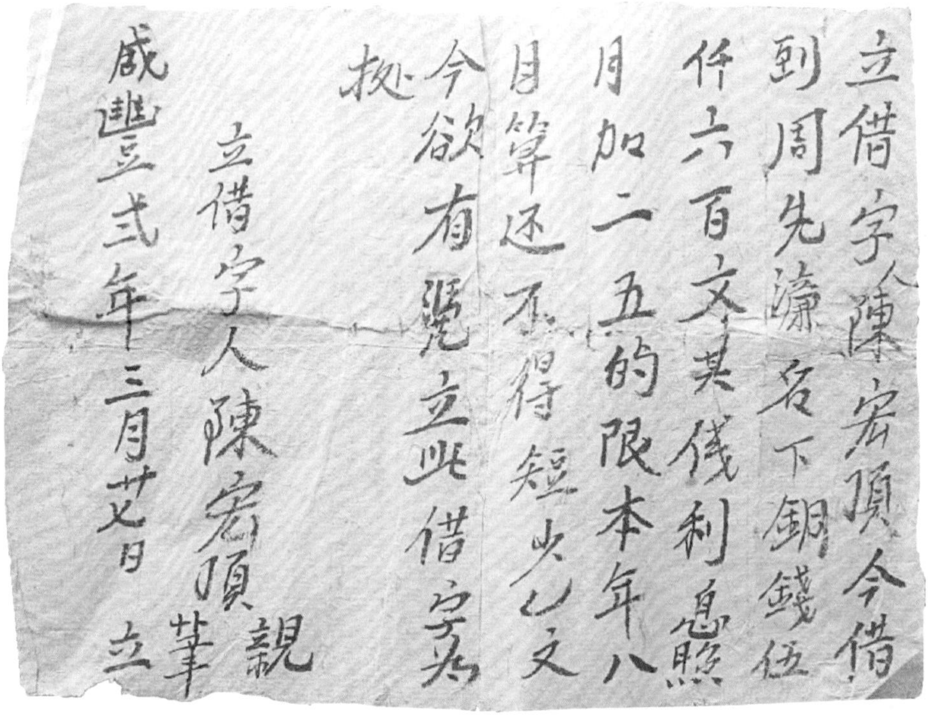

立借字人陈宏顶今借到周先濂名下铜
钱伍仟六百文其钱利息照月加二五的
限本年八月算还不得短少一文今欲有
凭立此借字为据
立借字人陈宏顶亲笔
咸丰贰年三月廿七日立

咸丰九年十一月初一日季毓廿卖黄牛契

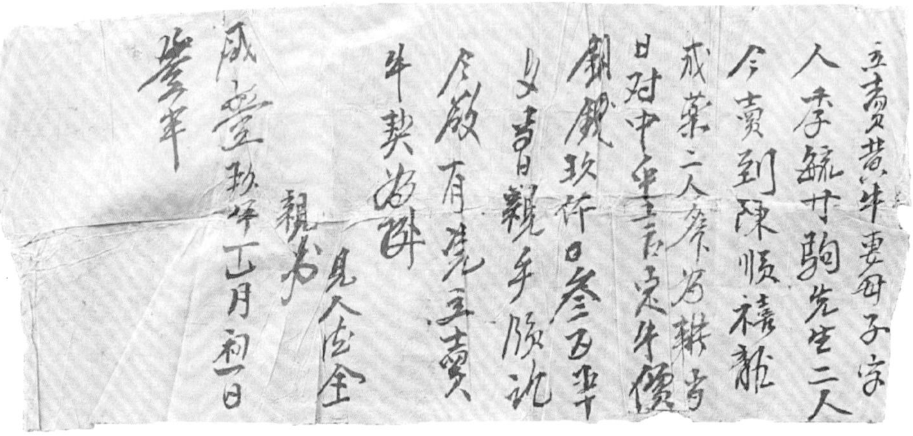

立卖黄牛妻母子字人季毓廿驹先生二人今卖到
陈顺禧龙成药二人名下为耕当日对中众言定牛
价铜钱玖仟○叁百五十文当日亲手领讫今欲有
凭立卖牛契为据

见人德全

亲书

咸丰玖年十一月初一日

登丰

同治三年六月初四日陈宏顶借字

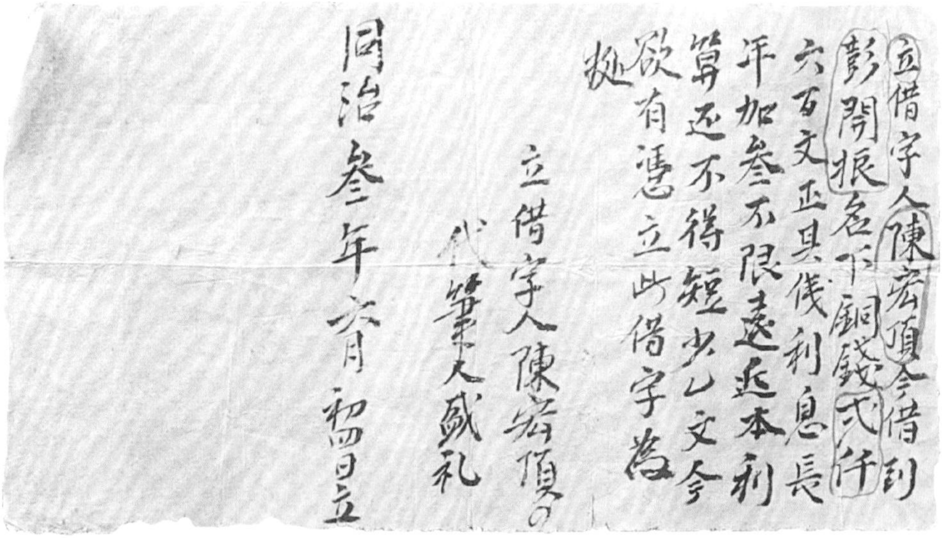

立借字人陈宏顶今借到彭开振名下铜钱贰仟六百文正其钱利息长年加叁不限远近本利算还不得短少一文今欲有凭立此借字为据

立借字人陈宏顶【押】

代笔人盛礼

同治叁年六月初四日立

同治三年十月初三日段□公卖砖瓦屋地基退居契

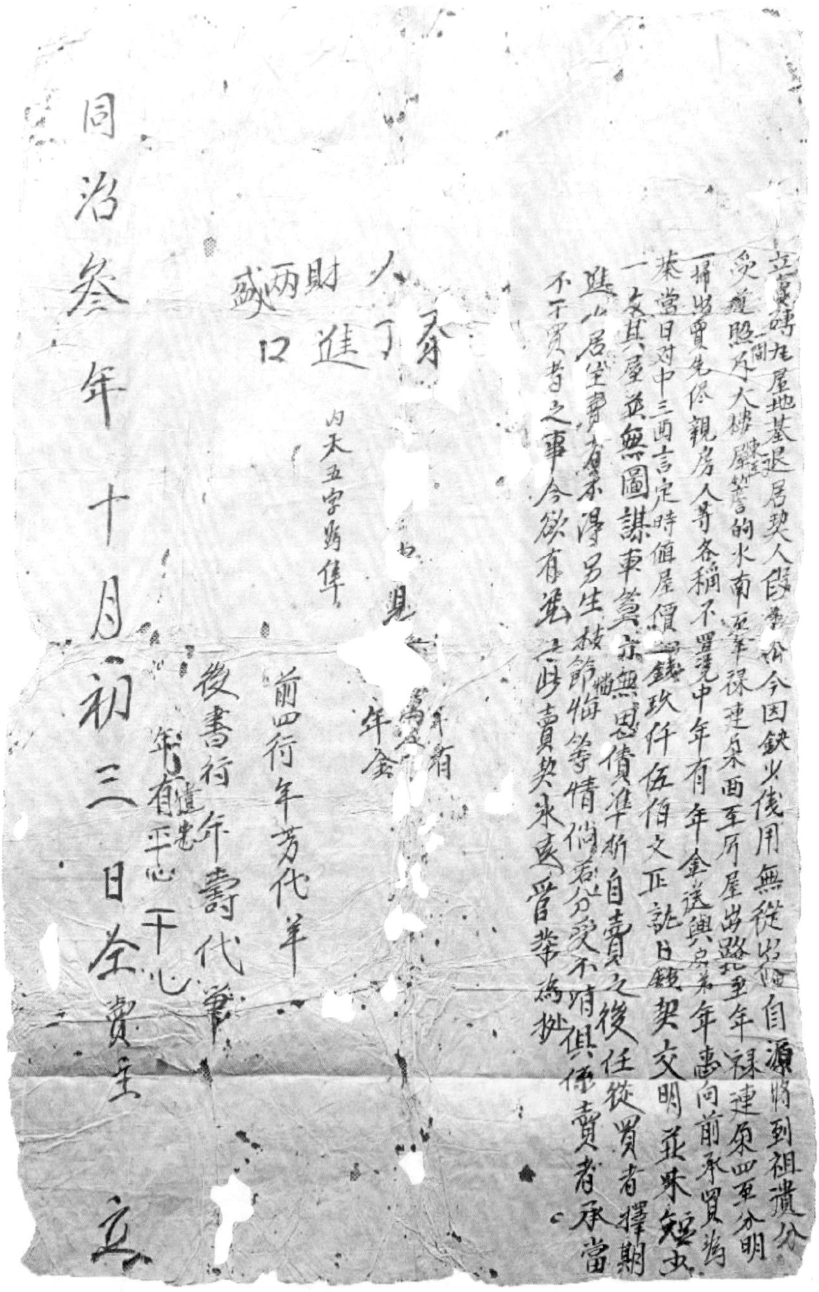

立卖砖瓦屋地基退居契人段□公今因缺少钱用无从出备自源（愿）将到祖遗分受道照一间及大楼东至屋檐的（滴）水南至年禄连朵西至厅屋出路北至年禄连朵四至分明一扫出卖先尽亲房人等各称不置凭中年有年金送与房弟年惠向前承买为业当日对中三面言定时值屋价钱玖仟伍佰文正就日钱契交明并未短少一文其屋并无图谋车算亦无思债准折自卖之后任从买者择期进□居住卖者不得另生枝节憣悔等情倘若分受不清俱系卖者承当不干买者之事今欲有凭立此卖契永远管业为据

人才两盛

添丁进口

〈中〉见〈人〉□年有□万登□年金

内天（添）五字为准

前四行年芳代笔

后书行年寿代笔

年遗【押】

年有【押】【押】

同治叁年十月初三日仝卖主立

光绪十九年二月十九日刘建周卖园土字

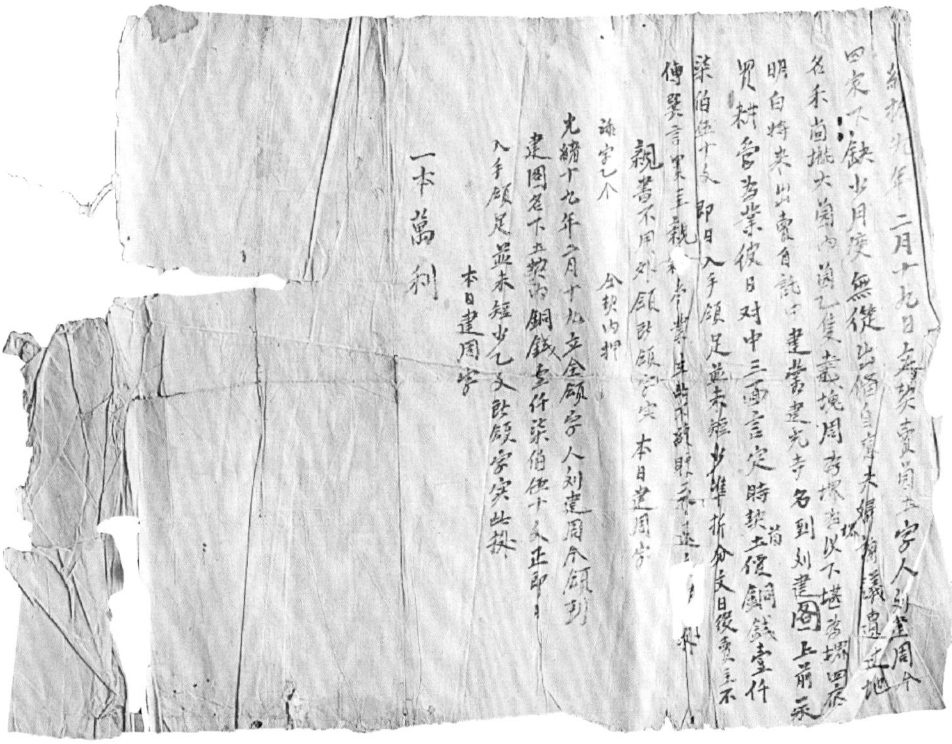

光绪拾九年二月十九日立契卖园土字人刘建周今因家下缺少用度无从出备自愿夫妇商议遗过地名禾尚垅大园内园一只土贰块周为界［为界］以下堪为界四底明白将来出卖自托中建业建光等召到刘建图上前承买耕管为业彼日对中三面言定时契园土价铜钱壹仟柒佰伍十文即日入手领足并未短少准折分文日后卖主不传（得）异言买主亲□管业立此不续赎永远□□据

亲书不用外领所领字实

本日建周字

添字一个

仝契内押

光绪十九年二月十九立全领字人刘建周今领到建图名下土契内铜钱壹仟柒佰伍十文正即〈日〉入手领足并未短少一文所领字实此据

本日建周字

一本万利

光绪十□年十二月二十九日段年任等卖屋宇□池地基契

立卖屋宇□池地基契契□□年任兄弟叔侄嘀（商）议自愿将到祖遗分受□池壹个在于段〈姓〉屋侧北边东至古路南至卖主连朵西至田磋为界北至与买主屋檐连共四至分明将来出卖凭中段年松黄体忠送与段庚年名下向前承买为业当日对中三面言定时值屋宇地价铜钱肆佰文正即日钱契交明并未短少自卖之后任从买者管业卖者人等日后不得另生枝叶恐口无凭立此卖契永远管业为据

契外不在（再）另书全足领字此批为据

内添图为准

见人段年永李嘉鸿

□□多颂

光绪十□年十贰月廿九日段年任【押】段年清【押】亲押立

光绪二十一年七月二十四日李孔碧卖桥会契

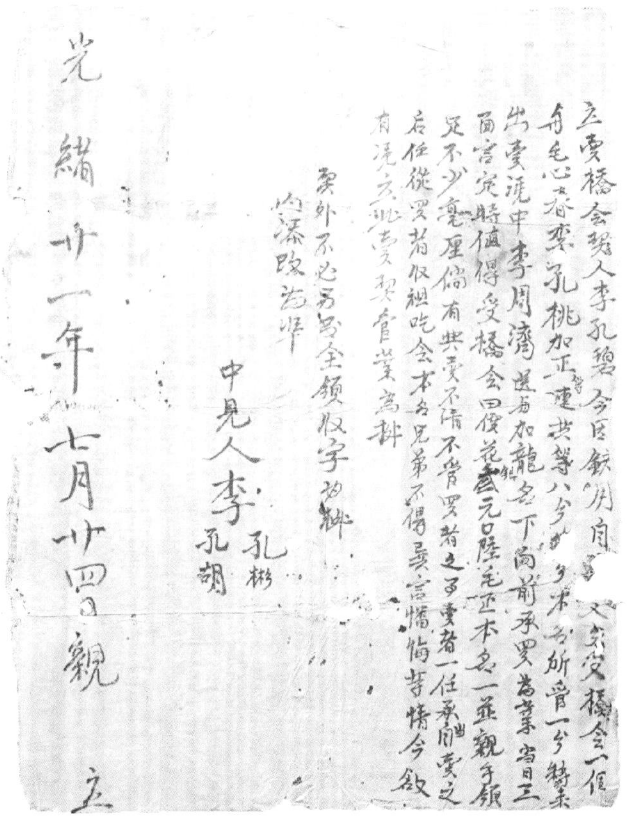

立卖桥会契人李孔碧今因缺用自□□分受桥会一个与毛心春李孔桃加正等连共等八分□〈分〉本名所管一分将来出卖凭中李周济送与加龙名下向前承买为业当日三面言定时值得受桥会田价花银叁元〇陆毛正本名一并亲手领足不少毫厘倘有典卖不清不管买者之事卖者一任承当自卖之后任从买者收租吃会本名兄弟不得异言憣悔等情今欲有凭立此卖契管业为据

契外不必另书全领收字为据

内添改为准

中见人李孔彬李孔胡

光绪廿一年七月廿四日亲立

光绪二十二年□月初八日段年松卖土砖瓦屋退居契

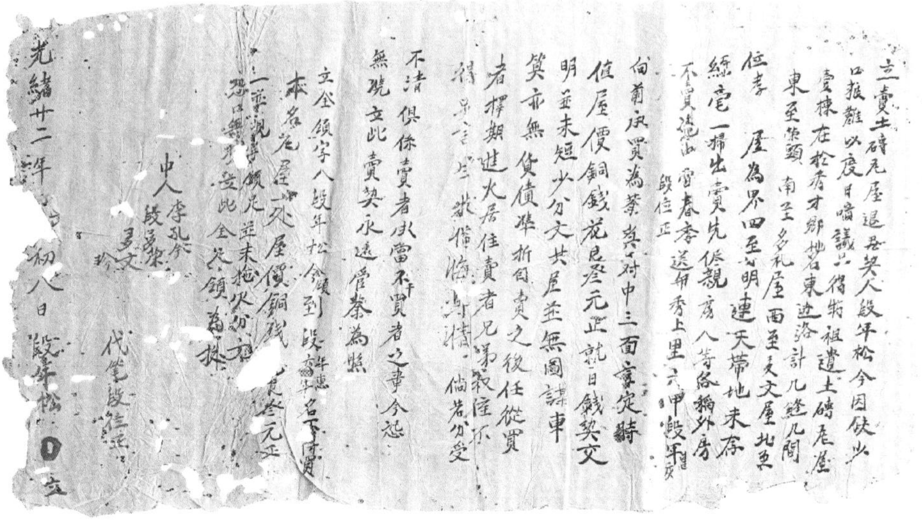

立卖土砖瓦屋退居契人段年松今因缺少口粮难以度日嘀（商）议只得将祖遗土砖瓦屋壹栋在于秀才乡地名东边洛计几缝几间东至荣头南至多礼屋西至麦文屋北至位孝屋为界四至分明连天带地未存丝毫一扫出卖先尽亲房人等各称外房不卖凭中雷春季段位正送与秀上里六甲段年惠段年庚向前承买为业当日对中三面言定时值屋价铜钱花银叁元正就日钱契交明并未短少分文其屋并无图谋车算亦无货债准折自卖之后任从买者择期进火居住卖者兄弟叔侄不得异言生枝幡悔等情倘若分受不清俱系卖者承当不干买者之事今恐无凭立此卖契永远管业为照

立全领字人段年松今领到段年惠段年庚名下得买
本名瓦屋一处屋价铜钱〈花〉银叁元正
一并亲手领足并未拖欠分文
恐口无凭立此全足领为据

代笔段位正

中人李孔今段多荣段多文段多珍

光绪廿二年□□初八日段年松【押】立

光绪二十六年四月初四日胡忠宪卖田契

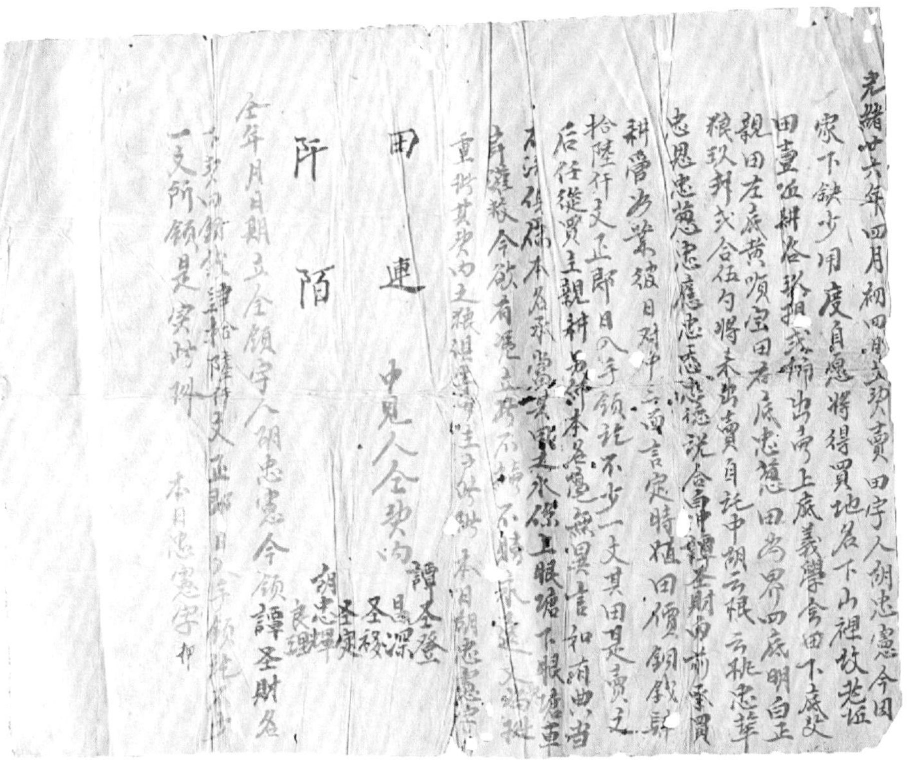

光绪廿六年四月初四日立契卖田字人胡忠宪今因家下缺少用度自愿将得买地名下山里坟老坵田壹丘耕谷玖担贰桶出卖上底义学会田下底父亲田左底黄顺宝田右底忠葱田为界四底明白正粮玖升贰合伍勺将来出卖自托中胡云根云桃忠华忠思忠葱忠应忠态忠德说合白冲谭圣财向前承买耕管为业彼日对中三面言定时值田价铜钱肆拾陆仟文正即日入手领讫不少一文其田是卖之后任从买主亲耕另布本名毫无异言如有典当不清俱系本名承当其田土水系上眼塘下眼塘车戽灌救今欲有凭立此不续不赎永远文契为据

重批其契内之粮俱坐落主户此批本日胡忠宪字押

田连阡陌

中见人仝契内谭圣登谭昌深谭圣移谭圣定胡忠辉胡良理

仝年月日期立全领字人胡忠宪今领谭圣财名下契内铜钱肆拾陆仟文正即日入手领讫不少一文所领是实此据

本日忠宪字押

光绪三十二年三月十一日段多鹏卖瓦屋契

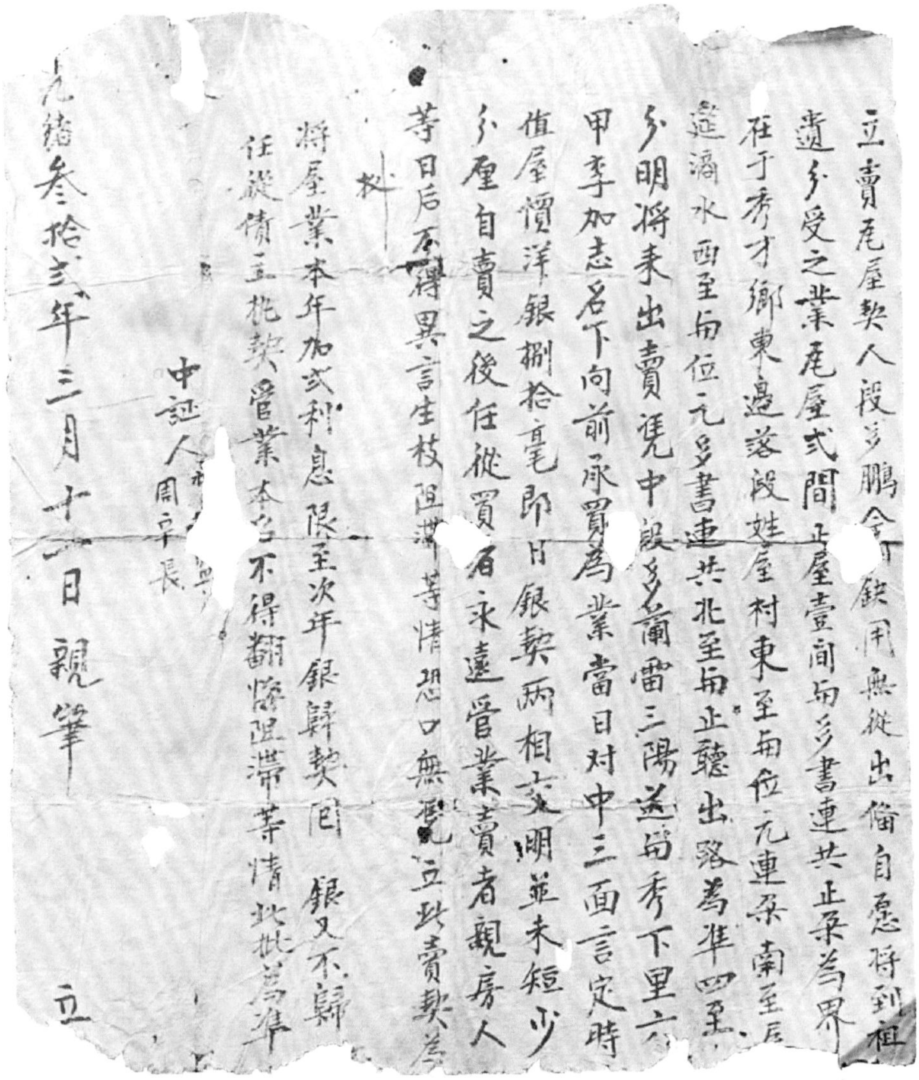

立卖瓦屋契人段多鹏今〈因〉缺钱用无从出备自愿将到祖遗分受之业瓦屋贰间正屋壹间与多书连共正朵为界在于秀才乡东边落段姓屋村东至与位元连朵南至屋筵（檐）滴水西至与位元多书连共北至与正听（厅）出路为准四至分明将来出卖凭中段多兰雷三阳送与秀下里六甲李加志名下向前承买为业当日对中三面言定时值屋价洋银捌拾毫即日银契两相交明并未短少分厘自卖之后任从买者永远管业卖者亲房人等日后不得异言生枝阻滞等情恐口无凭立此卖契为据

将屋业本年加贰利息限至次年银归契回银又不归任从债主执契管业本名不得翻悔阻滞等情此批为准

中证人□□□周辛长

光绪叁拾贰年三月十一日亲笔立

光绪三十三年十二月初二日周敦炆卖退耕退业并全收足领遣帖水田契

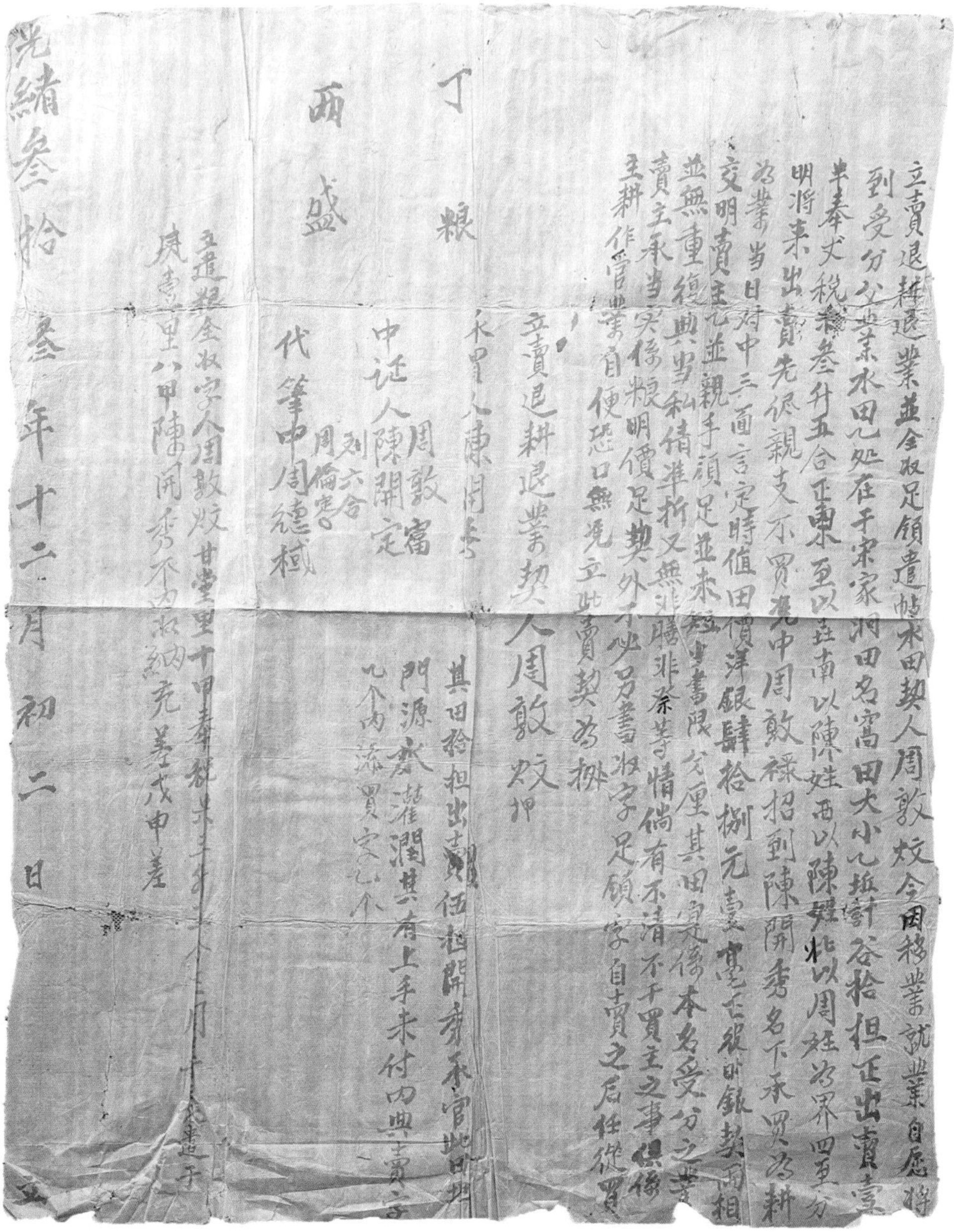

立賣退耕退業並全收足領遣帖水田契人周敦炆，今因移業就業，自愿將
到受分父業水田乙処，在于宋家垌，田名高田大小乙坵，計谷拾担正，出賣壹
半，奉丈稅禾叁升五合正。東至以　，南以陳姓，西以陳姓，北以周姓為界，四至分
明。將來出賣，先儘親支，不買，憑中周敦祿招到陳開秀名下承買為耕
為業。當日對中三面言定，時值田價洋銀肆拾捌元壹毫正，即日銀契兩相
交明。賣主乙並親手領足，並未短少毫厘。其田實係本名受分之業，
並無重復典当、私債準折，又無逼勒等情。倘有不清，不干買主之事，俱係
賣主承当。實係糧明價足，契外不少，另書收字足領。字自賣之后，任從買
主耕作管業，自便。恐口無憑，立此賣契為據。

立賣退耕退業契人周敦炆押

其田拾担出賣伍担，開秀承管，此日押
門源水灌潤，其有上手未付，四與賣主
乙个內流買安乙个

承買人陳開秀

中証人周敦富　陳開定　劉六合　周倫忠

代筆中周德棫

丁糧
酉盛

立進糧全收字人周敦炆，甘棠里十甲奉稅禾三升五合正，推與
貴里八甲陳開秀，不必收納充差，戊申差

光緒叁拾叁年十二月初二日　立

立卖退耕退业并全收足领遣帖水田契人周敦炆今因移业就业自愿将到受分父业水田一处在于宋家洞田名窝田大小一丘计谷拾担正出卖壹半奉丈税米叁升五合正东至以垚南以陈姓西以陈姓北以周姓为界四至分明将来出卖先尽亲支不买凭中周敦禄招到陈开秀名下承买为耕为业当日对中三面言定时值田价洋银肆拾捌元壹毫正彼日银契两相交明卖主一并亲手领足并未短少书限分厘其田实系本名受分之业并无重复典当私情准折又无非膳非祭等情倘有不清不干买主之事俱系卖主承当实系粮明价足契外不必另书收字足领字自卖之后任从买主耕作管业自便恐口无凭立此卖契为据

立卖退耕退业契人周敦炆【押】

承买人陈开秀

丁粮两盛

其田拾担出卖伍担开秀承管此田坦

门源水灌润其有上手未付内典卖字

一个内添买字一个

中证人周敦富陈开定刘六合周伦定【押】

代笔中周德棫

立遣粮全收字人周敦炆甘堂里十甲奉税〈米三升五合正周〉□□遣于凤壹里八甲陈开秀不内收纳充差戊申差

光绪叁拾叁年十二月初二日立

光绪三十四年十二月十九日段多鹏卖屋宇地基契

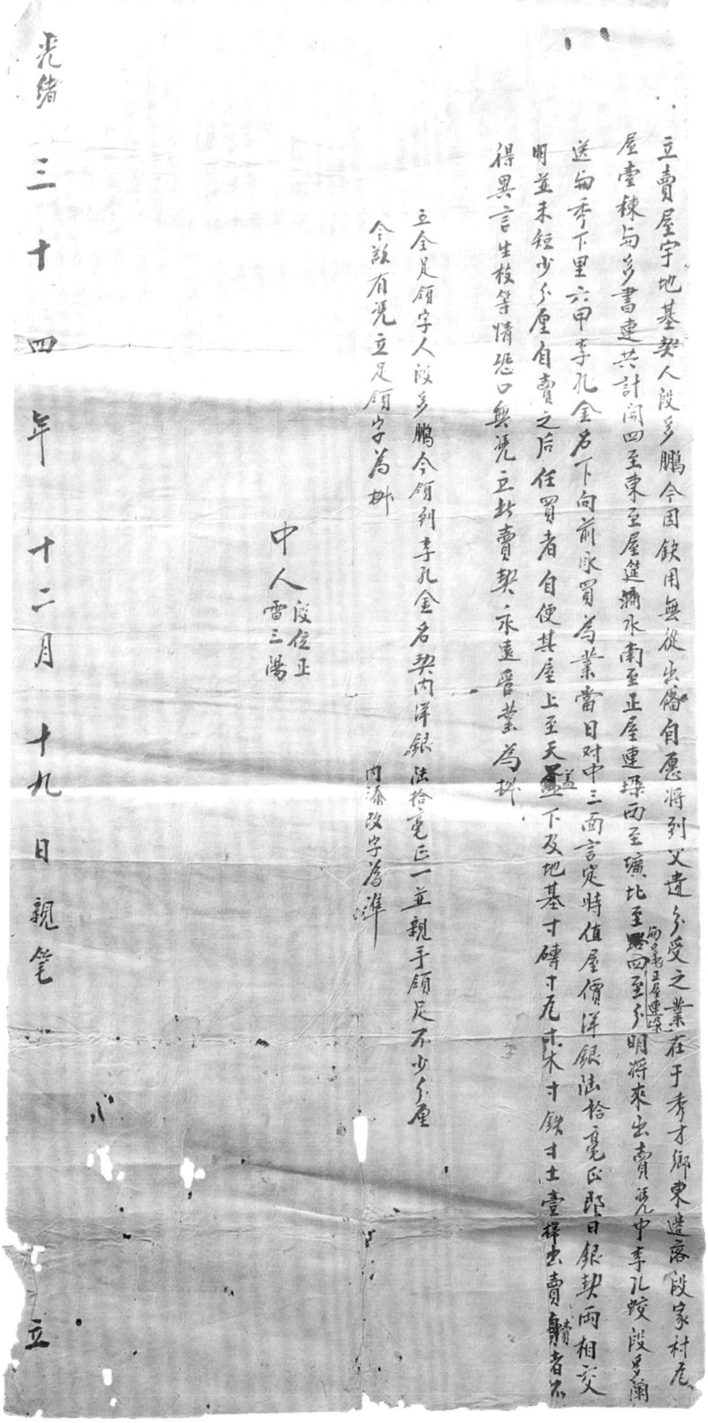
立賣屋宇地基契人段多鹏，今因缺用無從出備，自愿將到父遺分受之業，在于秀才鄉東邊客段家村屋壹棟，與多書連共，計開四至：東至屋簷滴水，南至正屋連堦，西至牆，北至（西至正屋連堦）四至分明，將來出賣，憑中李孔皎、段多蘭送與季下里六甲李孔金名下向前承買為業。當日對中三面言定時值屋價洋銀陆拾毫正，即日銀契兩相交明，並未短少分厘。自賣之后，任買者自便，其屋上至天蓋，下及地基、寸磚寸瓦、寸木寸鐵、寸土，壹并出賣，賣者不得異言生枝等情。恐口無憑，立此賣契，永遠管業為据。

立全足領字人段多鹏，今領到李孔金名契內洋銀陆拾毫正，一並親手領足，不少分厘。今欲有憑，立足領字為据。

中人 段佐正 雷三陽

內添改字為準

光绪三十四年十二月十九日 親筆 立

立卖屋宇地基契人段多鹏今因缺用无从出备自愿将到父遗分受之业在于秀才乡东边落段家村瓦屋壹栋与多书连共计开四至东至屋筵（檐）滴水南至正屋连垛西至圹北至与多毛正屋连垛四至分明将来出卖凭中李孔蛟段多兰送与秀下里六甲李孔金名下向前承买为业当日对中三面言定时值屋价洋银陆拾毫正即日银契两相交明并未短少分厘自卖之后任买者自便其屋上至天盖下及地基寸砖寸瓦寸木寸铁寸土壹扫出卖卖者不得异言生枝等情恐口无凭立此卖契永远管业为据

立全足领字人段多鹏今领到李孔金名契内洋银陆拾毫正一并亲手领足不少分厘今欲有凭立足领字为据

内添改字为准

中人段位正雷三阳

光绪三十四年十二月十九日亲笔立

宣统元年十月十四日李孔金立卖屋宇地基契

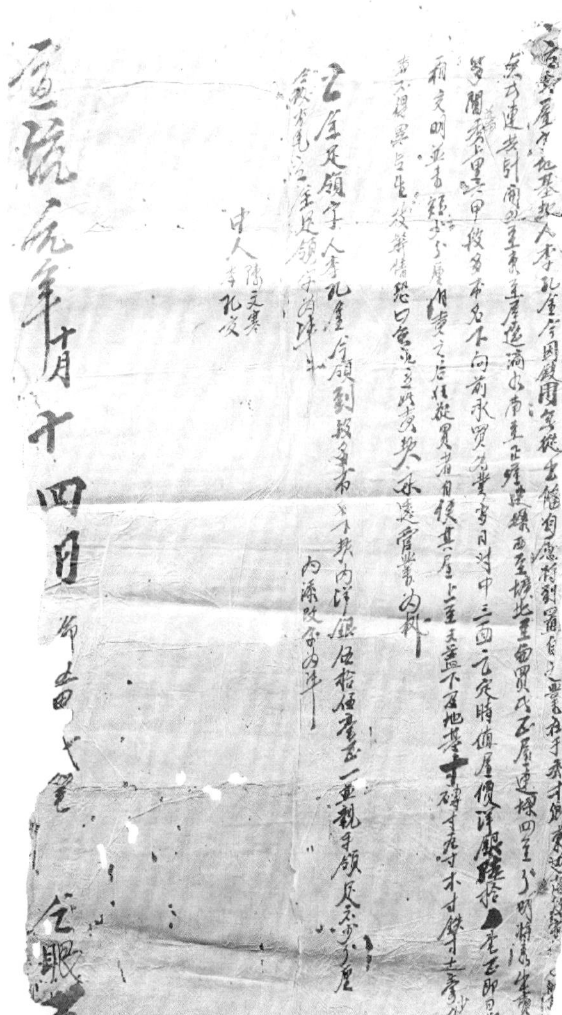

立卖屋〈宇〉地基〈契〉人李孔金今因缺用无从出备自愿将到置自之业在于秀才乡东边落段家☐连共计开四至东至屋筵（檐）滴水南至正屋连垛西至圹北至与买者正屋连垛四至分明将来出卖凭中多兰送与秀上里六甲段多本名下向前承买为业当日对中三面言定时值屋价洋银陆拾毫正即日银契相交明并未短少分厘自卖之后任从买者自便其屋上至天盖下及地基寸砖寸瓦寸木寸铁寸土壹少（扫）出卖当不得异言生枝等情恐口无凭立此卖契永远管业为据

立全足领字人李孔金今领到段多书名下契内洋银伍拾毫正一并亲手领足不少分厘今欲有凭立全足领字为准

内添改字为准

中人陈文寒李孔交

宣统元年十月十四日命五男代笔仝眼立

宣统元年十月十六日李加志卖屋宇地基契

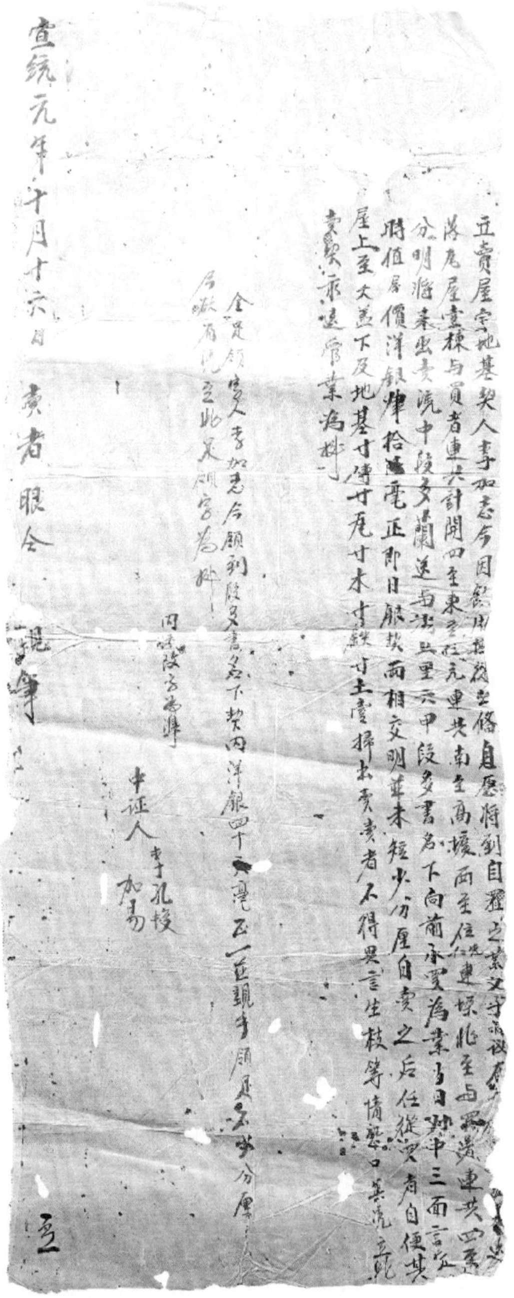

立卖屋宇地基契人李加志今因缺用无从出备自愿将到自置之业父子嘀（商）议〼落瓦屋壹栋与买者连共计开四至东至位元连共南至高圹西至位先位仁连垛北至与买者连共四至分明将来出卖凭中段多兰送与秀上里六甲段多书名下向前承买为业当日对中三面言定时值屋价洋银肆拾陆毫正即日银契两相交明并未短少分厘自卖之后任从买者自便其屋上至天盖下及地基寸砖寸瓦寸木寸铁寸土壹扫出卖卖者不得异言生枝等情恐口无凭立此卖契永远管业为据

〈立〉全足领字人李加志今领到段多书名下契内洋银四十〈六〉毫正一并亲手领足不少分厘今欲有凭立此足领字为据

内添改字为准

中证人李孔蛟李加易

宣统元年十月十六〈日〉卖者眼仝亲笔立

宣统二年十一月初十日段阿曹氏卖退耕退业水田契

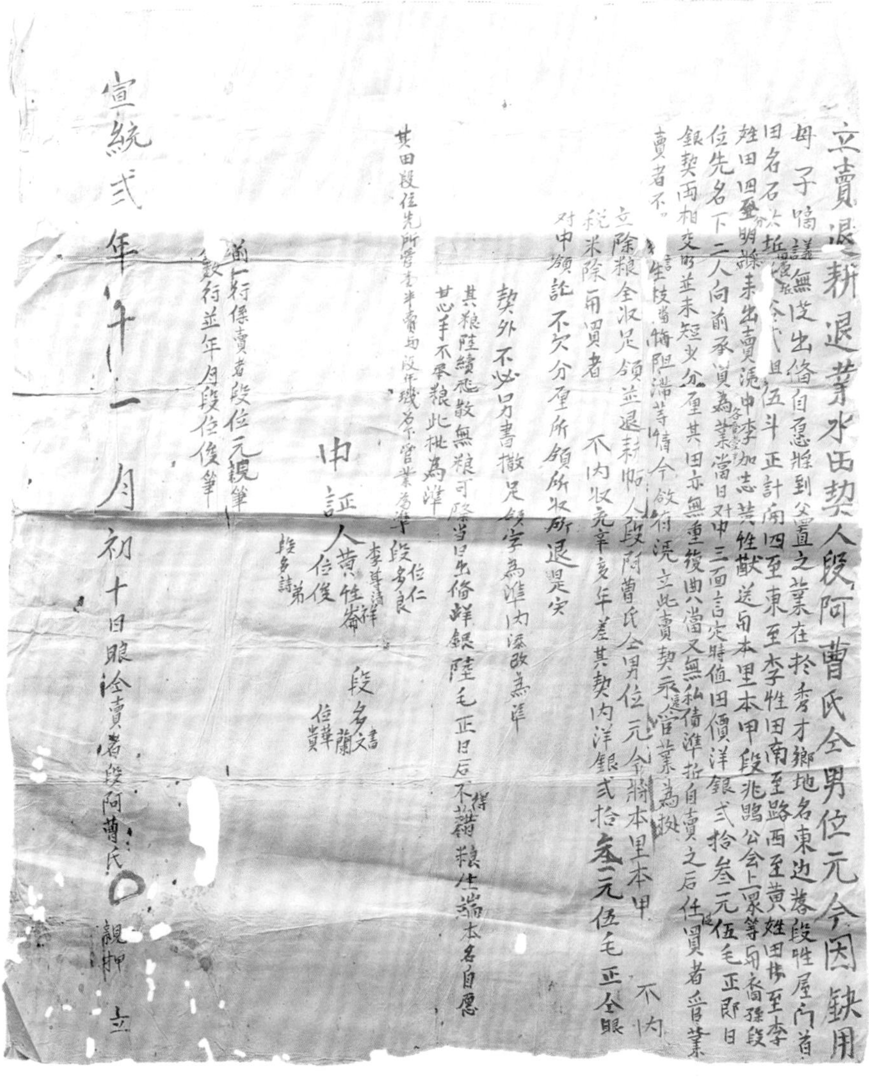

立賣退耕退業水田契人段阿曹氏仝男位元今因缺用
母子商議無從出備自愿將到父置之業在於秀才鄉地名東边落段姓屋門首
田名石头坵谷弍旦伍斗正計開四至東至李姓田南至路西至黄姓田北至李
姓田四至明白將来出賣凭中李加志若姓獻送与本里本甲段兆鵾公会上衆等与裔孫段
位先名下二人向前承買為業當日对中三面言定時值田價洋銀弍拾叁元伍毛正即日
銀契两相交明並未短少分厘其田亦無重復典當又無私債準折自賣之后任買者管業
賣者不得生枝節悔阻滯等情今欲有凭立此賣契永遠管業為據
立除粮全收足領並退耕帖人段阿曹氏仝男位元今將本里本甲　不内
税米除与買者　不内收充辛亥年差其契内洋銀弍拾叁元伍毛正仝眼
对中領訖不欠分厘所領所收所退是实
契外不必另書撤足領字為準内添改為準
其粮陸續飛散無粮可除当日出備鮮銀陸毛正日后不得翻粮生端本名自愿
甘心手不畢粮此批為準
其田段位先所管李半當与段位職名下管業為準

中證人　段多良　位仁　李華清　祥　黄性崙　位俊　弟　段多詩　段多文　書　蘭　位華　貴

酌一行係賣者段位元親筆
數行並年月段位俊筆

宣統弍年十一月初十日眼全賣者段阿曹氏〇親押立

立卖退耕退业水田契人段阿曹氏仝男位元今因缺用母子嘀（商）议无从出备自愿将到父置之业在于秀才乡地名东边落段性（姓）屋门首田名石头坵田壹丘〈禾谷贰担〉伍斗正计开四至东至李性（姓）田南至路西至黄姓田北至李姓田四至分明将来出卖凭中李加志黄性猷送与本里本甲段兆鹃公会上众等与裔孙段位先名下二人向前承买为业各管壹半当日对中三面言定时值田价洋银贰拾叁元伍毛正即日银契两相交明并未短少分厘其田亦无重复典当又无私债准折自卖之后任从买者管业卖者不〈得异〉言生枝憣悔阻滞等情今欲有凭立此卖契永远管业为据

立除粮全收足领并退耕帖人段阿曹氏仝男位元今将本里本甲　不内税米除与买者　不内收充辛亥年差

其契内洋银贰拾叁元伍毛正仝眼对中领讫不欠分厘所领所收所退是实

契外不必另书撤足领字为准内添改为准

其粮陆续飞散无粮可除当日出备洋银陆毛正日后不得借粮生端本名自愿甘心手不承粮此批为准

其田段位先所管壹半卖与段年玑名下管业为准

中证人段位仁段多良李尊清黄性祥黄性崙段位俊段位弟段多诗段多书段多文段多兰段位华段位贵

前一行系卖者段位元亲笔

□数行并年月段位俊笔

宣统贰年十一月初十日 眼（眼）仝卖者段阿曹氏【押】亲押立

民国元年十二月二十八日胡良珅典卖屋宇基地及洞茶杉树山土契

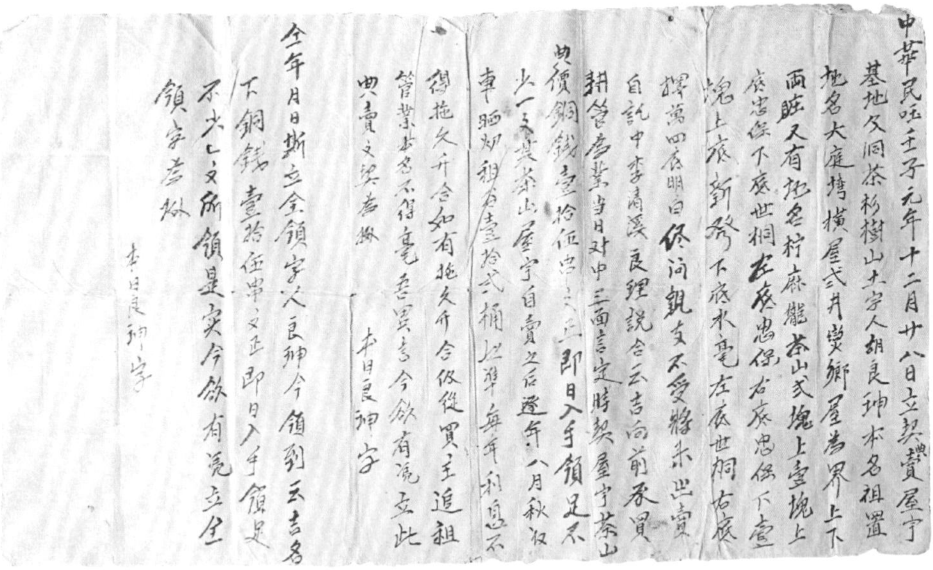

中华民国壬子元年十二月廿八日立契典卖屋宇基地及洞茶杉树山土字人胡良珅本名祖置地名大庭塆横屋贰井变乡屋为界上下两赃又有地名柠麻垅茶山贰块上壹块上底忠保下底世桐左底忠保右底忠保下壹块上底新发下底水毫左底世桐右底择万四底明白尽问亲支不受将来出卖自托中李清溪良理说合云吉向前承买耕管为业当日对中三面言定时契屋宇茶山典价铜钱壹拾伍串文正即日入手领足不少一文其茶山屋宇自卖之后逐年八月秋收车晒炉租谷壹拾贰桶以准每年利息不得拖欠开合如有拖欠升合伋（任）从买主追租管业本名不得毫吾（无）异言今欲有凭立此典卖文契为据

本日良珅字

仝年月日斯立全领字人良珅今领到云吉名下铜钱壹拾伍串文正即日入手领足不少一文所领是实今欲有凭立全领字为据

本日良珅字

民国二年七月十六日段多贞等卖火砖瓦屋契

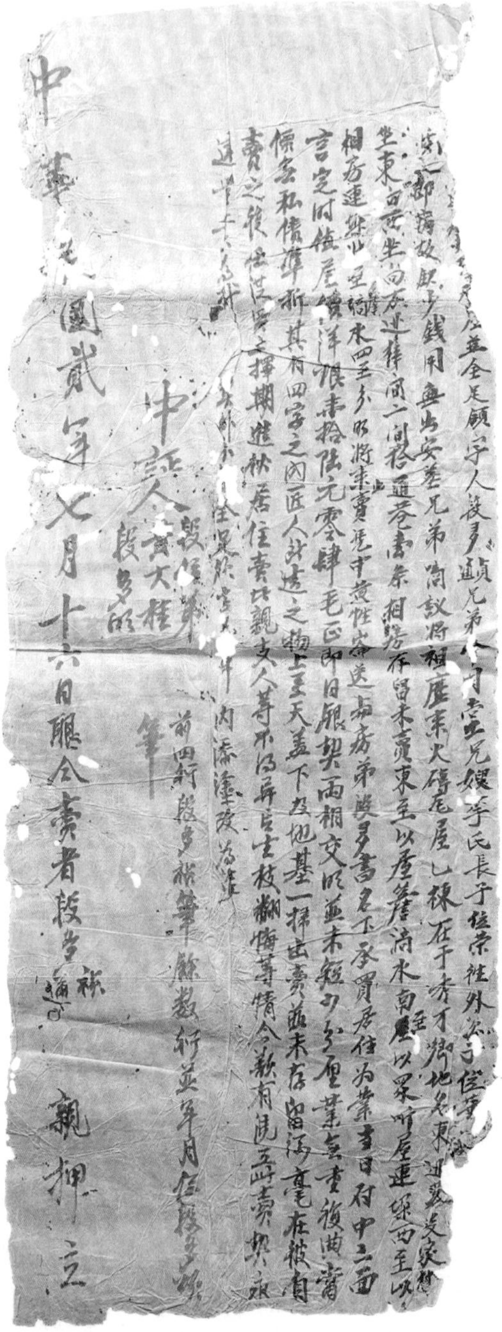

□并全足领字人段多贞段多通兄弟今因堂兄嫂李氏长子位荣往外次子位华□□□□□□□郎病故缺少钱用无出安葬兄弟嘀（商）议将祖历来火砖瓦屋一栋在于秀才乡地名东边落段家村坐东向西坐向右边梓间二间搭通巷壹条相房存留未卖东至以屋檐滴水南至以众听屋连垛西至以相房连垛北至屋檐滴水四至分明将来出卖凭中黄性畲送与房弟段多书名下承买居住为业当日对中三面言定时值屋价洋银壹拾陆元零肆毛正即日银契两相交明并未短少分厘业无重复典当价无私债准折其有四字之内匠人所造之物上至天盖下及地基一扫出卖并未存留丝毫在彼自卖之后任从买者择期进伙居住卖者亲支人等不得异言生枝翻悔等情今欲有凭立此卖契永远管业为据

契外不□□全足领字为准

内添涂改为准

前四行段多祯笔余数行并年月系段多颂笔

中证人黄大桂段位弟段多明

中华民国贰年七月十六日眼仝卖者段多祯段多通【押】亲押立

民国三年十二月初九日刘见俊续价字

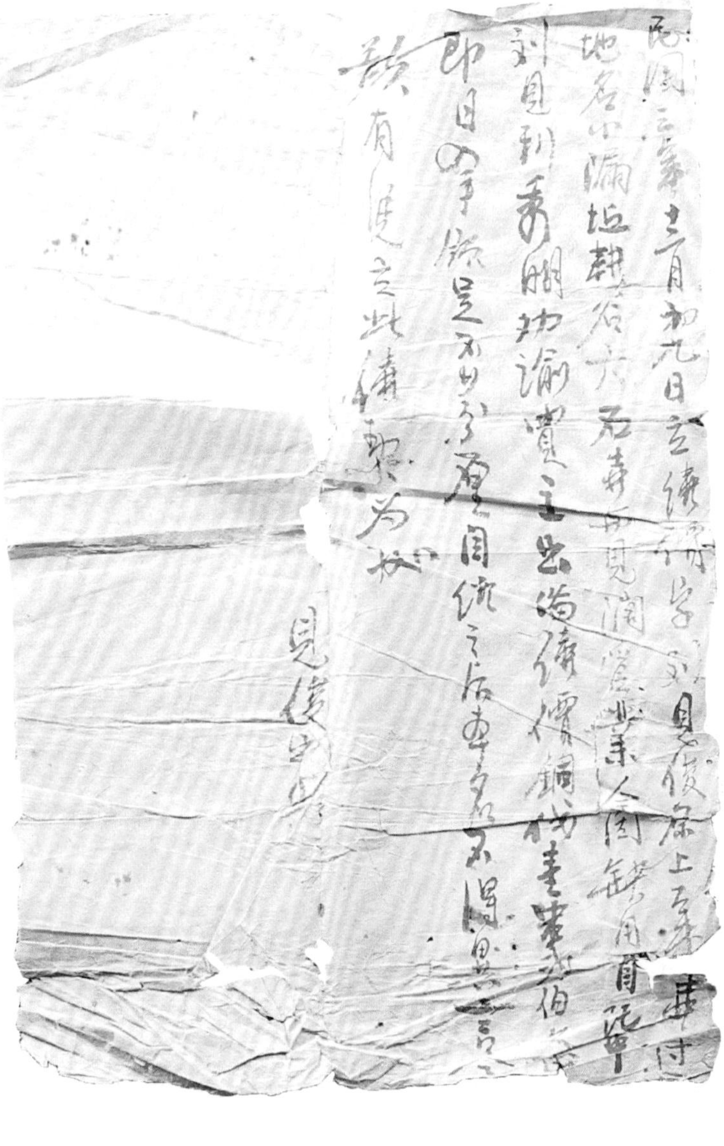

民国三年十二月初九日立续价字刘
见俊原上年卖过地名小漏坵耕谷六
石卖与见润管业今因缺用自托中刘
见利秀明劝谕买主出备续价铜钱壹
串贰伯（佰）文正即日入手领足不
少分厘自续之后本名不得异言今欲
有凭立此续契为据
见俊□□

民国四年七月二十六日段位壬卖地基契

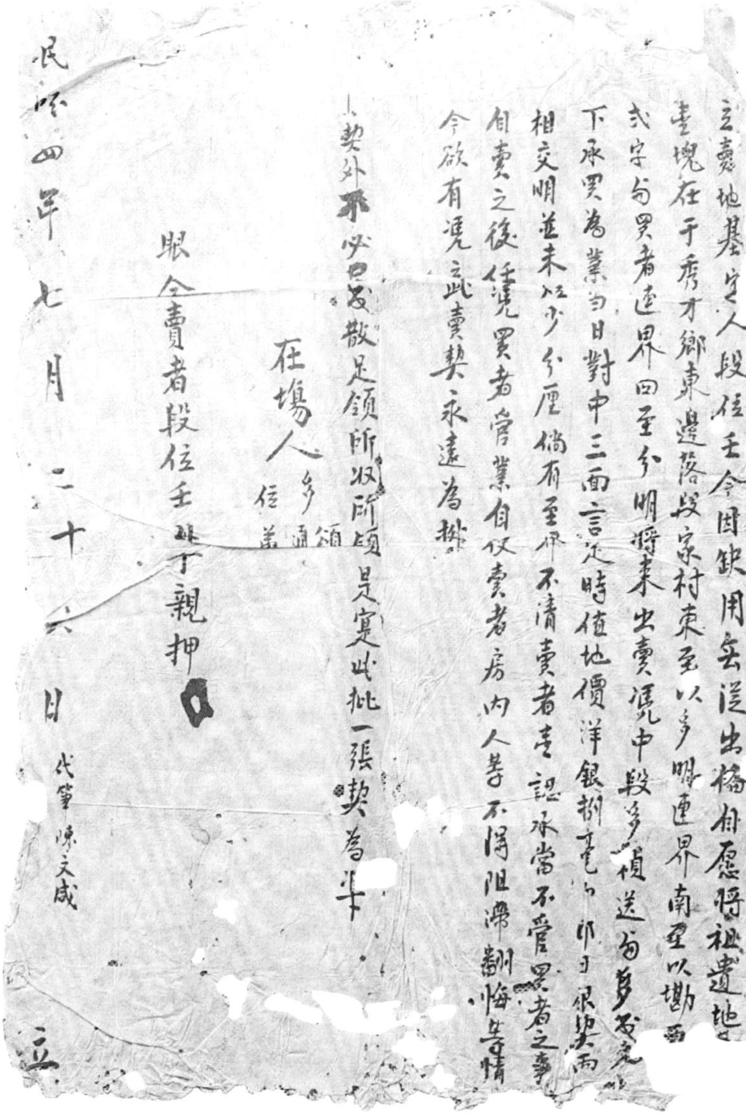

立卖地基字人段位壬今因缺用无从出备自愿将祖遗地□□壹块在于秀才乡东边落段家村东至以多明连界南至以墈∧西∨□贰字与买者连界四至分明将来出卖凭中段多祯送与多书名下承买为业当日对中三面言定时值地价洋银捌毫正即日银契两相交明并未短少分厘倘有至界不清卖者一认（任）承当不管买者之事自卖之后任凭买者管业自便卖者房内人等不得阻滞翻悔等情今欲有凭立此卖契永远为据

契外不必另书散足领所收所领是实此批一张契为准

在场人多颂多通位弟

眼仝卖者段位壬母子亲押【押】

代笔陈文咸

民国四年七月二十六日立

民国四年十二月十一日陈列前永卖园土契

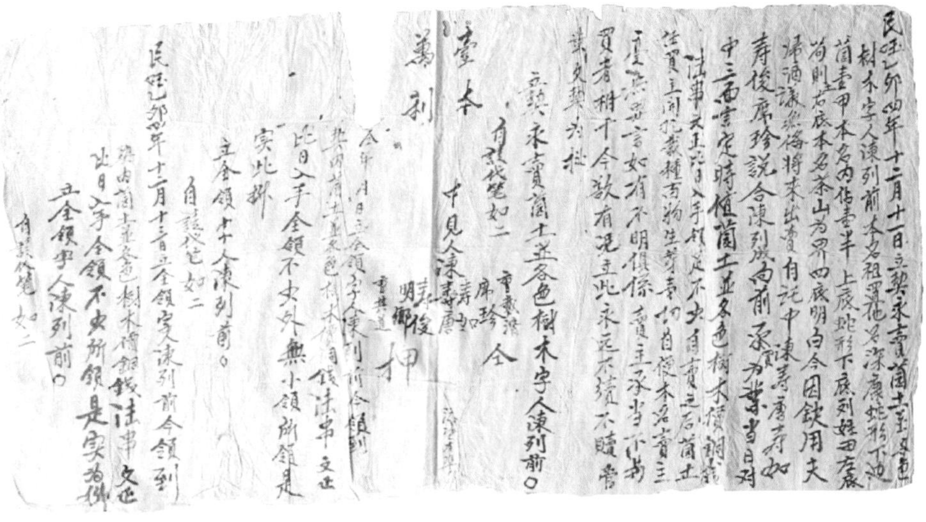

民国乙卯四年十二月十一日立契永卖园土至各色树木字人陈列前本名祖置地名深康蛇形下边园壹甲本名内占壹半上底蛇形下底刘姓田左底荀则土右底本名茶山为界四底明白今因缺用夫妇谪（商）议无备将来出卖自托中陈寿唐寿如寿俊席珍说合陈列成向前承买为业当日对中三面言定时值园土并各色树木价铜钱陆串文正比日入手领足不少自卖之后园土任买主开挖栽种百物生芽一切自便本名卖主毫无异言如有不明俱系卖主承当不与买者相干今欲有凭立此永远不续不赎管业文契为据

立契永卖园土并各色树木字人陈列前【押】

自请代笔如二

一本万利

中见人曹戴济陈席珍陈寿如陈寿唐陈寿俊陈明卿曹其道同押

添字有准

仝年月日立全领字人陈列前今领到契内园土并各色树木价铜钱陆串文正比日入手全领不少外无小领所领是实此据

立全领字人陈列前【押】

自请代笔如二

民国乙卯四年十二月十三日立全领字人陈列前今领到契内园土并各色树木价铜钱陆串文正比日入手全领不少所领是实为据

立全领字人陈列前【押】

自请代笔如二

民国五年八月二十六日段位元卖山岭地土契

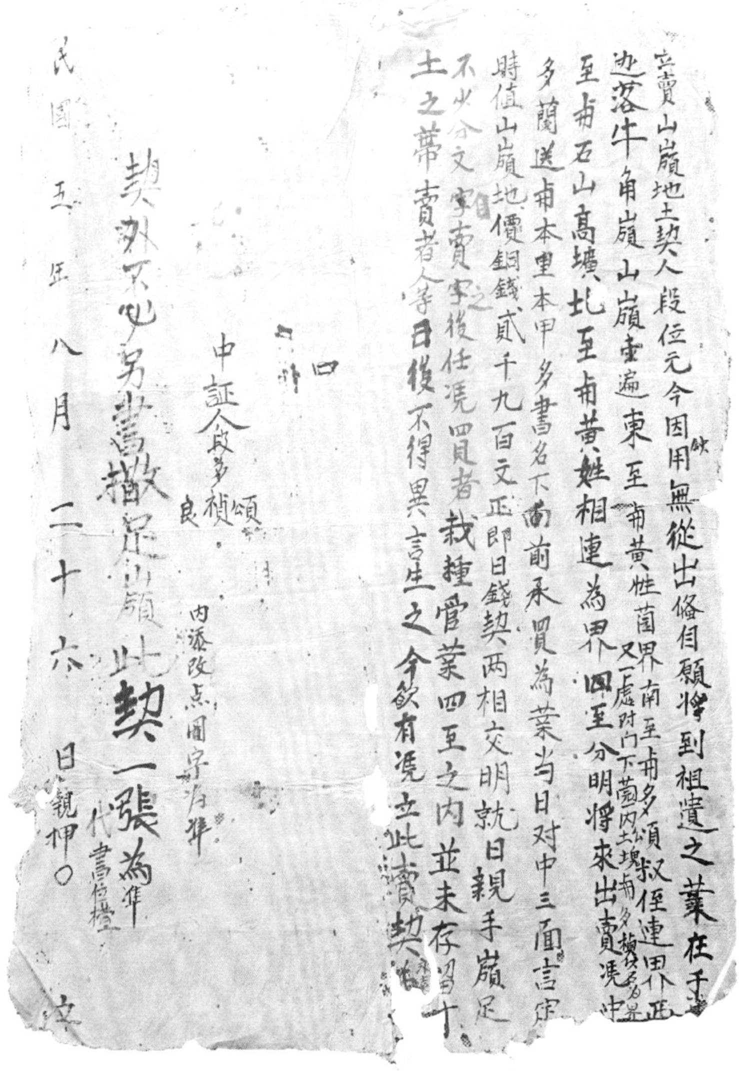

立卖山岭地土契人段位元今因缺用无从出备自愿将到祖遗之业在于〈东〉边落牛角岭山岭壹遍东至与黄性（姓）园界南至与多颂叔侄连界西至与石山高圹北至与黄姓相连为界又一处对门下园内土块与多祯伏石为界四至分明将来出卖凭中多兰送与本里本甲多书名下向前承买为业当日对中三面言定时值山岭地价铜钱贰千九百文正即日钱契两相交明就日亲手岭（领）足不少分文自卖之后任凭买者栽种管业四至之内并未存留寸土之带卖者人等日后不得异言生之（枝）今欲有凭立此卖契永远（为）□

中证人段多颂段多祯段多良

内添改点图字为准

契外不必另书撒足岭（领）此契一张为准

代书位楦

民国五年八月二十六日亲押

【押】立

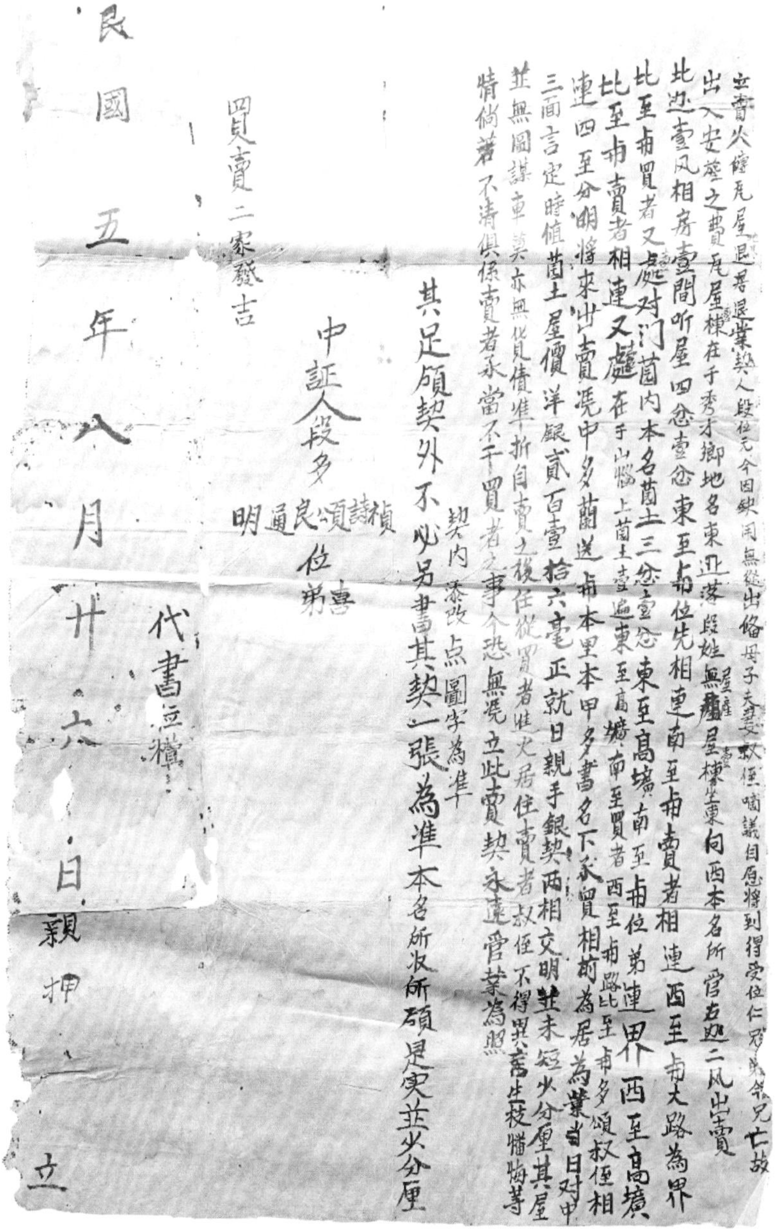
立賣火磚瓦屋退居退業契人段位元今因缺用無從出備母子夫妻叔侄嘀議自愿將到得受位仁冠叔兄亡故
出入安葬之費瓦屋棟在于秀才鄉地名東江落段姓無屋塲屋棟坐東向西本名所管右邊二风出賣
北邊壹风相房壹間听屋四忿壹忿東至本位先相連南至本賣者相連西至本大路為界
北至本買者又處对门菌内本名菌土三忿壹忿東至高墙南至本位弟連界西至高墳
北至本賣者相連又處在于山脇上菌土壹遍東至高墙南至買者西至本路北至本多頌叔侄相
連四至分明將來出賣凴中多蘭送本本里本甲多書名下承買相商為居為業當日对中
三面言定時值菌土屋價洋銀貳百壹拾六毫正就日親手銀契兩相交明並未短少分厘其屋
並無圖謀重莫亦無貨債準折自賣之後任從買者進火居住賣者叔侄不得異言生枝擋悔等
情倘若不清俱係賣者承當不干買者之事今恐無凴立此賣契永遠管業為照
其足領契外不必另書其契一張為準本名所收所領是实並火分厘
契内添改点圖字為準
中証人段多禎 詩 公頌 良 位喜 通 弟 明
買賣二家發吉
代書立權
民國五年八月廿六日親押立

立卖火砖瓦屋地基退居退业契人段位元今因缺用无从出备母子夫妻叔侄嘀（商）议自愿将到得受位仁兄弟今兄亡故出入安葬之费瓦屋壹栋在于秀才乡地名东边落段姓屋产屋壹栋坐东向西本名所管右边二风出卖北边壹风相房壹间听屋四岔（份）壹岔（份）东至与位先相连南至与卖者相连西至与大路为界北至与买者又壹处对门园内本名园土三岔（份）壹岔（份）东至高圹南至与位弟连界西至高圹北至与卖者相连又壹处在于山恼上园土壹遍东至高圹南至买者西至与路北至与多颂叔侄相连四至分明将来出卖凭中多兰送与本里本甲多书名下承买相前为居为业当日对中三面言定时值园土屋价洋银贰百壹拾六毫正就日亲手银契两相交明并未短少分厘其屋并无图谋车算亦无货债准折自卖之后任从买者进火居住卖者叔侄不得异言生枝播悔等情倘若不清俱系卖者承当不干买者之事今恐无凭立此卖契永远管业为照

契内添改点图字为准

其足领契外不必另书其契一张为准本名所收所领是实并少分厘

中证人段多祯段多诗段多颂段多良段多通段多明段位喜段位弟

买卖二家发吉

代书位楦

民国五年八月廿六日亲押立

民国五年十月十九日段位元卖退耕退业水田契

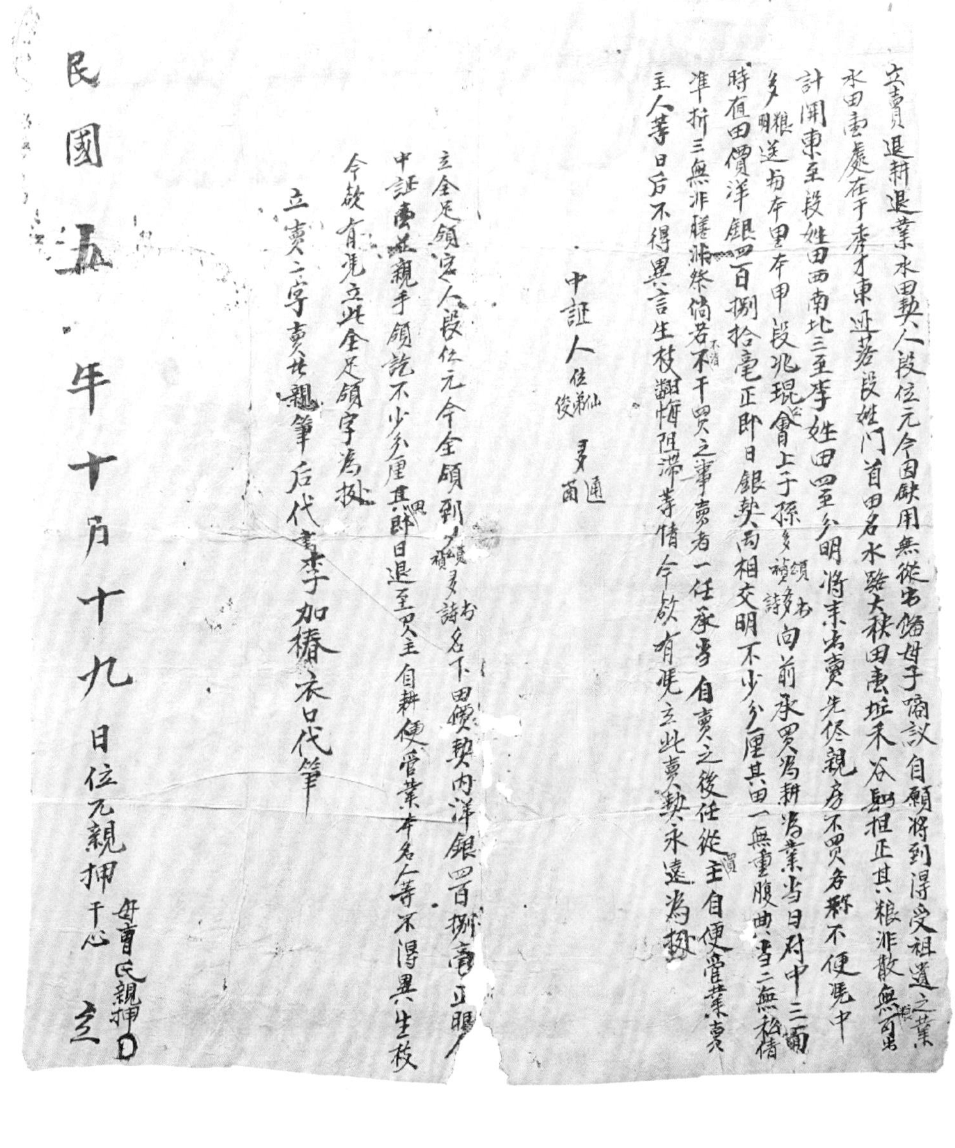
立賣退耕退業水田契人段位元，今因缺用無從出錯，母子商議，自願將到得受祖遺之業水田壹處，在于李才東逕落段姓門首，田名水路大秋田壹坵，禾谷相正，其糧非散，無可出。計開東至段姓田，西南北三至李姓田，四至分明。將來出賣，先儘親房，不買，各稱不便，憑中多糧送與本里本甲段兆現會上子孫向前承買為耕為業。當日對中三面時值田價洋銀四百捌拾毫正，即日銀契兩相交明，不少分厘。其田一無重複典當，二無私債準折，三無非情等弊。倘若不清，不干買之事，賣者一任承當。自賣之後，任從買主自便管業，賣主人等日后不得異言生枝翻悔阻滞等情。今欲有憑，立此賣契永遠為據。

中証人 任俊仙 李通

立全足領字人段位元，今全領到名下田價契内洋銀四百捌拾毫正，眼同中証壹並親手領訖，不少分厘。其田即日退至買主自耕，便管業，本名人等不得異生枝。今欲有憑，立此全足領字為據。

立賣二字賣共親筆，后代書李加椿衣口代筆

民國五年十月十九日位元親押 母曾氏親押 干心 立

立卖退耕退业水田契人段位元今因缺用无从出备母子嘀（商）议自愿将到得受祖遗之业水田壹处在于秀才东边落段姓门首田名水路大秧田壹丘禾谷肆担正其粮非散无粮可出计开东至段姓田西南北三至李姓田四至分明将来出卖先尽亲房不买各称不便凭中多粮多明送与本里本甲段兆琨公会上子孙多颂多祯多书多诗向前承买为耕为业当日对中三面时值田价洋银四百捌拾毫正即日银契两相交明不少分厘其田一无重腹（复）典当二无私倩（债）准折三无非膳非祭倘若不清不干买之事卖者一任承当自卖之后任从买主自便管业卖主人等日后不得异言生枝翻悔阻滞等情今欲有凭立此卖契永远为据

中证人位仙位弟位俊多通多莆

立全足领字人段位元今全领到多颂多祯多书多诗名下田价契内洋银四百捌毫正眼〈全〉中证一并亲手领讫不少分厘其田即日退至买主自耕便管业本名人等不得异〈言〉生枝今欲有凭立此全足领字为据

立卖二字卖者亲笔后代书李加椿衣（依）口代笔

民国五年十月十九日位元亲押【押】母曹氏亲押【押】立

民国五年十一月十二日胡阿吴氏仝男良珅卖桐茶杉契

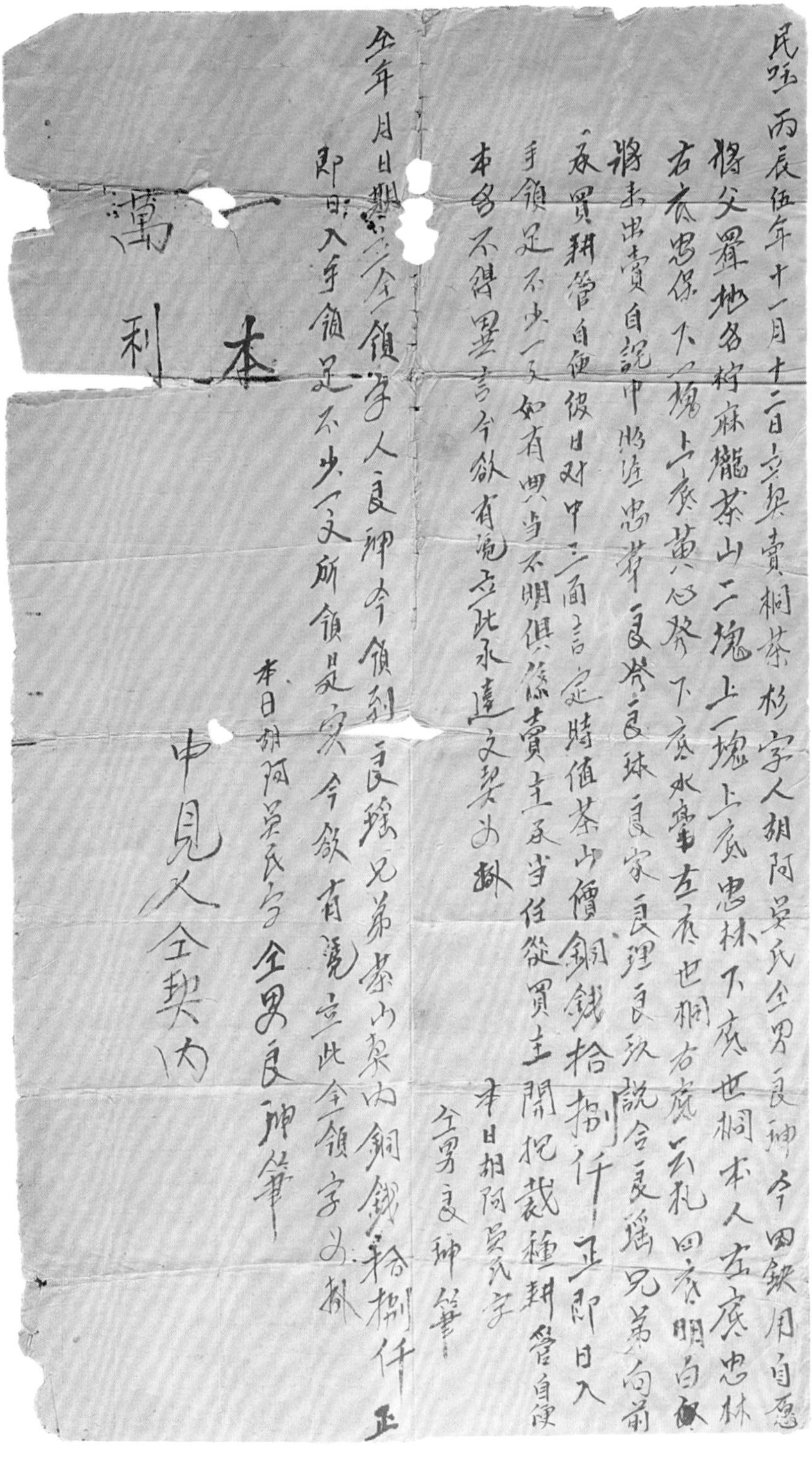

民国丙辰伍年十一月十二日立契賣桐茶杉字人胡阿吴氏仝男良珅今因缺用自愿將父置地名柠麻壠茶山二塊上一塊上底忠林下底世桐本人右底忠林右底忠保下一塊上底黄心發下底水圳左底世桐右底石孔四底明白欲將出賣自說中將進忠弟良發良珠良家良理良玖說合良瑤兄弟向前承買耕管自便後日对中三面言定時值茶山價銅錢拾捌仟正即日入手領足不少一文如有此山当不明俱係賣主承当任從買主開挖栽種耕管自便本名不得異言今欲有憑立此永遠文契為據

本日胡阿吴氏字

仝男良珅筆

仝年月日期立全領字人良珅今領到良瑤兄弟茶山契内銅錢拾捌仟正即日入手領足不少一文所領是實今欲有憑立此全領字為據

本日胡阿吴氏字

仝男良珅筆

中見人仝契内

一本萬利

民国丙辰伍年十一月十二日立契卖桐茶杉字人胡阿吴氏仝男良珅今因缺用自愿将父置地名柠麻垅茶山二块上一块上底忠林下底世桐本人左底忠林右底忠保下一块上底黄心发下底水毫左底世桐右底云札四底明白将来出卖自托中照注忠华良发良球良家良理良玖说合良瑶兄弟向前承买耕管自便彼日对中三面言定时值茶山价铜钱拾捌仟正即日入手领足不少一文如有典当不明俱系卖主承当任从买主开挖裁（栽）种耕管自便本名不得异言今欲有凭立此永远文契为据

本日胡阿吴氏字

仝男良珅笔

仝年月日期立全领字人良珅今领到良瑶兄弟茶山契内铜钱拾捌仟正即日入手领足不少一文所领是实今欲有凭立此全领字为据

本日胡阿吴氏字仝男良珅笔

中见人仝契内

一本万利

民国六年十二月二十八日胡阿吴氏仝男良珅卖余地契

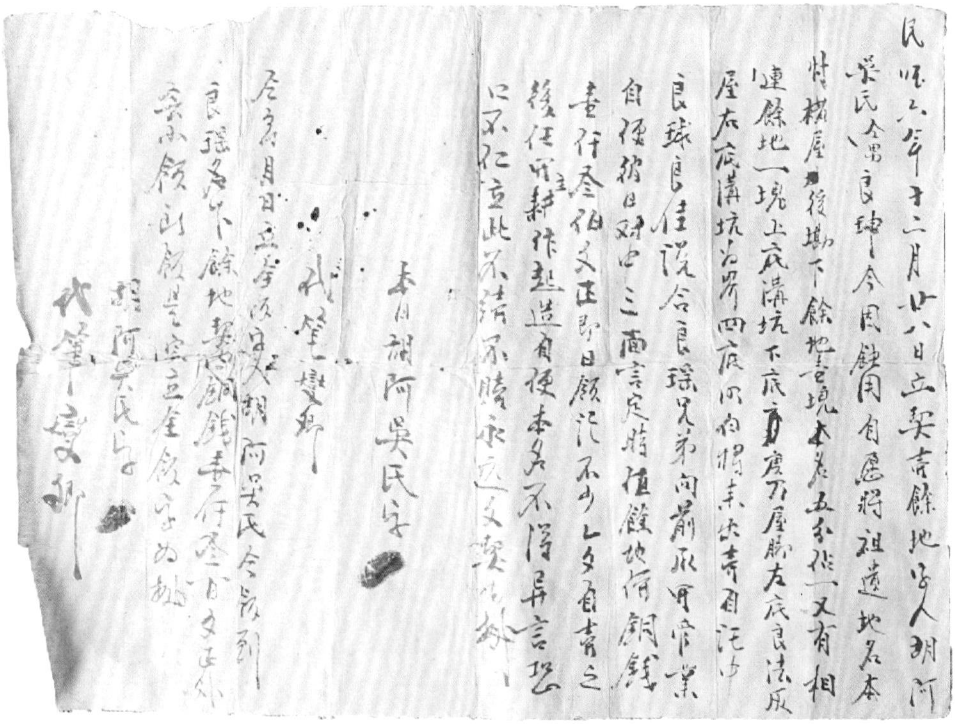

民国六年十二月廿八日立契卖余地字人胡阿吴氏仝男良珅今因缺用自愿将祖遗地名本村横屋后塅下余地壹块本名五分占一又有相连余地一块上底沟坑下底唐乃屋脚左底良法灰屋右底沟坑为界四底明白将来出卖自托中良球良佳说合良瑶兄弟向前承买管业自便彼日对中三面言定时值余地价铜钱壹仟叁伯（佰）文正即日领讫不少一文自卖之后任买主耕作起造自便本名不得异言恐口不仁立此不续不赎永远文契为据

本日胡阿吴氏字【押】

代笔燮卿

仝年月日立全收字人胡阿吴氏今领到良瑶名下余地契内铜钱壹仟叁百文正外会小领所领是实立全领字为据

胡阿吴氏字【押】

代笔燮卿

民国八年四月初八日胡周氏仝男世储卖园土契

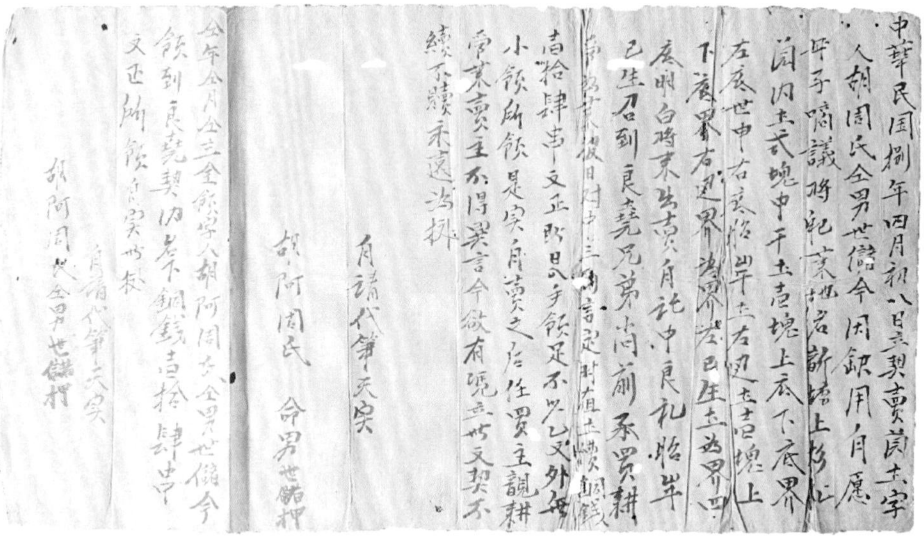

中华民国捌年四月初八日立契卖园土字人胡周氏仝男世储今因缺用自愿母子嘀（商）议将己业地名新塘上杉松园内土贰块中干土壹块上底下底界左底世申右底昭岸土左边土壹块上下底界右边界为界左已生土为界四底明白将来出卖自托中良礼昭岸已生召到良尧兄弟尚（向）前承买耕管为业彼日对中三（面）言定时值土价铜钱壹拾肆串文正即日入手领足不少一文外无小领所领是实自卖之后任买主亲耕管业卖主不得异言今欲有凭立此文契不续不赎永远为据

自请代笔天实

胡阿周氏命男世储【押】

仝年仝月仝立仝领字人胡阿周氏仝男世储今领到良尧契内名下铜钱壹拾肆串文正所领自实此据

自请代笔天实

胡阿周氏仝男世储【押】

民国八年十月初五日李加愈卖退耕退业水田契

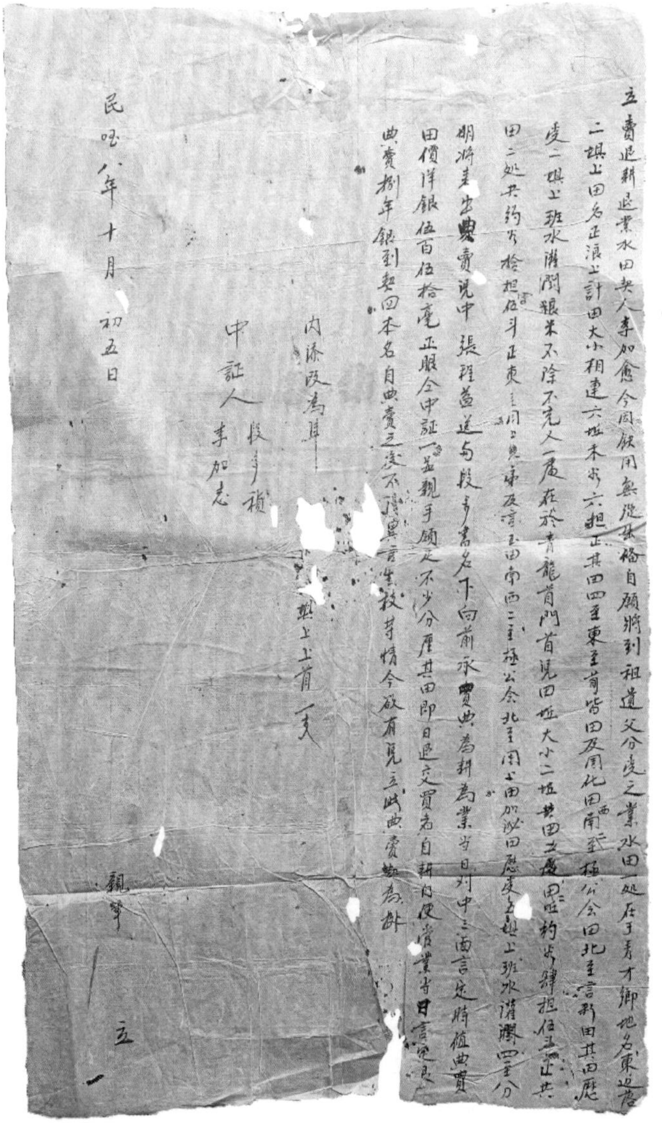

立卖退耕退业水田契人李加愈今因缺用无从出备自愿将到祖遗父分受之业水田一处在于秀才乡地名东边落二坝上田名正浪上计田大小相连六丘禾谷六担正其田四至东至前皆田及周化田西南二至极公会田北至言彩田其田历受二坝上班水灌润粮米不除不充又一处在于青龙首门首凭田丘大小二丘共田二处田二丘约谷肆担伍斗正共田二处共约谷拾担零伍斗正东至周上弟及言玉田南西二至极公会北至周上田加泌田历受五坝上班水灌润四至分明将来出典卖凭中张程益送与段多书名下向前承买典为耕为业当日对中三面言定时值典买（卖）田价洋银伍百伍拾毫正眼仝中证一并亲手领足不少分厘其田即日退交买者自耕自便管业当日言定限典卖捌年银到契回本名自典卖之后不得异言生枝等情今欲有凭立此典卖契为据

内添改为准

□□□坝上上首一支

中证人段多祯李加志

民国八年十月初五日亲笔立

民国九年十一月初二日良珅卖屋与山基契

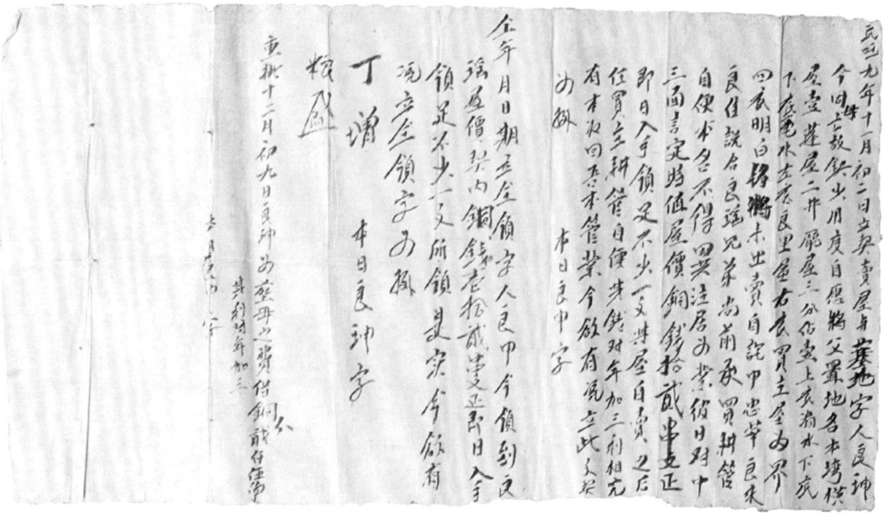

民国九年十一月初二日立契卖屋与山基地字人良珅今因母亡故缺少用度自愿将父置地名本塆横屋壹蓬屋二井厅屋三分占壹上底滴水下底〔下底〕毫水左底良里屋右底买主屋为界四底明白将来出卖自托中忠华良来良佳说合良瑶兄弟尚（向）前承买耕管自便本名不得异注居为业彼日对中三面言定时值屋价铜钱拾贰串文正即日入手领足不少一文其屋自卖之后任买主耕管自便其钱对年加三利相完有本收回吾本管业今欲有凭立此文契为据

本日良申字

仝年月日期立仝领字人良申今领到良瑶屋价契内铜钱壹拾贰串文正即日入手领足不少一文所领是实今欲有凭立仝领字为据

本日良珅字

丁增粮盛

重批十二月初九日良珅为葬母之费借铜钱贰仟伍伯（佰）文

其利对年加三

本日良申字

民国九年十二月二十四日胡阿陈氏等卖田契

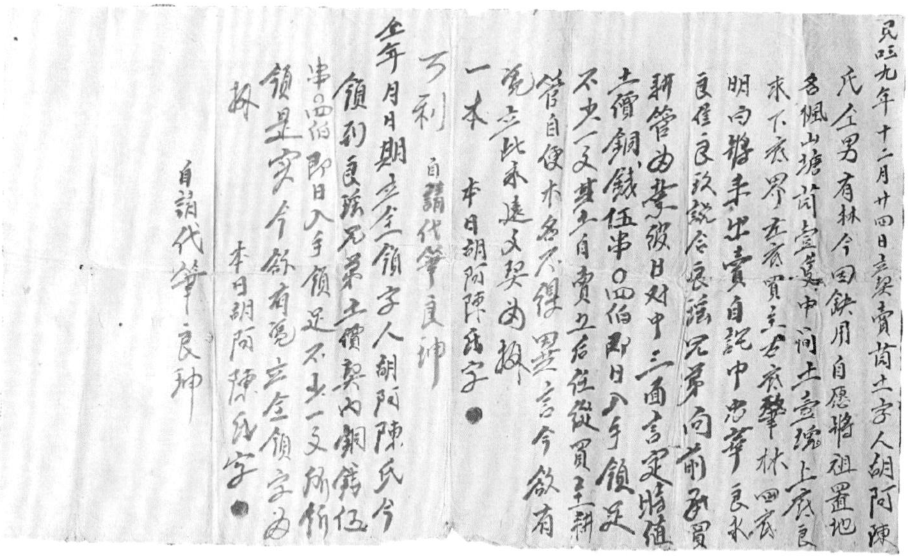

民国九年十二月廿四日立契卖园土字人胡阿陈氏仝男有林今因缺用自愿将祖置地名枫山塘园壹只中间土壹块上底良求下底界左底买主右底肇林四底明白将来出卖自托中忠华良永良佳良玖说合良瑶兄弟向前承买耕管为业彼日对中三面言定时值土价铜钱伍串〇四伯（佰）即日入手领足不少一文其土自卖之后任从买主耕管自便木（本）名不得异言今欲有凭立此永远文契为据

本日胡阿陈氏字【押】

自请代笔良珅

一本万利

仝年月日期立全领字人胡阿陈氏今领到良瑶兄弟土价契内铜钱伍串〇四伯（佰）即日入手领足不少一文所［所］领是实今欲有凭立全领字为据

本日胡阿陈氏字【押】

自请代笔良珅

民国十年一月五日天钺收条

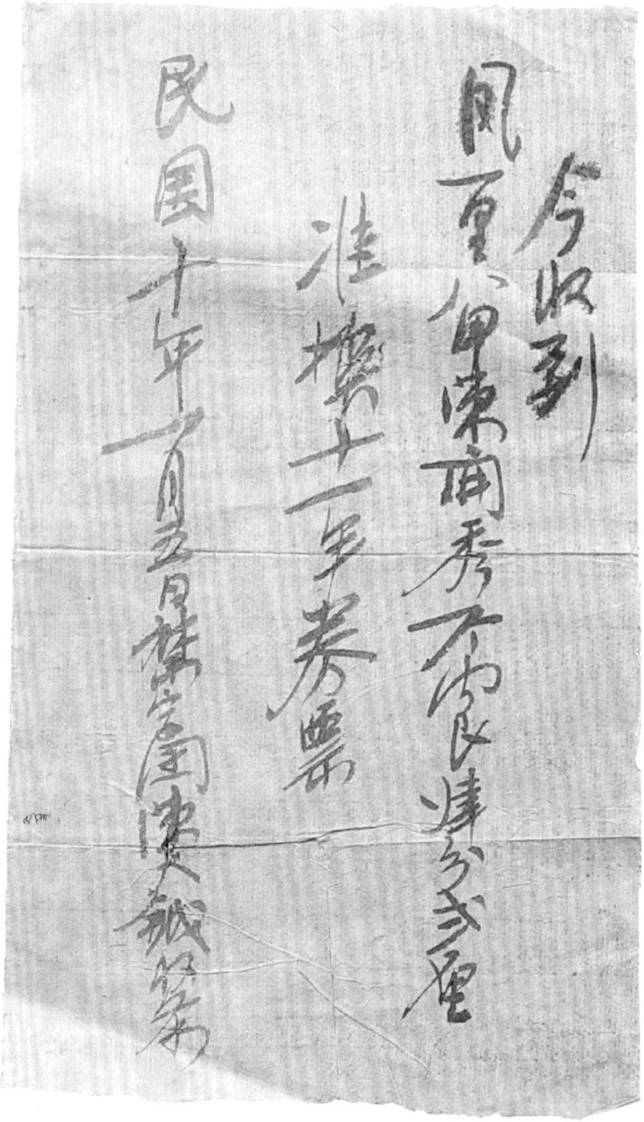

今收到凤一里八甲陈开秀不内银肆分贰厘准换十一年券票
民国十年一月五日禁字□陈天钺收条

民国十年三月二十四日段贤成分耕水田字

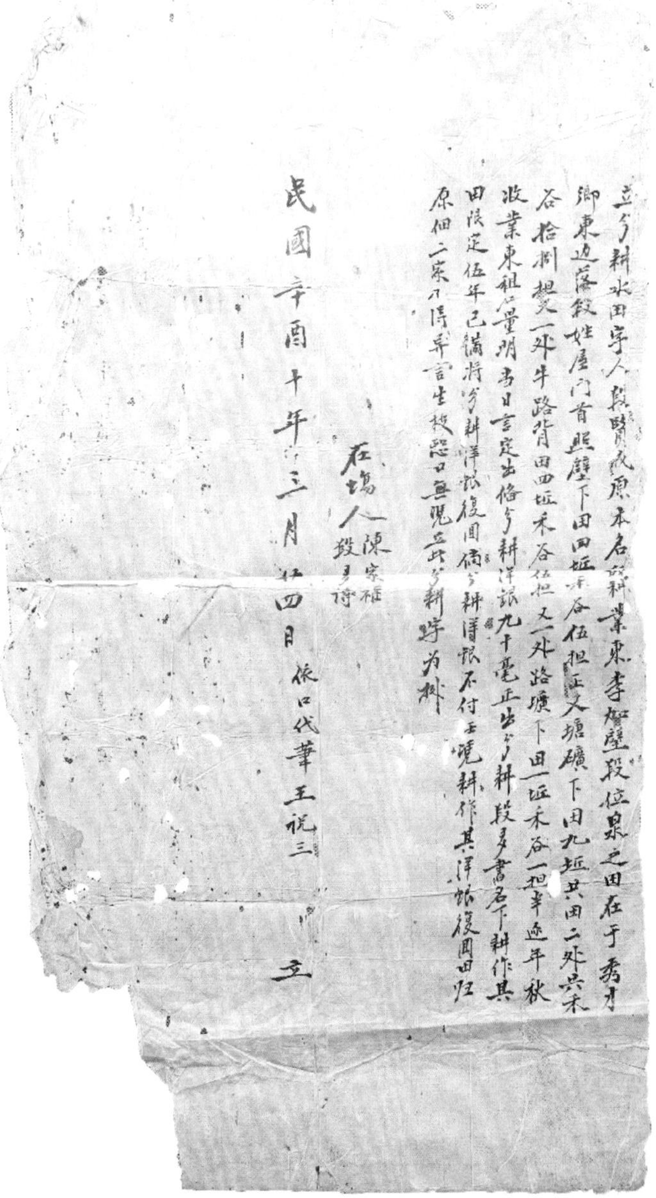

立分耕水田字人段贤成原本名所耕业东李加壁段位泉之田在于秀才乡东边落段姓屋门首照壁下田四丘禾谷伍担正又塘矿下田九丘共田二处共禾谷拾捌担又一处牛路背出四丘禾谷伍担又一处路圹下田一丘禾谷一担半逐年秋收业东租〈谷〉量明当日言定出备分耕洋银九千毫正出分耕段多书名下耕作其田限定伍年已满将分耕洋银复回倘分耕洋银不付任凭耕作其洋银复回田归原佃二家不得异言生枝恐口无凭立此分耕字为据

在场人陈家禄段多诗

民国辛酉十年三月廿四日依口代笔王祝三立

民国十年十二月初二日段多闲等卖砖瓦屋宇地基契

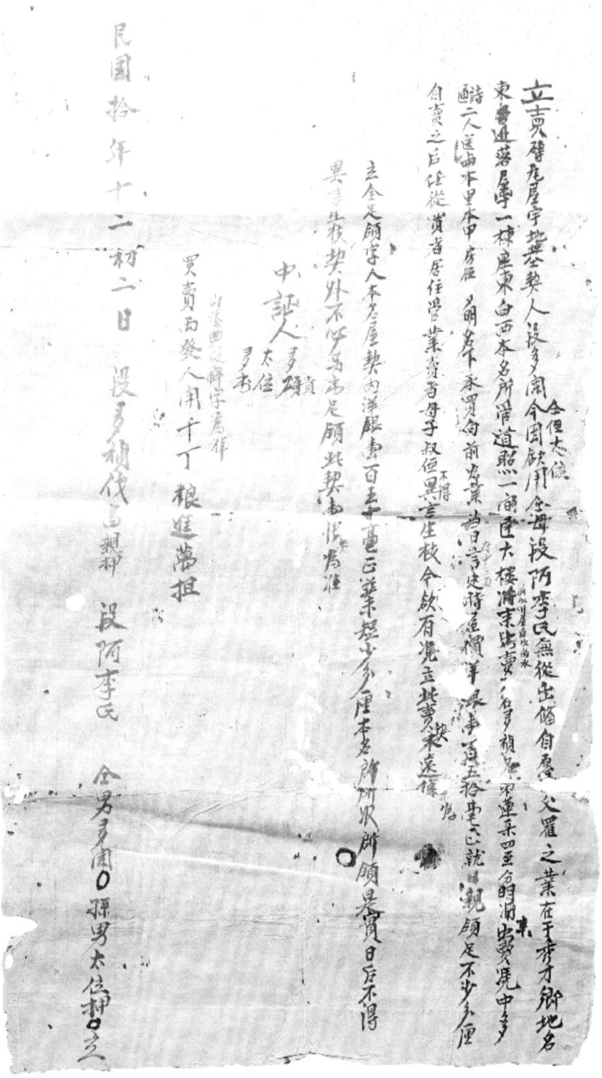

立卖砖瓦屋宇地基契人段多闲仝侄太位今因缺用仝母段阿李氏无从出备自愿〈将〉父置之业在于秀才乡地名东边落屋宇一栋座东向西本名所管道照一间大楼前以听屋后以的（滴）水将来出卖□□多祯兄弟莲（连）朵四至分明将来出卖凭中多诗多通二人送与本里本甲房侄多明名下承买向前为业当日对中三面言定时屋价洋银壹百五拾毫正就日亲领足不少分厘自卖之后任从买者居住管业卖者母子叔侄不得异言生枝今欲有凭立此卖契永远为据

立全足领字人本名屋契内洋银壹百五十毫正并未短少分厘本名所收所领是实日后不得异言生枝契外不必另出足领此契壹张契为准

中证人多贵多颂太位多书

内添典改解字为准

买卖两发人开千丁粮进万担

民国拾年十二〈月〉初二日段多祯伐（代）书亲押段阿李氏仝男多闲【押】孙男太位押【押】立

民国十一年三月十八日段位泉卖退耕园土契

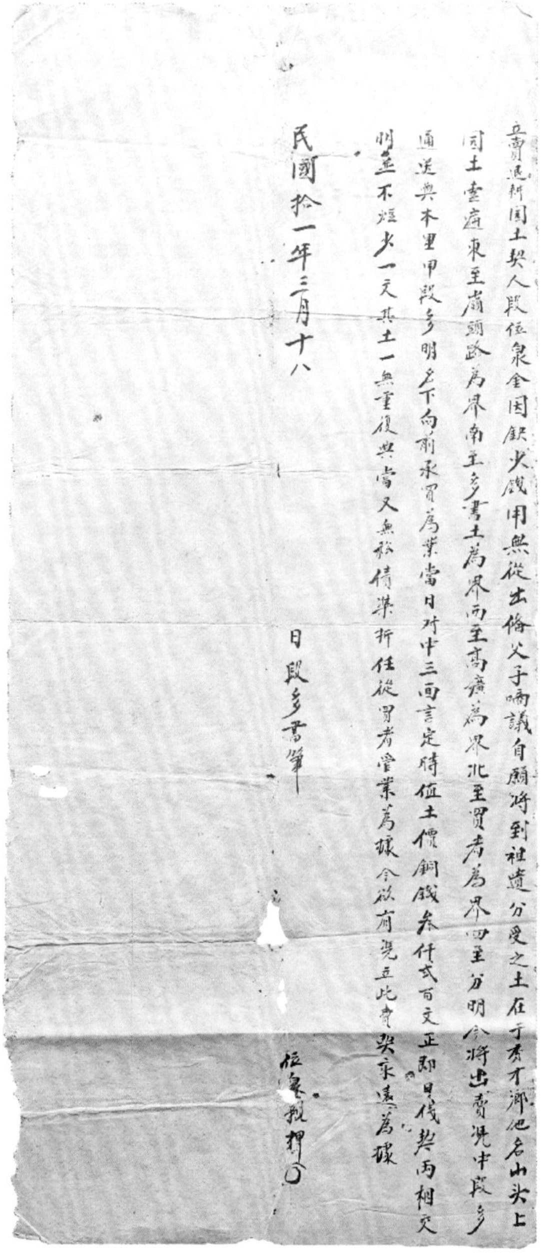

立卖退耕园土契人段位泉金（今）因缺少钱用无从出备父子嘀（商）议自愿将到祖遗分受之土在于秀才乡他（地）名山头上园土壹遍东至岭头路为界南至多书土为界西至高圹为界北至买者为界四至分明今将出卖凭中段多通送与本里甲段多明名下向前承买为业当日对中三面言定时值土价铜钱叁仟贰百文正即日钱契两相交明并不短少一文其土一无重复典当又无私债准折任从买者管业为据今欲有凭立此卖契永远为据

民国拾一年三月十八日段多书笔

位泉亲押【押】

民国十一年十月二十六日刘秀财卖□茶杉树土契

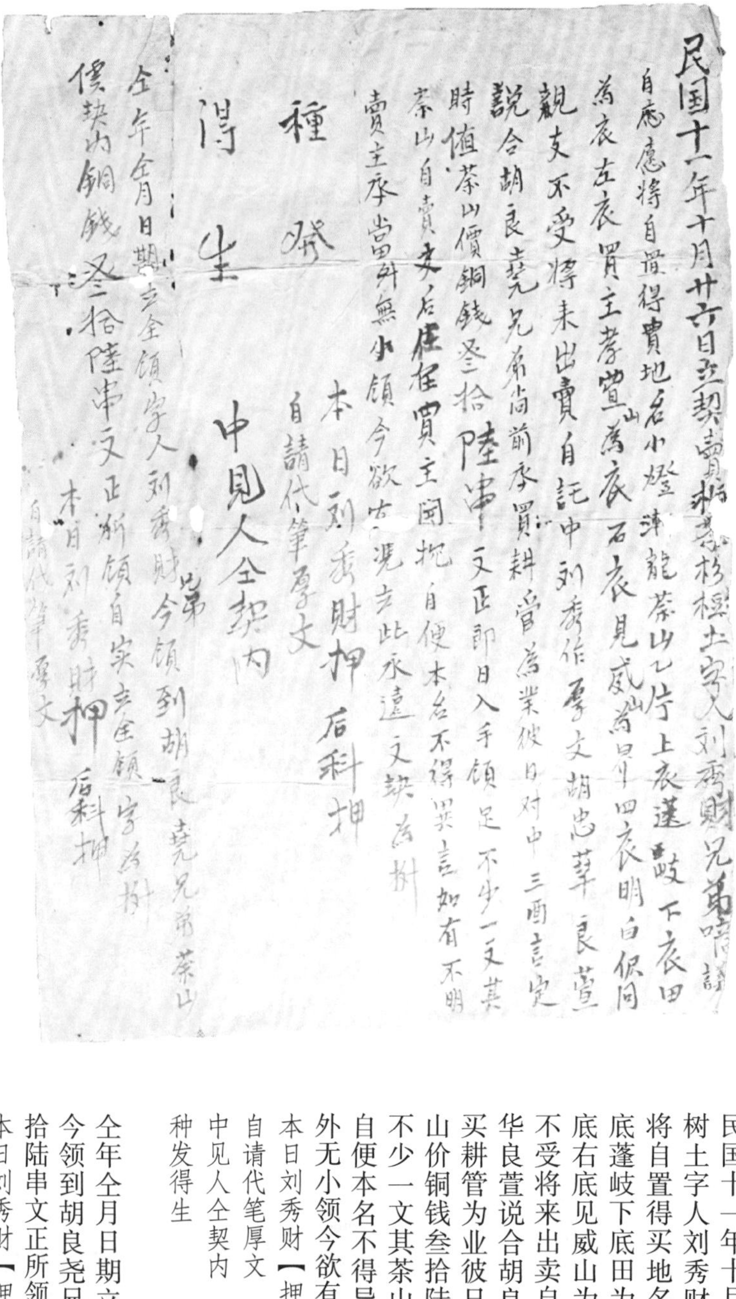

民国十一年十月廿六日立契卖□茶杉树土字人刘秀财兄弟嘀（商）议自愿将自置得买地名小灯□龙茶山一片上底蓬岐下底田为底左底买主孝萱山为底右底见威山为界四底明白尽问亲支不受将来出卖自托中刘秀作厚文胡忠华良萱说合胡良尧兄弟尚（向）前承买耕管为业彼日对中三面言定时值茶山价铜钱叁拾陆串文正即日入手领足不少一文其茶山自卖之后任买主开挖自便本名不得异言如有不明卖主承当外无小领今欲有凭立此永远文契为据

本日刘秀财【押】后科【押】

自请代笔厚文

中见人仝契内

种发得生

仝年仝月日期立仝领字人刘秀财兄弟今领到胡良尧兄弟茶山价契内铜钱叁拾陆串文正所领自实立仝领字为据

本日刘秀财【押】后科【押】

自请代笔厚文

民国十六年三月初六日刘建业卖园土契

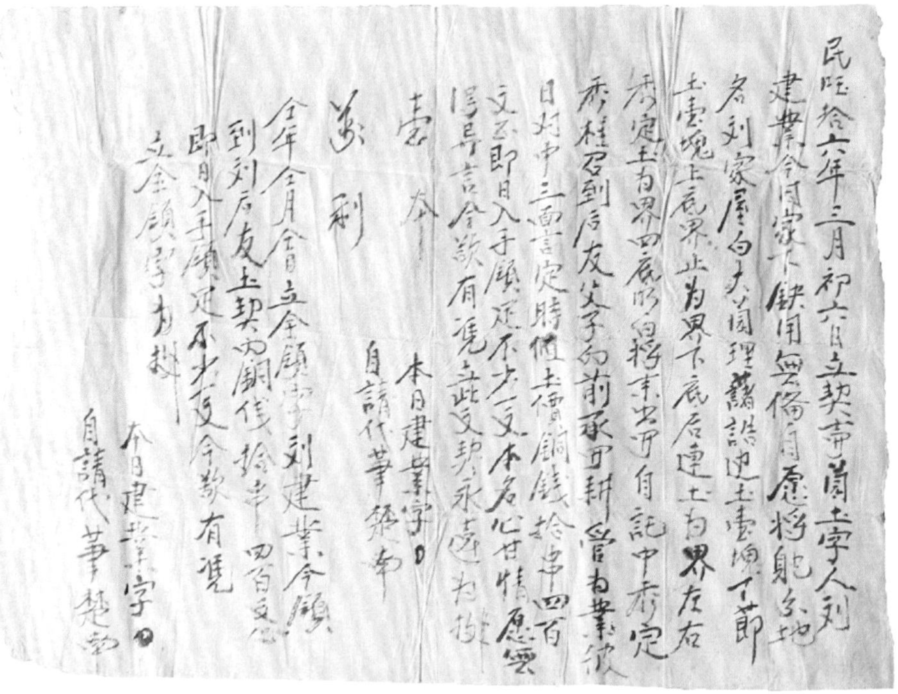

民国拾六年三月初六日立契卖园土字人刘建业今因家下缺用无备自愿将己分地名刘家屋白大园理藷诰边土壹块一节土壹块上底界止为界下底后连土为界左右秀定土为界四底明白将来出买（卖）自托中秀定秀桂召到后友父子向前承买耕管为业彼日对中三面言定时值土价铜钱拾串四百文正即日入手领足不少一文本名心甘情愿无得异言今欲有凭立此文契永远为据

本日建业字【押】

自请代笔楚南

壹本万利

仝年仝月仝日立全领字刘建业今领到刘后友土契内铜钱拾串四百文正即日入手领足不少一文今欲有凭立全领字为据

本日建业字【押】

自请代笔楚南

民国十六年三月十六日谭儒凤兄弟卖田禾契

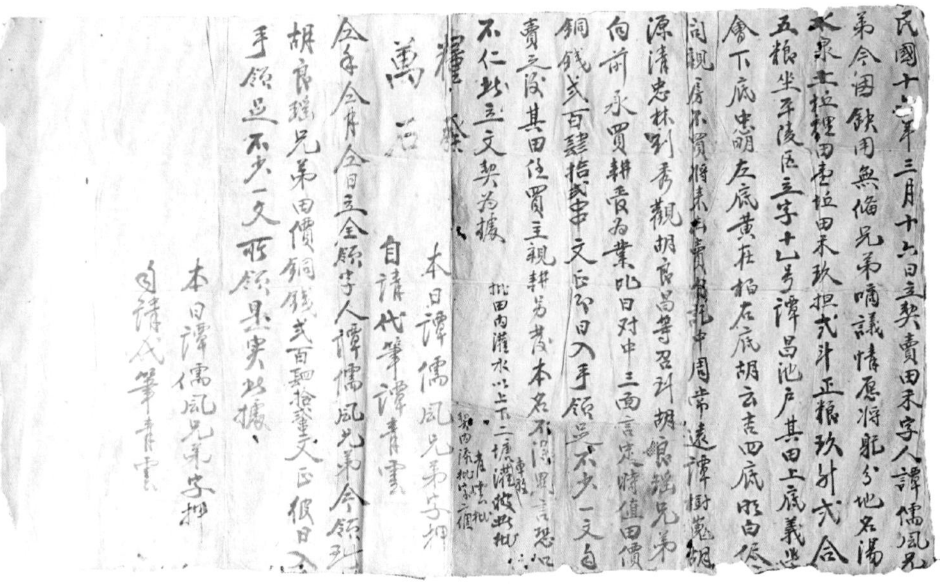

民国十六年三月十六日立契卖田禾字人谭儒凤兄弟今因缺用无备兄弟嘀（商）议情愿将己分地名汤水泉土坵裡田壹丘田禾玖担贰斗正粮玖升贰合五粮坐平凌区立字十一号谭昌池户其田上底义学会下底忠明左底黄在柏右底胡云吉四底明白尽问亲房不买将来出卖〈自〉托中周常远谭树嵬胡源清忠林到秀观胡良昌等召到胡良瑶兄弟向前承买耕管为业比日对中三面言定时值田价铜钱贰百肆拾贰串文正即日入手领足不少一文自卖之后其田任买主亲耕另发本名不得异言恐口不仁此立文契为据

批田内灌水以上下二塘车放灌救此批

青云批

契内添批字二个

本日谭儒凤兄弟字【押】

自请代笔谭青云

粮发万石

仝年仝月仝日立全领字人谭儒凤兄弟今领到胡良瑶兄弟田价铜钱贰百肆拾贰串文正彼日入手领足不少一文所领是实此据

本日谭儒凤兄弟字【押】

自请代笔青云

民国十六年四月初二日胡云马仝男忠进等永卖田禾契

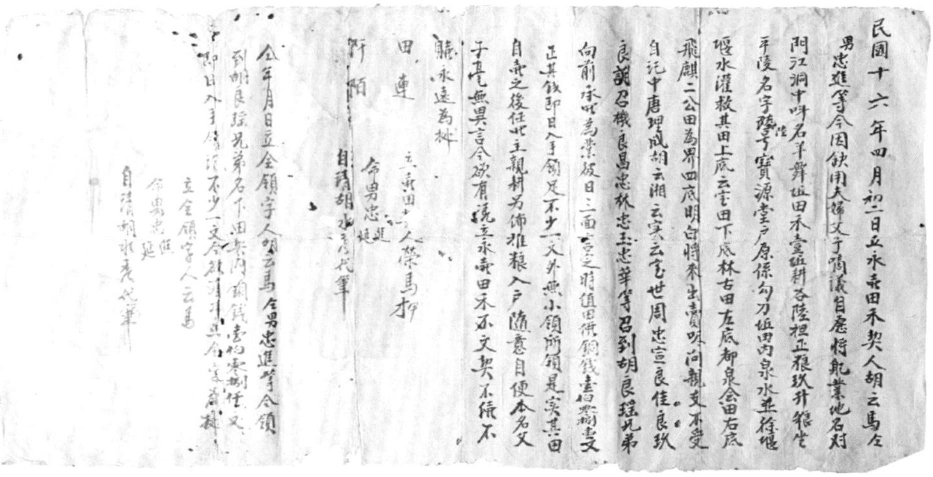

民国十六年四月初二日立永卖田禾契人胡云马仝男忠进等今因缺用夫妇父子嘀（商）议自愿将己业地名对门江洞中吽名羊舞坵田禾壹丘耕谷陆担正粮玖升粮坐平陵名字陆陆号宝源堂户原系勾刀坵田内泉水并徐堰堰水灌救其田上底云宝田下底林右田左底都泉会田右底飞麒二公田为界四底明白将来出卖尽问亲支不受自托中唐理成胡云湘云实云宝世周忠宣良佳良玖良□召机良昌忠林忠玉忠华等召到胡良瑶兄弟向前承买为业彼日三面言定时值田价铜钱壹伯（佰）零捌串文正其钱即日入手领足不少一文外无小领所领是实其田自卖之后任买主亲耕另布推粮入户随意自便本名父子毫无异言今欲有凭立永卖田禾文契不续不赎永远为据

立卖田〈契〉人荣马【押】

命男忠进忠延

自请胡水秀代笔

田连阡陌

仝年月日立仝领字人胡云马仝男忠进等今领到胡良瑶兄弟名下田契内铜钱壹伯（佰）零捌仟文即日入手领讫不少一文今欲有凭立全字为据

立全领字人云马

命男忠进忠延

自请胡水秀代笔

民国十六年十二月十六日胡阿陈氏仝男林古卖禾契

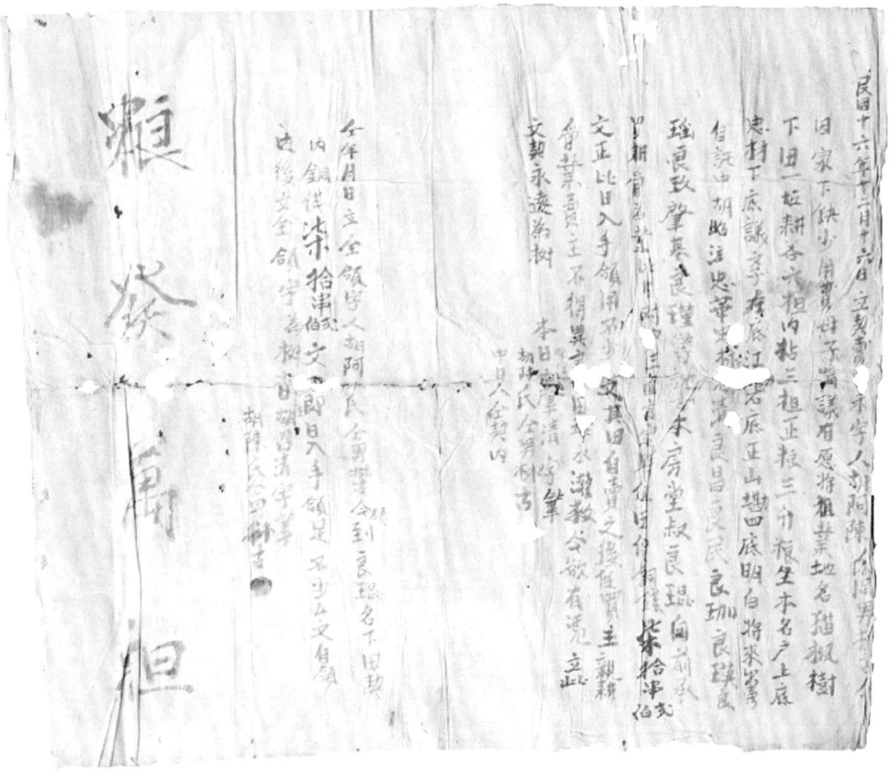

民国十六年十二月十六日立契卖□禾字人胡阿陈氏同男〈林古今〉因家下缺少用费母子嘀（商）议自愿将祖业地名猫枫树下田一丘耕谷六担内粘三担正粮三升粮坐本名户上底忠材下底议学左底江□右底正山塅四底明白将来出卖自托中胡昭注忠华忠林□清良昌良民良珈良瑛良瑶良玫肇基良瑾等说合本房堂叔良琨向前承买耕管为业比日对〈中〉三面言定时值国币铜钱柒拾串贰伯（佰）文正比日入手领用不少□文其田自卖之后任买主亲耕管业卖主不得异言□田□水灌救今欲有凭立此文契永远为据

本日□□清字笔

胡陈氏仝男林古【押】

中见人仝契内

仝年月日立仝领字人胡阿〈陈〉氏仝男林古今领到良琨名下田契内铜钱柒拾串贰伯（佰）文〈正〉即日入手领足不少一文自领之后立仝领字为据

□堂侄胡召清字笔

胡陈氏仝男林古【押】

粮发万担

民国十七年十一月二十九日刘秀桂卖园土契

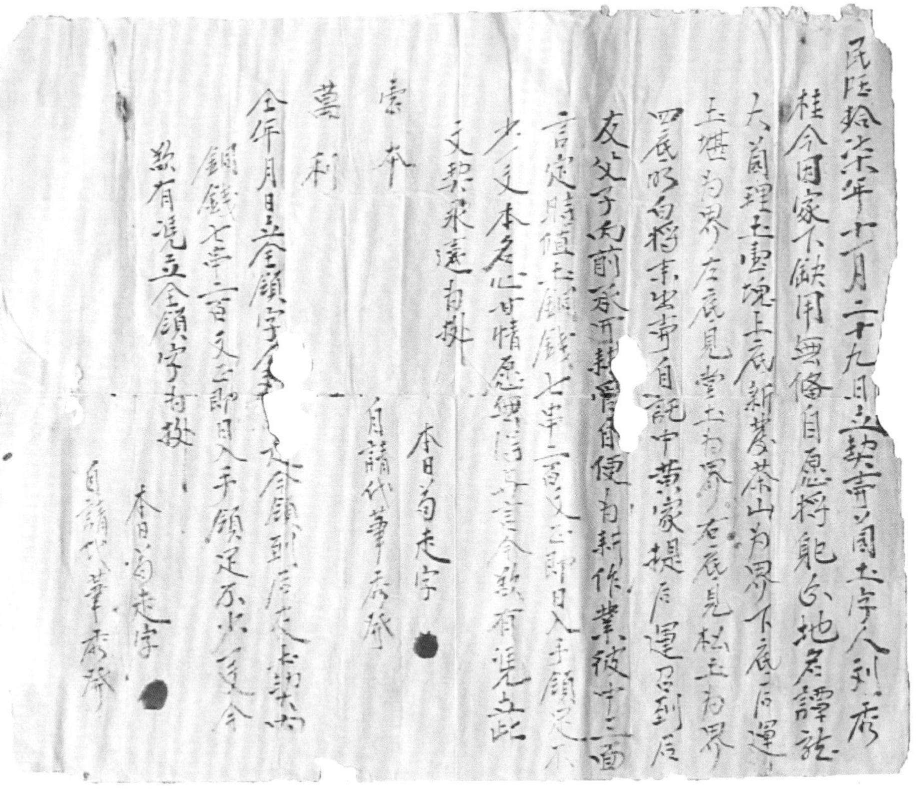

民国拾柒年十一月二十九日立契卖园土字人刘秀桂今因家下缺用无备自愿将己分地名谭龙大园理土壹块上底新度茶山为界下底后运土堪为界左底见堂土为界右底见松土为界四底明白将来出卖自托中黄家提后运召到后友父子向前承买耕管自便为耕作业彼中三面言定时值土铜钱七串二百文正即日入手领足不少一文本名心甘情愿无得异言今欲有凭立此文契永远为据

本日苟走字【押】

一本万利

自请代笔秀发

仝年月日立全领字□□□〈是〉今领到后友土契内铜钱七串二百文正即日入手领足不少一文今欲有凭立全领字为据

本日为苟字【押】

自请代笔秀发

民国二十年十月十六日胡阿陈氏仝男召龙卖田禾契

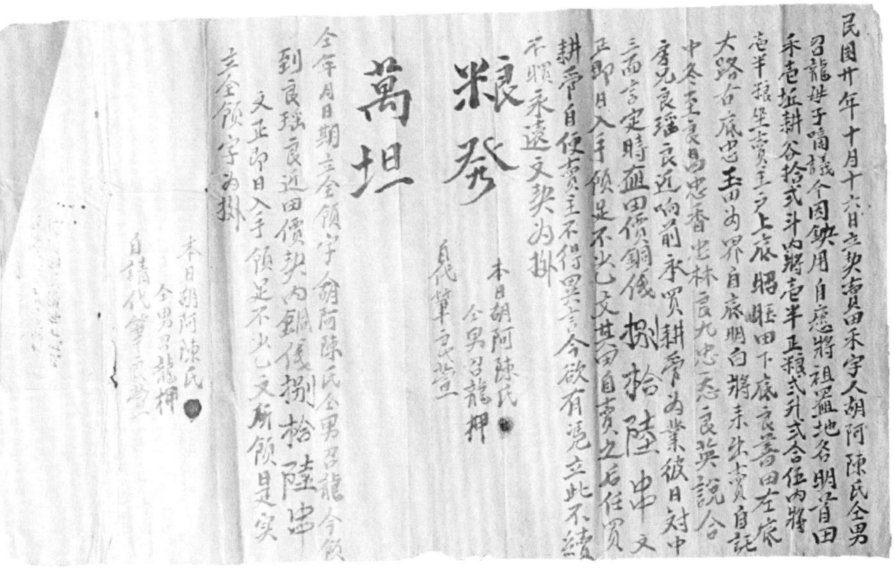

民国廿年十月十六日立契卖田禾字人胡阿陈氏仝男召龙母子嘀（商）议今因缺用自愿将祖置地名明首田禾壹丘耕谷拾贰斗内将壹半正粮贰升贰合伍内将壹半粮坐卖主户上底昭旺田下底良善田左底大路右底忠玉田为界自（四）底明白将来出卖自托中冬至良昌忠香忠林良九忠忞良英说合房兄良瑶良近响（向）前承买耕管为业彼日对中三面言定时值田价铜钱捌拾陆串文正即日入手领足不少一文其田自卖之后任买耕管自便卖主不得异言今欲有凭立此不续不赎永远文契为据

本日胡阿陈氏【押】

仝男召龙【押】

自代笔良萱

粮发万坦（担）

仝年月日期立全领字人胡阿陈氏仝男召龙今领到良瑶良近田价契内铜钱捌拾陆串文正即日入手领足不少一文所领是实立全领字为据

本日胡阿陈氏【押】

仝男召龙【押】

自请代笔良萱

民国二十二年三月十二日秀富秀榜叔侄等卖屋宇基地契

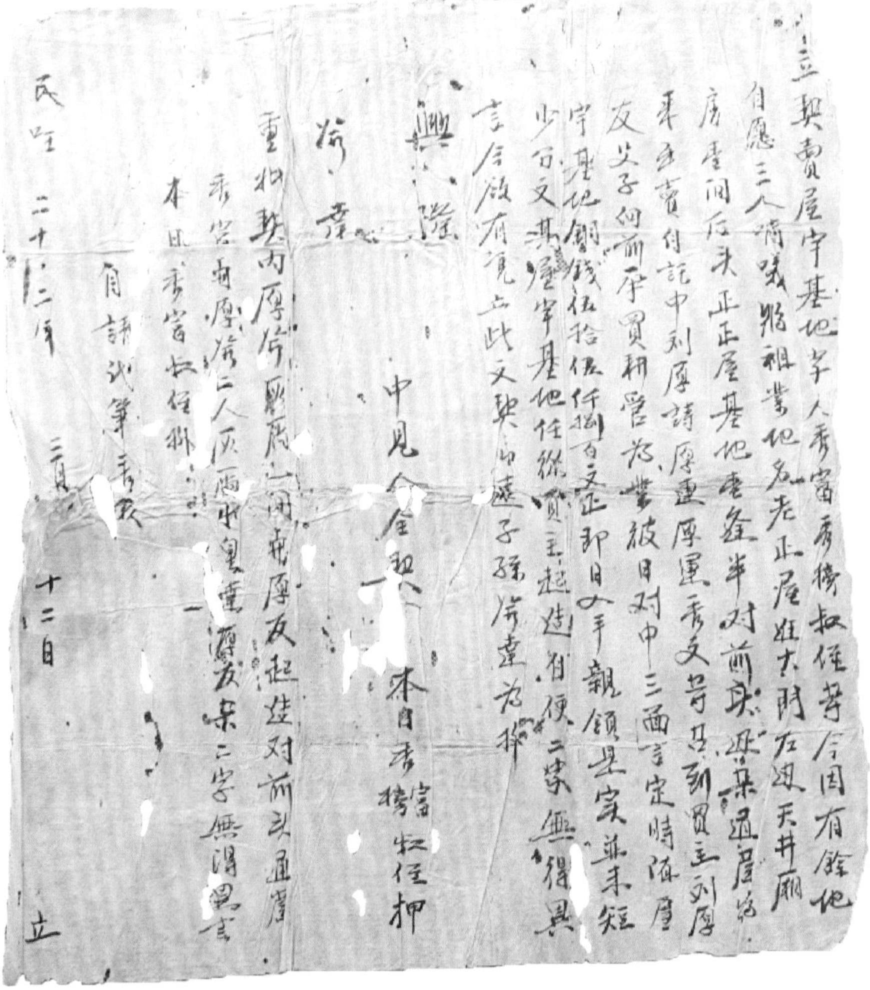

立契卖屋宇基地字人秀富秀榜叔侄等今因有余地自愿三人嘀（商）曦（议）将祖业地名老正屋进大门左边天井厢房壹间后头正正屋基地壹逢半对前头边杂道屋约来出卖自托中刘厚诗厚连厚运秀文等召到买主刘厚友父子向前承买耕管为业彼日对中三面言定时值屋宇基地铜钱伍拾伍仟捌百文正即日入手亲领是实并未短少分文其屋宇基地任从买主起造自便二字无得异言今欲有凭立此文契永远子孙发达为据

中见人全契

本日秀富秀榜叔侄【押】

兴隆发达

重批契内厚发灰厂一间与厚友起造对前头通□秀富与厚发二人灰厂水皇达厚友杂二字无得异言本日秀富叔侄据

自托代笔秀□

民国二十二年三月十二日立

民国二十三年胡忠佐收粮字

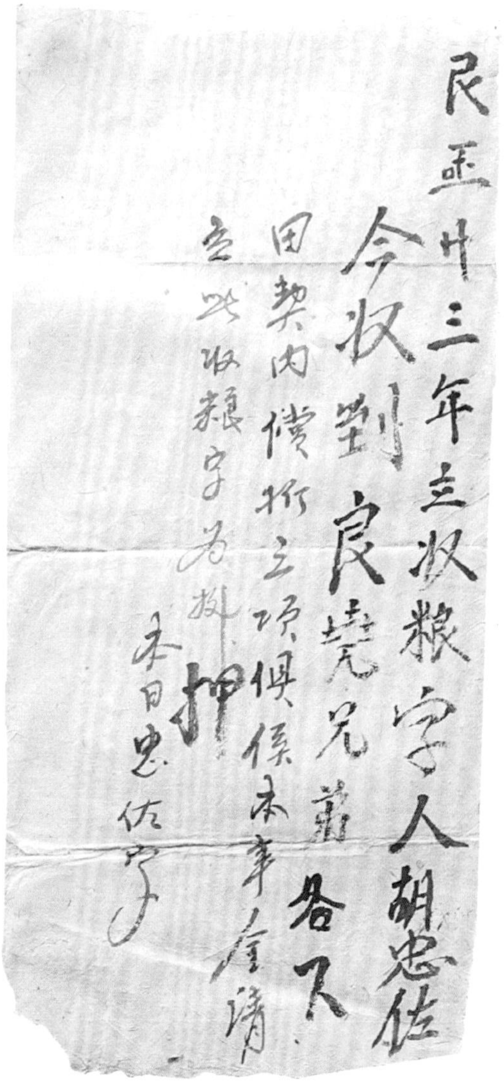

民国廿三年立收粮字人胡忠佐今收到良尧兄弟名下田契内偿折三项俱系本年全清立此收粮字为据【押】

本日忠佐字

民国二十七年十月十五日赵文凤卖田契

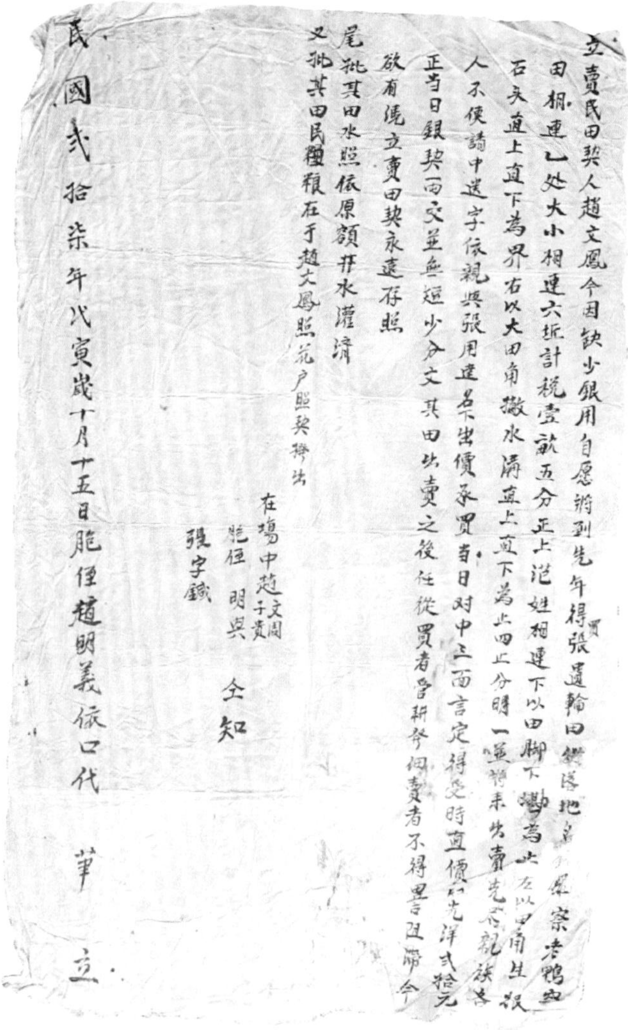

立卖民田契人赵文凤今因缺少银用自愿将到先年得买张遗轮田坐落地名〈银〉锣察老鸭□田相连一处大小相连六丘计税壹亩五分正上范姓相连下以田脚下坳为止左以田角生根石头直上直下为界右以大田角撤水沟直上直下为止四止分明一并将来出卖先尽亲族各人不便请中送字依亲与张用达名下出价承买当日对中三面言定得受时直价□光洋贰拾元正当日银契两交并无短少分文其田出卖之后任从买者管耕发佃卖者不得异言阻滞今欲有凭立卖田契永远存照

尾批其田水照依原额井水灌济

又批其田民粮在于赵文凤照花户照契拨出

在场中赵文周赵子贵胞侄明兴张字鍼仝知

民国贰拾柒年戊寅岁十月十五日胞侄赵明义依口代笔立

民国二十九年十二月二十四日刘厚芝卖田契

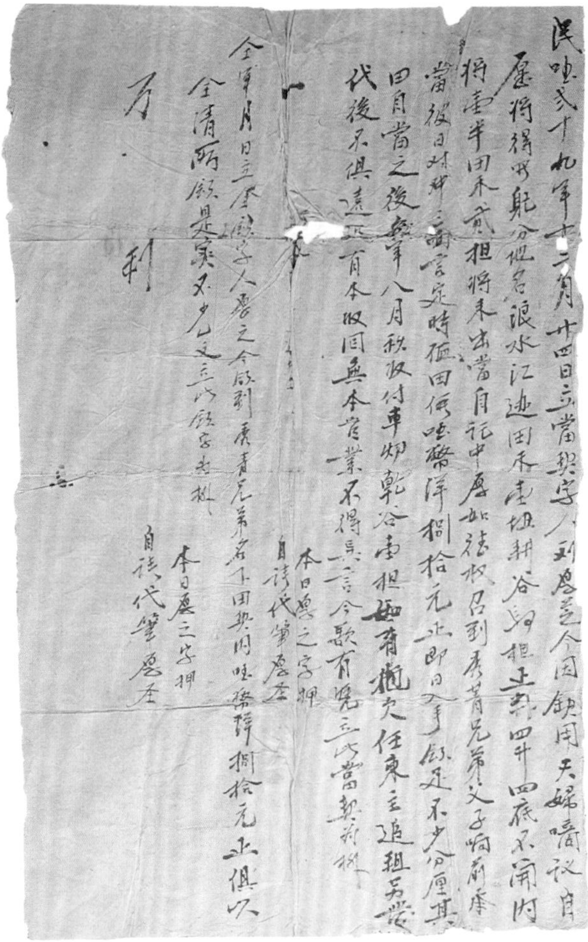

民国贰十九年十二月廿四日立当契字人刘厚芝今因缺用夫妇嘀（商）议自愿将得买己分地名浪水江边田禾一丘耕谷四担正粮四升四底不开内将壹半田禾贰担将来出当自托中厚如德权召到秀菁兄弟父子响（向）前承当彼日对中三面言定时值田价国币洋捌拾元正即日入手领足不少分厘其田自当之后□年八月秋收付车炘干谷壹担如有拖欠任东主追租另受代后不俱远近有本收回无本管业不得异言今欲有凭立此当契为据

本日厚之字【押】

自请代笔厚圣

一本万利

全年月日立全领字人厚之今领到秀青兄弟名下田契内国币洋捌拾元正俱以全清所领是实不少一文立此领字为据

本日厚之字【押】

自请代笔厚圣

民国三十年六月二十八日刘厚芝全满盘扫数领字

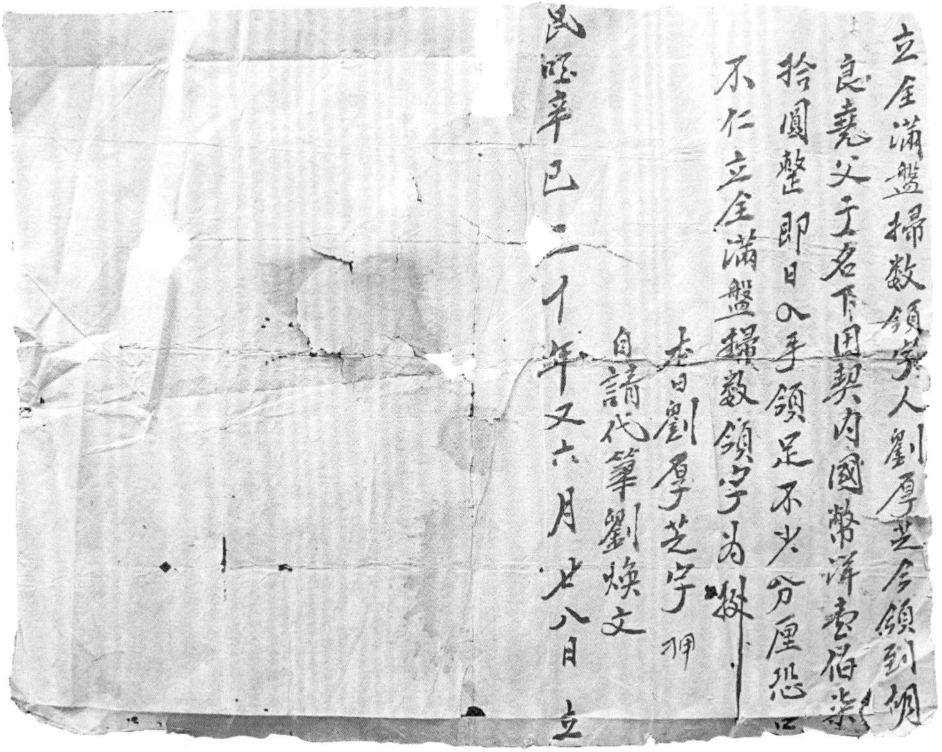

立全满盘扫数领字人刘厚芝今领到胡良尧父子名下田契内国币洋壹佰柒拾元整即日入手领足不少分厘恐口不仁立全满盘扫数领字为据

本日刘厚芝字【押】

自请代笔刘焕文

民国辛巳三十年又六月廿八日立

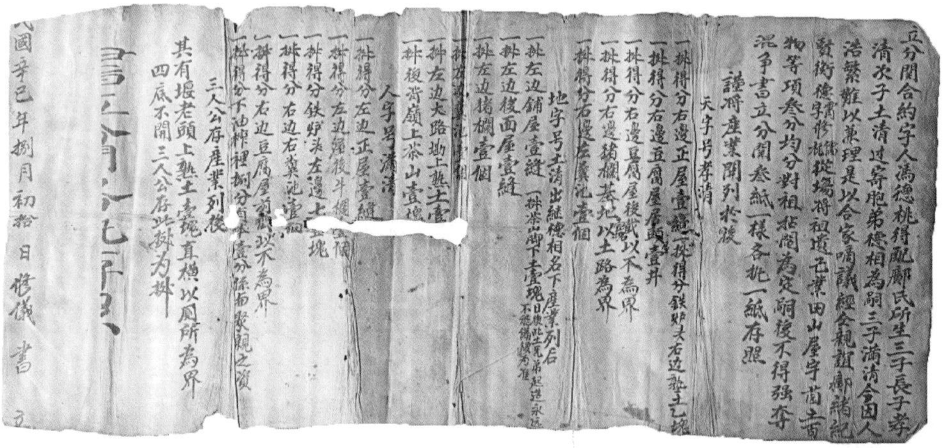

民国三十年八月初十日冯德桃分关合约字

立分关合约字人冯德桃得配邝氏所生三子长子孝清次子土清过寄（继）胞弟德相为嗣三子满清今因人浩繁难以兼理是以合家嘀（商）议经仝亲谊邝绪纪贤衡德霄德字修儒修杌从场将祖遗已业田山屋宇园土百物等项叁分均分对祖拈阄为定嗣后不得强夺混争书立分关叁纸一样各批一纸存照

谨将产业开列于后

天字号孝清

一据得分右边正屋壹缝一据得分铁炉头右边塾（熟）土一块

一据得分右边豆腐屋居头屋壹井

一据得分右边豆腐屋后截以不为界

一据得分右边猪栏基地壹块以土路为界

一据得分右边左粪池壹个

地字号土清出继德相名下产业列后

一据左边铺屋壹缝一据茶山脚下土壹块日后此土兄弟起造永远不能备价为准

一据左边后面屋壹缝

一据左边猪栏壹个

一据左边粪池壹个

一据左边大路坳上熟土壹□

一据后背岭上茶山壹块

人字号满清

一据得分左边正屋壹缝

一据得分左边屋后牛栏壹个

一据得分铁炉头左边土壹块

一据得分右边右粪池壹个

一据得分右边豆腐屋前截以不为界

一据得分下油榨裡捌分有本壹分孙与聚亲之资

三人公存产业列后

其有堰老头上熟土壹块直横以厕所为界

四底不开三人公存此据为据

〈书立分门各执存照〉

民国辛巳年八月初拾日修仪书立

民国三十年十一月二十日刘厚芝卖田禾契

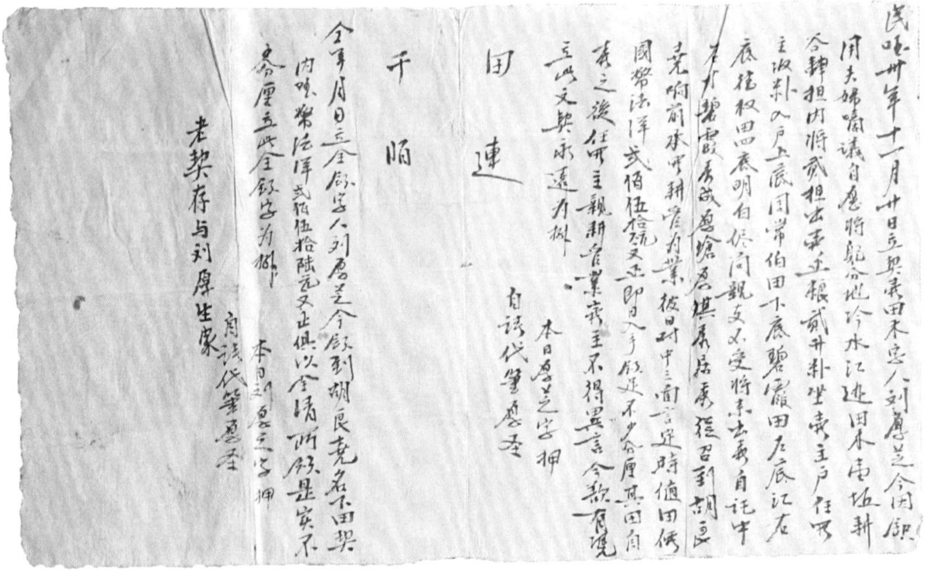

民国卅年十一月廿日立契卖田禾字人刘厚芝今因缺用夫妇嘀（商）议自愿将己分地冷水江边田禾壹丘耕谷肆担内将贰担出卖正粮贰升粮坐卖主户任买主收粮入户上底周常伯田下底碧霞田左底江右底德权田四底明白尽向亲支不受将来出卖自托中□□碧霞秀成厚抡厚琪秀居秀从召到胡良尧响（向）前承买耕管为业彼日对中三面言定时值田价国币法洋贰佰伍拾六元文正即日入手领足不少分厘其田自卖之后任买主亲耕管业卖主不得异言今欲有凭立此文契永远为据

本日厚芝字【押】

自请代笔厚圣

田连千（阡）陌

仝年月日立全领字人刘厚芝今领到胡良尧名下田契内国币法洋贰佰伍拾陆元文正俱以全清所领是实不少分厘立此全领字为据

本日刘厚芝字【押】

自请代笔厚圣

老契存与刘厚生家

民国三十二年古三月初八日黄啟后成后兄弟分家合约字

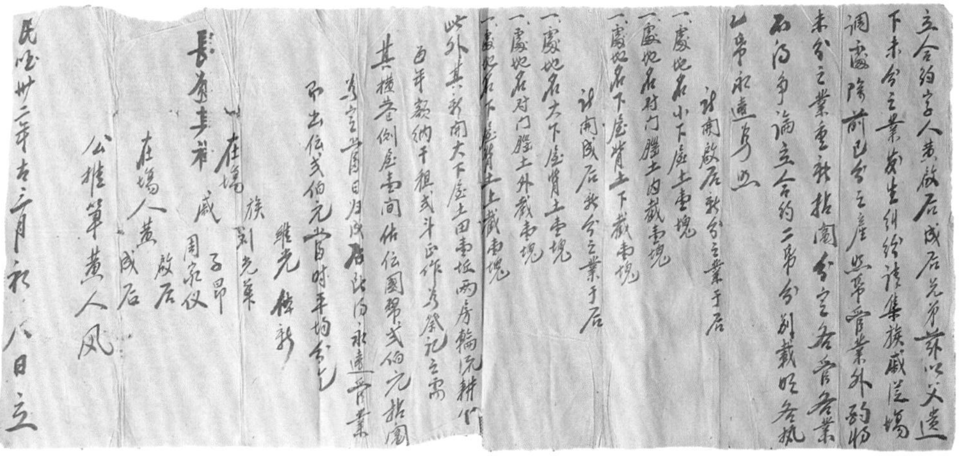

立合约字人黄啟后成后兄弟兹以父遗下未分之业发生纠纷请集族戚从场调处除前已分之产照纸管业外约将未分之业重新拈阄分定各管各业不得争论立合约二纸分别载明各执一纸永远为照

计开啟后新分之业于后

一处地名小下屋土壹块

一处地名对门脑土内截壹块

一处地名屋背土下截壹块

计开成后新分之业于后

一处地名大下屋背土壹块

一处地名对门脑土外截壹块

一处地名下屋背土上截壹块

此外其新开大下屋土田壹丘两房轮流耕□百年额纳千租贰斗正作为祭祀之需

其横巷侧屋壹间估伝（价）国币贰伯（佰）元拈阄为言当日归成后此约永远管业而出伝（价）贰伯（佰）元当时平均分讫

〈长发其祥〉

在场族戚维光体新刘光乐子昂周家仪

在场人黄啟后黄成后

公推笔黄人凤

民国卅二年古三月初八日立

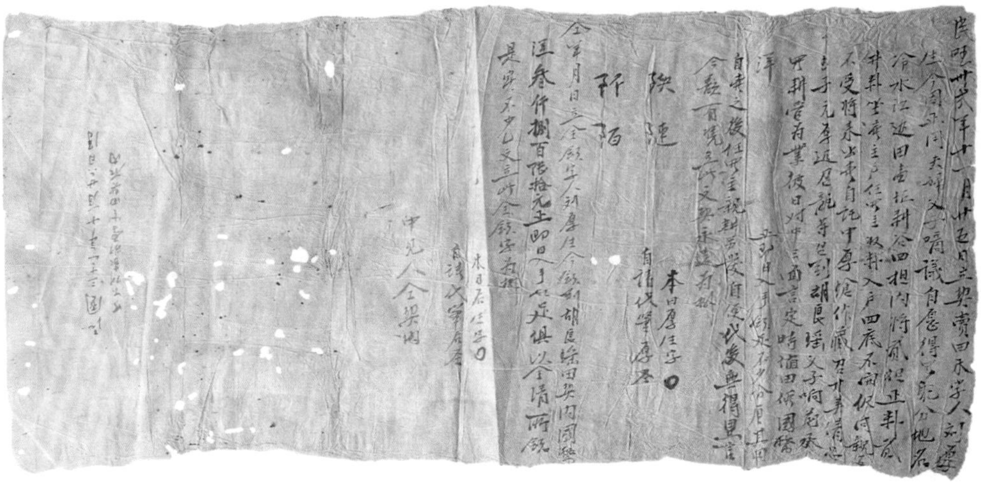

民国三十二年十一月二十五日刘厚生卖禾田契

民国卅贰年十一月廿五日立契卖田禾字人刘厚生今因正用夫妇父子嘀（商）议自愿得买已分地名冷水江边田壹丘耕谷四担内将贰担正粮贰升粮坐卖主户任买主收粮入户四底不开尽问亲〈支〉不受将来出卖自托中厚沧作藏召才美清忠玉子元厚近召龙芽召到胡良瑶父子响（向）前承买耕管为业彼日对中三面言定时值田价国币洋　　正即日入手领足不少分厘其田自卖之后任买主亲耕另业自便代后无得异言今欲有凭立此文契永远为据

本日厚生字【押】

自请代笔厚圣

□连阡陌

仝年月日立仝领字人刘厚生今领到胡良瑶田契内国币洋叁仟捌百陆拾元正即日入手领足俱以仝清所领是实不少一文立此仝领字为据

本日后生字【押】

自请代笔后圣

中见人仝契内

民国三十三年五月二十九日段位先卖园土地基契

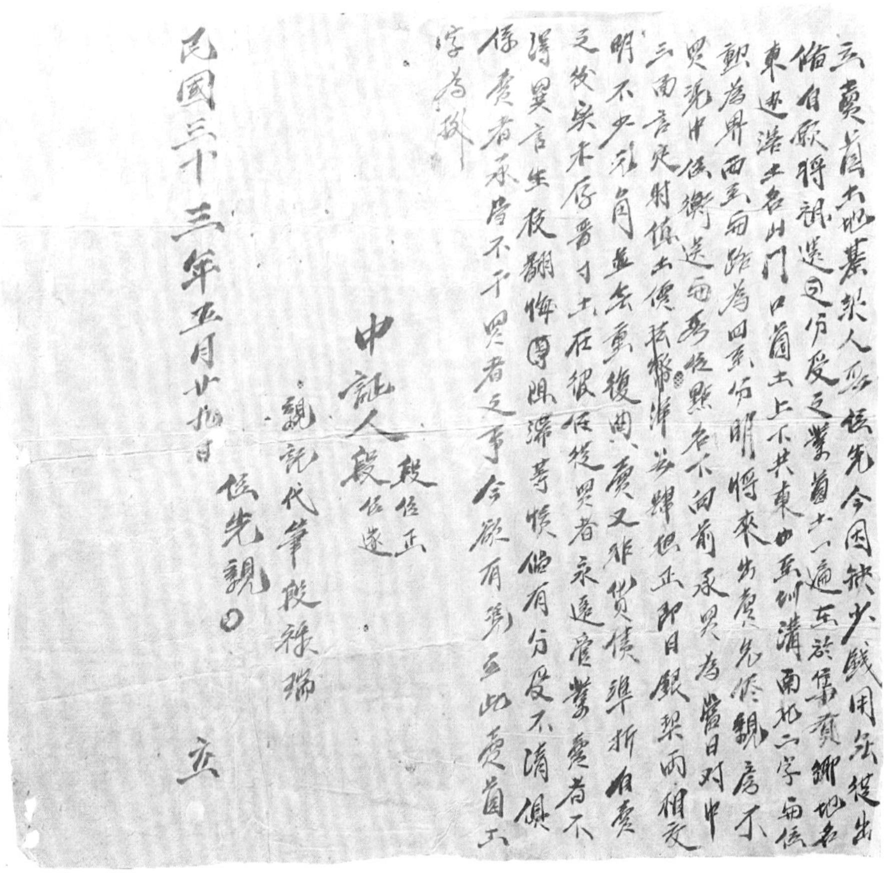

立卖园土地基契人段位先今因缺少钱用无从出备自愿将祖遗分受之业园土一遍在于集贤乡地名东边滘土名山门口园土上下共东至圳沟南北二字与位勳为界西至与路为四至分明将来出卖先尽亲房不买凭中位衡送与段位点名下向前承买为当日对中三面言定时值土价法币洋谷肆担正即日银契两相交明不少元角并无重复典卖又非货债准折自卖之后实未存留寸土在彼任从买者永远管业卖者不得异言生枝翻悔阻滞等愦（情）倘有分受不清俱系卖者承当不干买者之事今欲有凭立此卖园土字为据

中证人段位正段位遂

亲托代笔段禄瑞

民国三十三年五月廿九日位先亲【押】立

民国三十四年古十二月十六日刘德星顶卖茶山桐杉树契

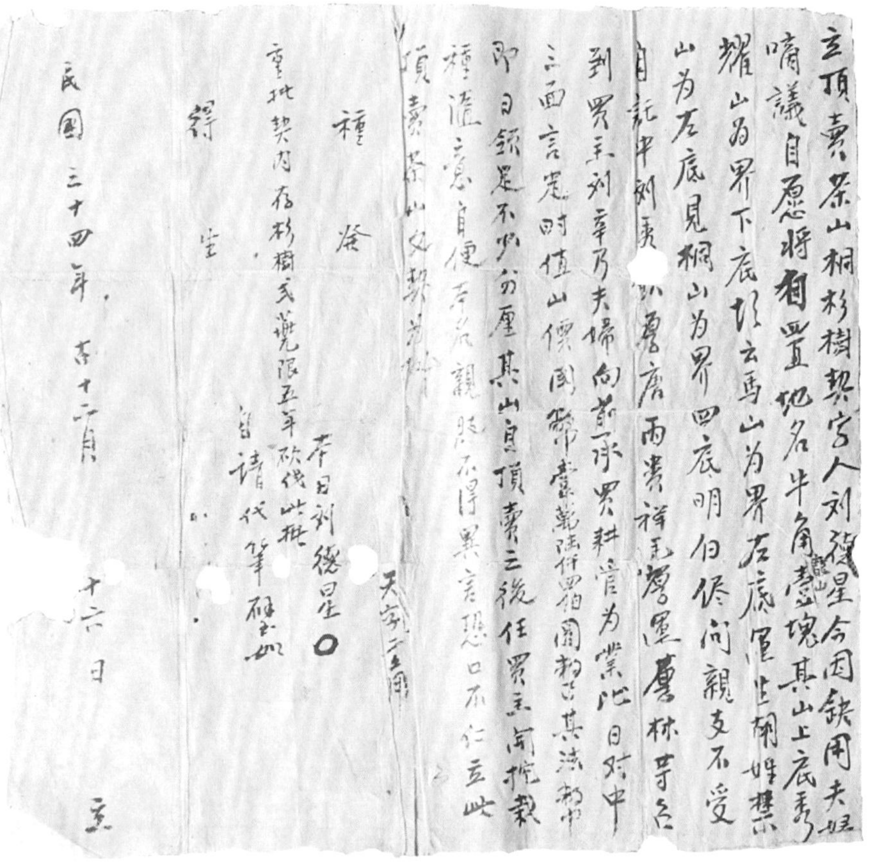

立顶卖茶山桐杉树契字人刘德星今因缺用夫妇嘀
（商）议自愿将自置地名牛角庞山壹块其山上底
秀耀山为界下底⍰云马山为界左底运生胡姓禁山
为（界）左底见桐山为界四底明白尽问亲支不受
自托中刘秀□厚唐丙贵祥毛厚运厚林等召到买主
刘辛乃夫妇向前承买耕管为业比日对中三面言定
时值山价国币壹万陆仟四伯（佰）圆整其法币即
日领足不少分厘其山自顶卖之后任买主开挖栽种
随意自便本名亲肢（支）不得异言恐口不仁立此
顶卖茶山文契为据

天字二□□

本日刘德星【押】

重批契内存杉树二蔸限五年砍伐此批

自请代笔璧如

种发得生

民国三十四年古十二月十六日立

民国三十四年十二月二十九日黄体琦收生谷字

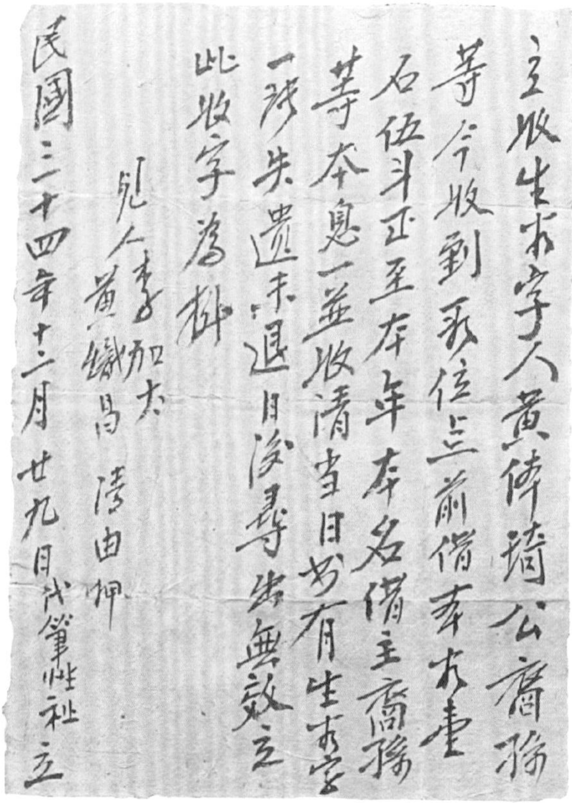

立收生谷字人黄体琦公裔孙等今收到段位点前借本谷壹石伍斗正至本年本名借主裔孙等本息一并收清当日书有生谷字一张失遗未退日后寻出无效立此收字为据

见人李加太黄织昌清由【押】

民国三十四年十二月廿九日代笔性祉立

民国三十五年二月二十三日陈寿昌永卖离耕脱业田禾契

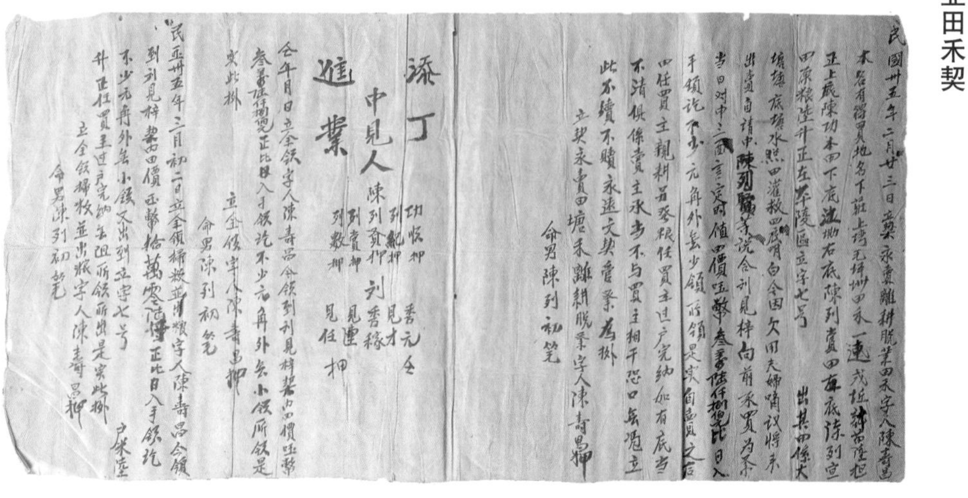

民国卅五年二月廿三日立契永卖离耕脱业田禾字人陈寿昌本名有得买地名下庄上塆毛坪圳田禾一连贰丘计苗陆担正上底陈功本田下底江堋右底陈列赏田左底陈列宣田原粮陆升正左平陵区立字七号　　出其田系大塘塘底塘水照田灌救四底明白今因欠用夫妇嘀（商）议将来出卖自请中陈列贤等说合刘见梓向前承买为业当日对中三面言定时值田价国币叁万陆仟捌伯（佰）元比日入手领讫不少元角外无少领所领是实自卖之后田任买主亲耕另发粮任买主过户完纳如有底当不清俱系卖主承当不与买主相干恐口无凭立此不续不赎永远文契管业为据

立契永卖田塘禾离耕脱业字人陈寿昌【押】

命男陈列初笔

中见人陈功顺【押】陈列纪【押】陈列贤【押】陈列赏【押】陈列数【押】刘秀元【押】刘见才刘秀稼刘见连刘见任仝押

添丁进业

仝年月日立全领字人陈寿昌今领到刘见梓契内田价国币叁万陆仟捌佰元正比日入手领讫不少元角外无小领所领是实此据

立全领字人陈寿昌【押】

命男陈列初笔

民国卅五年三月初二日立全领扫粮并出粮字人陈寿昌今领到刘见梓契内田价国币拾萬零陆仟正比日入手领讫不少元角外无小领又出到立字七号　　户米陆升正任买主过户完纳无阻所领所出是实此据

立全领扫粮并出粮字人陈寿昌【押】

命男陈列初笔

民国三十五年十月△日△△自愿退耕字

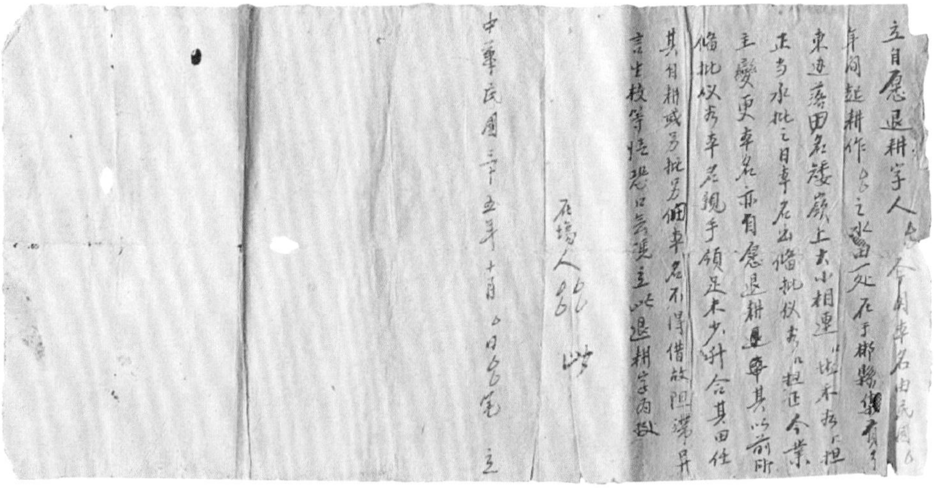

立自愿退耕字人△△今因本名由民国△年
见起耕作△△之水田一处在于郴县集贤乡
东边落田名矮岭上大小相连几丘禾谷几担
正当承批之日本名出备批仪谷几担正今业
主变更本名亦自愿退耕其以前所备批仪谷
本名亲手领足未少升合其田任其自耕或另
批另佃本名不得借故阻滞异言生枝等情恐
口无凭立此退耕字为据
在场人△△△△此
中华民国三十五年十月△日△△笔立

民国三十五年十二月□□日刘春晖卖禾田字

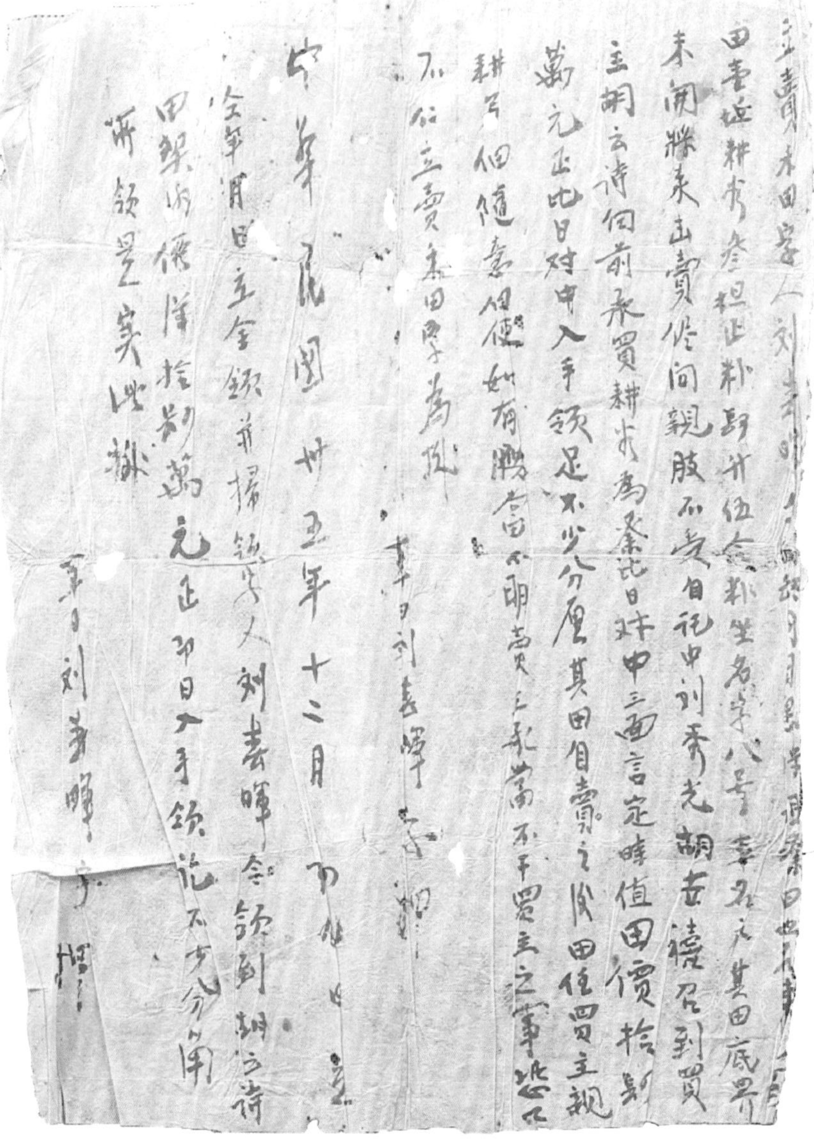

立卖禾田字人刘〈春晖〉□□缺用□□□祖业□□□□□□田壹丘耕谷叁担正粮肆升伍合粮坐名字八号本名户其田底界未开将来出卖尽问亲肢（支）不受自托中刘秀光胡古禧召到买主胡云诗向前承买耕谷为业比日对中三面言定时值田价拾肆萬元正比日对中入手领足不少分厘其田自卖之后田任买主亲耕另佃随意自便如有典当不明卖主承当不干买主之事恐口不仁立卖禾田字为据

□日刘〈春晖〉字【押】

中华民国卅五年十二月□□日立

仝年月日立全领并扫领字人刘青晖今领到胡云诗田契内价洋拾肆萬元正即日入手领讫不少分角所领是实此据

□日刘春晖字【押】

民国三十五年△△足领除粮契

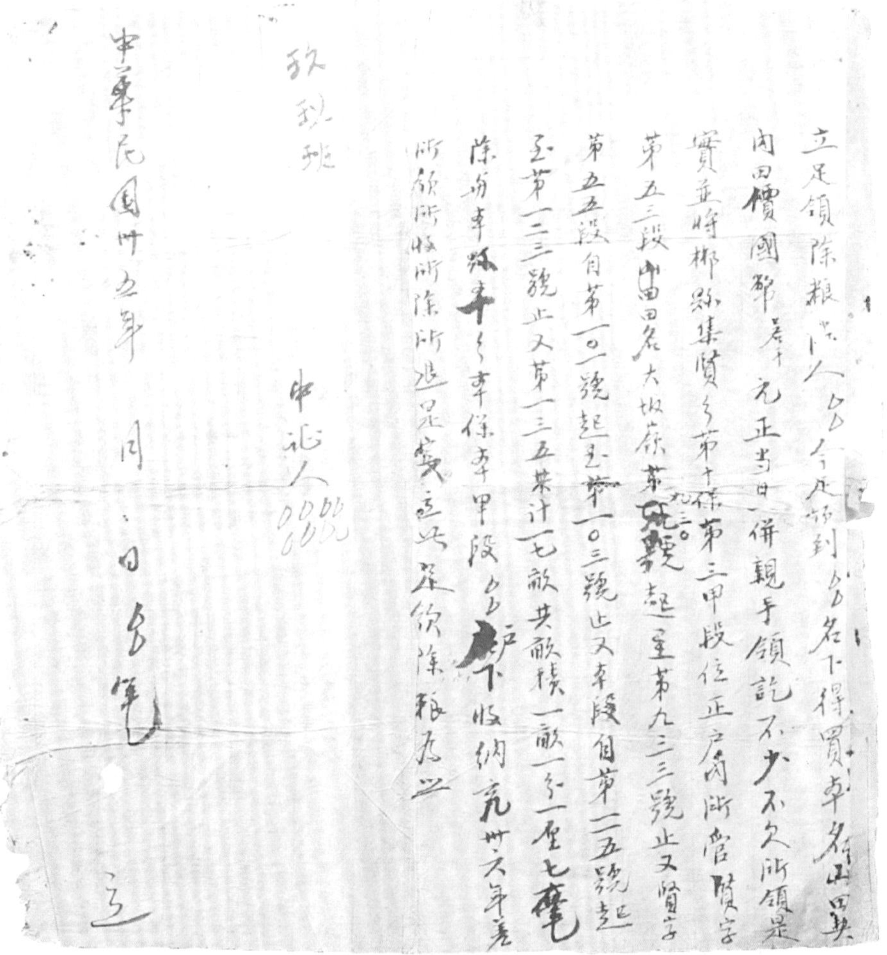

立足领除粮□人△△今足领到△△名下得买本名山田契内田价国币若干元正当日一并亲手领讫不少不欠所领是实并将郴县集贤乡第十保第三甲段位正户内所管贤字第五三段田名大坂岭第九三〇号起至第九三三号止又贤字第五五段自第一〇一号起至第一〇三号止又本段自第一一五号起至第一二三号止又第一三五共计一七亩共亩积一亩一分一厘七毫除与本县本乡本保本甲段△△户下收纳充卅六年差所领所收所除所退是实立此足领除粮为照

玖玖班

中证人 △△△△△△

中华民国卅五年月日△△笔立

民国三十六年一月十六日刘开元满盘扫数领字

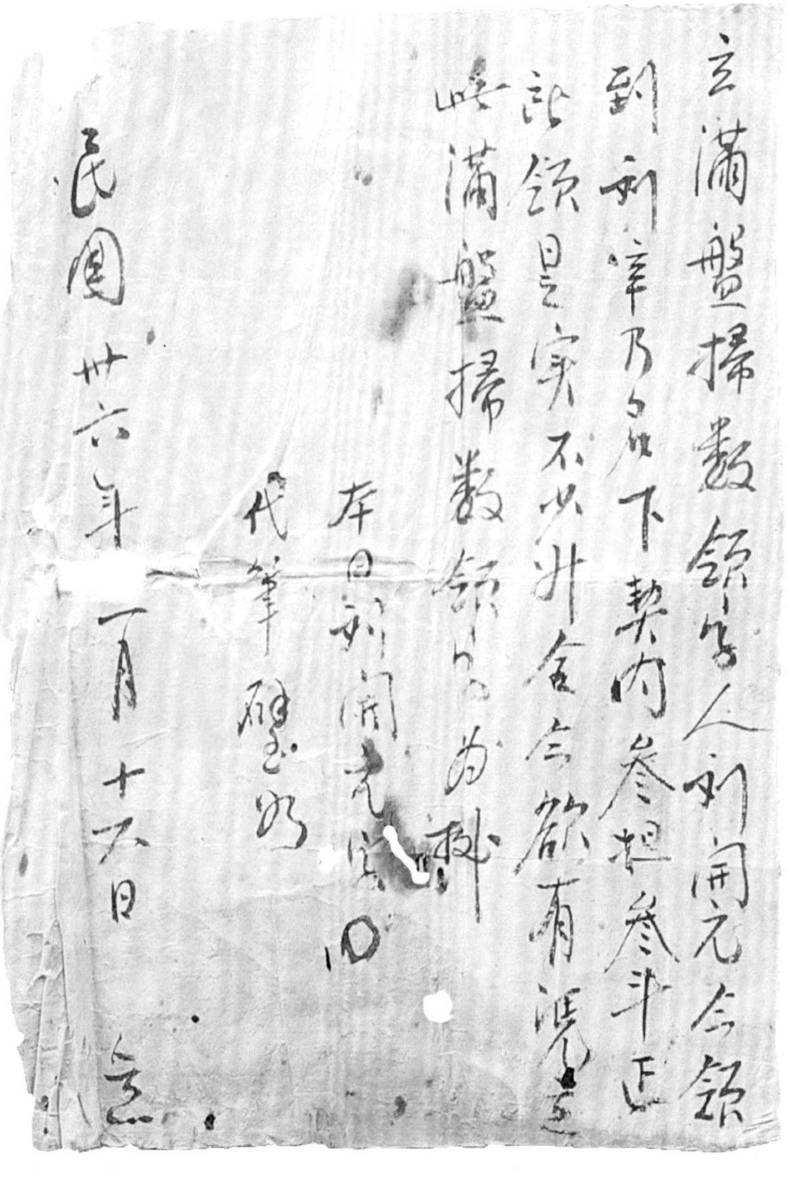

立满盘扫数领字人刘开元今
领到刘辛乃名下契内叁担叁
斗正所领是实不少升合今欲
有凭立此满盘扫数领字为据
本日刘开元字【押】
代笔璧如
民国卅六年一月十六日立

民国三十六年三月十一日刘开元永卖禾田契

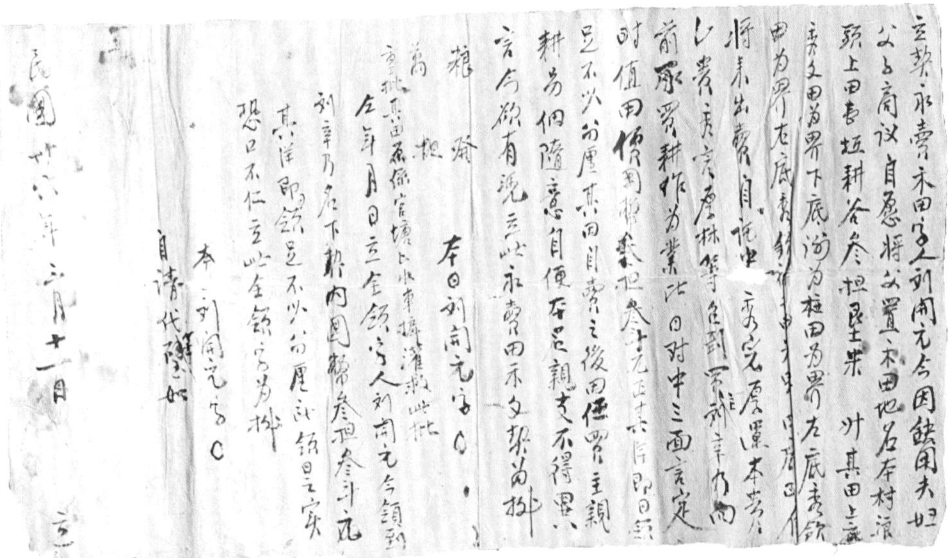

立契永卖禾田字人刘开元今因缺用夫妇父子商议自愿将父置禾田地名本村浪头上田壹丘耕谷叁担垦米　升其田上底秀文田为界下底河为柱田为界左底秀领田为界右底秀□□□〈田为界四底〉□□将来出卖自托中秀完厚运本贵一贵秀言厚林等召到买主刘辛乃向前承买耕作为业比日对中三面言定时值田价国币叁担叁斗元正其洋即日领足不少分厘其田自卖之后田任买主亲耕另佃随意自便本名亲支不得异言今欲有凭立此永卖田禾文契为据

本日刘开元字【押】

粮发万担

重批其田原系官塘上水车掮灌救此批

仝年月日立全领字人刘开元今领到刘辛乃名下契内国币叁担叁斗元其洋即日领足不少分厘所领是实恐口不仁立此全领字为据

本〈日〉刘开元字【押】

自请代笔璧如

民国卅六年三月十一日立

民国三十六年十二月二十六日刘厚容杜卖屋宇基地契

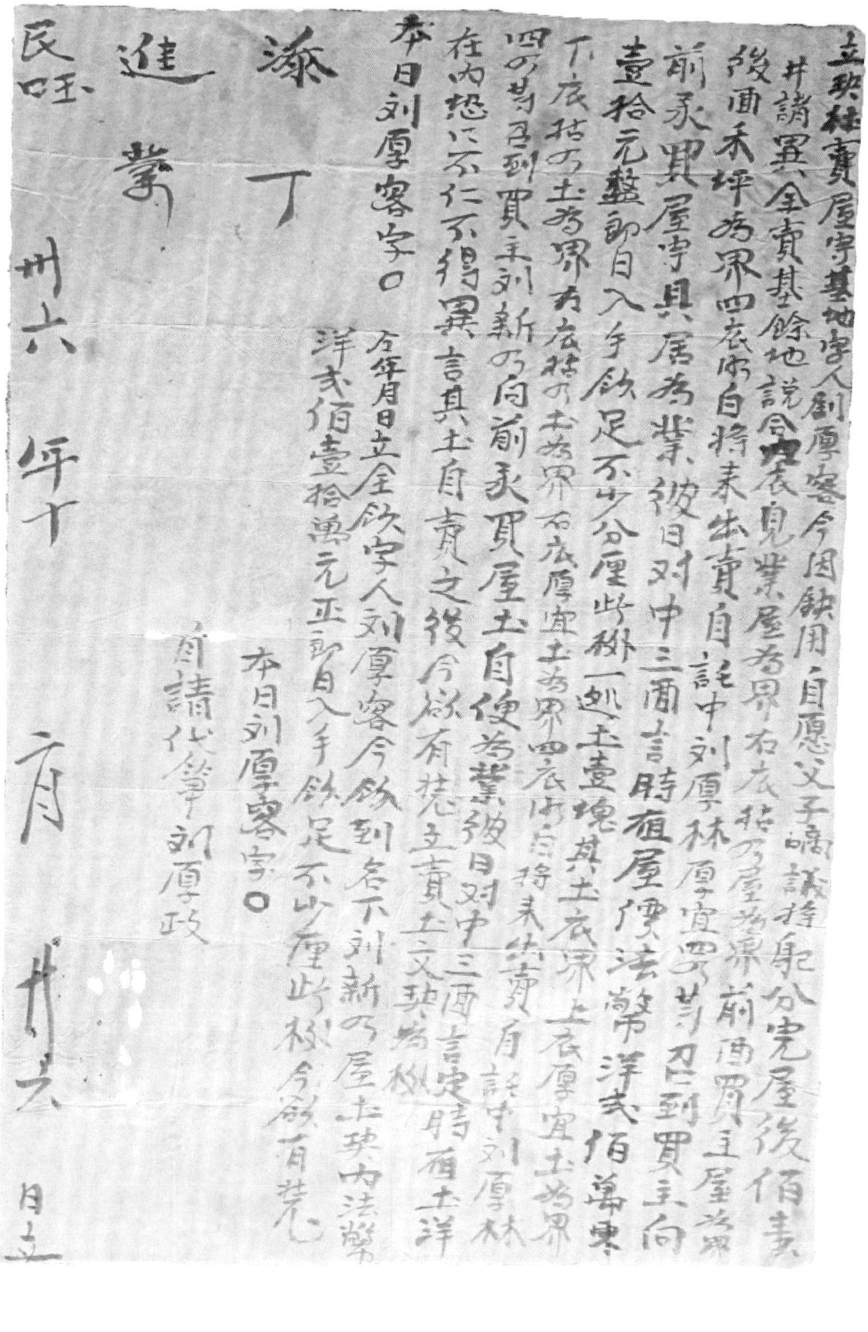
立契杜賣屋宇基地字人劉厚容今因缺用自愿父子商議將祀分完屋後佰叁
井請眾全賣其餘地說合□底見業屋為界右底枯乃屋為界前面買主屋為界
後面禾坪為界四底俱自將來出賣自託中刘厚林厚宜四乃其召到買主向
前承買屋宇其居為業彼日对中三面言時值屋價法幣洋弍佰萬柒
壹拾元整即日入手缺足不少分厘此係一半土壹塊其土底界上底厚宜土為界
下底枯乃土為界右底枯乃土為界右底厚宜土為界四底俱自將來出賣自託中刘厚林
四乃其召到買主刘新乃向前承買屋土自便為業彼日对中三面言定時值土洋
在內恐口不仁不得異言其土自賣之後今欲有憑立賣土之文契為據
本日刘厚容字〇
仝年月日立仝領字人刘厚容今領到名下刘新乃屋土契內法幣
洋弍佰壹拾萬元正即日入手領足不少厘此據今欲有憑
本日刘厚容字〇
自請代筆刘厚政
添丁
進業
民國卅六年十二月廿六日立

立契杜卖屋宇基地字人刘厚容今因缺用自愿父子嘀（商）议将己分完屋后佰☒井诸异全卖基余地说合四底见业屋为界右底拈乃屋为界前面买主屋为界后面禾坪为界四底明白将来出卖自托中刘厚林厚宜四乃等召到买主向前承买屋宇具居为业彼日对中三面言时值屋价法币洋贰佰萬零壹拾元整即日入手领足不少分厘此据一处土壹块其土底界上底厚宜土为界下底估乃土为界左底拈乃土为界右底厚宜土为界四底明白将来出卖自托中刘厚林四乃等召到买主刘新乃向前承买屋土自便为业彼日对中三面言定时值土洋在内恐口不仁不得异言其土自卖之后今欲有凭立卖土文契为据

本日刘厚容字【押】

仝年月日立全领字人刘厚容今领到名下刘新乃屋土契内法币洋贰佰壹拾萬元正即日入手领足不少厘此据今欲有凭

本日刘厚容字【押】

自请代笔刘厚政

添丁进业

民国卅六年十二月廿六日立

民国三十七年六月二十九日陈列前杜卖园土契

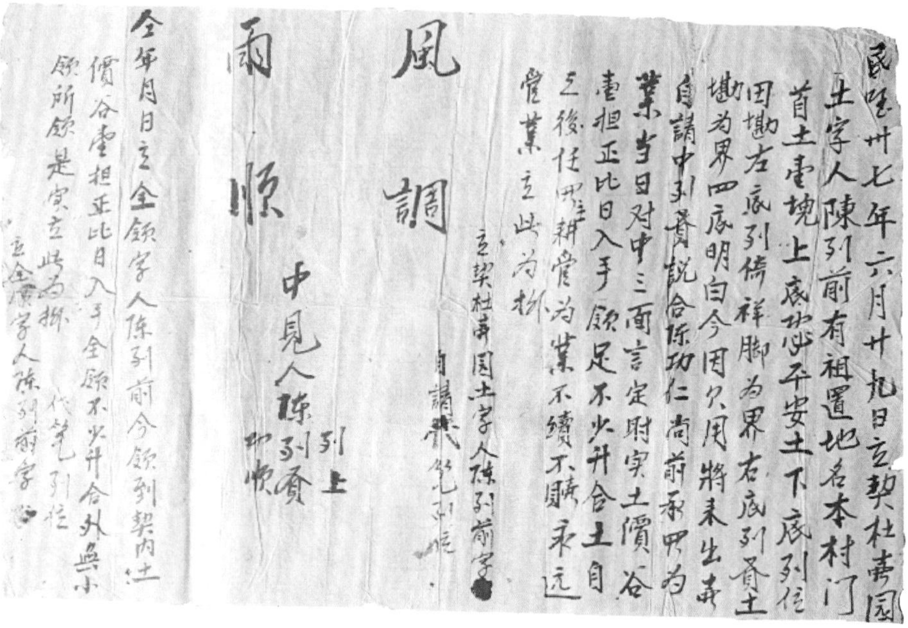

民国卅七年六月廿九日立契杜卖园土字人陈列前有祖置地名本村门首土壹块上底功必平安土下底列位田塴左底列倚祥脚为界右底列贤土塴为界四底明白今因欠用将来出卖自请中列贤说合陈功仁尚（向）前承买为业当日对中三面言定时实土价谷壹担正比日入手领足不少升合土自〈卖〉之后任买主耕管为业不续不赎永远管业立此为据

立契杜卖园土字人陈列前字【押】

自请代笔列位

中见人陈列上陈列贤陈功顺

风调雨顺

仝年月日立全领字人陈列前今领到契内土价谷壹担正比日入手全领不少升合外无小领所领是实立此为据

代笔列位

立全领字人陈列前字【押】

民国三十七年八月二十四日周氏金先卖田契

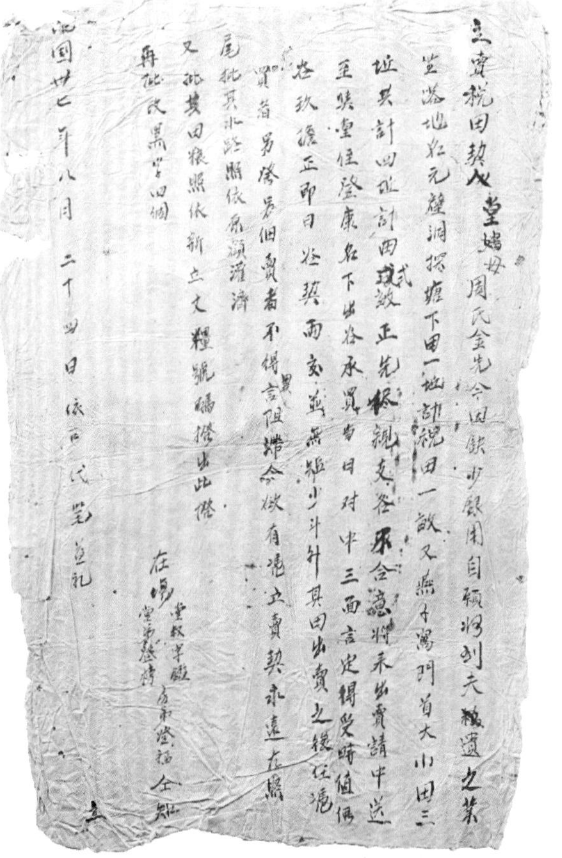

立卖税田契人堂婶母周氏金先今因缺少银用自愿将到夫遗之业坐落地名元壁洞探塘下田一丘计税田一亩又燕子窝门首大小田三丘共计四丘计田贰亩正先尽亲支各不合意将来出卖请中送至契堂侄登康名下出谷承买当日对中三面言定得受时值价谷玖担正即日谷契两交并无短少斗升其田出卖之后任凭买者另发另佃卖者不得异言阻滞今欲有凭立卖契永远存照

尾批其水路照依原额灌济

又批其田粮照依新立丈粮号码拨出此拨

再批改黑字四个

在场堂叔字鉴堂弟登榜房弟登福仝知

民国卅七年八月二十四日依口代笔益礼立

民国三十七年九月十六日段□遂卖退耕□□□□契

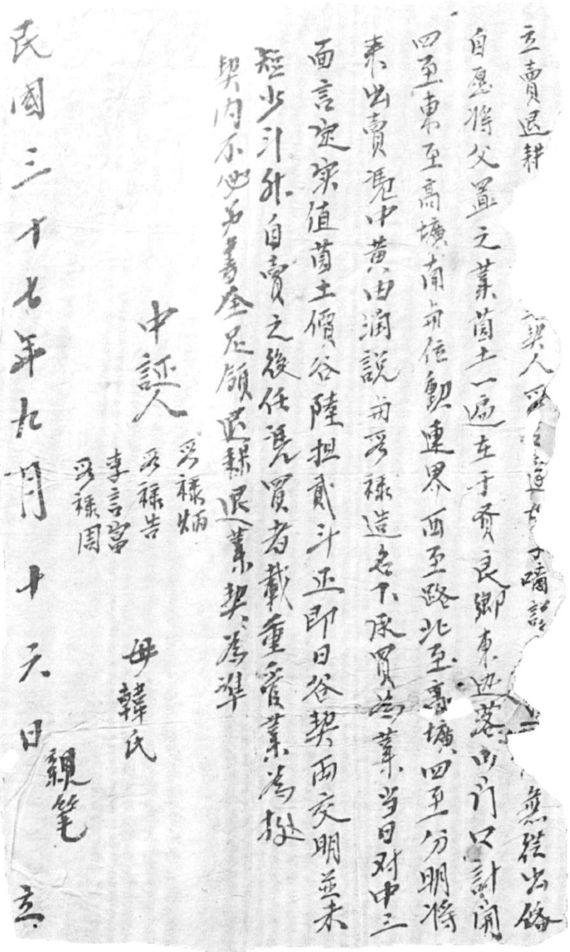

立卖退耕□□□契人〈段〉□遂母子嘀（商）议□□□□无从出备自愿将父置之业园土一遍在于贤良乡东边落⑦门口计开四至东至高圹南与位勳连界西至路北至高圹四至分明将来出卖凭中黄由润说与段禄造名下承买为业当日对中三面言定实值园土价谷陆担贰斗正即日谷契两交明并未短少斗升自卖之后任凭买者载（栽）重（种）管业为据

契内不必另书全足领退耕退业契为准

中证人段禄炳段禄告李言富段禄周

母韩氏

民国三十七年九月十六日亲笔立

民国三十七年九月二十二日段位衡卖禾坪地基契

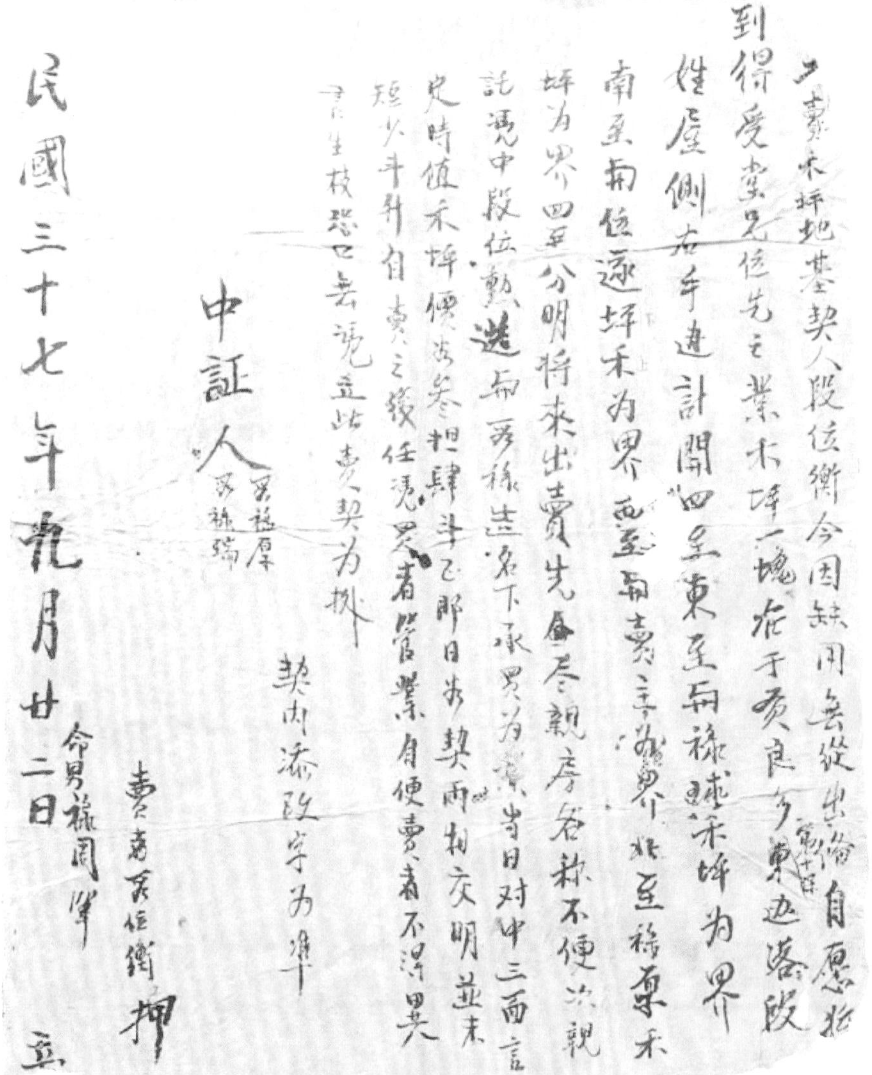

〈立〉卖禾坪地基契人段位衡今因缺用无从出备自愿将到得受堂兄位先之业禾坪一块在于贤良乡第十保东边落段姓屋侧右手边计开四至东至与禄球禾坪为界南至与位遂禾坪为界西至与卖主为界北至禄厚禾坪为界四至分明将来出卖先尽亲房各称不便次亲托凭中段位勳送与段禄造名下承买为业当日对中三面言定时值禾坪价谷叁担肆斗正即日谷契两相交明并未短少斗升自卖之后任凭买者管业自便卖者不得异言生枝恐口无凭立此卖契为据

契内添改字为准

中证人段禄厚段禄瑞

卖者段位衡【押】

命男禄周笔

民国三十七年九月廿二日立

民国三十七年古十一月初四日李嘉庚卖退耕退业足领除粮山田契

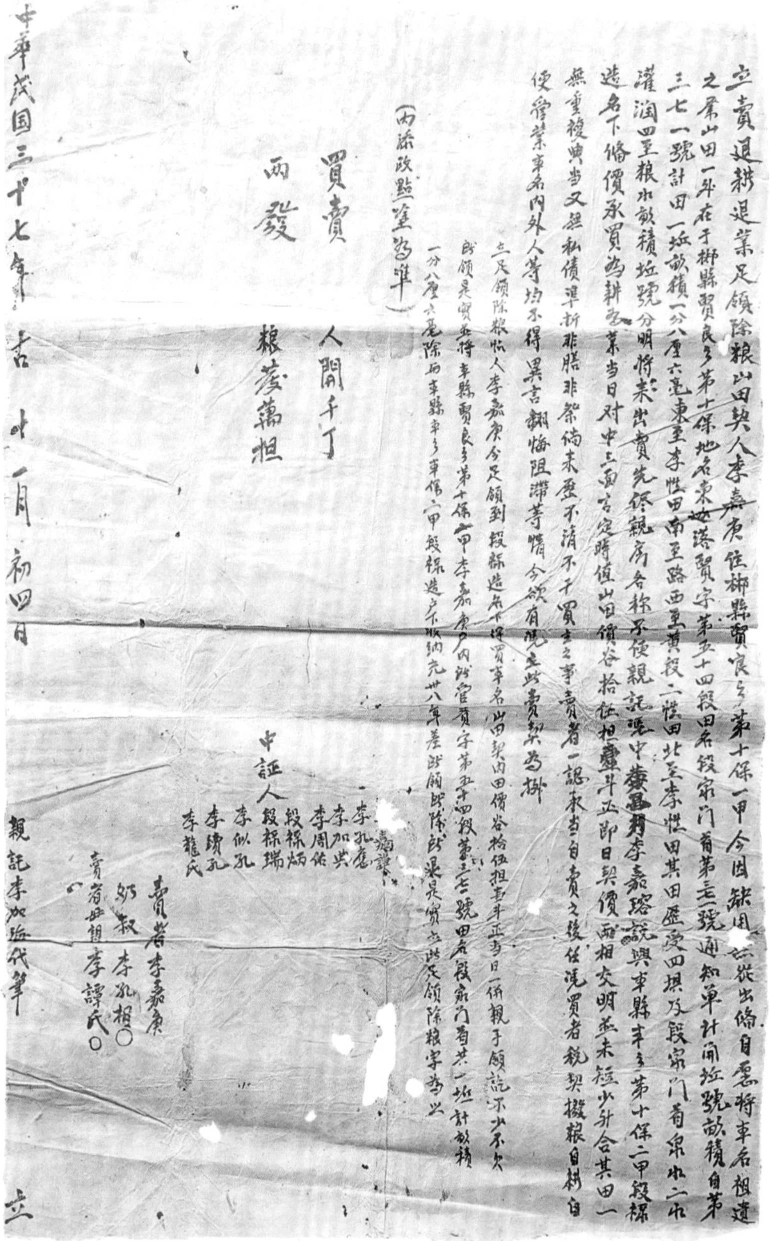

立賣退耕退業足領除粮山田契人李嘉庚住郴縣賀良乡第十保一甲今因缺用無從出備自愿将本名祖遺
之業山田一处在于郴縣賀良乡第十保地名東江落賀字第五十四段田名段家门首第三七一號通知单計開坵號畝積自第
三七一號計田一坵畝積一分八厘六毫東至李姓田南至路西至黄段二姓田北至李姓田其田歷受四圳及段家门首泉水二九
灌润四至粮水畝積坵號分明将来出賣先儘親房各称不便親託憑中黄昌月李嘉璐說與本縣本乡第十保二甲段標
造名下備價承買為耕業当日对中三面言定時值山田價谷拾伍担斗正即日契價兩相交明並未短少升合其田一
無重複典当又無私債準折非賭非祭倘来歷不清不干買主之事賣者一認承当自賣之後任凭買者税契撥粮自耕自
便管業本名内外人等均不得異言翻悔阻滯等情今欲有憑立此賣契為據

立足領除粮帖人李嘉庚今足領到段標造名下得買本名山田契内田價谷拾伍担斗正当日一併親手領訖不少不欠
所領是實並将本縣賀良乡第十保一甲李嘉庚户内所管賀字第五十四段第三七一號田名段家门首共一坵計畝積
一分八厘六毫除歸本縣本乡本保一甲段標造户下收納完卅八年差所領所除所粮是實立此足領除粮字為據

（内添改點塗為準）

買賣　人開千丁

兩發　粮發萬担

中證人　李嘉謨　李孔襄　李加洪　李周佑　段標炳　段標瑞　李似孔　李續孔　李龍氏

賣者　李嘉庚
奶叔　李冰相〇
賣者母親　李譚氏〇

親託李加涟代筆

中華民国三十七年古十一月初四日　立

立卖退耕退业足领除粮山田契人李嘉庚住郴县贤良乡第十保一甲今因缺用无从出备自愿将本名祖遗之业山田一处在于郴县贤良乡第十保地名东边落贤字第五十四段田名段家门首第三七一号通知单计开丘号亩积自第三七一号计田一丘亩积一分八厘六毫东至李性（姓）田南至路西至黄段二性（姓）田北至李性（姓）田其田历受四坝及段家门首泉水二水灌润四至粮水亩积丘号分明将来出卖先尽亲房各称不便亲托凭中黄昌月李嘉瑢说与本县本乡第十保二甲段禄造名下备价承买为耕为业当日对中三面言定时值山田价谷拾伍担壹斗正即日契价两相交明并未短少升合其田一无重复典当又无私债准折非膳非祭倘来历不清不干买主之事卖者一认（任）承当自卖之后任凭买者税契拨粮自耕自便管业本名内外人等均不得异言翻悔阻滞等情今欲有凭立此卖契为据

立足领除粮帖人李嘉庚今足领到段禄造名下得买本名山田契内田价谷拾伍担壹斗正当日一并亲手领讫不少不欠所领是实并将本县贤良乡第十保一甲李嘉庚户内所管贤字第五十四段第三七一号田名段家门首共一丘计亩积一分八厘六毫除与本县本乡本保二甲段禄造户下收纳充卅八年差所领所除所退是实立此足领除粮字为照

（内添改点涂为准）

买卖两发

人开千丁

粮发万担

中证人〈李〉嘉谟李孔应李加典李周佑段禄炳段禄瑞李似孔李续孔李龙氏

卖者李嘉庚

奶叔李孔相【押】

卖者母亲李谭氏【押】

中华民国三十七年古十一月初四日亲托李加海代笔立

民国三十八年正月二十二日江海清拨谷字

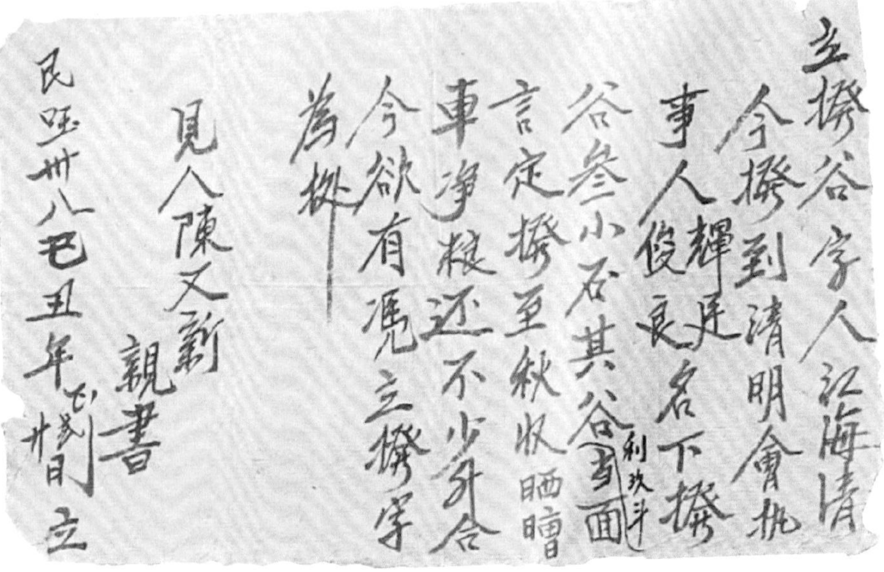

立拨谷字人江海清今拨到清明会执事人辉廷俊良名下拨谷叁小石其谷利玖斗当面言定拨至秋收晒嘈车净粮还不少升合今欲有凭立拨字为据

见人陈又新

亲书

民国卅八巳（己）丑年正月廿贰日立

民国三十八年古二月十三日江峻隆拨字

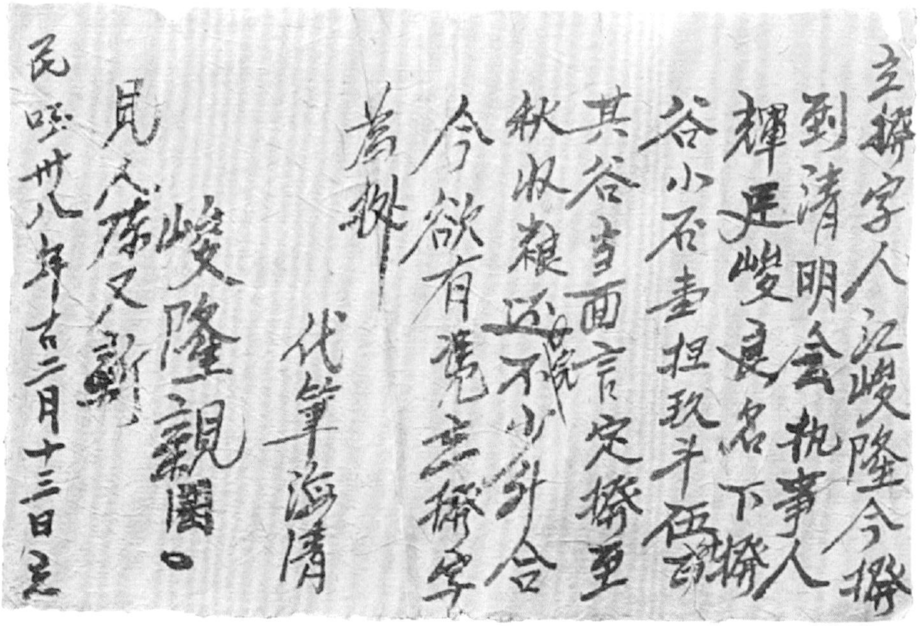

立拨字人江峻隆今拨到清明会执事人辉廷峻良名下拨谷小石壹担玖斗伍升正其谷当面言定拨至秋收粮完不少升合今欲有凭立拨字为据

代笔海清

峻隆亲圈【押】

见人陈又新

民国卅八年古二月十三日立

民国三十八年古二月十三日江辉廷拨字

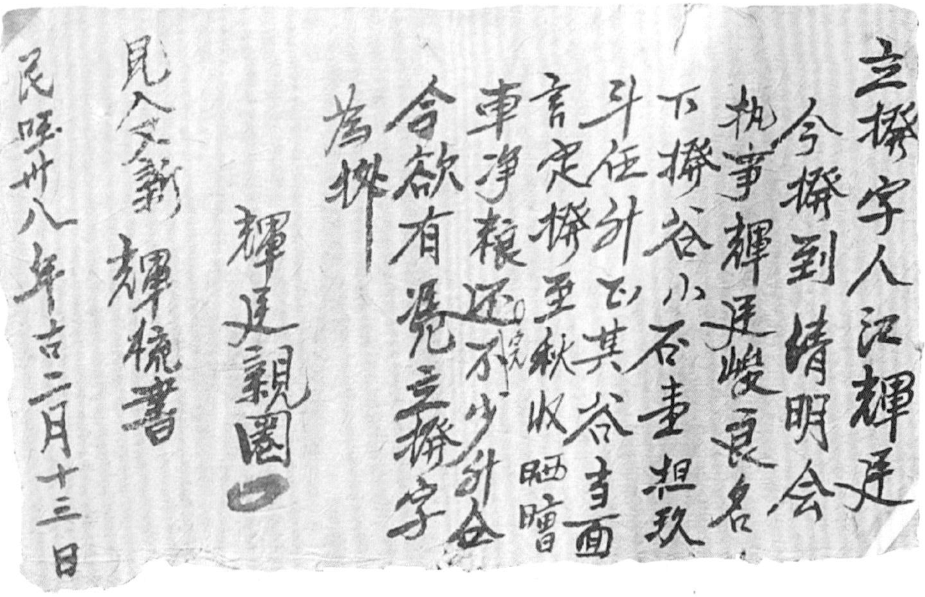

立拨字人江辉廷今拨到清明会执事辉廷峻良名下
拨谷小石壹担玖斗伍升正其谷当面言定拨至秋收
晒嘈车净粮完不少升合今欲有凭立拨字为据
辉廷亲圈【押】
见人又新辉梳书
民国卅八年古二月十三日

民国三十八年古二月十四日江俊虎拨字

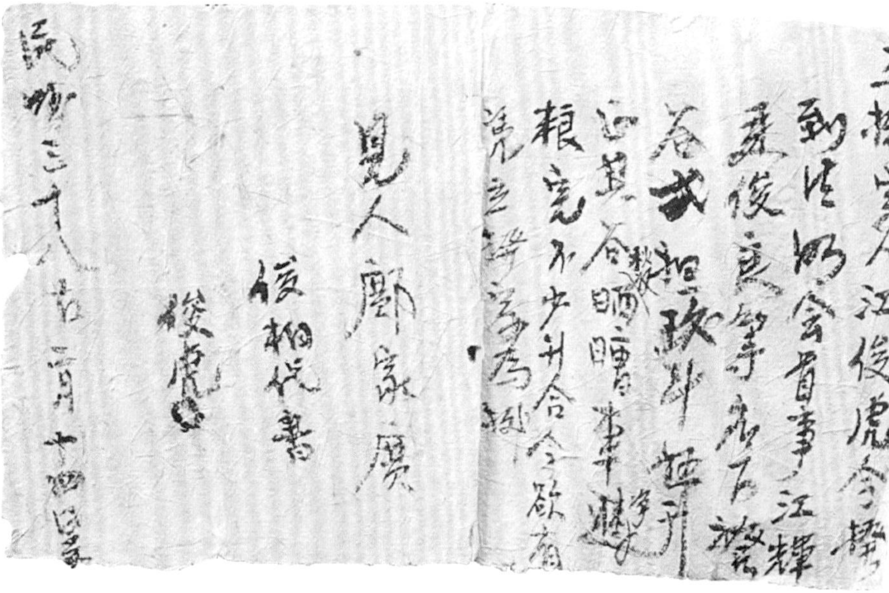

立拨字人江俊虎今拨到清明会首事
江辉廷俊良等名下拨谷贰担玖斗伍
升正其谷秋收晒嘈车净粮完不少升
合今欲有凭立拨字为据

见人邝家广

俊柏代书

俊虎【押】

民国三十八〈年〉古二月十四日立

民国三十八年二月十四日江俊柏拨字

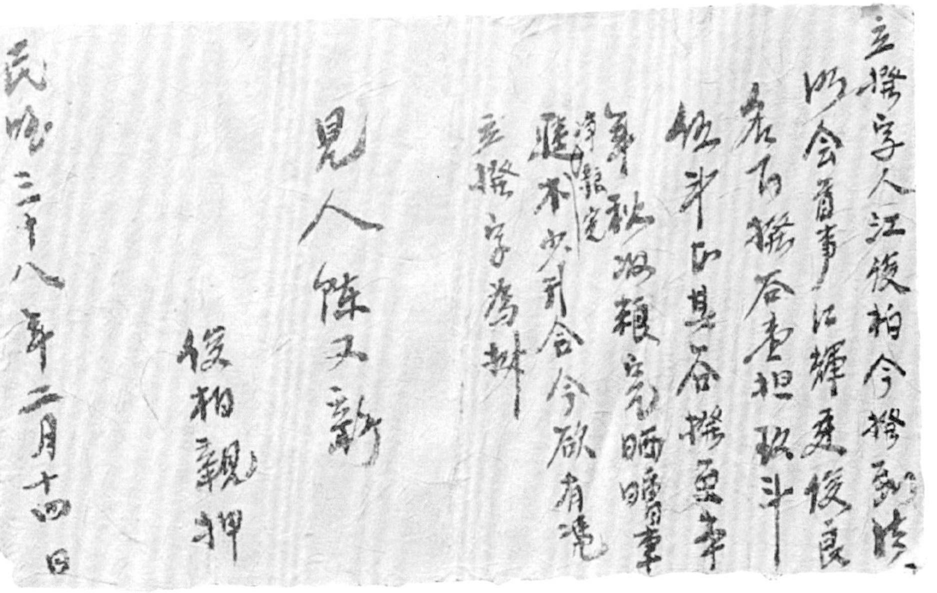

立拨字人江俊柏今拨到清明会首
事江辉廷俊良名下拨谷壹担玖斗
伍斗（升）正其谷拨至本年秋收
粮完晒嘈车净粮完不少升合今欲
有凭立拨字为据
见人陈又新
俊柏亲【押】
民国三十八年二月十四日

不知年代分关文书

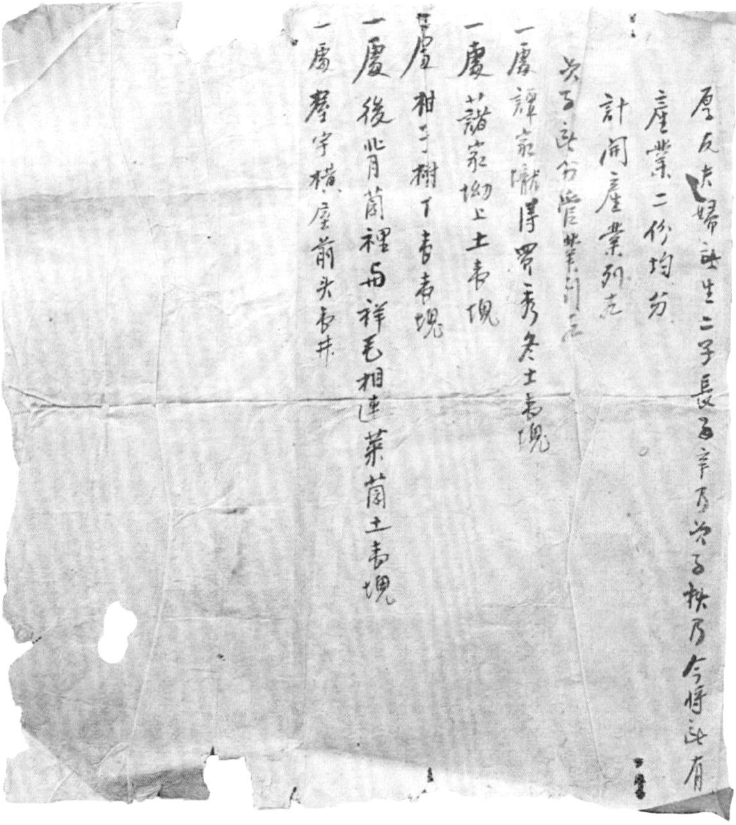

厚友夫妇所生二子长子辛乃次子秋乃今将所
有产业二份均分
计开产业列左
次子所分管业列左
一处谭家垅得买秀冬土壹块
一处藷家坳上土壹块
一处柑子树下壹［壹］块
一处后背园里与祥毛相连菜园土壹块
一处屋宇横屋前头壹井

不知年代某△卖地土山岭树枝契

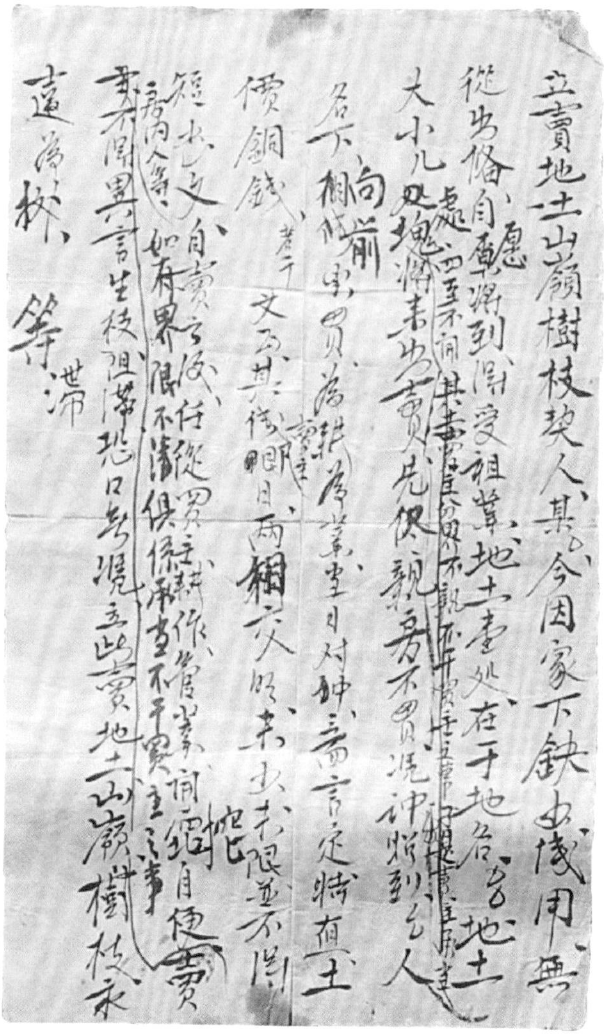

立卖地土山岭树枝契人某△今因家下缺少钱用无从出备自愿将到得受祖业地土壹处在于地名△△地土大小儿处块四至不开其土卖主分界不亲（清）不干买□之□□是卖主承当将来出卖先尽亲房不买凭中说到△△人名下向前承买为耕为业当日对中三面言定时直土价铜钱若干文正其钱卖主即日两相交明未少未限并不得短少一文自卖之后任从买主耕作管业开挖自便如有界限不清俱系承当不干买主之事卖房内人等不得异言生枝阻滞恐口无凭立此卖地土山岭树枝永远为据等滞

第四部分　永兴县（第一批）

光绪元年十二月二十九日王传材领地字

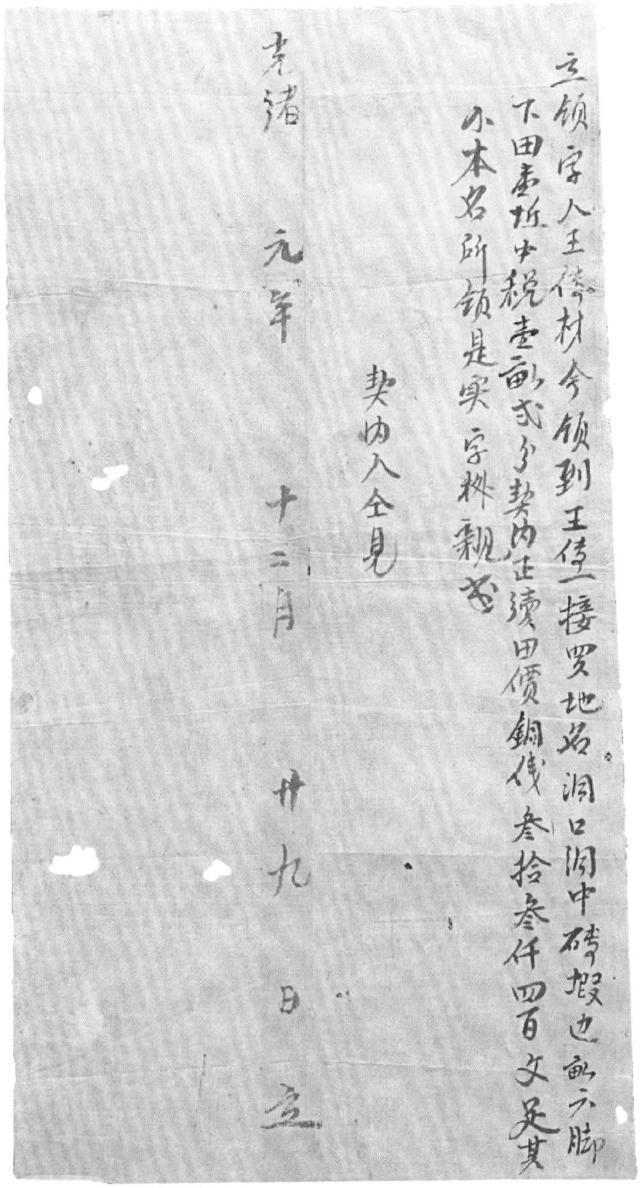

立领字人王传材今领到王传一接买地名洞口洞中砖堠边亩六脚下田壹丘中税壹亩贰分契内正续田价铜钱叁拾叁仟四百文足其钱本名所领是实字据亲书

契内人仝见

光绪元年十二月廿九日立

光绪十五年二月初六日钟年修卖地字

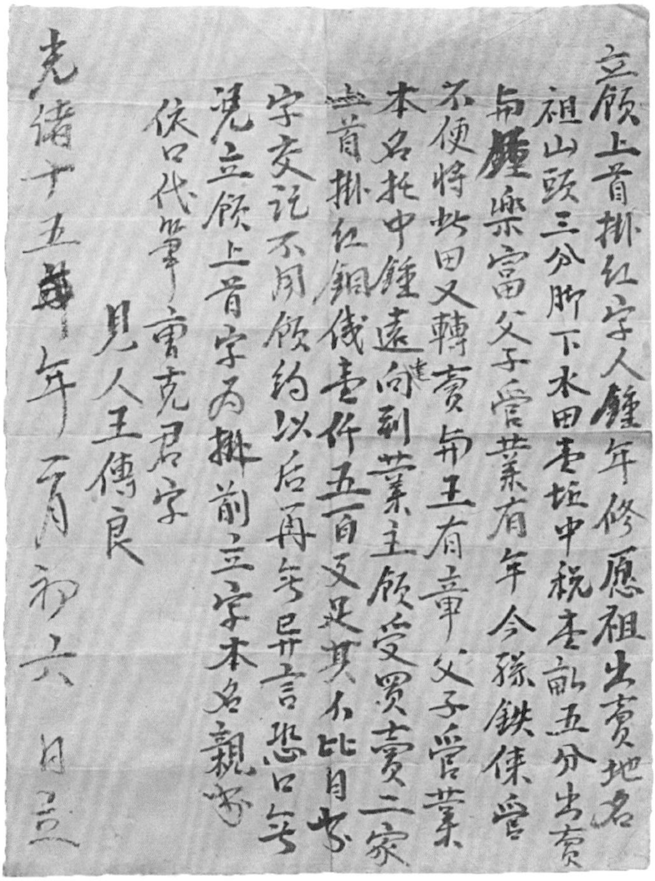

立领上首挂红字人钟年修愿祖出卖地名祖山头三分脚下水田壹丘中税壹亩五分出卖与钟乐富父子管业有年今孙铁俫管不便将此田又转卖与王有章父子管业本名托中钟远达向到业主领受买卖二家上首挂红铜钱壹仟五百文足其钱比日书字交讫不用领约以后再无异言恐口无凭立领上首字为据前立字本名亲书

依口代笔曹克君字

见人王传良

光绪十五年二月初六日立

光绪二十三年十二月二十一日王传材领税字

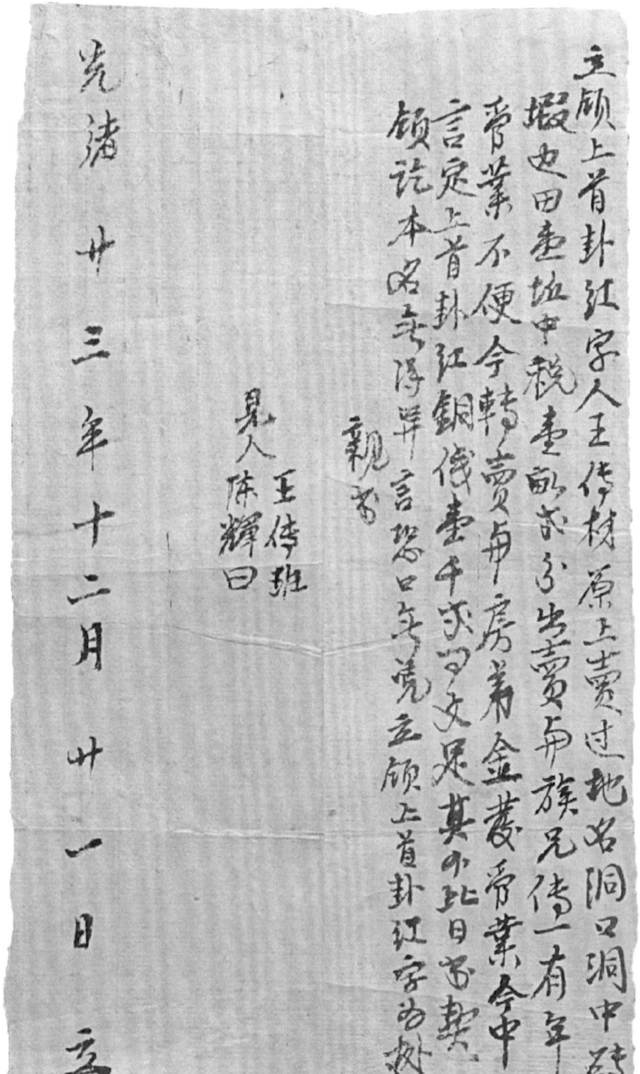

立领上首卦（挂）红字人王传材原上卖过地名洞口洞中砖堠边田壹丘中税壹亩贰分出卖与族兄传一有年管业不便今转卖与房弟金发管业今中言定上首卦（挂）红铜钱壹千贰百文足其钱比日书契领讫本名无得异言恐口无凭立领上首卦（挂）红字为据

亲书

见人王传班陈辉曰

光绪廿三年十二月廿一日立

光绪二十四年六月初六日王传运卖地字

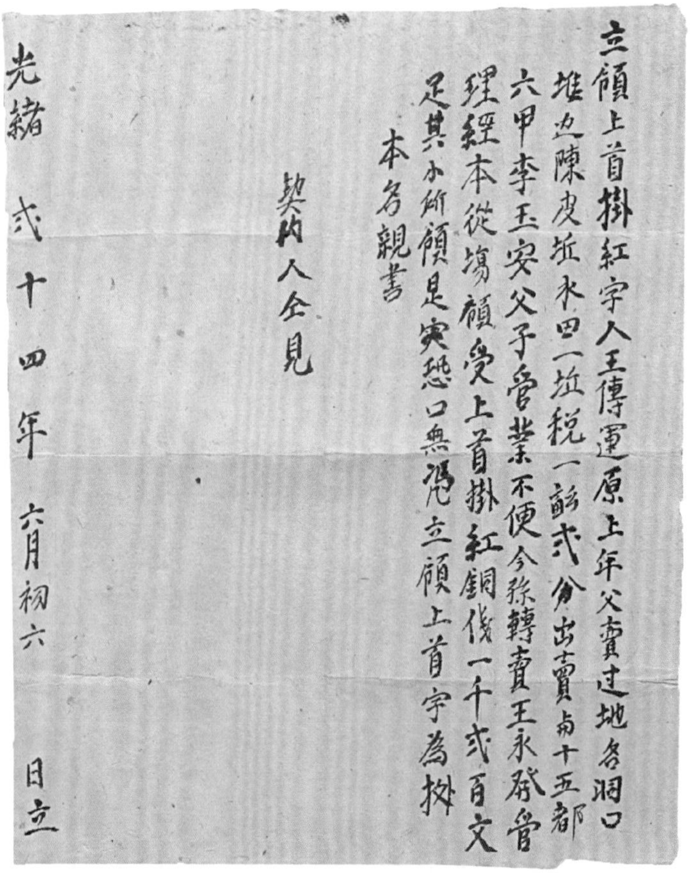
立領上首掛紅字人王傳運原上年父賣过地名洞口
堆边陳皮垢水田一坵稅一畝弍分出賣与十五都
六甲李玉安父子管業不便今孫轉賣王永發管
理經本從場領受上首掛紅銅錢一千弍百文
足其錢所領是實恐口無凭立領上首字為據
本名親書
契內人全見
光緒弍十四年六月初六日立

立领上首挂红字人王传运原上年父卖过地名洞口堆边陈皮垢水田一丘税一亩贰分出卖与十五都六甲李玉安父子管业不便今孙转卖王永发管理经本从场领受上首挂红铜钱一千贰百文足其钱所领是实恐口无凭立领上首字为据

本名亲书

契内人仝见

光绪贰十四年六月初六日立

光绪二十四年十二月十六日李明燽重续田契

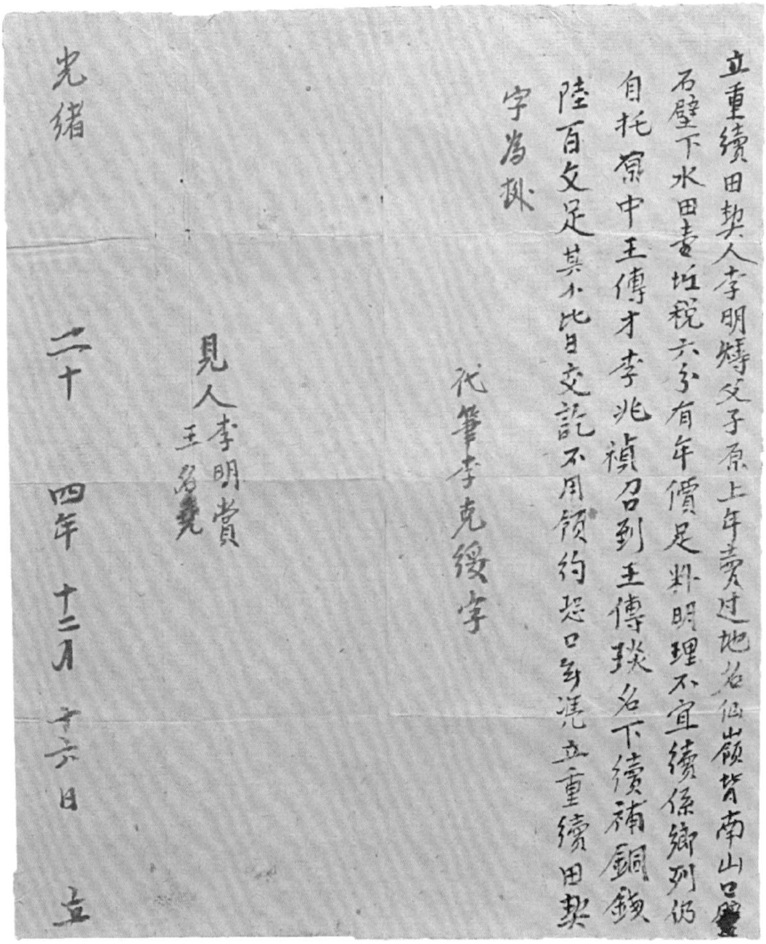

立重续田契人李明燽父子原上年卖过地名仙岭背南山口石壁下水田壹丘税六分有年价足粮明理不宜续系乡列仍自托原中王传才李兆祯召到王传琰名下续补铜钱陆百文足其钱比日交讫不用领约恐口无凭立重续田契字为据

代笔李克绥字

见人李明赏王名尧

光绪二十四年十二月十六日立

光绪二十六年十月钟年秋卖地字

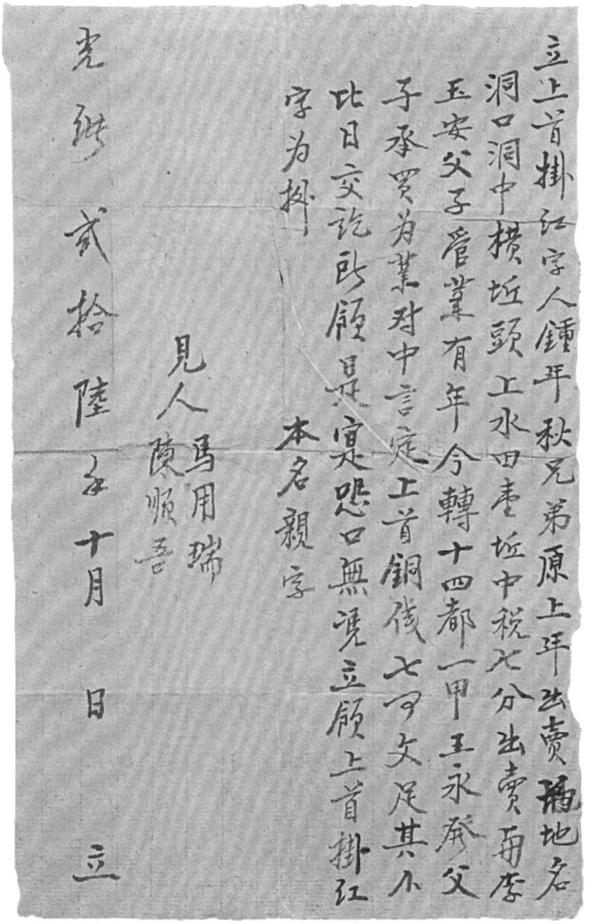

立上首挂红字人钟年秋兄弟原上年出卖地名洞口洞中横坵头上水田壹丘中税七分出卖与李玉安父子管业有年今转十四都一甲王永发父子承买为业对中言定上首铜钱七百文足其钱比日交讫所领是实恐口无凭立领上首挂红字为据

本名亲字

见人马用瑞陈顺吾

光绪贰拾陆年十月日立

光绪二十八年七月初六日李阿陈氏成员仝男敦集等重续田契

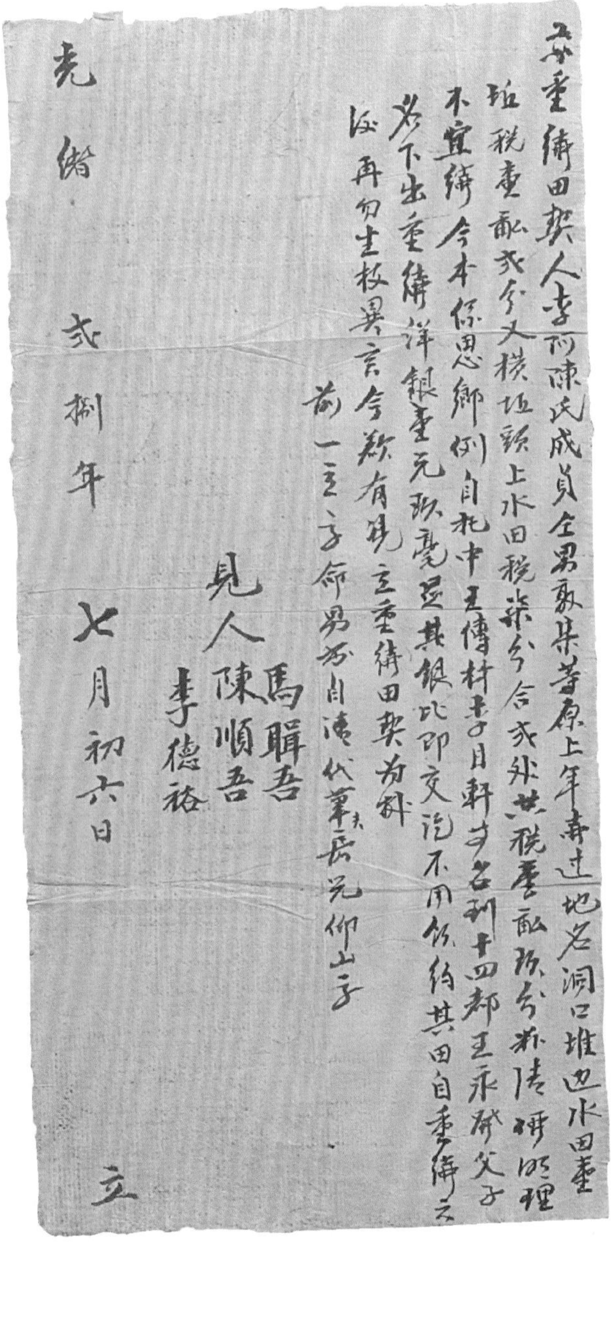

立重续田契人李阿陈氏成员仝男敦集等原上年卖过地名洞口堆边水田壹丘税壹亩贰分又横坵头上水田税柒分合贰处共税壹亩玖分粮清价明理不宜续今本系思乡例自托中王传材李目轩等召到十四都王永发父子名下出重续洋银壹元玖毫足其银比即交讫不用领约其田自重续之后再勿生枝异言今欲有凭立重续田契为据

前一立字命男书自请代笔夫房兄仰山字

见人马瞬吾陈顺吾李德裕

光绪贰捌年七月初六日立

光绪二十九年正月二十六日李江山离耕绝卖田塘屋场山林园土契

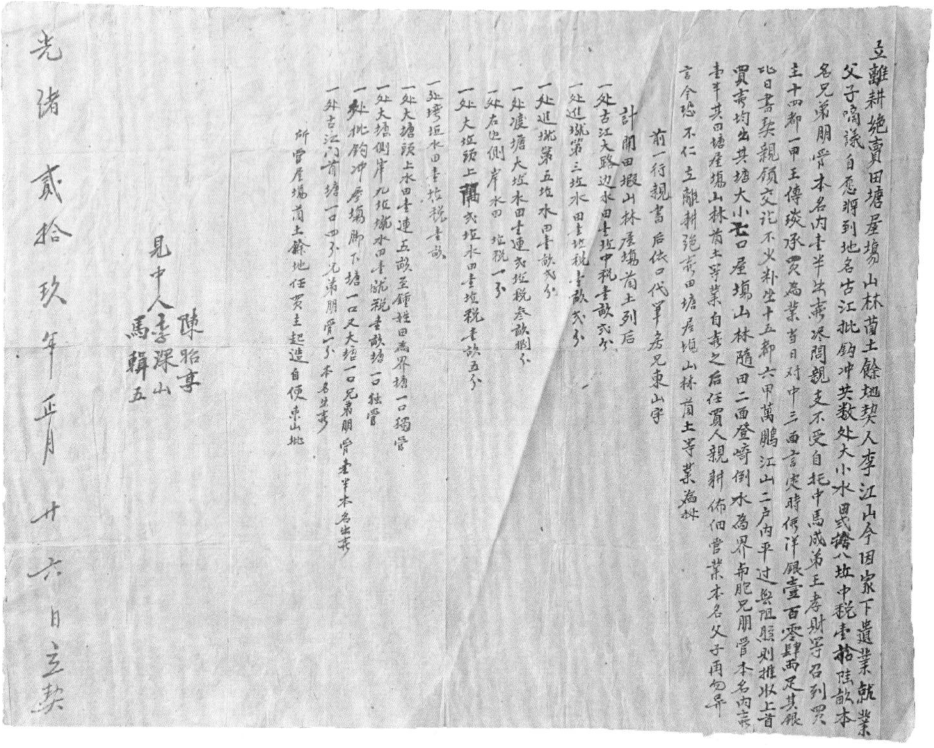

立離耕絶賣田塘屋場山林蕭土餘坦契人李江山今因家下遺業就業
父子嘀議自愿將到地名古江批鈎冲共數处大小水田弍拾八坵中稅壹拾陸畝本
名兄弟朋買本名內壹半出賣來問親支不受自托中馬成弟王孝財等召到買
主十四都一甲王傳琰承買為業当日对中三面言定時價洋銀壹百零肆兩足其銀
比日書契親領交訖不少分厘十五都六甲萬鵬江山二户內平过與阻賬則推收上首
買賣均出其塘大小七口屋場山林隨田二面登埼倒水為界弟胞兄朋買本名內賣
壹半其田塘屋場山林蕭土等業自賣之后任買人親耕佈佃管業本名父子再勿异
言今恐不仁立離耕絶賣田塘屋場山林蕭土等業為據

前一行親書后依口代筆房兄東山字

計開田塅山林屋場蕭土列后
一处古江大路边水田壹坵中稅壹畝弍分
一处近垅第三坵水田壹坵稅壹畝弍分
一处近垅第五坵水田壹畝弍分
一处濵塘大坵水田壹連弍坵稅叁畝捌分
一处右边側岸水田　坵稅一分
一处大坵頭上隔弍坵水田壹坵稅壹畝五分
一处塆坵水田壹坵稅壹畝
一处大塘頭上水田壹連五畝至鍾姓田為界塘一口獨管
一处大塘側岸九坵垅水田壹垅稅壹畝塘一口独管
一处批鈎冲屋場脚下塘一口又大塘一口兄弟朋買壹半本名出賣
一处古江门前塘一口四分兄弟朋買一分本名出賣
所賣屋場蕭土餘地任買主起造自便东山批

見中人　陳貽享
　　　　李深山
　　　　馬韓五

光緒貳拾玖年正月廿六日立契

立离耕绝卖田塘屋场山林园土余地契人李江山今因家下遗业就业父子嘀（商）议自愿将到地名古江批钩冲共数处大小水田贰拾八丘中税壹拾陆亩本名兄弟朋管本名内壹半出卖尽问亲支不受自托中马成弟王孝财等召到买主十四都一甲王传琰承买为业当日对中三面言定时价洋银壹百零肆两足其银比日书契亲领交讫不少粮坐十五都六甲万鹏江山二户内平过无阻照则推收上首买卖均出其塘大小七口屋场山林随田二面登崎倒水为界与胞兄朋管本名内卖壹半其田塘屋场山林园土等业自卖之后任买人亲耕布佃管业本名父子再勿异言今恐不仁立离耕绝卖田塘屋场山林园土等业为据

前一行亲书后依口代笔房兄东山字

计开田塅山林屋场园土列后

一处古江大路边水田壹丘中税壹亩贰分

一处进垅第三丘水田壹丘税壹亩贰分

一处进垅第五丘水田壹亩贰分

一处渡塘大坵水田壹连贰丘税叁亩捌分

一处右边侧岸水田　丘税一分

一处大坵头上隔贰丘水田壹丘税壹亩五分

一处塆坵水田壹丘税壹亩

一处大塘头上水田壹连五亩至钟姓田为界塘一口独管

一处大塘侧岸九丘垅水田壹垅税壹亩塘一口独管

一处批钩冲屋场脚下塘一口又大塘一口兄弟朋管壹半本名出卖

一处古江门首塘一口四分兄弟朋管一分本名出卖

所管屋场园土余地任买主起造自便东山批

见中人陈昭亭李深山马辑五

光绪贰拾玖年正月廿六日立契

光绪三十年十月十一日王阿李氏翠贞仝孙青集绝卖垦田契

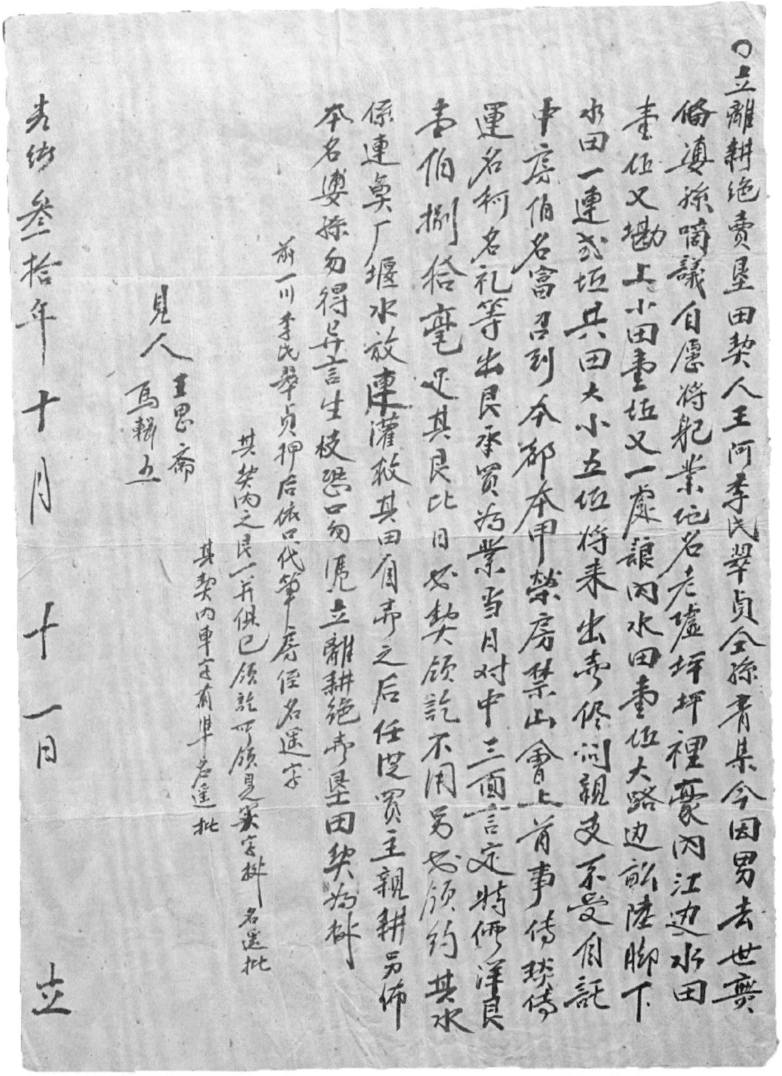

○立离耕绝卖垦田契人王阿李氏翠
贞仝孙青集今因男去世无备婆孙嘀
（商）议自愿将己业地名老墟坪坪
里豪内江边水田壹丘又𡎴上小田壹
丘又一处誏内水田壹丘大路边亩陆
脚下水田一连贰丘共田大小五丘将
来出卖尽问亲支不受自托中房伯名
富召到本都本甲荣房禁山会上首事
传琰传运名柯名礼等出银承买为业
当日对中三面言定时价洋银壹佰捌
拾毫足其银比日书契领讫不用另书
领约其水系连鱼厂堰水放车灌救其
田自卖之后任从买主亲耕另布本名
婆孙勿得异言生枝恐口勿（无）凭
立离耕绝卖垦田契为据

前一川（圈） 李氏翠贞押后依口代
笔房侄名遥字
其契内之银一并俱巳（已）领讫所
领是实字据名遥批
其契内车字有准名遥批
见人王思斋马辑五
光绪叁拾年十月十一日立

光绪三十二年正月十六日王名礼领地字

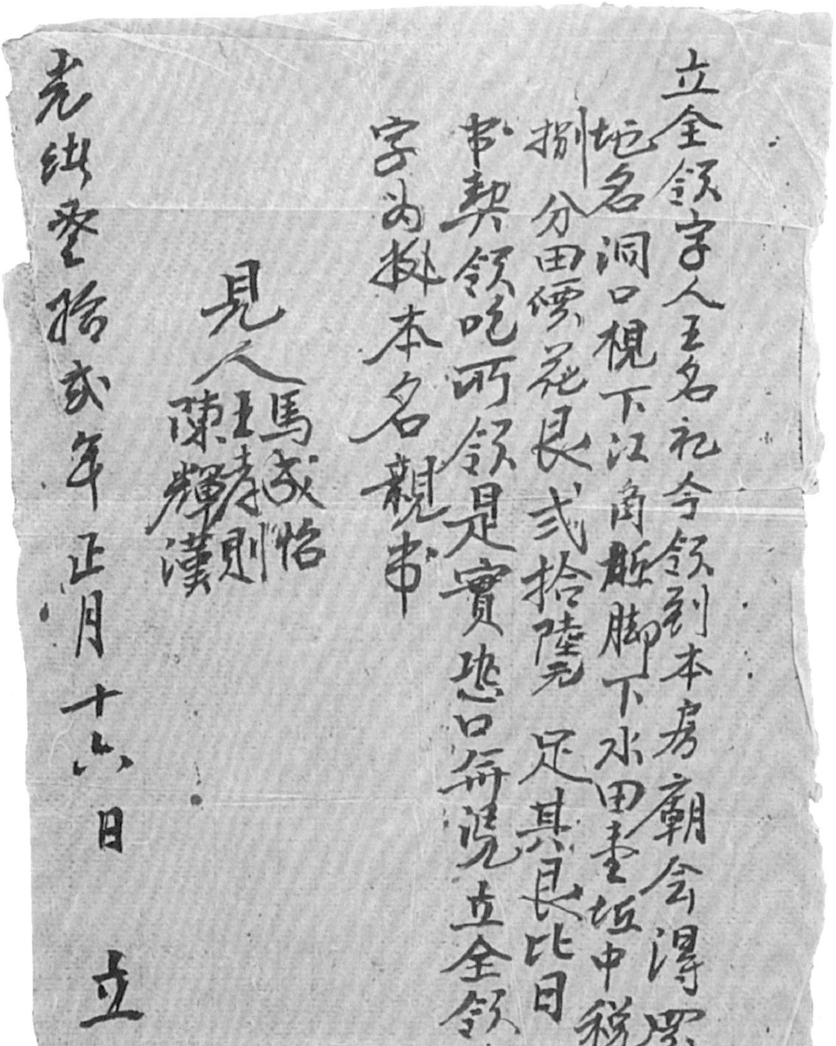

立全领字人王名礼今领到本房庙会得买地名洞口枧下江角坵脚下水田壹丘中税捌分田价花银贰拾陆元　足其银比日书契领吃（讫）所领是实恐口无凭立全领字为据

本名亲书

见人马成怡王孝则陈辉汉

光绪叁拾贰年正月十六日立

光绪三十二年二月十六日李何陈氏清贞仝男兆祯兄弟等绝卖田契

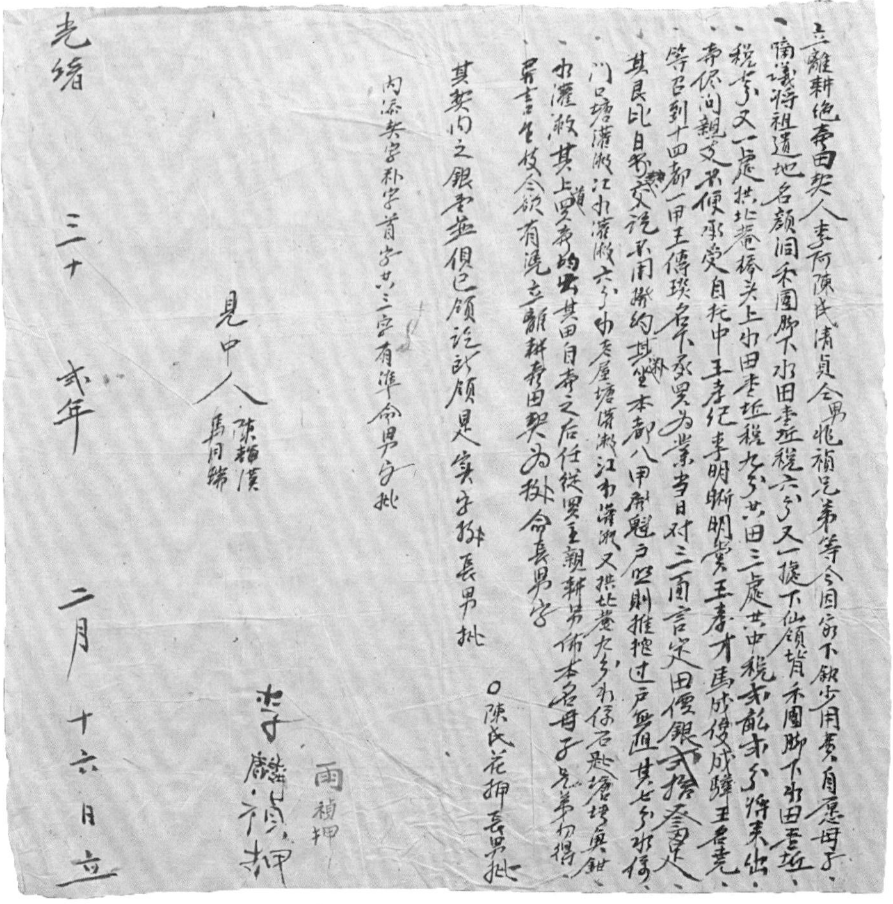

立离耕绝卖田契人李何陈氏清贞仝男兆祯兄弟等今因家下缺少用费自愿母子嘀（商）议将祖遗地名颜洞禾园脚下水田壹丘税六分又一据下仙领背禾园脚下水田壹丘税七分又一处拱北庵桥头上水田壹丘税九分共田三处共中税贰亩贰分将来出卖尽问亲支不便承受自托中王孝纪李明晰明赏王孝才马成俊成骅王名尧等召到十四都一甲王传琰名下承买为业当日对三面言定田价银贰拾叁两足其银比日书契交讫不用拨约其粮坐本都八甲发魁户照则推挖过户无阻其七分水系门口塘灌溉江水灌溉六分水老屋塘灌溉江水灌溉又拱北庵九分水系石匙塘塆鱼钳水灌溉其上首买卖均出其田自卖之后任从买主亲耕另布本名母子兄弟勿得异言生枝今欲有凭立离耕卖田契为据

命长男字

【押】陈氏花押长男批

其契内之银壹并俱巳（已）领讫所领是实字据长男批

内添契字粮字首字共三字有准命男字批

李雨祯【押】李麟祯【押】

见中人陈辉汉马用瑞

光绪三十贰年二月十六日立

光绪三十二年二月十六日李阿陈氏清贞仝男兆祯兄弟领田价字

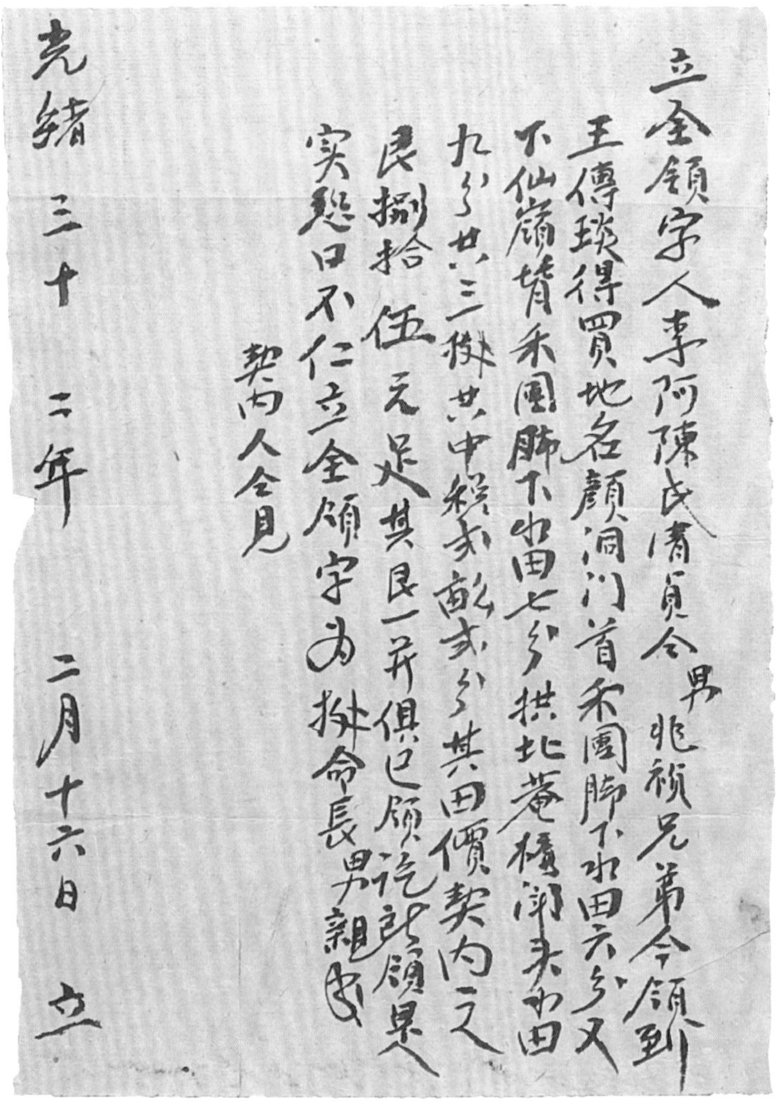

立全领字人李阿陈氏清贞仝男兆祯兄弟今领到王传琰得买地名颜洞门首禾园脚下水田六分又下仙岭背禾园脚下水田七分拱北庵棱闬头水田九分共三据共中税贰亩贰分其田价契内之银捌拾伍元足其银一并俱巳（已）领讫所领是实恐口不仁立全领字为据

契内人仝见

命长男亲书

光绪三十二年二月十六日立

光绪三十二年四月初三日王辛朵借洋银字

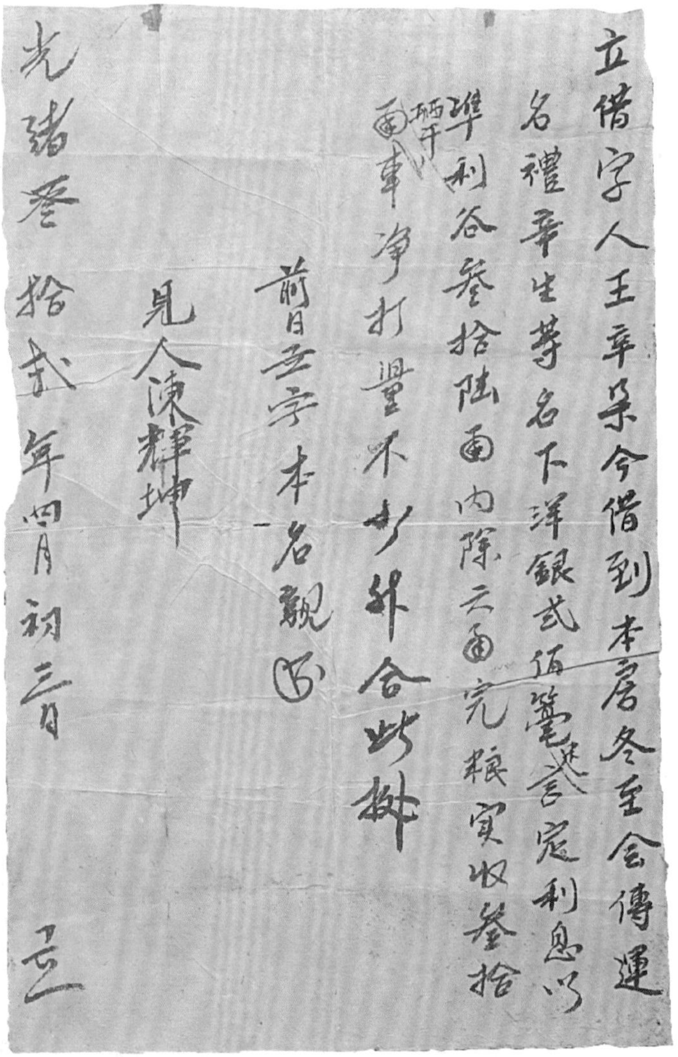

立借字人王辛朵今借到本房冬至会传运名礼辛生等名下洋银贰佰毫足言定利息以准利谷叁拾陆甬内除六甬完粮实收叁拾晒干甬车净打量不少升合此据

前日立字本名亲书

见人陈辉坤

光绪叁拾贰年四月初三日立

光绪三十二年十二月二十八日李阿曹氏仝男第亨兄弟领上首挂红字

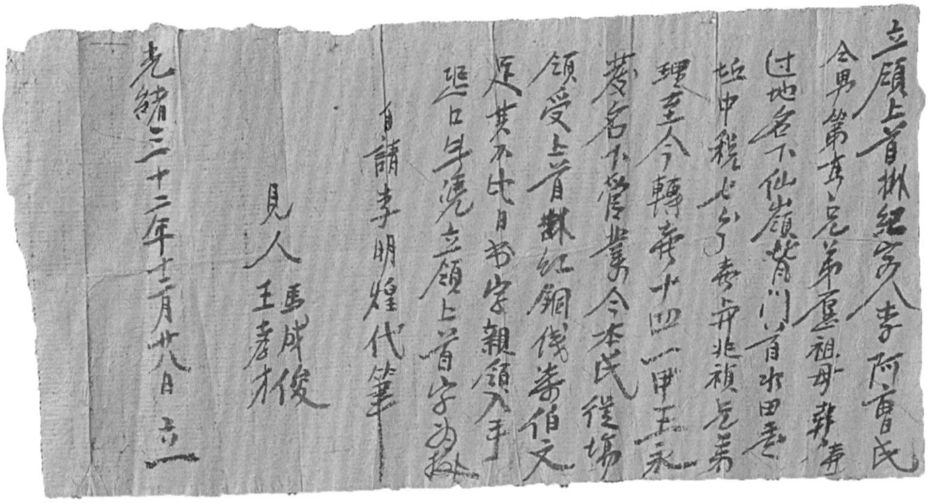

立领上首挂红字人李阿曹氏仝男第亨兄弟愿祖母韩卖过地名下仙岭背门首水田壹丘中税七分卖与兆祯兄弟理至今转卖十四一甲王永发名下管业今本氏从场领受上首挂红铜钱柒伯（佰）文足其钱比日书字亲领入手恐口无凭立领上首字为据

自请李明煌代笔

见人马成俊王孝才

光绪三十二年十二月廿八日立

光绪年间王阿李氏绝卖田契

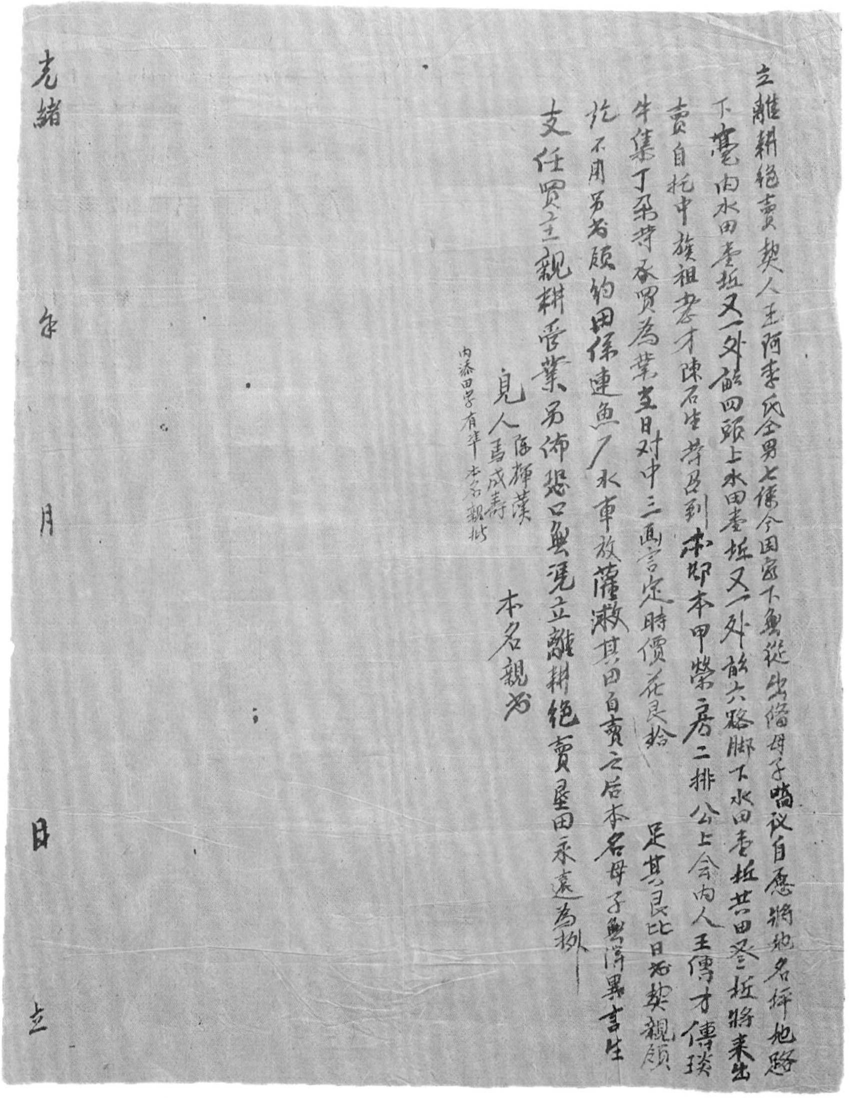

立离耕绝卖契人王阿李氏仝男七俫今因家下无从出备母子嘀（商）议自愿将地名坪地路下毫内水田壹丘又一处亩四头上水田壹丘又一处亩六路脚下水田壹丘共田叁丘将来出卖自托中族祖孝才陈石生等召到本都本甲荣房二排公上会内人王传才传琰牛集丁朵等承买为业当日对中三面言定时价花银拾　　足其银比日书契亲领讫不用另书领约田系连鱼厂水车放灌潄（救）其田自卖之后本名母子无得异言生支（枝）任买主亲耕管业另布恐口无凭立离耕绝卖垦田永远为据

见人陈辉汉马成寿

本名亲书

内添田字有准本名亲批

光绪年月日立

光绪年间王传一领地字

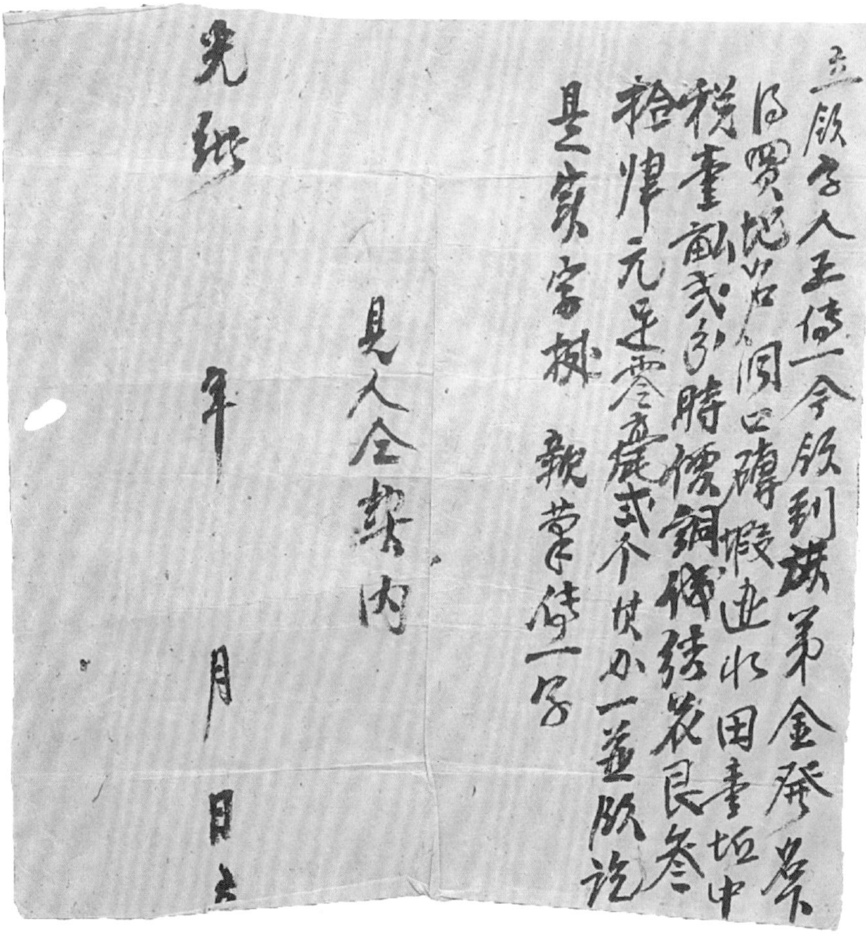

立领字人王传一今领到族弟金发名下得买地名洞口砖堠边水田壹丘中税壹亩贰分时价铜钱结花银叁拾肆元足零毫贰个其钱一并领讫是实为据

亲笔传一字

见人仝契内

光绪年月日立

光绪年间王远来绝卖契

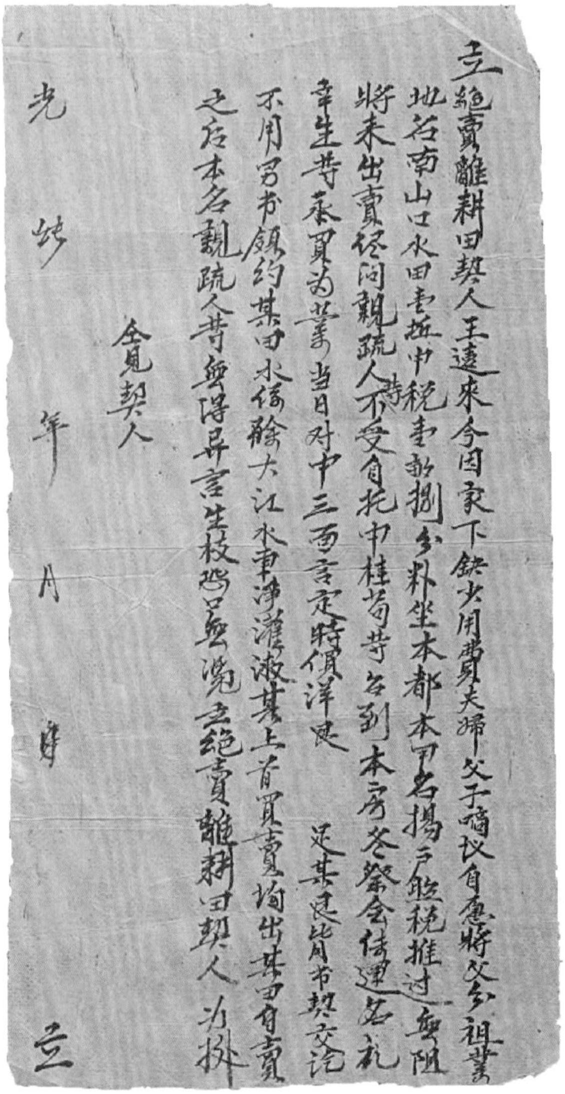

立绝卖离耕田契人王远来今因家下缺少用费夫妇父子嘀（商）议自愿将父祖业地名南山口水田壹丘中税壹亩捌分粮坐本都本甲名扬户照税推过无阻将来出卖尽问亲疏人等不受自托中桂苟等召到本房冬祭会传运名礼幸生等承买为业当日对中三面言定时价洋银　　足其银皆书契交讫不用另书领约其田水系除大江水车净灌溉其上首买卖均出其田自卖之后本名亲疏人等无得异言生枝恐口无凭立绝卖离耕田契人为据

仝见契人

光绪年月日立

宣统元年二月初二日王金发绝卖田契

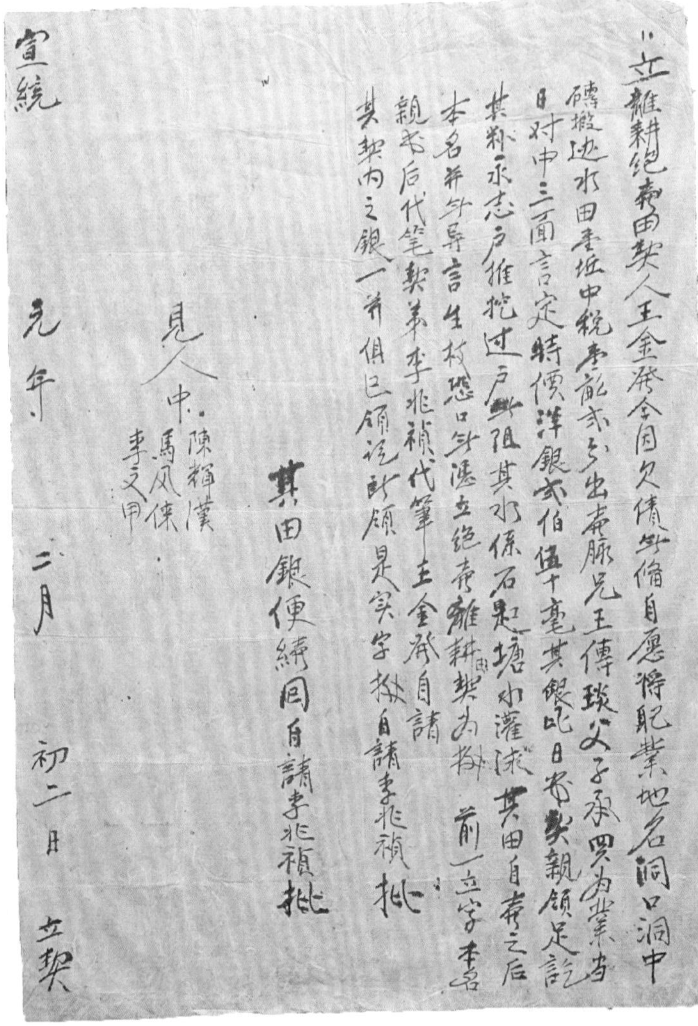

立离耕绝卖田契人王金发今因欠债无备自愿将己业地名洞口洞中砖墩边水田壹丘中税壹亩贰分出卖脉兄王传琰父子承买为业当日对中三面言定时价洋银贰佰伍十毫其银比日书契亲领足讫其粮永志户推挖过户无阻其水系石匙塘水灌浗（溉）其田自卖之后本名并无异言生枝恐口无凭立绝卖离耕田契为据

前一立字本名亲书后代笔契弟李兆祯代笔王金发自请

其契内之银一并俱巳（已）领讫所领是实字据自请李兆祯批

其田银便续回自请李兆祯批

见人中陈辉汉马风俫李文甲

宣统元年二月初二日立契

宣统元年二月初六日王发生兄弟等借银字

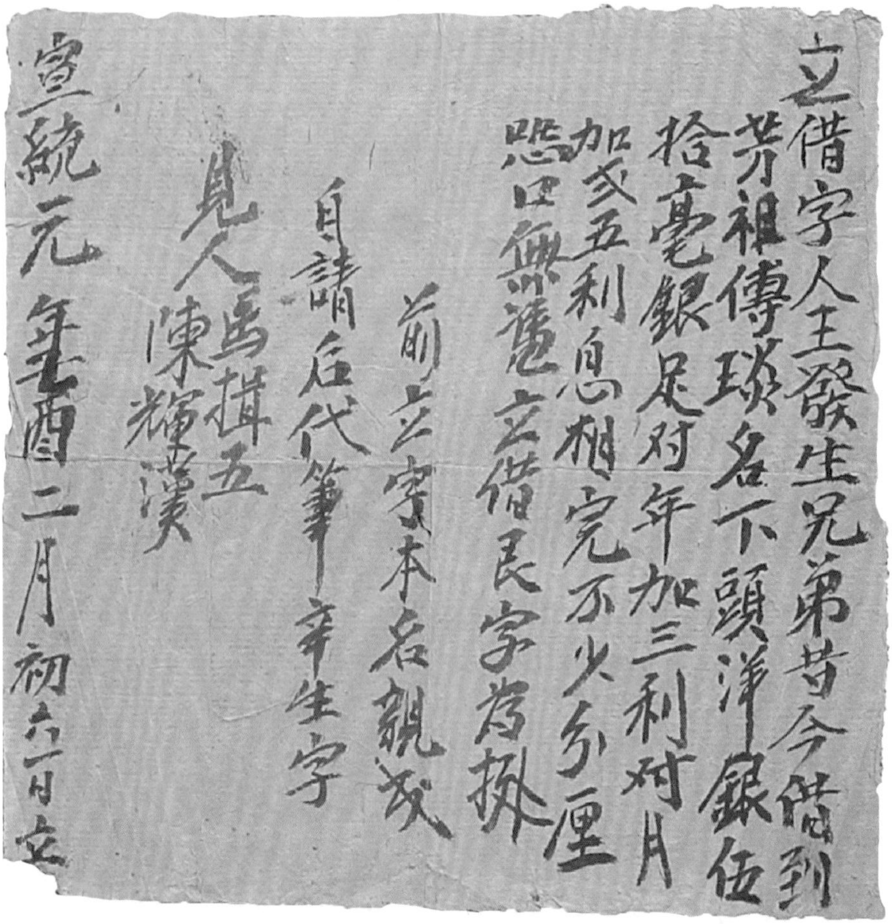

立借字人王发生兄弟等今借到芳祖传琰名下
头洋银伍拾毫银足对年加三利对月加贰五利
息相完不少分厘恐口无凭立借银字为据
前立字本名亲书
自请后代笔辛生字
见人马揖五陈辉汉
宣统元年己酉二月初六[一]日立

宣统元年十一月十一日李细求杜卖茶山荒熟土浆契

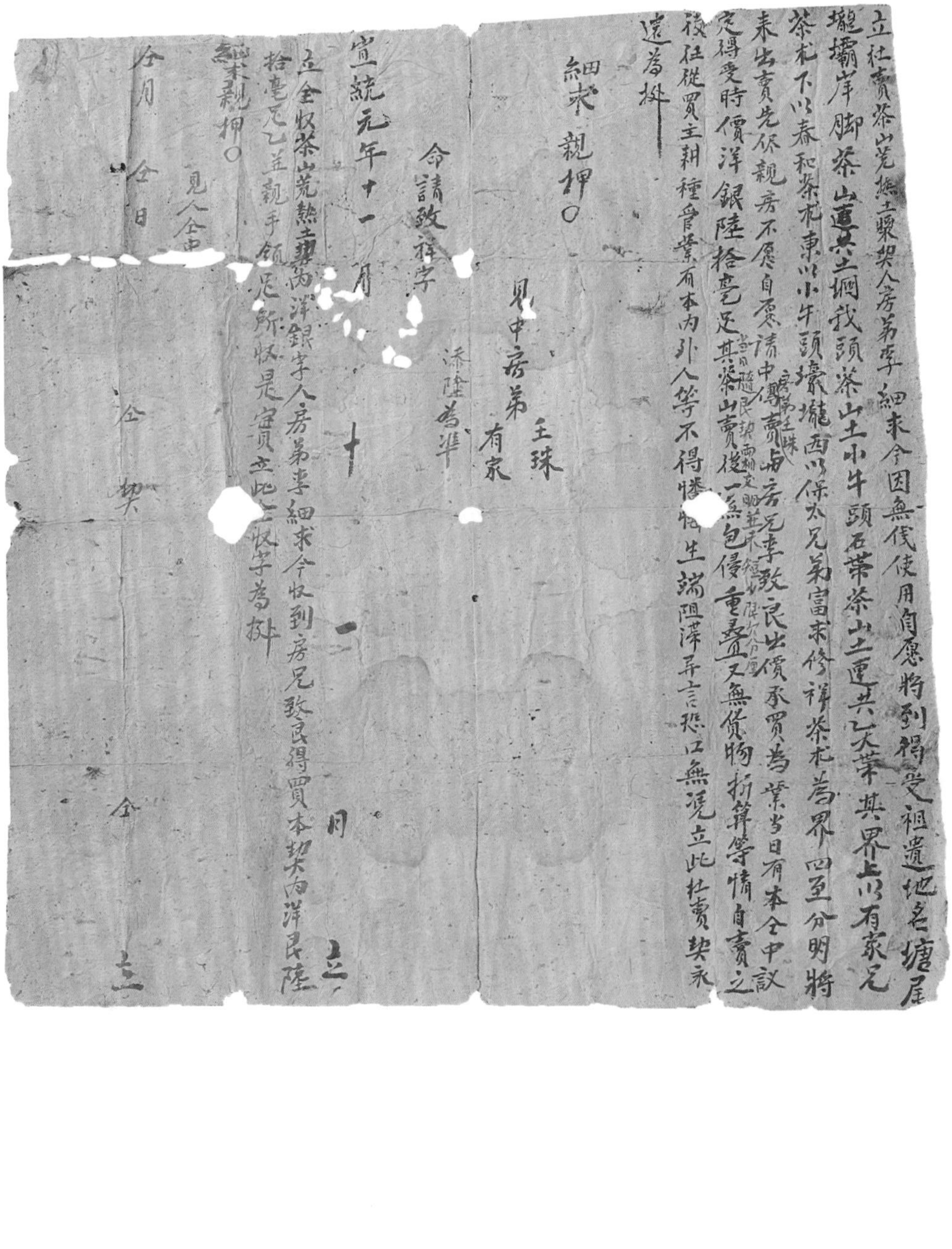
立杜賣茶山荒熟土漿契人房弟李細求今因無錢使用自愿將到得受祖遺地名塘屋
壠壩岸脚茶山壹共土墹我頭茶山土小牛頭石帶茶山土連共乙大葉其界上以有家兄
茶木下以春和茶木東以小牛頭壕壠西以保太兄弟富求修祥茶木為界四至分明將
來出賣先召親房不愿自愿請中[illegible]傳賣與房兄李致良出價承買為業当日有本仝中議
定得受時價洋銀陸拾毫足其茶山賣[illegible]從一契包賣[illegible]重叠又無貨物折算等情自責之
後任從買主耕種管業有本內外人等不得憐恨生端阻滯异言恐口無憑立此杜賣契永
遠為據

細求 親押〇

見中 房弟 壬珠 有家

添陸為準

命請致祥字

宣統元年十一月十一日 立

立全收茶山荒熟土漿契內洋銀字人房弟李細求今收到房兄致良得買本契內洋艮陸
拾毫足乙並親手領足所收是實立此全收字為據

細求親押〇

見人仝中

仝月 仝日 仝 契 仝 立

立杜卖茶山荒熟土浆契人房弟李细求今因无钱使用自愿将到得受祖遗地名塘尾垅坝岸脚茶山土坳我头茶山土小牛头石带茶山土连共一大带其界上以有家兄茶术（树）下以春和茶术（树）东以小牛头壕垅西以保太兄弟富求修祥茶术（树）为界四至分明将来出卖先尽亲房不愿自愿请中房弟壬珠传卖与房兄李致良出价承买为业当日有本仝中议定得受时价洋银陆拾毫足当日随银契两相交明并未短少限欠分厘其茶山卖后一无包侵重叠又无货物折算等情自卖之后任从买主耕种管业有本内外人等不得幡〈悔〉生端阻滞异言恐口无凭立此杜卖契永远为据

细求亲押【押】

见中房弟壬珠有家

添□为准

命请致祥字

宣统元年十一月十一日立

立仝收茶山荒熟土契内洋银字人房弟李细求今收到房兄致良得买本契内银陆拾毫足一并亲手领足所收是实立此〈仝〉收字为据

细求亲押【押】

见人仝中

仝月仝日仝契仝立

民国元年四月初六日王六倈父子借钱字

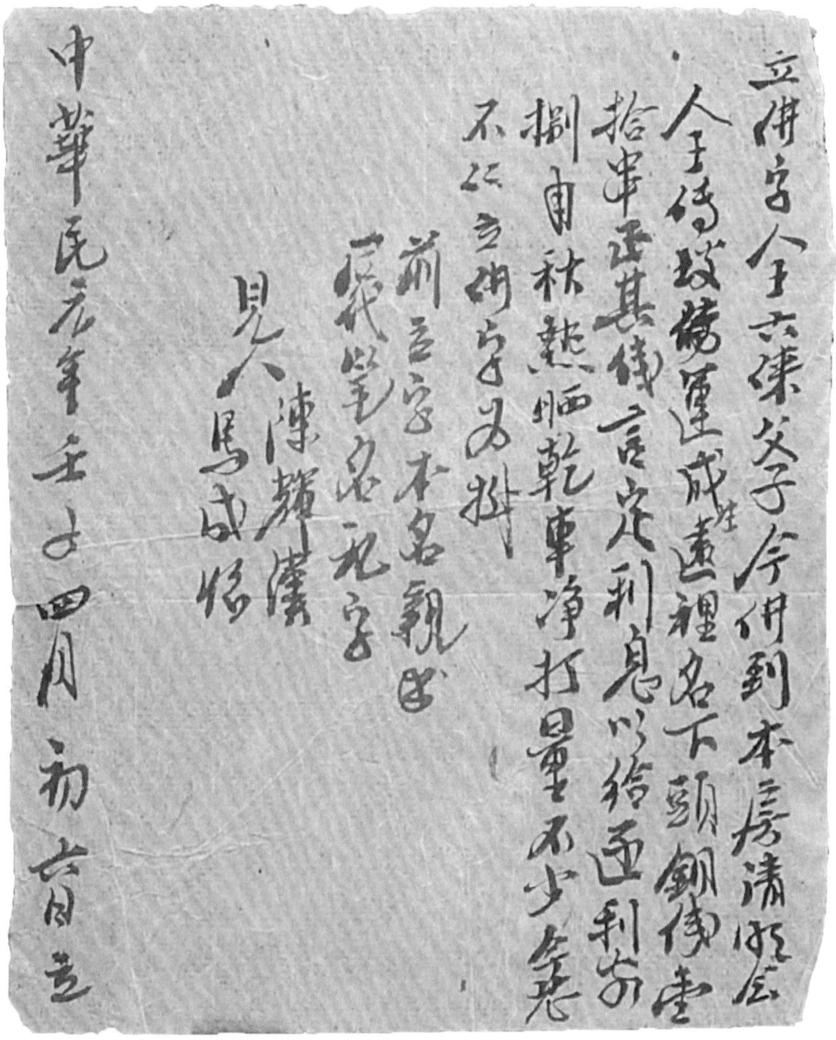

立借字人王六倈父子今借到本房清
明会人王传歧传运成生远裡名下头
铜钱壹拾串正其钱言定利息以给还
利谷捌甬秋熟晒干车净打量不少今
恐不认立借字为据
前言字本名亲书
后代笔名礼字
见人陈辉汉马成昭
中华民国元年壬子四月初六日立

民国十五年十二月二十九日王名琪借钱字

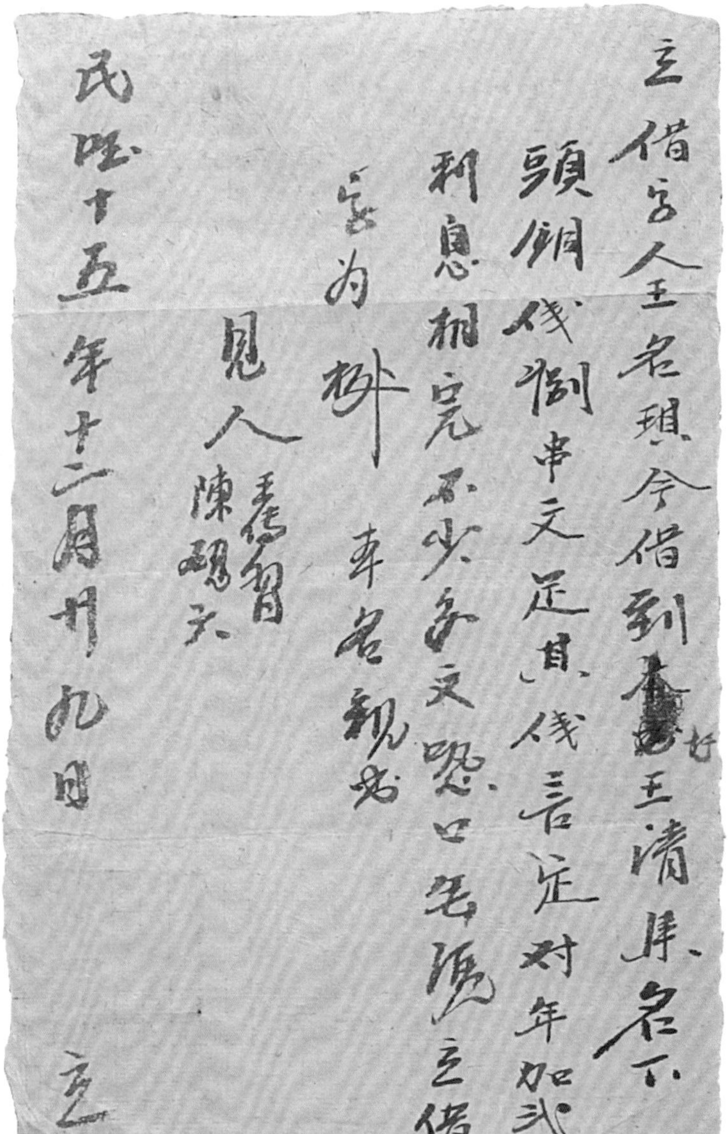

立借字人王名琪今借到王清集名下头铜钱捌串文足其钱言定对年加贰利息相完不少分文恐口无凭立借字为据
本名亲书
见人王传习陈砚六
民国十五年十二月廿九日立

民国十八年十一月二十四日王名易兄弟叔侄绝卖塘契

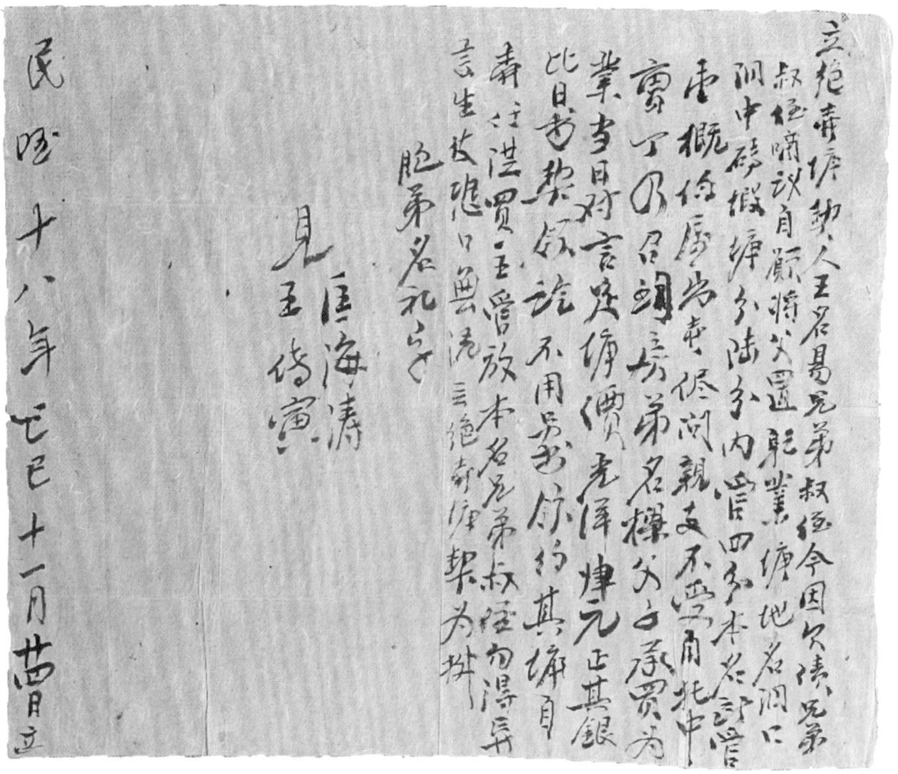

立绝卖塘契人王名易兄弟叔侄嘀（商）议自愿将父置己业塘地名洞口洞中砖塅塘分陆分内管四分本名所管壹概均属出卖尽问亲支不受自托中曹丁乃召询房弟名樑父子承买为业当日对言定塘价光洋肆元正其银比日书契领讫不用另书领约其塘自卖任从买主管放本名兄弟叔侄勿得异言生枝恐口无凭立绝卖塘契为据

胞弟名礼字

见匡海涛王传寅

民国十八年己巳十一月廿四日立

民国二十二年正月十六日曹正生卖铺宇契

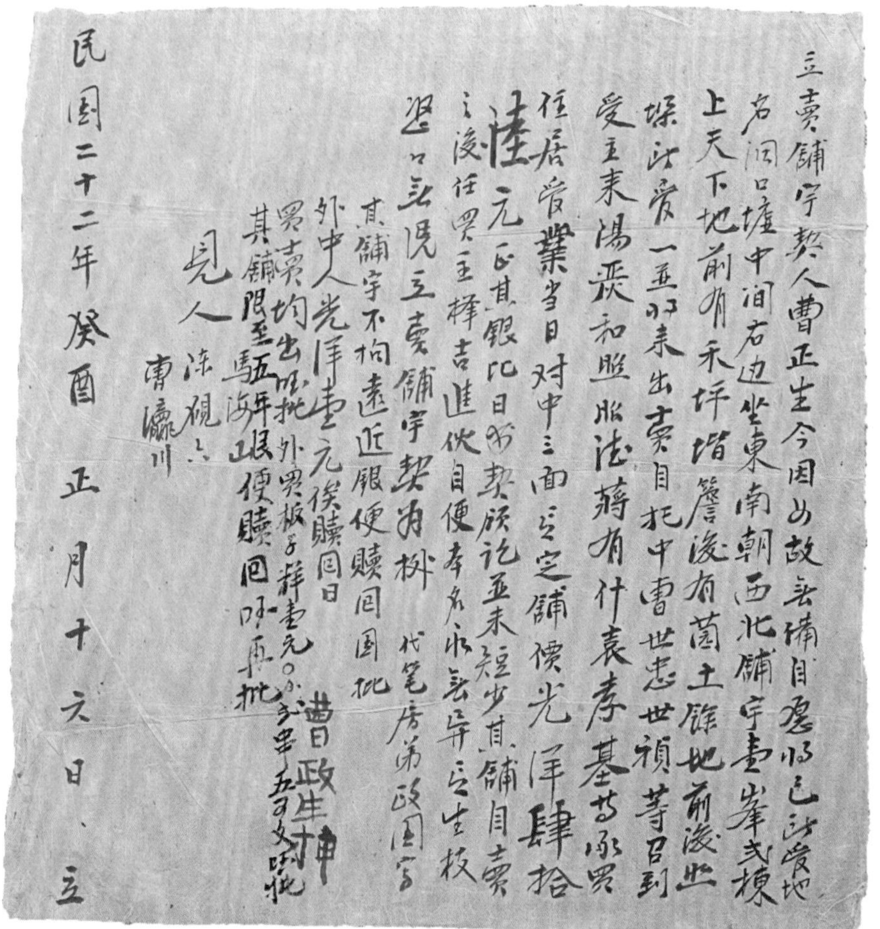

立卖铺宇契人曹正生今因父故无备自愿收已所管地名洞口墟中间右边坐东南朝西北铺宇壹峰贰栋上天下地前有禾坪阶檐后有园土余地前后照垛所管一并将来出卖自托中曹世忠世祯等召到受主耒阳苂和照昭德蒋有什袁孝基等承买住居管业当日对中三面言定铺价光洋肆拾陆元正其银比日书契领讫并未短少其铺自卖之后任买主择吉进伙自便本名永无异言生枝恐口无凭立卖铺宇契为据

代笔房弟政国字

其铺宇不拘远近银便赎回国批

外中人光洋壹元俟赎回日

曹政生【押】

买卖均出国批外买板子洋壹元〇钱贰串五百文国批

其铺限至五年银便赎回国再批

见人马海山陈砚六曹瀛川

民国二十二年癸酉正月十六日立

民国二十五年二月初六日王后发离耕绝卖田契

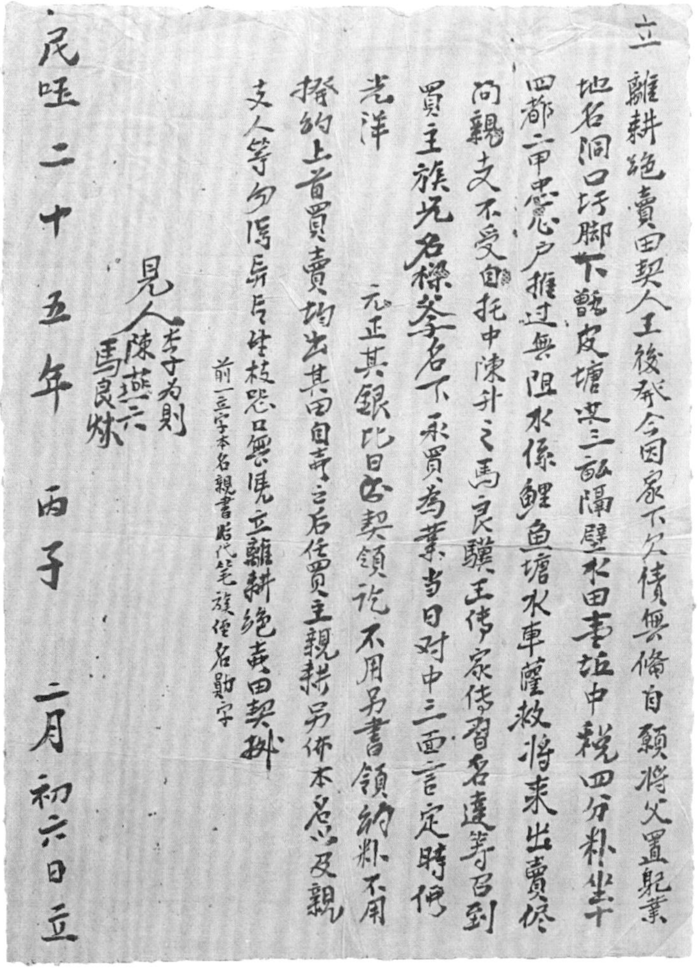

立离耕绝卖田契人王后发今因家下欠债无备自愿将父置己业地名洞口圩脚下甑皮塘边三亩隔壁水田壹丘中税四分粮坐十四都二甲忠心户推过无阻水系鲤鱼塘水车灌救将来出卖尽问亲支不受自托中陈升之马良骥王传家传习名达等召到买主族兄名櫟父子名下承买为业当日对中三面言定时价光洋　　元正其银比日书契领讫不用另书领约粮不用拨约上首买卖均出其田自卖之后任买主亲耕另布本名以及亲支人等勿得异言生枝恐口无凭立离耕绝卖田契据

前一立字本名亲书后代笔族侄名勋字

见人李为则陈燕六马良秋

民国二十五年丙子二月初六日立

民国二十五年二月初六日王后发领田税字

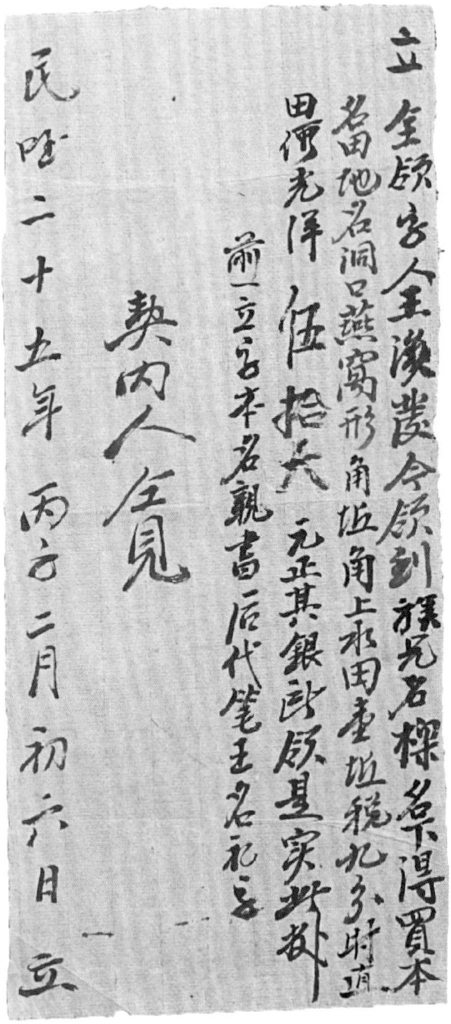

立全领字人王后发今领到族兄名樑名下得买本名田地洞口燕窝形角坵角上水田一丘税九分时直田价光洋伍拾大元正其银所领是实此据

前一立字本名亲书后代笔王名礼字

契内人仝见

民国二十五年丙子二月初六日立

民国二十五年二月初六日王后发领田价字

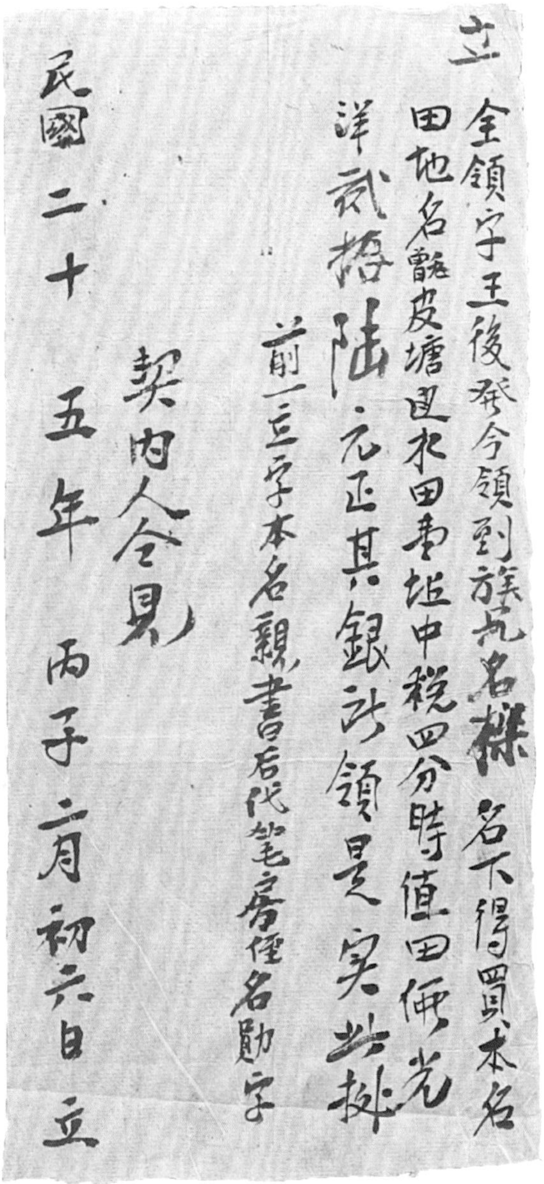

立全领字王后发今领到族兄名檪名下得买本名田地名甑皮塘边水田壹丘中税四分时值田价光洋贰拾陆元正其银所领是实此据

前一立字本名亲书后代笔房侄名勋字

契内人仝见

民国二十五年丙子二月初六日立

民国二十五年二月初六日王后发绝卖田契

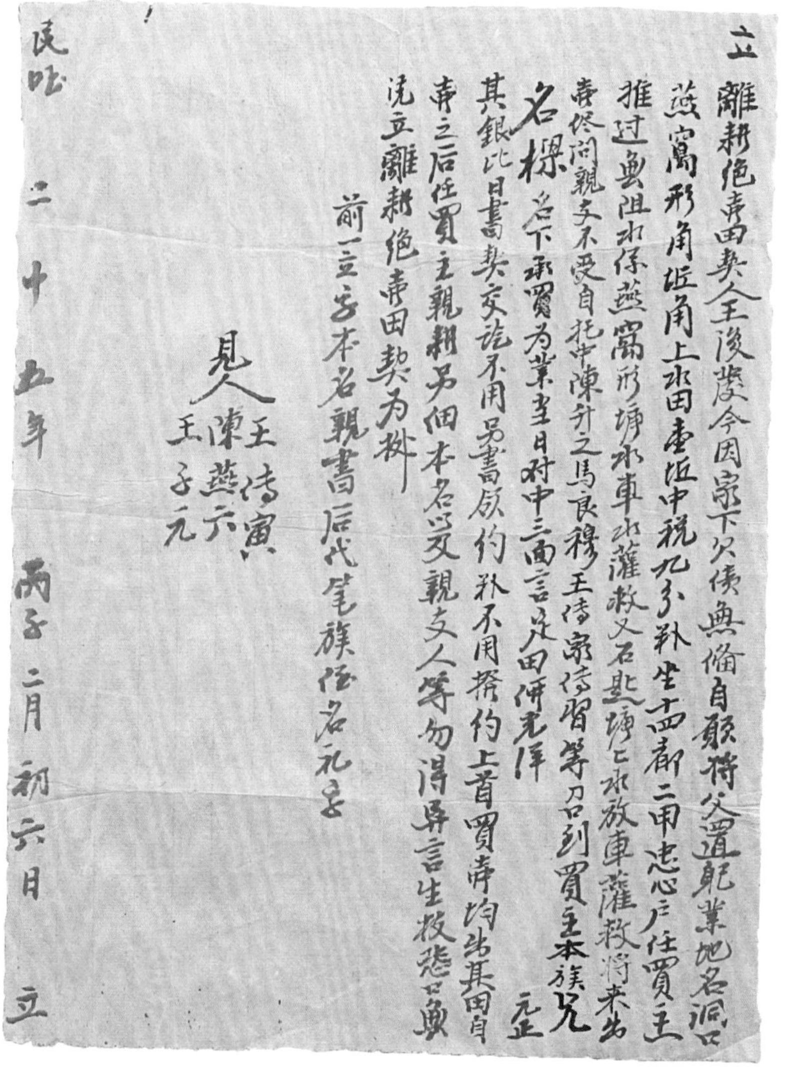

立离耕绝卖田契人王后发今因家下欠债无备自愿将父置己业地名洞口燕窝形角坵角上水田壹丘中税九分粮坐十四都二甲忠心户任买主推过无阻水系燕窝形塘水车水灌救又石匙塘塘水放车灌救将来出卖尽问亲支不受自托中陈升之马良穆王传家传习等召到买主本族兄名樑名下承买为业当日对中三面言定田价光洋　　　　元正其银比日书契交讫不用另书领约粮不用拨约上首买卖均出其田自卖之后任买主亲耕另佃本名以及亲支人等勿得异言生枝恐口无凭立离耕绝卖田契为据

前一立字本名亲书后代笔族侄名礼字

见人王传寅陈燕六王子元

民国二十五年丙子二月初六日立

民国二十五年十二月二十二日王清交兄弟卖田字

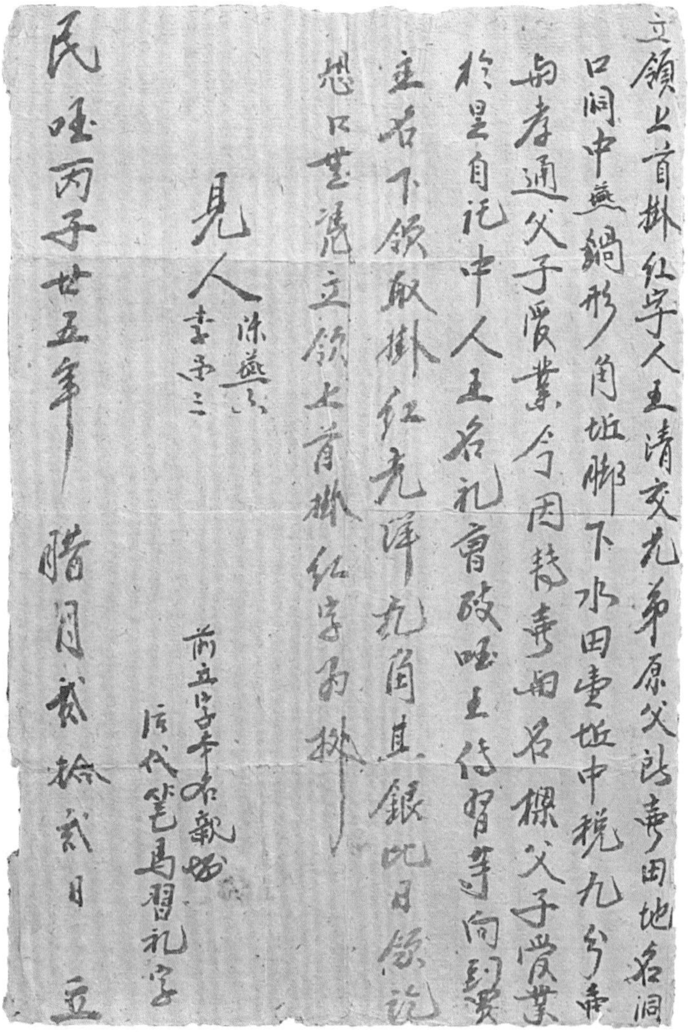

立领上首挂红字人王清交兄弟原父所
卖田地名洞口洞中燕锅形角坵脚下水
田壹丘中税九分卖与孝通父子管业今
因转卖与名樑父子管业于是自托中人
王名礼曹政国王传习等向到买主名下
领取挂红光洋九角其银比日领讫恐口
无凭立领上首挂红字为据

见人陈燕六李孟三

前立字本名亲书

后代笔马习礼字

民国丙子廿五年腊月贰拾贰日立

民国二十五年十二月二十八日王文生叔侄父子绝卖垦田契

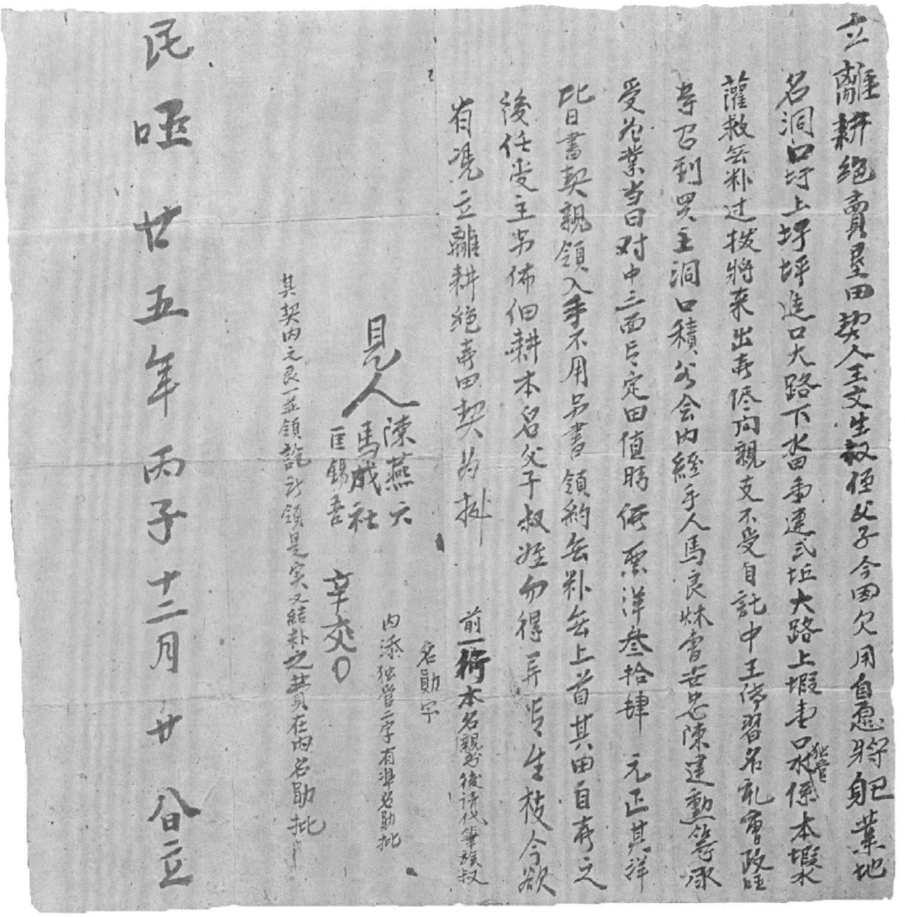

立离耕绝卖垦田契人王文生叔侄父子今因欠用自愿将己业地名洞口圩上圩坪进口大路下水田壹连贰丘大路上堰壹口独管水系本堰水灌救无粮过拨将来出卖尽向亲支不受自托中王传习名礼曹政国等召到买主洞口积谷会内经手人马良秋曹世忠陈建勳等承受为业当日对中三面言定田值时价票洋叁拾肆元正其洋比日书契亲领入手不用另书领约无粮无上首其田自卖之后任受主另布佃耕本名父子叔侄勿得异言生枝今欲有凭立离耕绝卖田契为据

前一行本名亲书后请代笔族叔名勋字

内添独管二字有准名勋批

见人陈燕六马成社匡锡吾辛（亲）交【押】

其契内元银一并领讫所领是实又结粮之费在内名勋批

民国廿五年丙子十二月廿八日立

民国二十八年古九月二十四日曹正生绝卖铺宇契

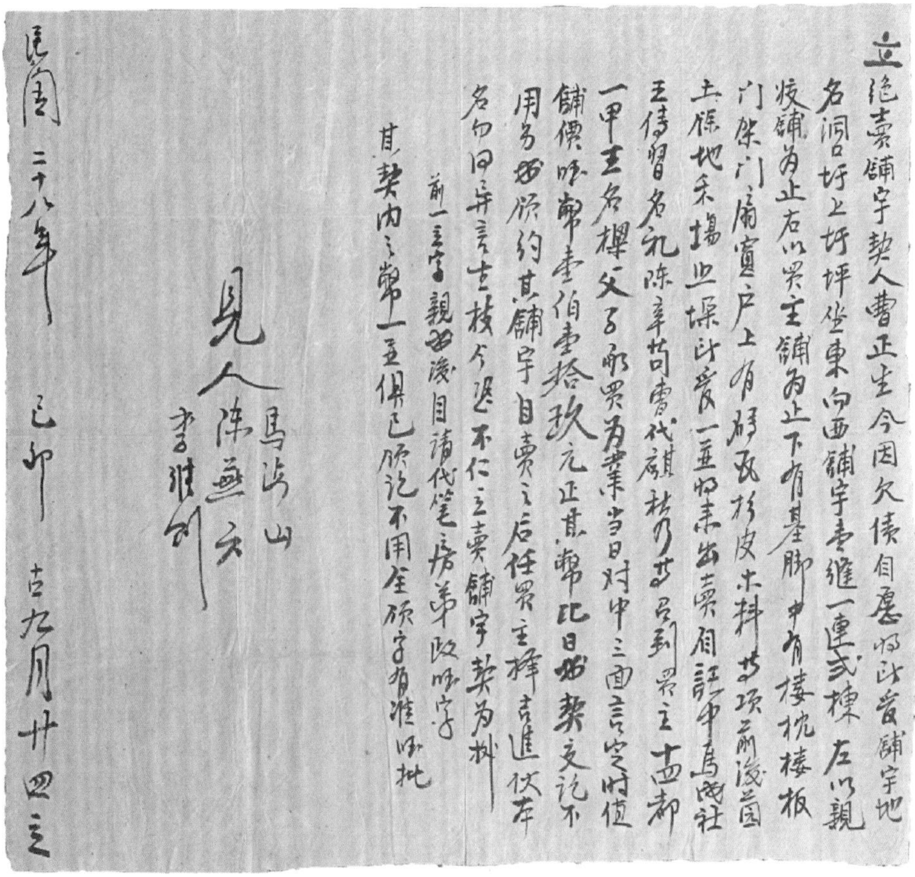

立绝卖铺宇契人曹正生今因欠债自愿将所管
铺宇地名洞口圩上圩坪坐东向西铺宇壹缝一
连贰栋左以亲收铺为止右以买主铺为止下有
基脚中有楼枕楼板门架门扇窗户上有砖瓦杉
皮木料等项前后园土余地禾场止垛所管一并
将来出卖自托中马成社王传习名礼陈辛苟曹
代麒秋明等召到买主十四都一甲王名樑父子
承买为业当日对中三面言定时值铺价国币壹
佰壹拾玖元正其币比日书契交讫不用另书领
约其铺宇自卖之后任买主择吉进伙本名勿得
异言生枝今恐不仁立卖铺宇契为据
前一立字亲书后目（自）请代笔房弟政国字
其契内之币一并俱已领讫不用全领字有准
国批
见人马海山陈燕六李淮则
民国二十八年己卯古九月廿四立

民国二十八年古十二月初八日曹政国等绝卖垦田契

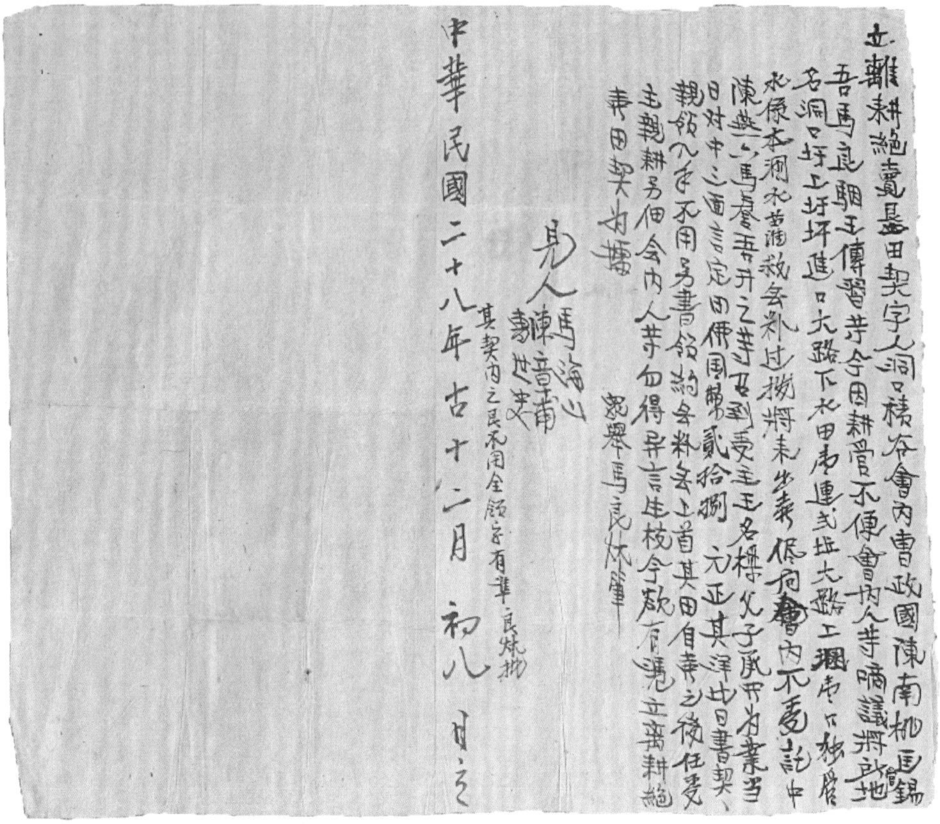

立离耕绝卖垦田契字人洞口积谷会内曹政国陈南机
匡锡吾马良驷王传习等今因耕管不便会内人等嘀
（商）议将所管地名洞口圩上圩坪进口大路下水田
壹连贰丘大路上渊壹口独管水系本渊水苗灌救无粮
过拨将来出卖尽问会内不受托中陈燕六马□吾开之
等召到受主王名樑父子承买为业当日对中三面言定
田价国币贰拾捌元正其洋比日书契亲领入手不用另
书领约无粮无上首其田自卖之后任受主亲耕另佃会
内人等勿得异言生枝今欲有凭立离耕绝卖田契为据
众举马良秋笔
见人马海山陈章甫曹世忠
其契内之银不用全领字有准良秋批
中华民国二十八年古十二月初八日立

民国二十九年十二月二十二日王牛生绝卖田契

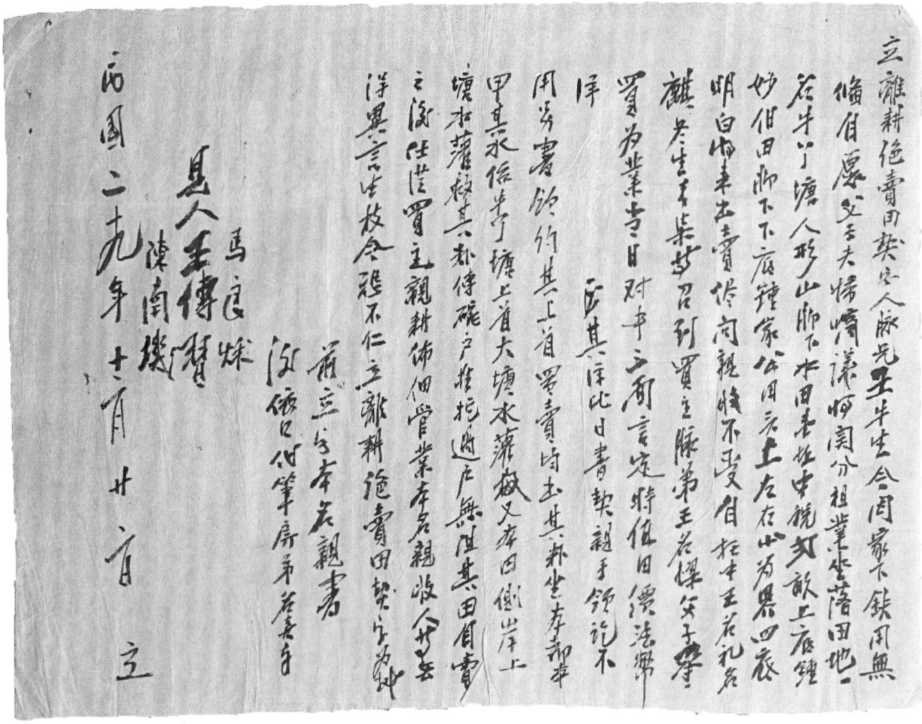

立离耕绝卖田契字人脉兄王牛生今因家下缺用无备自愿父子夫妇嘀（商）议将关分祖业坐落田地名牛丫塘人形山脚下水田壹丘中税贰亩上底钟妙伯田脚下下底钟家公田头上左右山为界四底明白将来出卖尽问亲肢（支）不受自托中王名礼名麒冬生秀柒等召到买主脉弟王名樑父子承买为业当日对中三面言定时值田价法币洋　　正其洋比日书契亲手领讫不用另书领约其上首买卖均书其粮坐本都本甲其水系牛丫塘上首大塘水灌救又本田侧岸上塘水灌救其粮传□户推挖过户无阻其田自卖之后任从买主亲耕布佃管业本名亲肢（支）人等无得异言生枝今恐不仁立离耕绝卖田契字为据

前立字本名亲书

后依口代笔房弟名喜字

见人马良秋王传习陈南玑

民国二十九年十二月廿二日立

民国二十九年十二月二十二日王牛生父子全领字

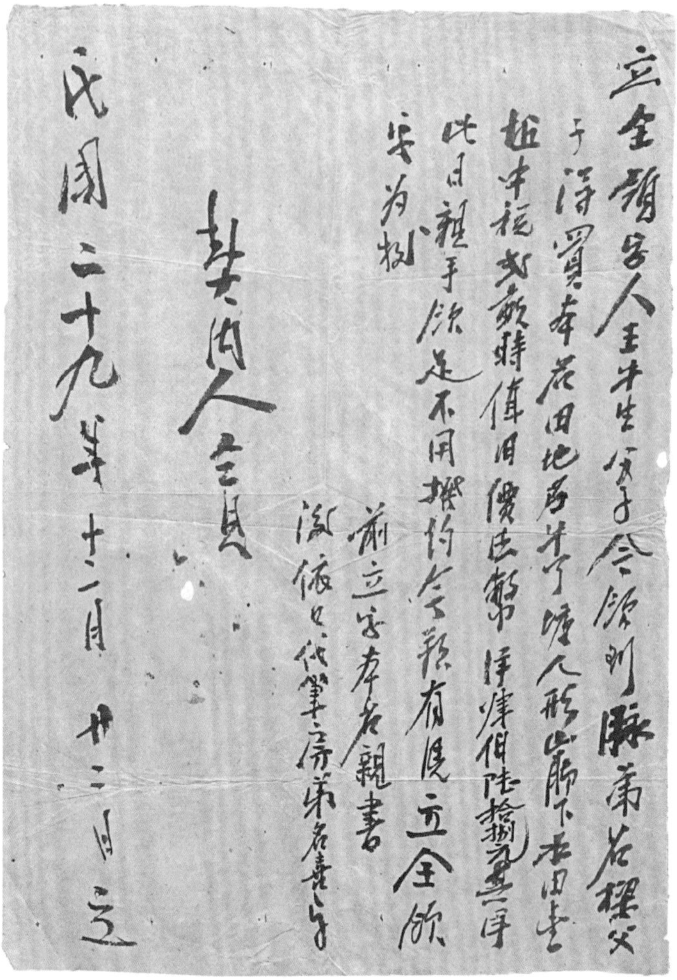

立全领字人王牛生父子今领到脉弟名樑父子得买本名田地名牛丫塘人形山脚下水田壹丘中税贰亩时值田价法币洋肆佰陆拾捌元其洋比日亲手领足不用拨约今欲有凭立全领字为据

前立字本名亲书

后依口代笔房弟名喜字

契内人仝见

民国二十九年十二月廿二日立

民国二十九年古十二月二十六日陈阿马氏莲贞全领字

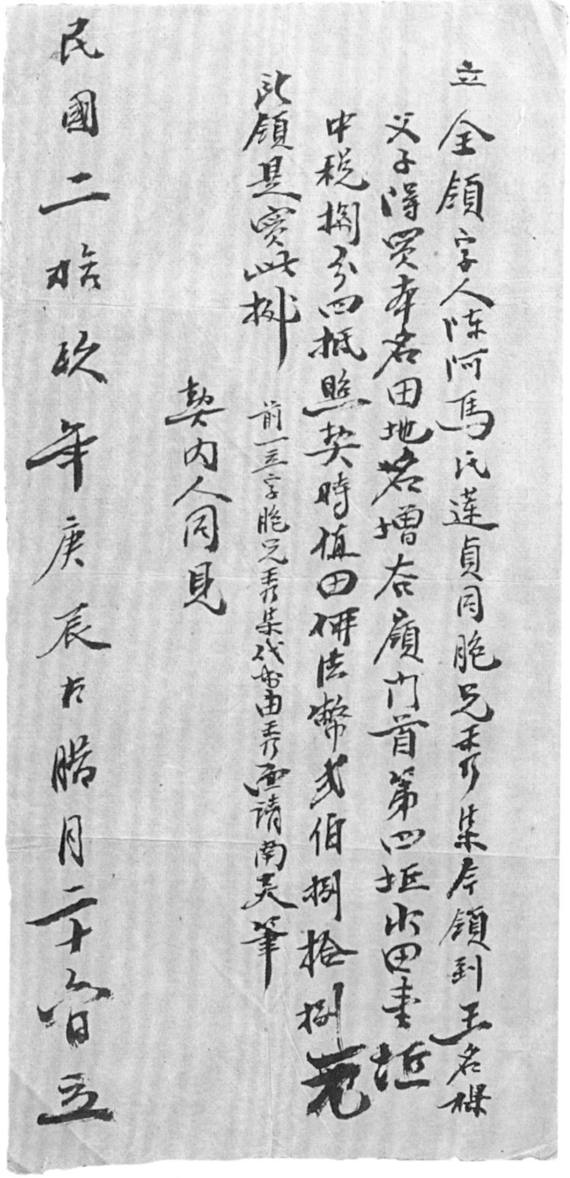

立全领字人陈阿马氏莲贞同胞兄秀柒今领到王名樑父子得买本名田地名增杏岭门首第四丘水田壹丘中税捌分四抵照契时值田价法币贰佰捌拾捌元所领是实此据

前一立字胞兄秀柒代书由秀面请南炎笔

契内人同见

民国二拾玖年庚辰古腊月二十六日立

民国三十年古一月二十四日王名琇等承批铺宇字

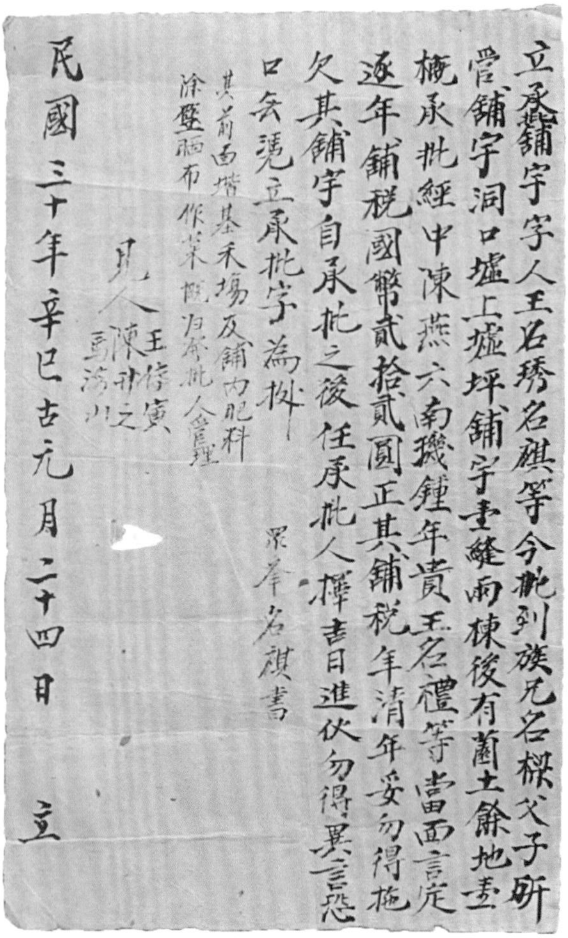

立承批铺宇字人王名琇名麒等今批到族兄名樑父子所管铺宇洞口墟上墟坪铺宇壹缝两栋后有园土余地壹概承批经中陈燕六南巩钟年贵王名礼等当面言定逐年铺税国币贰拾贰圆正其铺税年清年妥勿得拖欠其铺宇自承批之后任承批人择吉日进伙勿得异言恐口无凭立承批字为据

众举名祺书

其前面阶基禾场及铺内肥料

除壁晒布作菜概归发批人管理

见人王传寅陈升之马海山

民国三十年辛巳古元月二十四日立

民国三十年十一月二十二日王金生绝卖田契

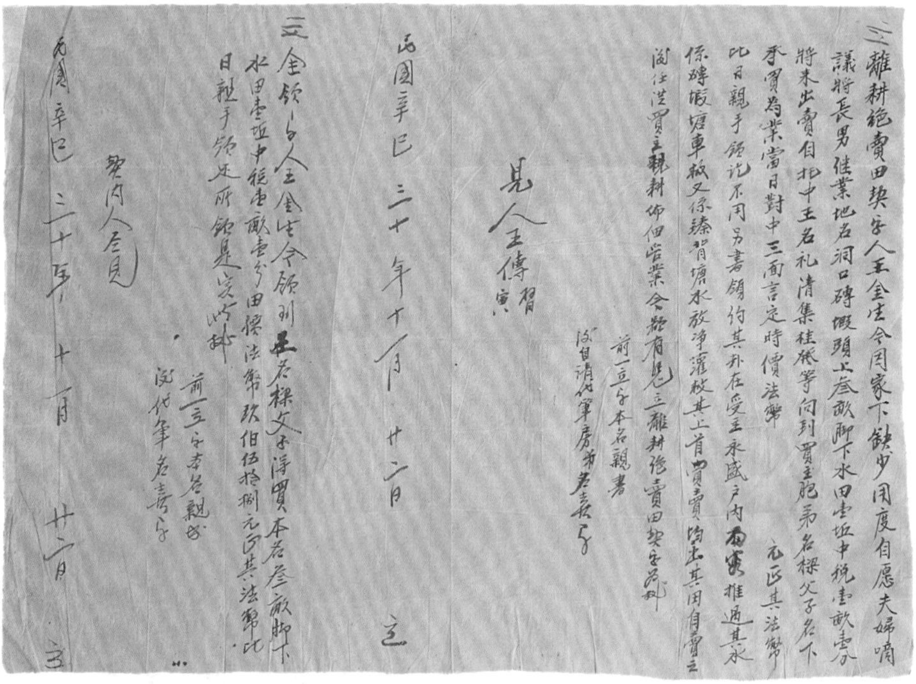

立离耕绝卖田契字人王金生今因家下缺少用度自愿夫妇嘀（商）议将长男继业地名洞口砖嘏头上叁亩脚下水田壹丘中税壹亩壹分将来出卖自托中王名礼清集桂发等向到买主胞弟名樑父子名下承买为业当日对中三面言定时价法币　　元正其法币比日亲手领讫不用另书领约其粮在受主永盛户内□□推过其水系砖嘏塘车救又系臻背塘水放净灌救其上首买卖均出其田自卖之后任从买主亲耕布佃管业今欲有凭立离耕绝卖田契字为据

前一立字本名亲书

后自请代笔房弟名喜字

见人王传习王传寅

民国辛巳三十年十一月廿二日立

立全领字人王金生今领到王名樑父子得买本名叁亩脚下水田壹丘中税壹亩壹分田价法币玖伯（佰）伍拾捌元正其法币比日亲手领足所领是实此据

前一立字本名亲书

后代笔名嘉字

契内人仝见

民国辛巳三十年十一月廿二日立

民国三十二年八月十一日许顺佑承窑契

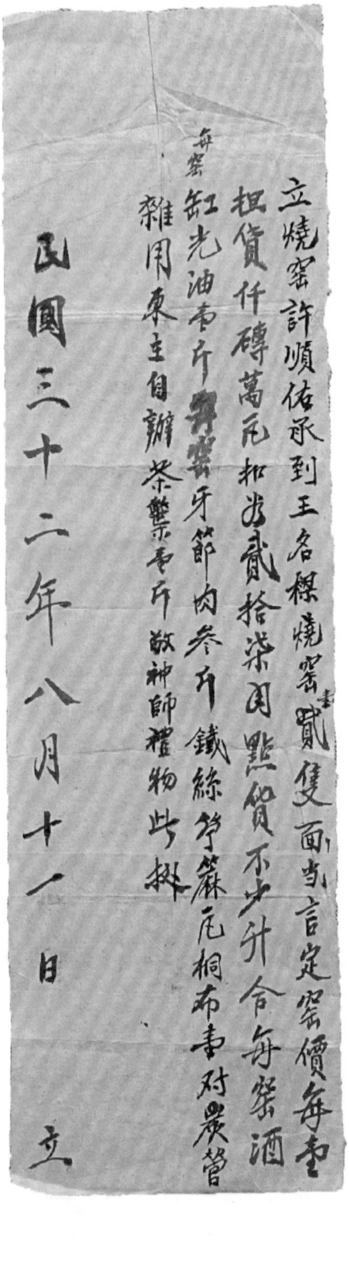

立烧窑许顺佑承到王名樑烧窑壹只当面言定窑价每壹担货仟砖萬瓦扣谷贰拾柒甬点货不少升合每窑酒缸光油壹斤
每窑牙节肉叁斤铁丝竻麻瓦桐布壹对炭管杂用东主自办茶叶壹斤敬神师礼物此据
民国三十二年八月十一日立

民国三十二年八月二十六日窑匠支数账本

民国叁拾贰年癸未八月二十六日窑匠支数列后
八月二十六日打谷贰桶
九月初一日打谷贰桶
又打谷壹担笼起吃
九月初六去谷壹担
九月十一日支去谷壹桶　兆锦手
九月十四日支去谷肆桶　老郭手
九月十七日支去谷拾肆桶　许师傅手
十月初八日支去谷壹担　许师傅手
十月二十五日支去谷壹担笼起吃　举饭手
马良秋家打去谷壹担　老郭手
十二月初八日打去米壹桶
十二月十六日打去谷壹担　丙生手
十二月十八日打去谷伍桶　老谢手

饭餐数九月初五日九餐初六日九餐
初七日三餐夜三餐初八日六餐初九日九
餐初十日三餐十一日三餐十二日三餐十三日
二餐合共扣总伍拾壹餐　扣谷四五桶

火砖共扣叁仟贰伯（佰）甲
瓦贰萬柒仟皮
十二月二十三日当三人面算明除货谷格外
加去谷三桶廿三日算数止补谷三六桶
零贰桶
共谷□□担又扣饭三桶共扣打去谷拾担

民国三十三年二月初六日王名相父子重续田契

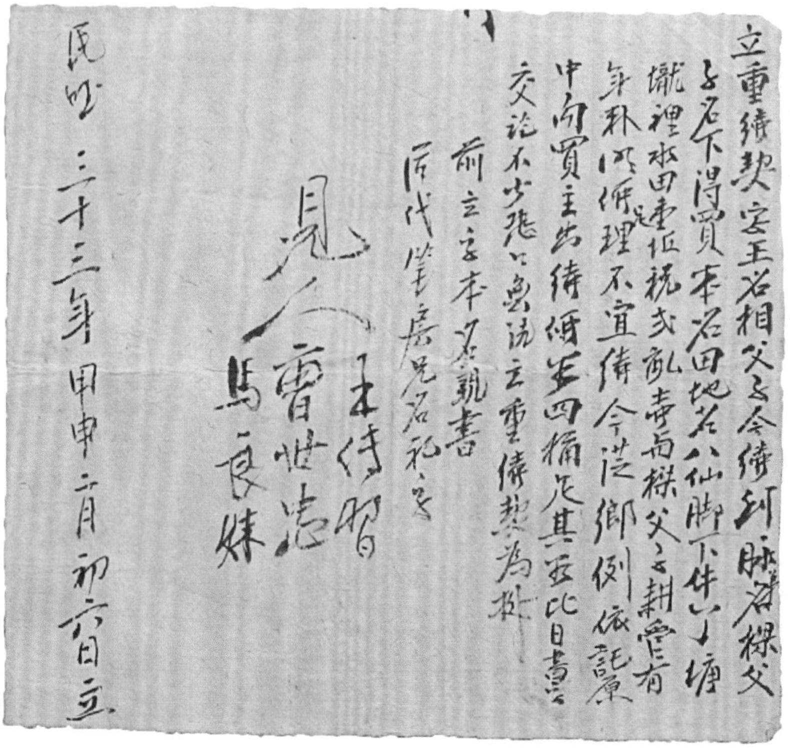

立重续契字王名相父子今续到脉弟名樑
父子名下得买本名田地名八仙脚下牛丫
塘垅裡水田壹丘税贰亩卖与樑父子耕管
有年粮明价足理不宜续今从乡例依托原
中向买主出续价谷四桶足其谷比日书立
交讫不少恐口无凭立重续契为据

前立字本名亲书
后代笔房兄名礼字
见人王传习曹世忠马良秋
民国三十三年甲申二月初六日立

民国三十三年古五月十六日曹家声父子卖地字

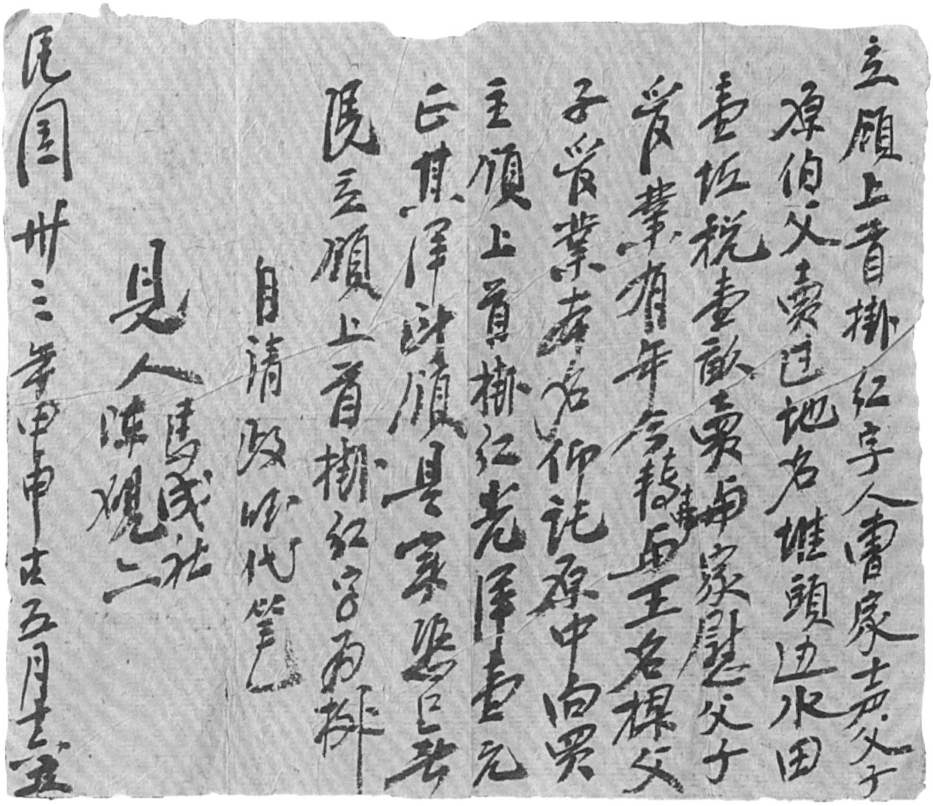

立领上首挂红字人曹家声父子原伯父卖过地名堆头边水田壹丘税壹亩卖与家慰父子管业有年今转卖与王名樑父子管业本名仰托原中向买主领上首挂红光洋壹元正其洋所领是实恐口无凭立领上首挂红字为据

自请政国代笔

见人马成社陈观二

民国卅三年甲申古五月十六立

民国三十四年九月二十一日钟白乃领税字

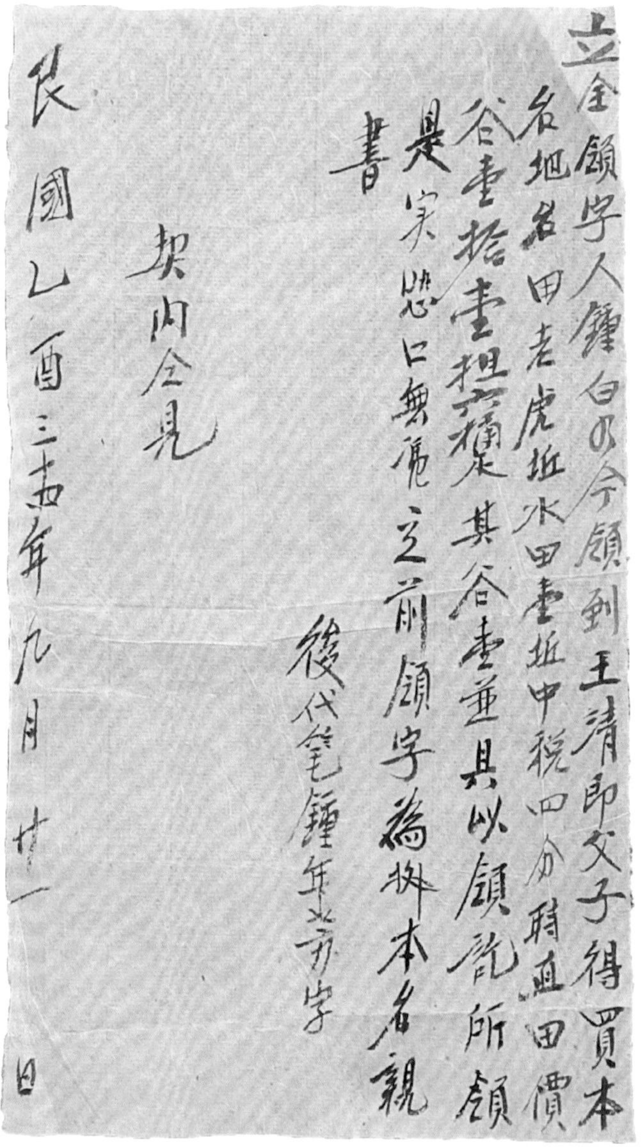

立全领字人钟白乃今领到王清即父子得买本名地名田老虎坵水田壹丘中税四分时直田价谷壹拾壹担
六桶足其谷壹并具以领讫所领是实恐口无凭立前领字为据本名亲书
后代笔钟年芳字
契内仝见
民国乙酉三十四年九月廿一日

民国三十六年邀谷会收谷契

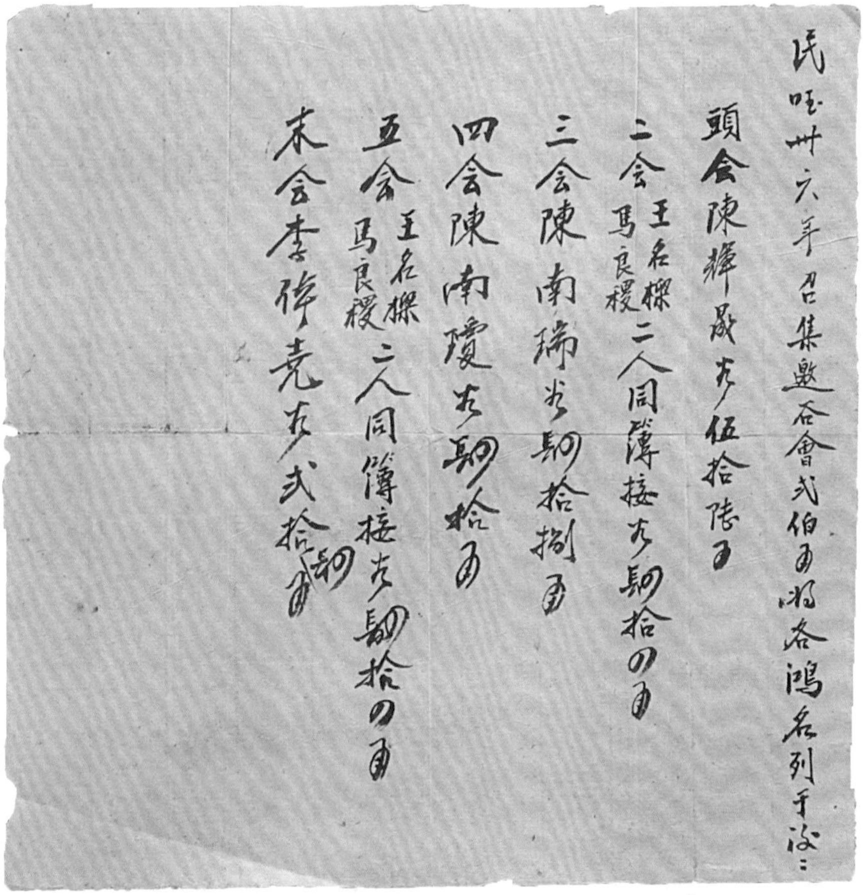

民国卅六年召集邀谷会贰伯（佰）甬收谷鸿名列于后
头会陈辉晟谷伍拾陆甬
二会王名樑马良稷二人同簿接谷肆拾四甬
三会陈南瑞谷肆拾捌甬
四会陈南琼谷肆拾甬
五会王名樑马良稷二人同簿接谷肆拾四甬
末会李体尧谷贰拾肆甬

民国三十七年五月曹末祥续卖田字

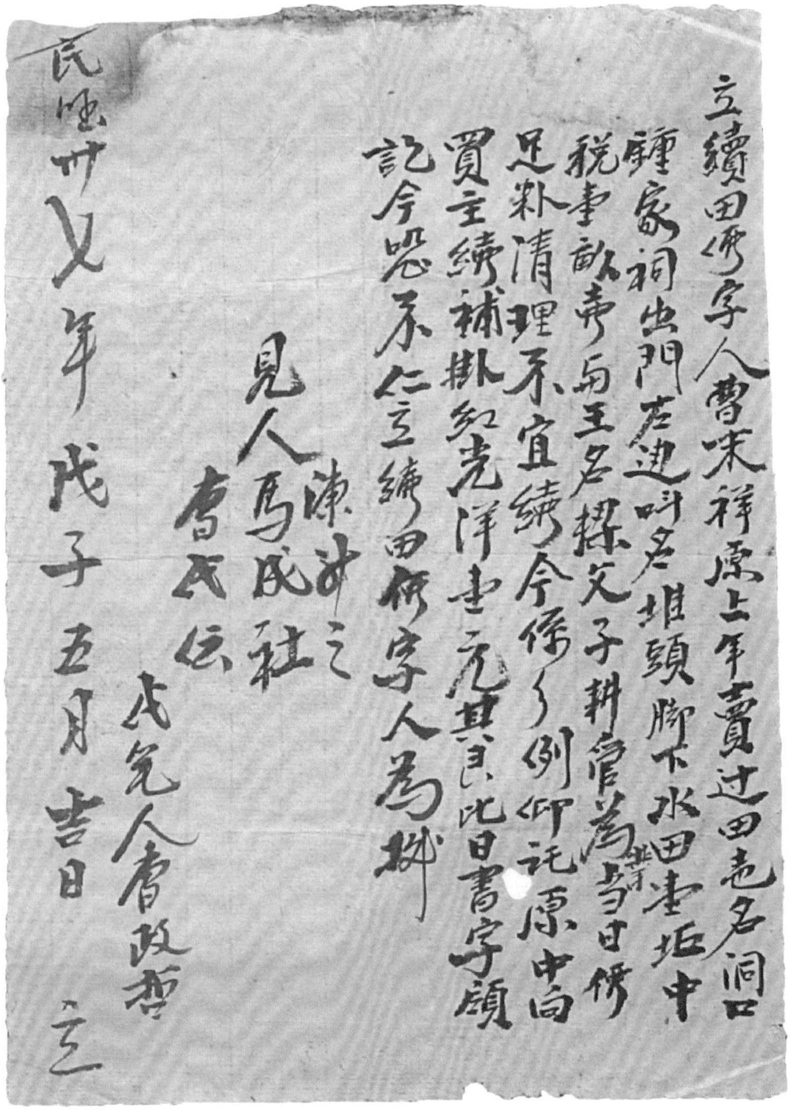

立续田价字人曹末祥原上年卖过田地名洞口钟家祠出门左边叫名堆头脚下水田壹丘中税壹亩卖与王名樑父子耕管为业当日价足粮清理不宜续今系分例仰托原中向买主续补挂红光洋壹元其银比日书字领讫今恐不仁立续田价字人为据

见人陈升之马成社曹代伝

代笔人曹政哲

民国卅七年戊子五月吉日立

民国三十七年古六月初一日王名梁得买水田契

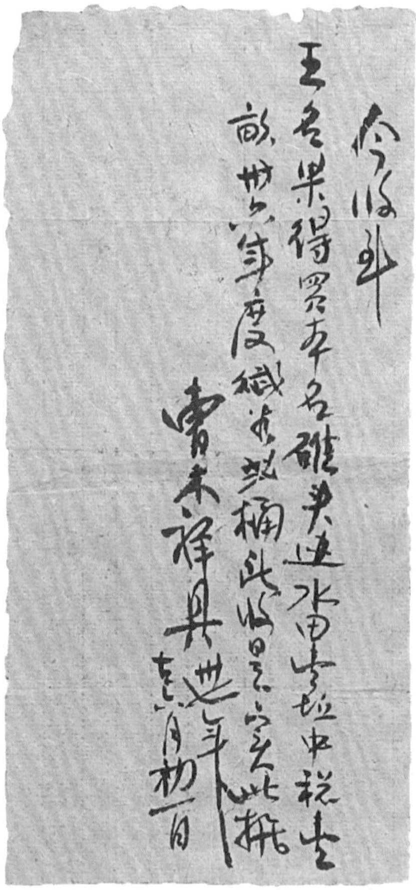

今收到
王名梁得买本名碓头边水田壹丘中税壹亩卅六年度赋谷贰桶所收是实此据
曹木祥具卅七年古六月初一日

民国三十七年古六月十八日陈长寿父子上首字

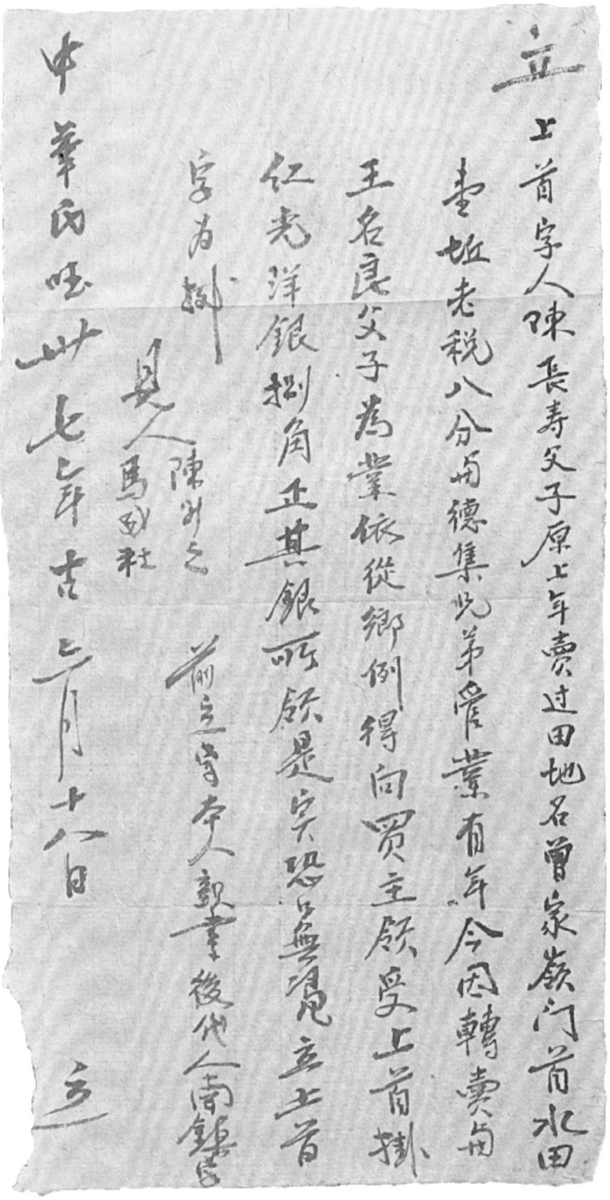

立上首字人陈长寿父子原上年卖过田地名曾家岭门首水田壹丘老税八分与德集兄弟管业有年今因转卖与王名良父子为业依从乡例得向买主领受上首挂红光洋银捌角正其银所领是实恐口无凭立上首字为据

前立字本人亲书后代人南镇字

见人陈升之马成社

中华民国卅七年古六月十八日立

民国三十七年十二月十一日王名槃完纳粮谷契

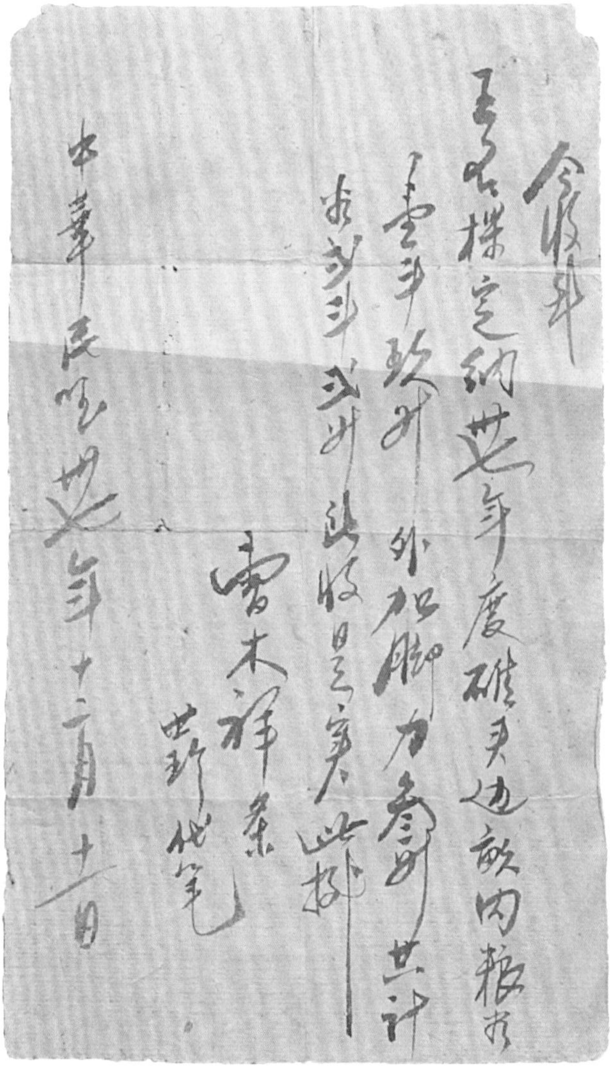

今收到
王名槃完纳卅七年度碓头边亩内粮谷壹斗玖升外加脚力叁升共计
谷贰斗贰升所收是实此据
曹木祥条
世珍代笔
中华民国卅七年十二月十一日

民国三十八年古七月二十九日王名良马良秋合约字

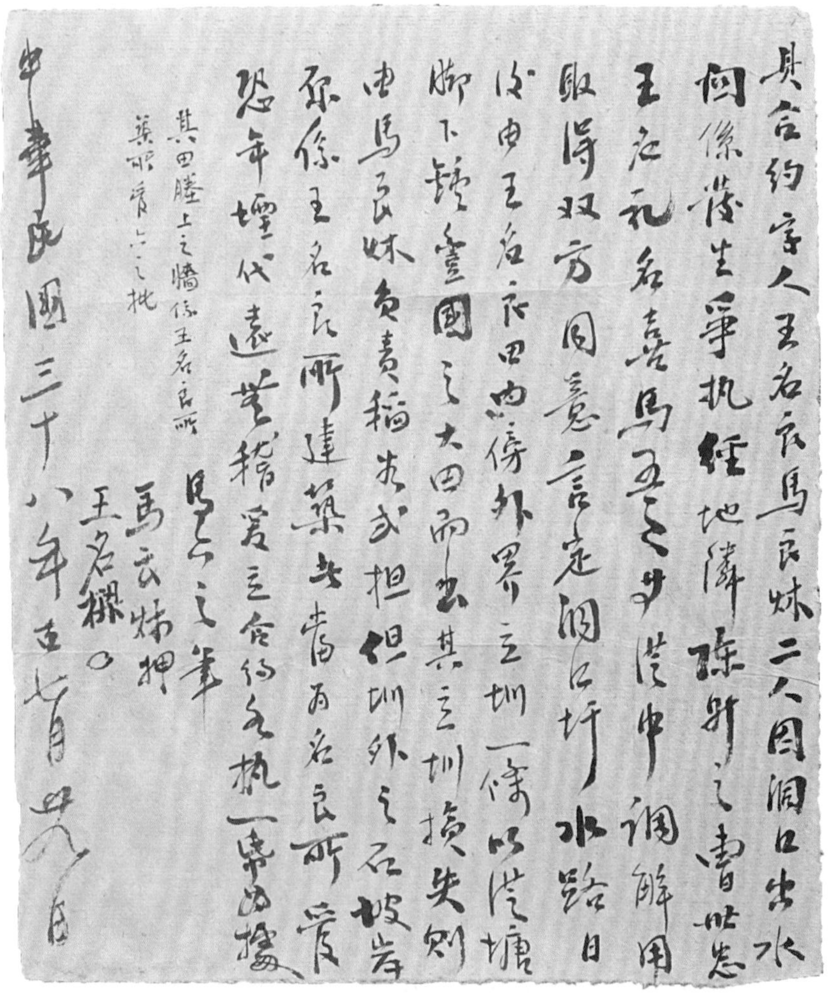

具合约字人工名良马良秋二人因洞
口出水关系发生争执经地邻陈升之
曹世忠王名礼名喜马吾之等从中调
解用取得双方同意言定洞口圩水路
日后由王名良田内傍外界立圳一条
以从塘脚下钟丰国之大田而出其立
圳损失则由马良秋负责稻谷贰担但
圳外之石坡岸原系王名良所建筑者
当为名良所管恐年堙代远望稽爰立
合约各执一纸为据
其田塍上之墙系王名良所筑所管六
之批
马六之笔
马良秋押
王名櫟【押】
中华民国三十八年古七月廿九日

民国年间王□俫绝卖田契

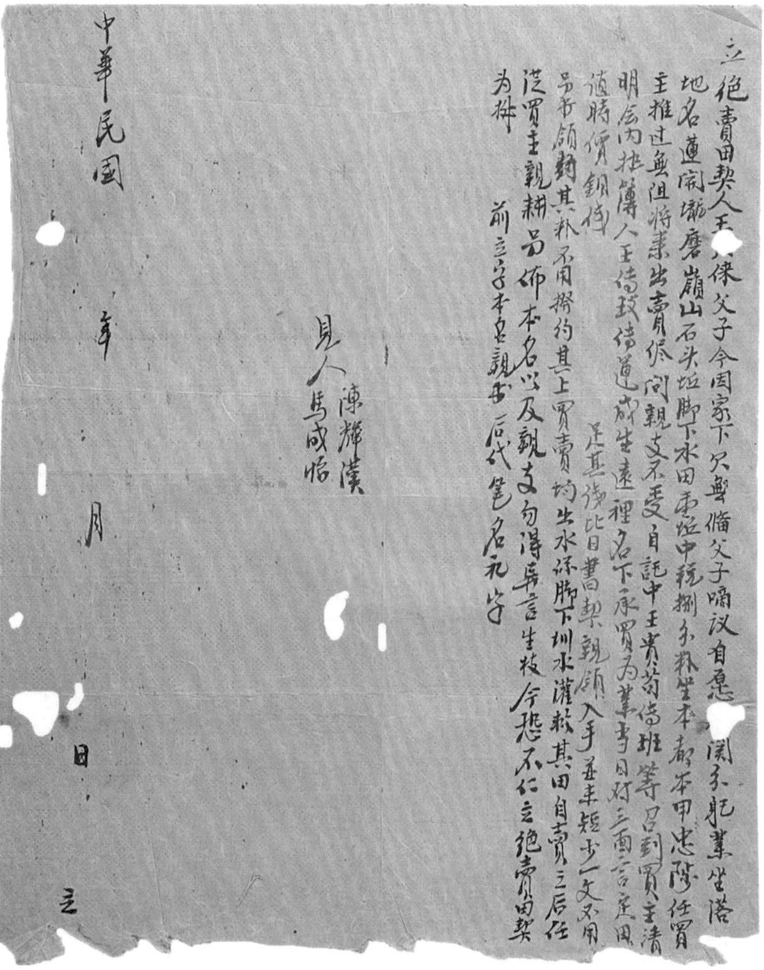

立绝卖田契人王□俫父子今因家下欠无备父子嘀（商）议自愿〈将〉关分己业坐落地名莲开垅磨岭山石头坵脚下水田壹丘中税捌分粮坐本都本甲忠陟任买主推过无阻将来出卖尽问亲支不受自托中王贵苟传班等召到买主清明会内执簿人王传玟传运成生远里名下承买为业当日对三面言定田值时价铜钱　　　足其钱比日书契亲领入手并未短少一文不用另书领约其粮不用拨约其上买卖均出水系脚下圳水灌救其田自卖之后任从买主亲耕另布本名以及亲支勿得异言生枝今恐不仁立绝卖田契为据

前立字本名亲书后代笔名礼字

见人陈辉汉马成怡

中华民国年月日立

民国年间钟白乃父子绝卖田契

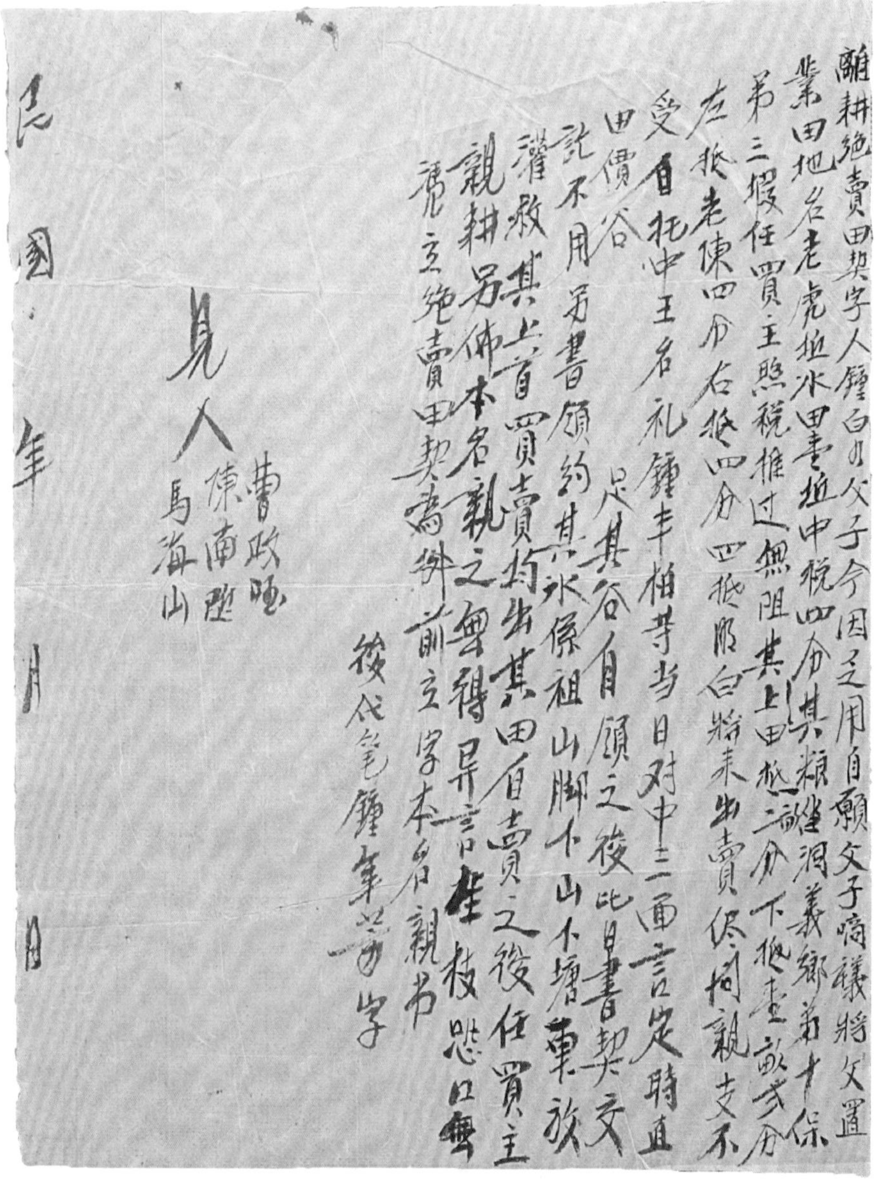

离耕绝卖田契字人钟白乃父子今因乏用自愿父子嘀（商）议将父置业田地名老虎坵水田壹丘中税四分其粮坐洞义乡弟十保第三堠任买主照税推过无阻其田上抵一亩二分下抵壹亩贰分左抵老陈四分右抵四分四抵明白将来出卖尽问亲支不受自托中王名礼钟丰柏等当日对中三面言定时直田价谷　　足其谷自领之后比日书契交讫不用另书领约其水系祖山脚下山下塘车放灌救其上首买卖均出其田自卖之后任买主亲耕另布本名亲之（支）无得异言生枝恐口无凭立绝卖田契为据

前立字本名亲书

后代笔钟年芳字

见人曹政国陈南陛马海山

民国年月日

民国年间陈阿马氏莲贞等绝卖田字

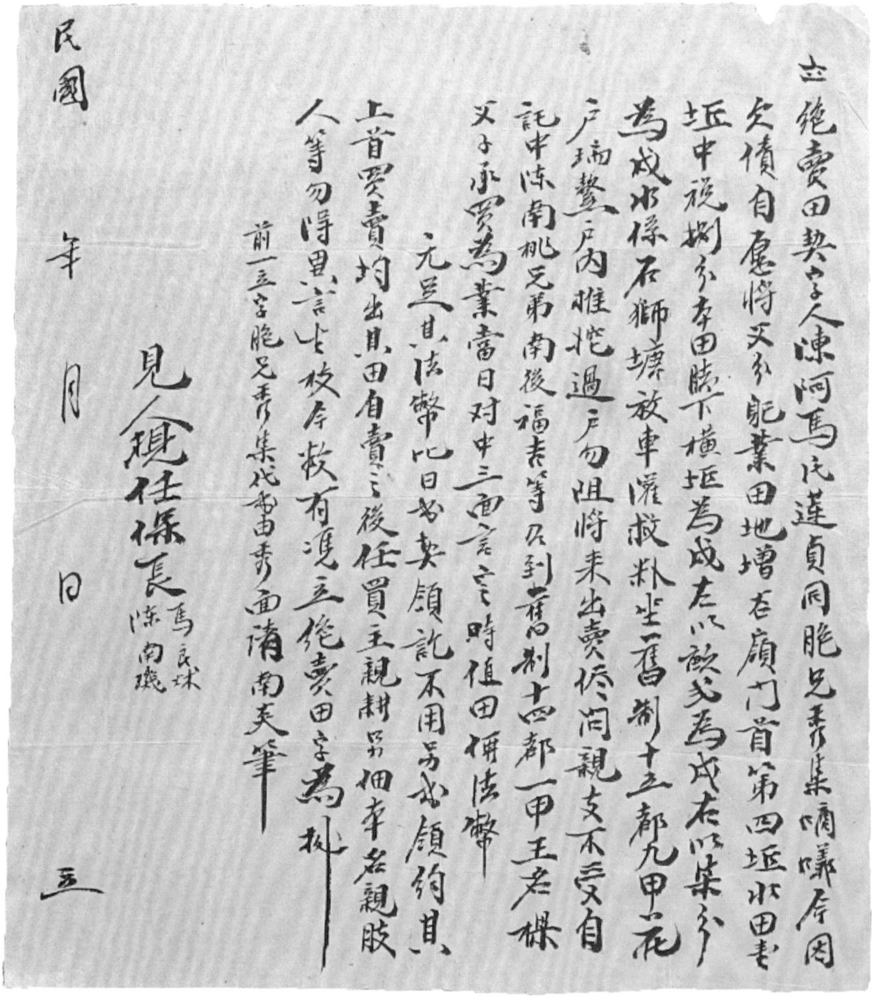

立绝卖田契字人陈阿马氏莲贞同胞兄秀集嘀（商）议今因欠债自愿将父分己业田地增合岭门首第四丘水田壹丘中税捌分本田脚下横坵为成左以亩贰为成右以柒分为成水系右狮塘放车灌救粮坐旧制十五都九甲花户瑞鳌户内推挖过户勿阻将来出卖尽问亲支不受自托中陈南桃兄弟南后福吉等召到旧制十四都一甲王名樑父子承买为业当日对中三面言定时值田价法币　　　元足其法币比日书契领讫不用另书领约其上首买卖均出其田自卖之后任买主亲耕另佃本名亲肢（支）人等勿得异言生枝今欲有凭立绝卖田字为据

前一立字胞兄秀集代书由秀面请南炎笔

见人现任保长马良秋陈南玑

民国年月日立

不知年份账本

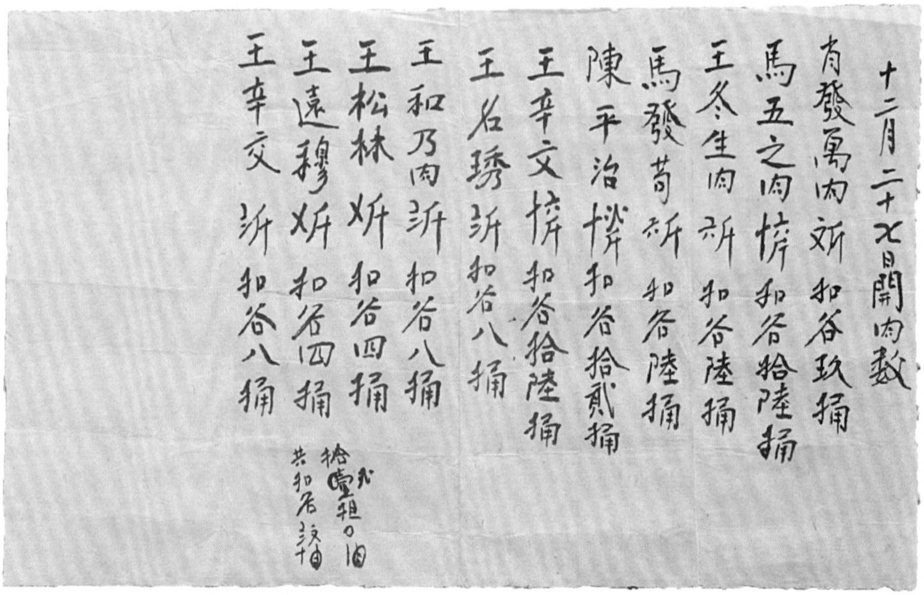

十二月二十七日开肉数
肖发万肉九斤扣谷玖桶
马五之肉十六斤扣谷拾陆桶
王冬生肉六斤扣谷陆桶
马发苟六斤扣谷陆桶
陈平治十二斤扣谷拾贰桶
王辛文十六斤扣谷拾陆桶
王名琇八斤扣谷八桶
王和乃肉八斤扣谷八桶
王松林四斤扣谷四桶
王远穆四斤扣谷四桶
王辛交八斤扣谷八桶
拾壹贰担〇一桶
共扣谷八十九桶

不知年代交粮用费说明

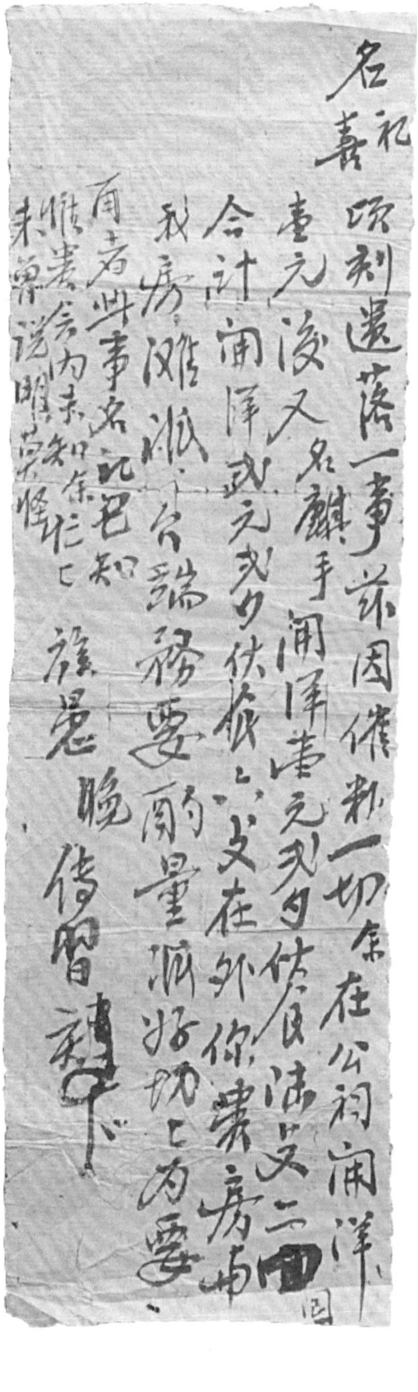

名礼名喜顷刻遗落一事兹因催粮一切余在公祠开洋壹元后又名麒手开洋壹元贰勺伙食陆餐二回合计开洋贰元贰角伙食六餐在外你贵房与我房滩（摊）派公端务要酌量派好切切为要再者此事名礼已知惟贵会内未知余忙忙未曾说明莫怪

族愚晚传习□□

第五部分　永兴县（第二批）

光绪二十七年三月二十四日胡阿刘氏仝男朱乃卖在园土契

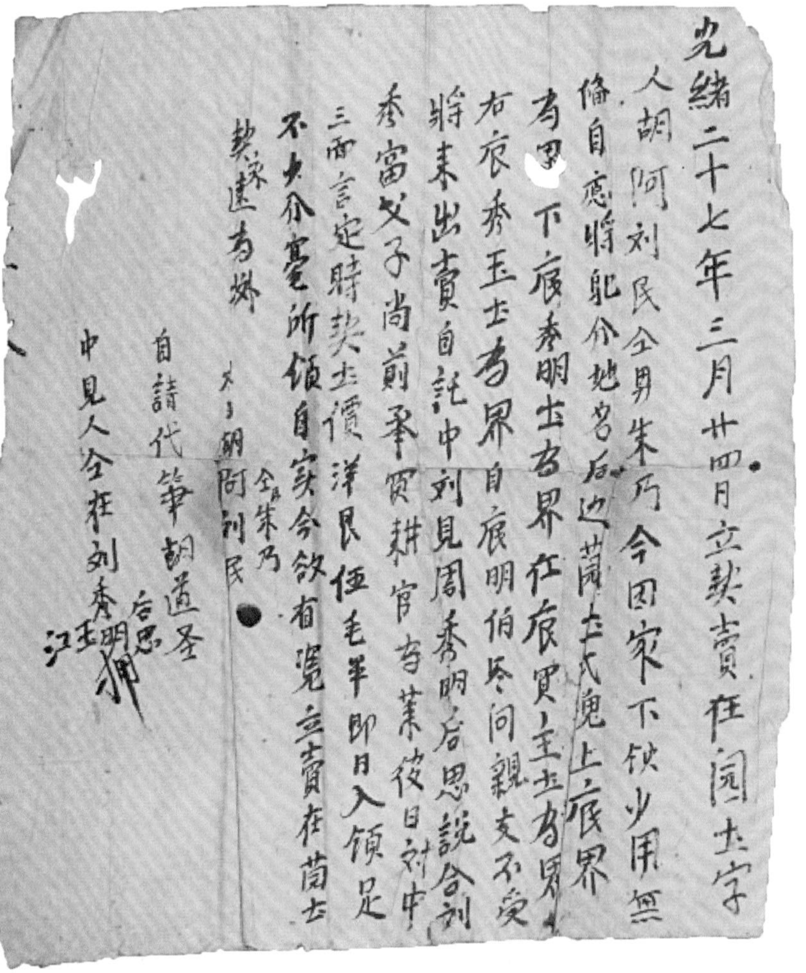

光绪二十七年三月廿四日立契卖在园土字人胡阿刘氏仝男朱乃今因家下缺少用无备自愿将己分地名后边园土贰块上底界为〈界〉下底秀明土为界左底买主土为界右底秀玉土为界自（四）底明伯（白）尽问亲支不受将来出卖自托中刘见周秀明后思说合刘秀富父子尚（上）前承买耕官（管）为业彼日对中三面言定时契土价洋银伍毛半即日入领足不少分毫所领自（是）实今欲有凭立卖在园土契永远为据

本〈日〉胡阿刘氏仝男朱乃【押】

自请代笔胡道圣

中见人仝在刘后思刘秀明刘秀玉刘秀江【押】

光绪三十三年十月十六日刘建阔卖禾田契

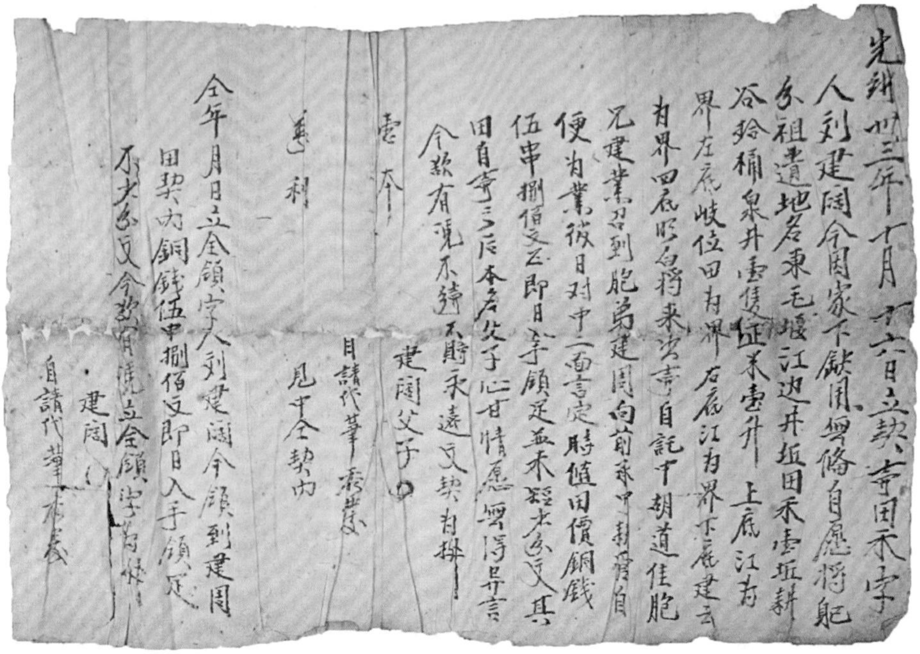

光绪卅三年十月十六日立契卖田禾字人刘建阔今因家下缺用无备自愿将己分祖遗地名东毛堰江边井坵田禾壹丘耕谷拾桶泉井壹只正米壹升上底江为界左底岐位田为界右底江为界下底建云为界四底明白将来出卖自托中胡道佳胞兄建业召到胞弟建周向前承^买耕^管自便为业彼日对中二面言定时值田价铜钱伍串捌佰文正即日入手领足并未短少分文其田自卖之后本名父子心甘情愿无得异言今欲有凭不续不赎永远文契为据

建阔父子【押】

自请代笔秀发

见中仝契内

一本万利

仝年月日立全领字人刘建阔今领到建周田契内铜钱伍串捌佰文即日入手领足不少分文今欲有凭立全领字为据

建阔【押】

自请代笔秀发

宣统二年十二月二十一日刘仁乃卖园土契

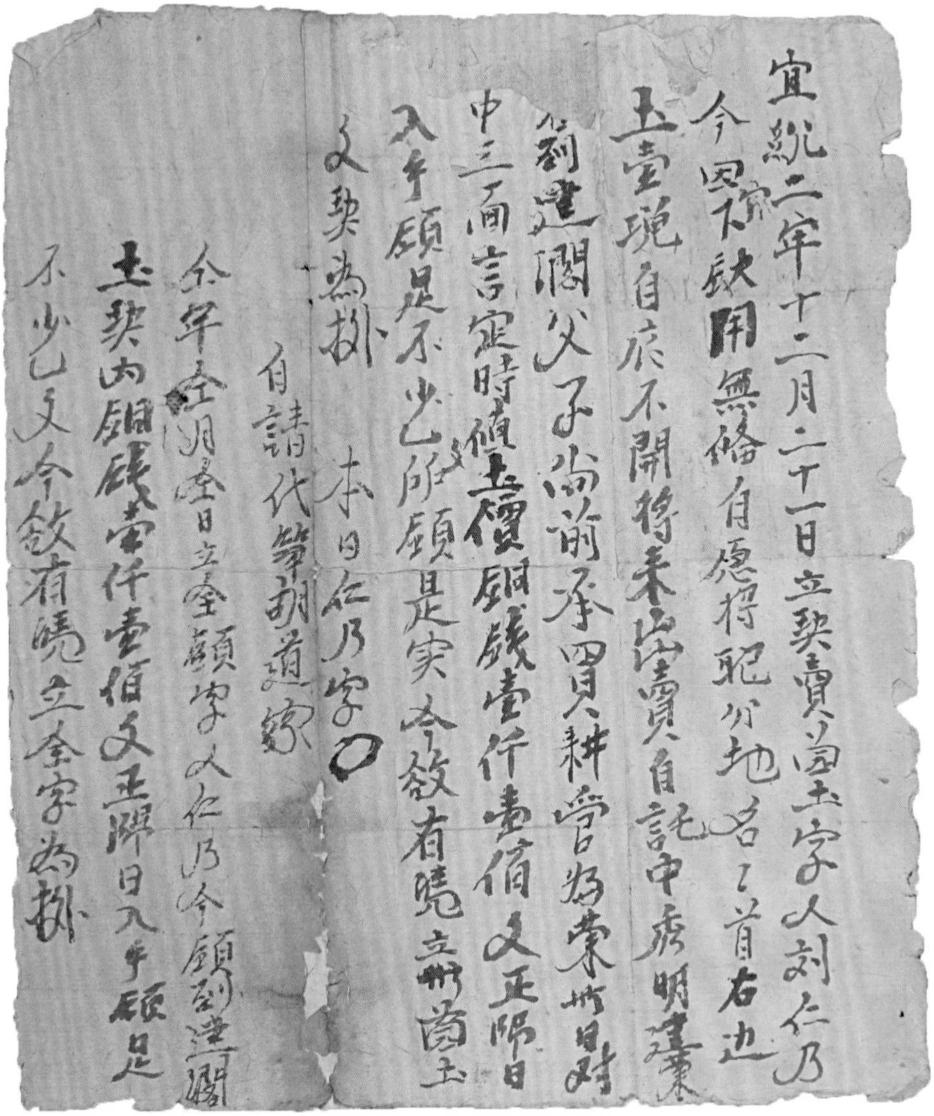

宣统二年十二月二十一日立契卖园土字人刘仁乃今因家下缺用无备自愿将己分地名名首右边土壹块自底不开将来出卖自托中秀明建业（召）到建濶父子尚（向）前承买耕管为业当日对中三面言定时值土价铜钱壹仟壹佰文正隔日入手领足不少一文所领是实今欲有凭立此园土文契为据

本日仁乃字【押】

自请代笔胡道家

仝年仝月仝日立全领字人仁乃今领到建濶土契内铜钱壹仟壹佰文正隔日入手领足不少一文今欲有凭立全字为据

民国元年三月初六日曹仁治卖田契

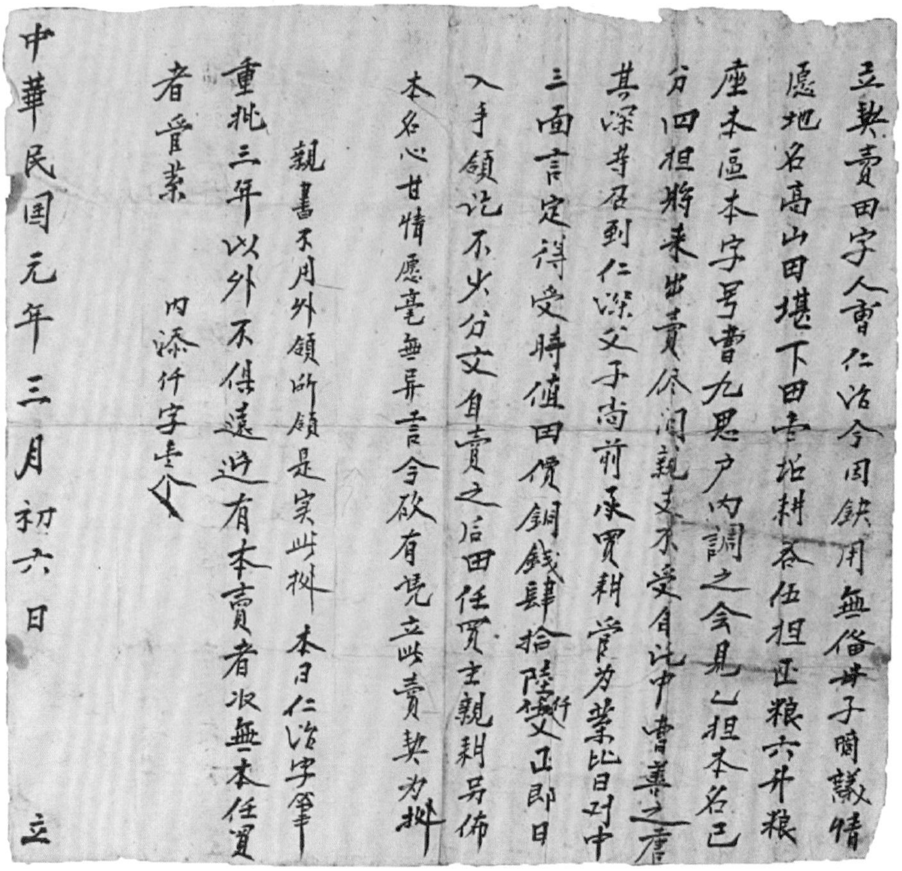

立契卖田字人曹仁治今因缺用无备母子嘀（商）议情愿地名高山田堪下田壹丘耕谷伍担正粮六升粮座本区本字号曹九思户内调之会见一担本名己分四担将来出卖尽问亲支不受自托中曹善之唐其深等召到仁深父子尚（向）前承买耕管为业比日对中三面言定得受时值田价铜钱肆拾陆仟文正即日入手领讫不少分文自卖之后田任买主亲耕另布本名心甘情愿毫无异言今欲有凭立此卖契为据

亲书不用外领所领是实此据本日仁治字笔

重批三年以外不俱远近有本卖者收无本任买者管业

内添仟字壹个

中华民国元年三月初六日立

民国二年十二月二十六日良珅卖屋宇基地契

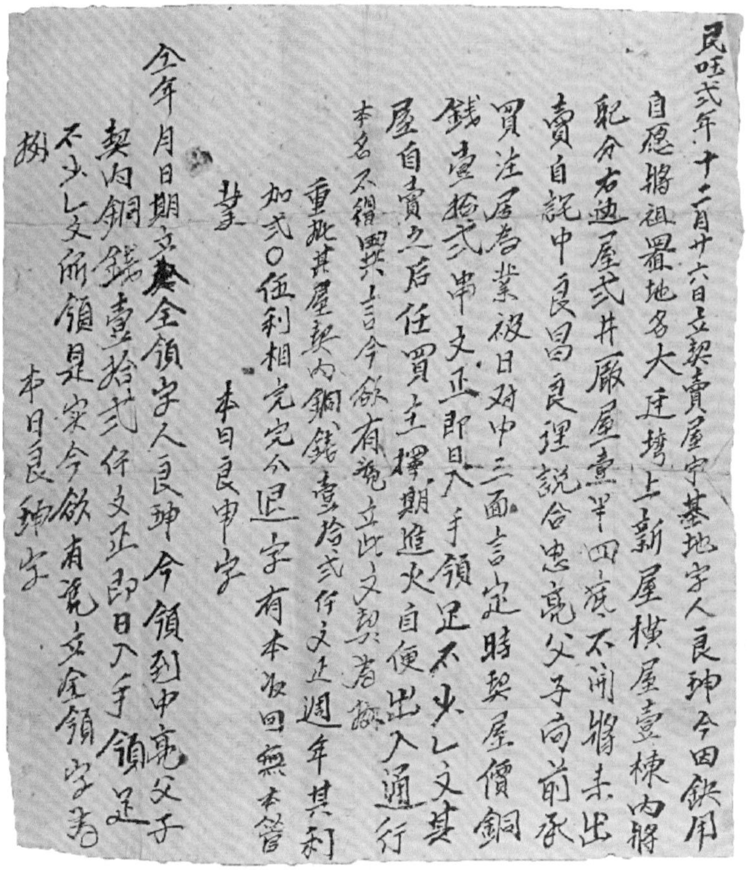

民国贰年十二月廿六日立契卖屋宇基地字人良珅今因缺用自愿将祖置地名大廷塆上新屋横屋壹栋内将己分右边屋贰井厅屋壹半四底不开将来出卖自托中良昌良理说合忠亮父子向前承买注居为业彼日对中三面言定时契屋价铜钱壹拾贰串文正即日入手领足不少一文其屋自卖之后任买主择期进火自便出入通行本名不得异言今欲有凭立此文契为据

重批其屋契内铜钱壹拾贰仟文正周年其利加贰〇伍利相完完今退字有本收回无本管业

本日良申字

仝年月日期立全领字人良珅今领到中亮父子契内铜钱壹拾贰千文正即日入手领足不少一文所领是实今欲有凭立全领字为据

本日良珅字

民国十五年三月初四日陈甲逵卖园土契

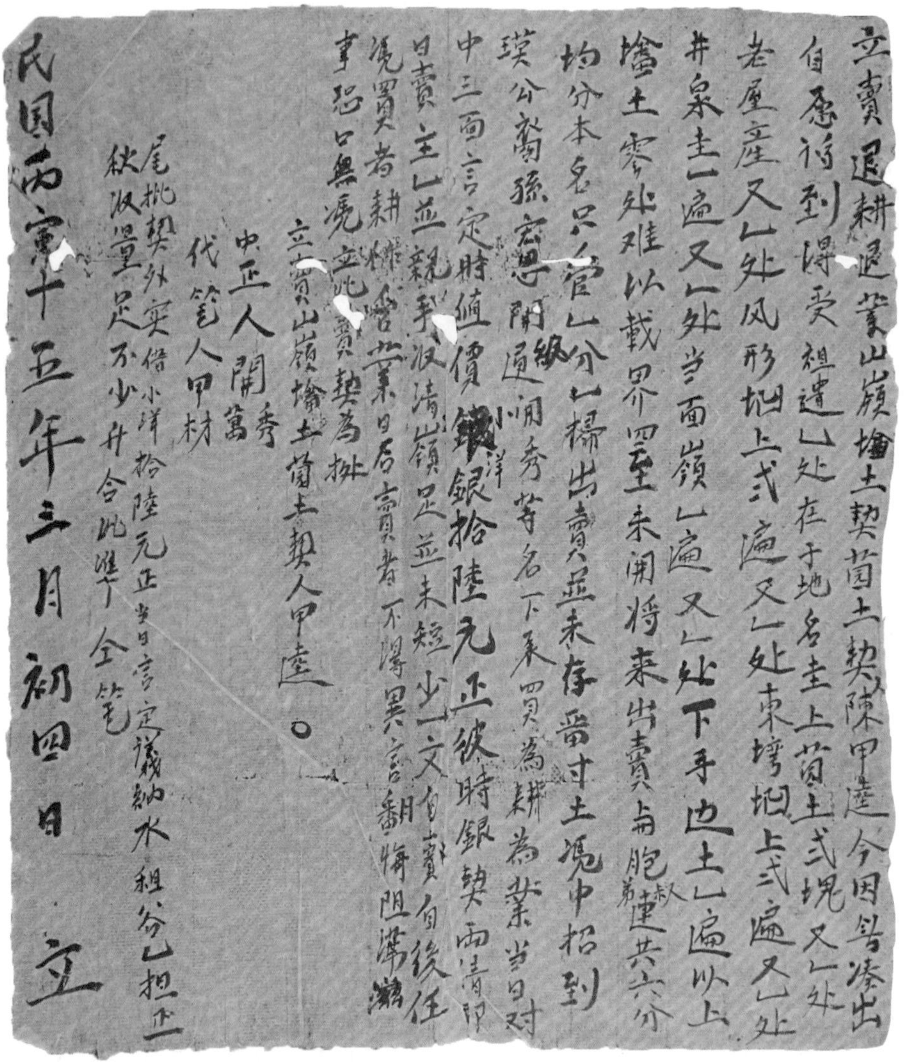

立卖退耕退业山岭塔土契园土契人陈甲逵今因无凑出自愿将到得受祖遗一处在于地名圭上园土贰块又一处老屋产又一处风形堋上贰遍又一处东塆堋上贰遍又一处井泉圭一遍又一处当面岭一遍又一处下手边土一遍以上塔土零处难以载界四至未开将来出卖与胞叔胞弟连共六分均分本名只管一分一扫出卖并未存留寸土凭中招到瑛公裔孙宏恩开□通开秀等名下承买为耕为业当日对中三面言定时值价小洋银拾陆元正彼时银契两清即日卖主一并亲手收清岭（领）足并未短少一文自卖自（之）后任凭买者耕作管业日后卖者不得异言翻悔阻滞滋事恐口无凭立此卖契为据

立卖山岭塔土园土契人甲逵【押】

中正（证）人开秀开万

代笔人甲材

尾批契外实借小洋拾陆元正当日言定议纳水租谷一担正秋收量足不少升合此准仝笔

民国丙寅十五年三月初四日立

民国十六年四月初八日胡良理妻陈氏仝男等卖屋宇基地契

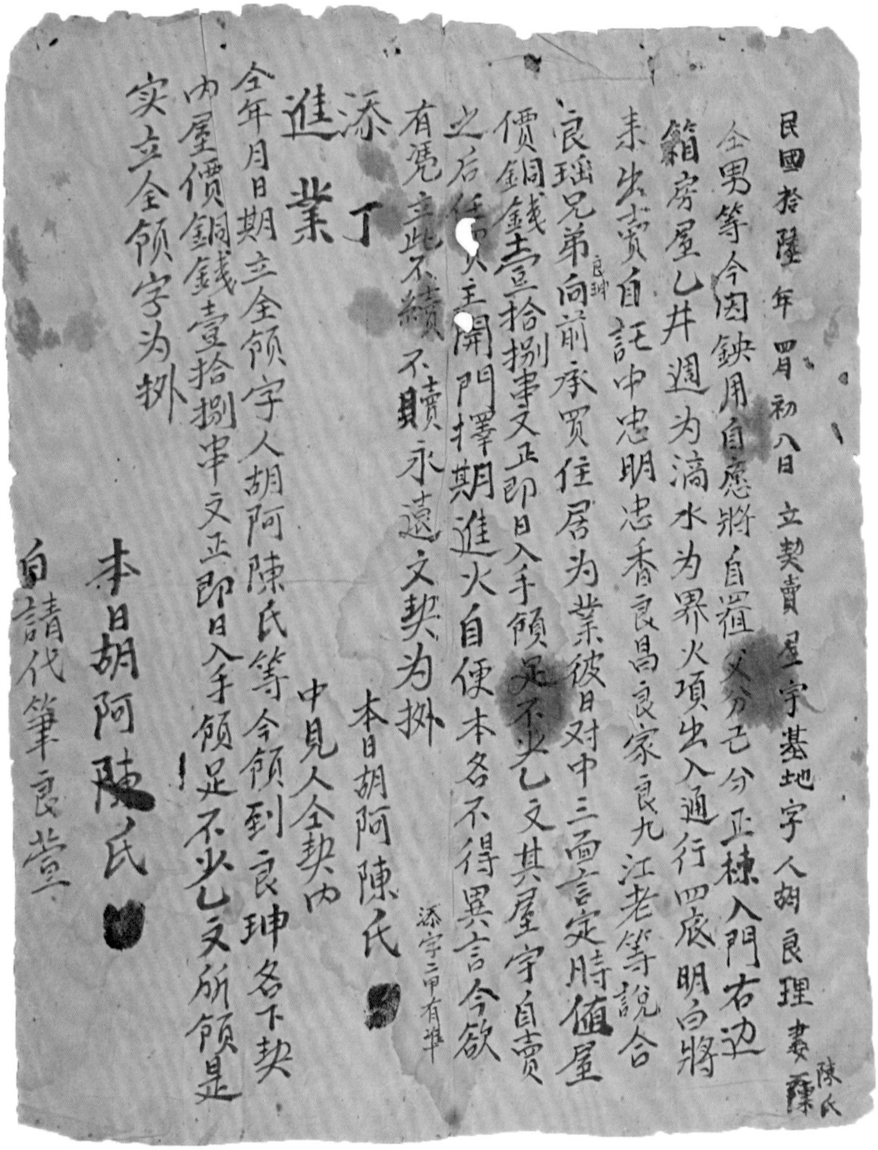

民国拾陆年四月初八日立契卖屋宇基地字人胡良理妻陈氏仝男等今因缺用自愿将自置父分己分正栋入门右边箱房屋一井周为滴水为界火项出入通行四底明白将来出卖自托中忠明忠香良昌良家良九江老等说合良瑶兄弟良坤向前承买住居为业彼日对中三面言定时值屋价铜钱壹拾捌串文正即日入手领足不少一文其屋宇自卖之后任买主开门择期进火自便本名不得异言今欲有凭立此不续不赎永远文契为据

添字二甲有准

本日胡阿陈氏【押】

中见人仝契内

添丁进业

仝年月日期立全领字人胡阿陈氏等今领到良坤名下契内屋价铜钱壹拾捌串文正即日入手领足不少一文所领是实立全领字为据

本日胡阿陈氏【押】

自请代笔良萱

民国三十一年三月初九日刘厚瑞卖地字

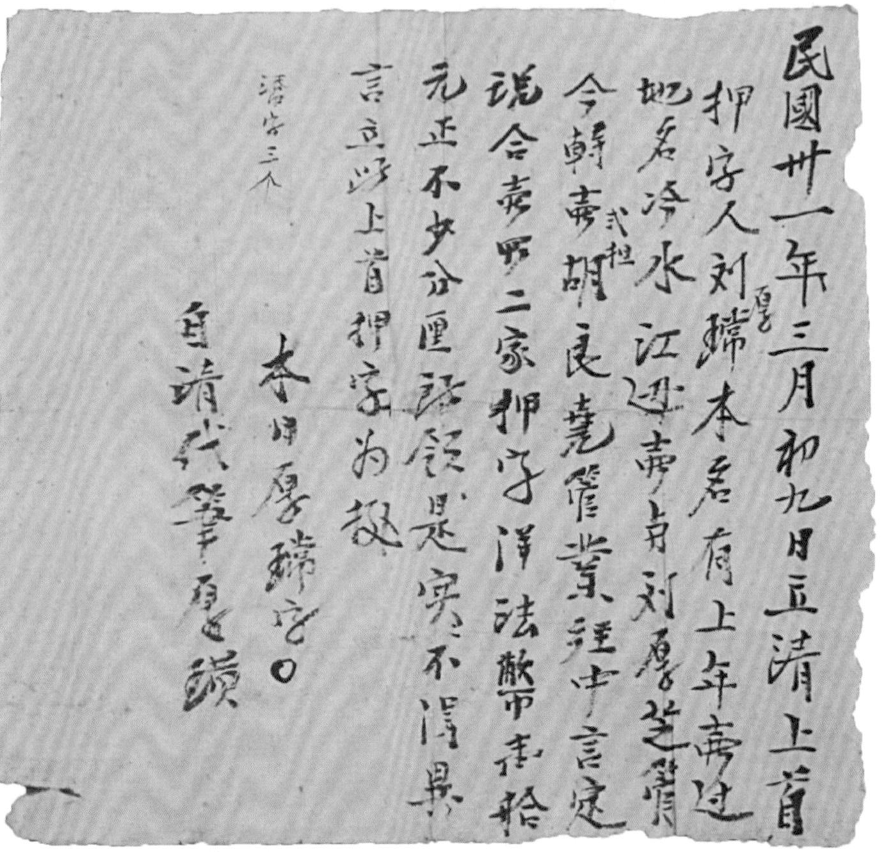

民国卅一年三月初九日立清上首押字人刘厚瑞本名有上年卖过地名冷水江边卖与刘厚芝管今转卖贰担胡良尧管业经中言定说合卖买二家押字洋法币壹拾元正不少分厘所领是实不得异言立此上首押字为据

添字三个

本日厚瑞字【押】

自请代笔厚璜

民国三十六年六月十五日胡云诗领钱字

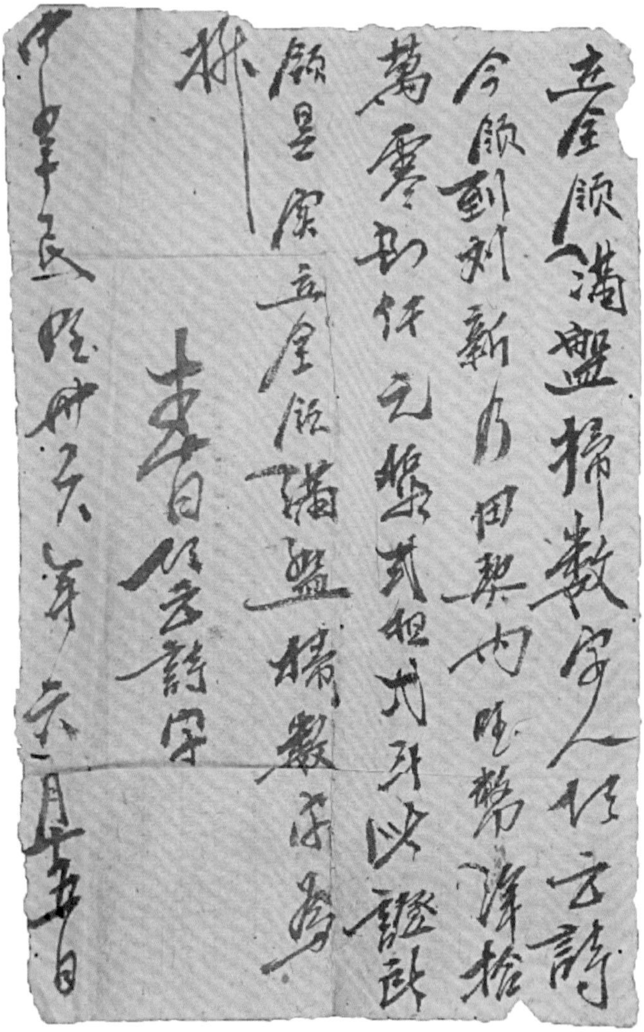

立全领满盘扫数字人胡云诗今领
到刘新乃田契内国币洋拾萬零肆
仟元折谷贰担贰斗此证所领是实
立全领满盘扫数字为据
本日胡云诗字
中华民国卅六年六月十五日

第六部分　永兴县（第三批）

道光二十二年十二月二十八日周宜兴退田字

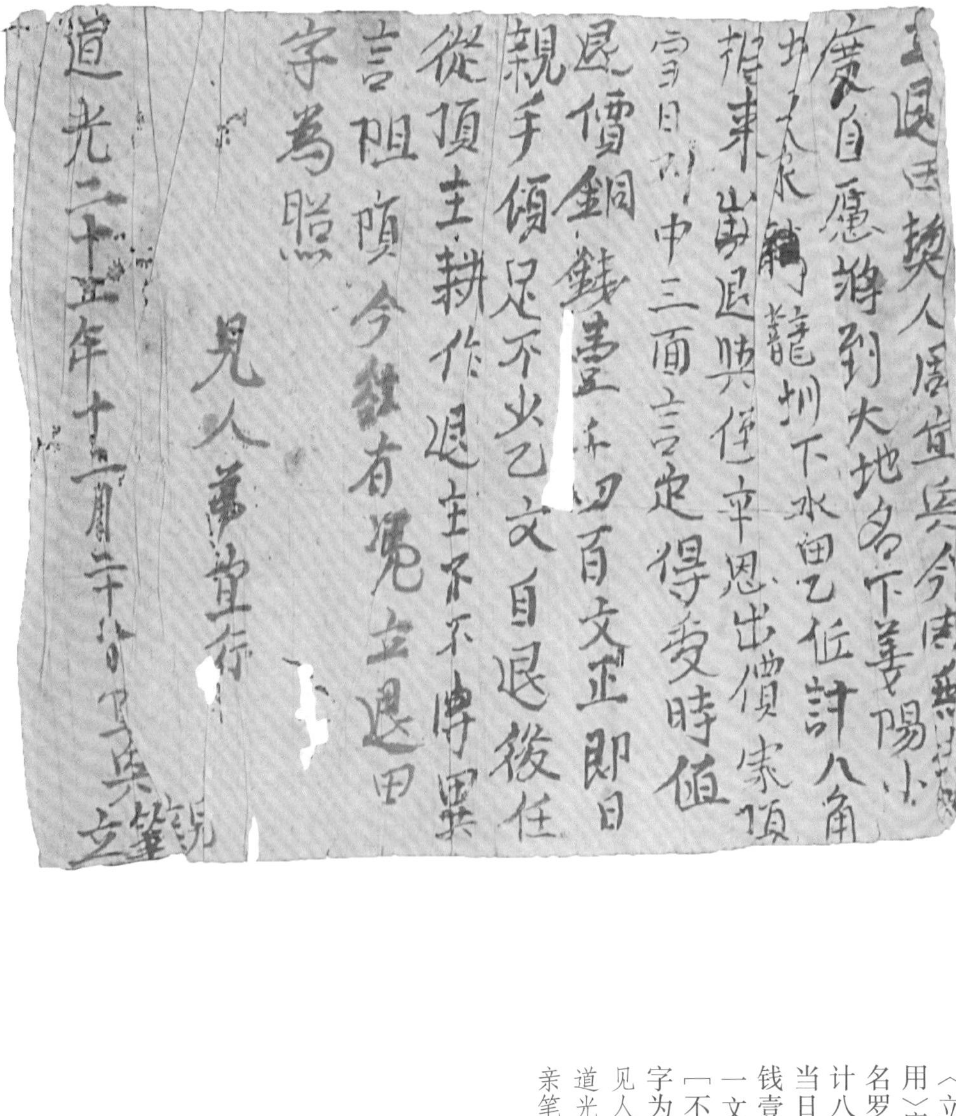

〈立〉退田契人周宜兴今因无〈钱用〉度自愿将到大地名下姜阳小〈地名罗〉家湾茏圳下水田一伍（丘）计八角将来出退与侄辛恩出价承顶当日对中三面言定得受时值退价铜钱壹千四百文正即日亲手领足不少一文自退后任从顶主耕作退主不[不]得异言阻⍰今欲有凭立退田字为照

见人弟宜行

道光二十二年十二月二十八日宜兴亲笔立

道光二十八年十二月十八日周宜兴退田字

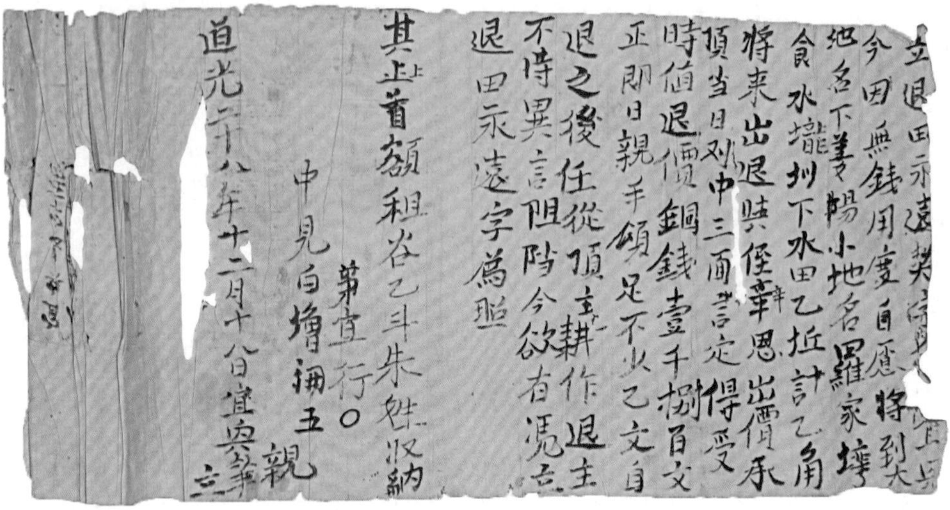

立退田永远契字人〈周〉宜兴今因无钱用度自愿将到大地名下姜阳小地名罗家堷食水垅圳下水田一丘计一角将来出退与侄辛恩出价承顶当日对中三面言定得受时值退价铜钱壹千捌百文正即日亲手领足不少一文自退之后任从顶主耕作退主不得异言阻陷（挡）今欲有凭立退田永远字为照

其上首额租谷一斗朱姓收纳

中见弟宜行【押】白增开五

道光二十八年十二月十八日宜兴亲笔立

同治二年二月十八日李上忠重续田契

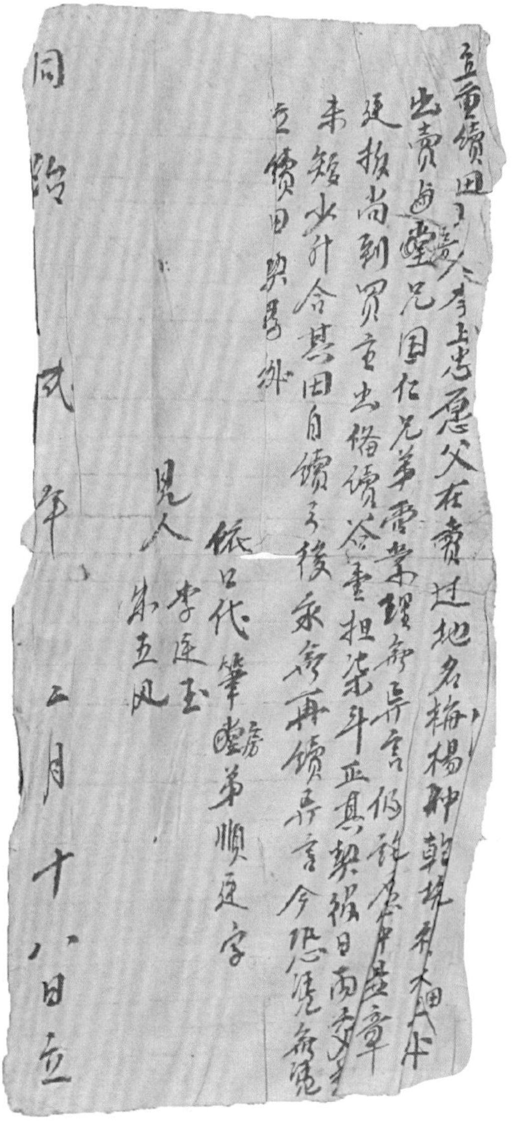

立重续田〈契〉人李上忠愿父在卖过地名梅杨中乾〈兜〉□禾田□□出卖与房堂兄国仁兄弟管业理无异言仍论愿中显章廷报尚到买主出备续谷壹担柒斗正其契彼日两交〈并〉未短少升合其田自续之后永无再续异言今恐［凭］无凭立续田契为据

依口代笔房堂弟顺廷字

见人李廷玉朱五凤

同治贰年二月十八日立

同治四年四月初十日徐富朗卖田契

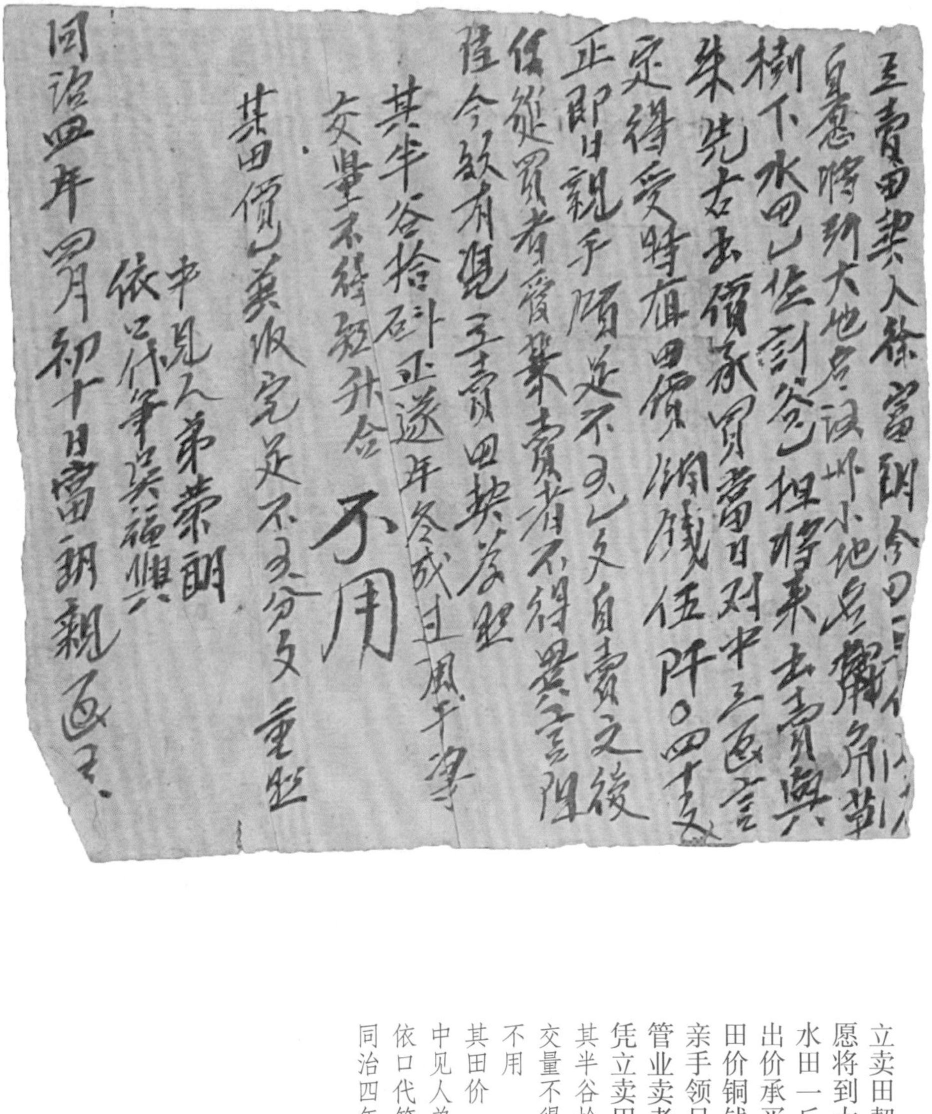

立卖田契人徐富朗今因□□□□□自
愿将到大地名沙州小地名解角草树下
水田一丘计谷一担将来出卖与朱先右
出价承买当日对中三面言定得受时值
田价铜钱伍阡（仟）〇四十文正即日
亲手领足不少一文自卖之后任从买者
管业卖者不得异言阻凼（挡）今欲有
凭立卖田契为照
其半谷拾科正遂年冬成过风干□
交量不得短升合
不用
其田价一并收完足不少分文重照
中见人弟荣朗
依口代笔吴福兴
同治四年四月初十日富朗亲面立

同治六年三月十六日吴生财借铜钱字

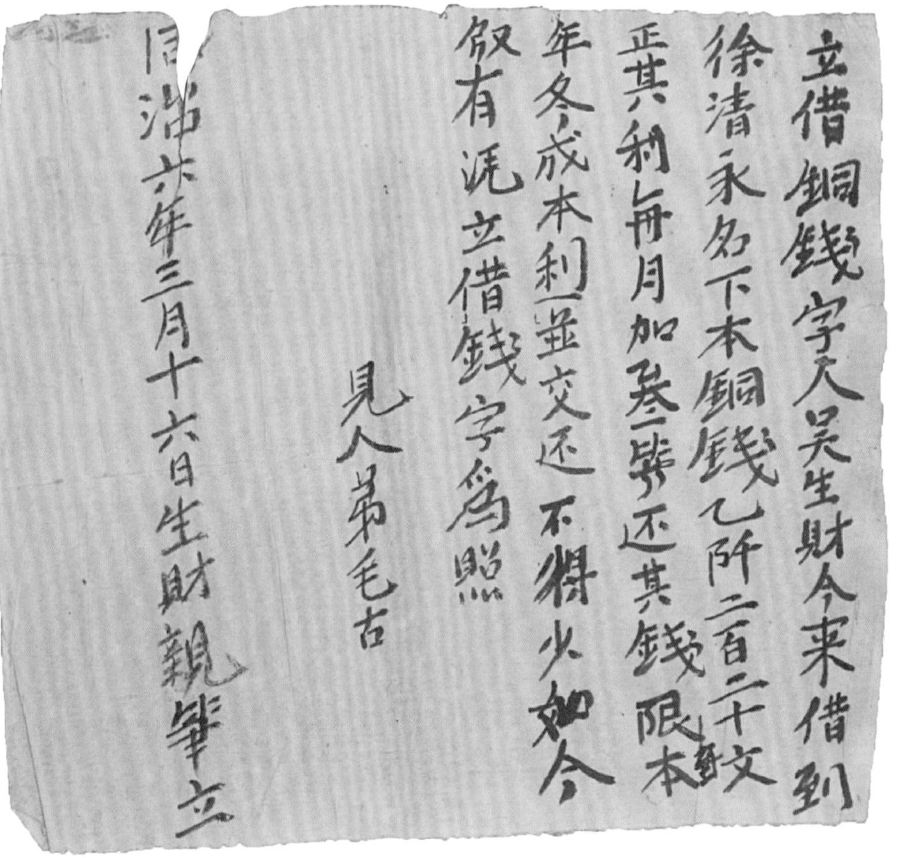

立借铜钱字人吴生财今来借到徐清永名下本铜钱一阡（仟）二百二十文正其利每月加叁算还其钱限本年冬成本利一并交还不得少如今欲有凭立借钱字为照

见人弟毛古

同治六年三月十六日生财亲笔立

同治九年三月初五日清英等列清明扫墓用度

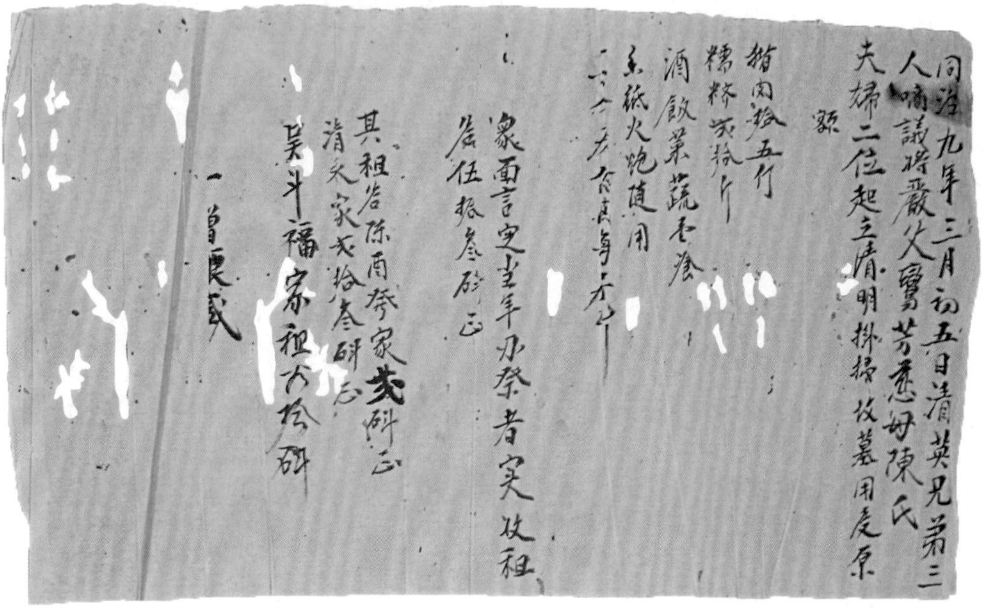

同治九年三月初五日清英兄弟三人
嘀（商）议将严父鸾芳慈母陈氏夫
妇二位起立清明挂扫坟墓用度原额
猪肉拾五斤
糯粽贰拾斤
酒饭菜蔬壹餐
香纸火炮随用
□□□□〈食每房一〉
众面言定当年办祭者实收租谷伍拾
叁科正
其租谷陈酉发家贰科正
清永家贰拾叁科正
吴斗福家租谷十科
□□□

同治十一年四月初二日段细娥庚帖

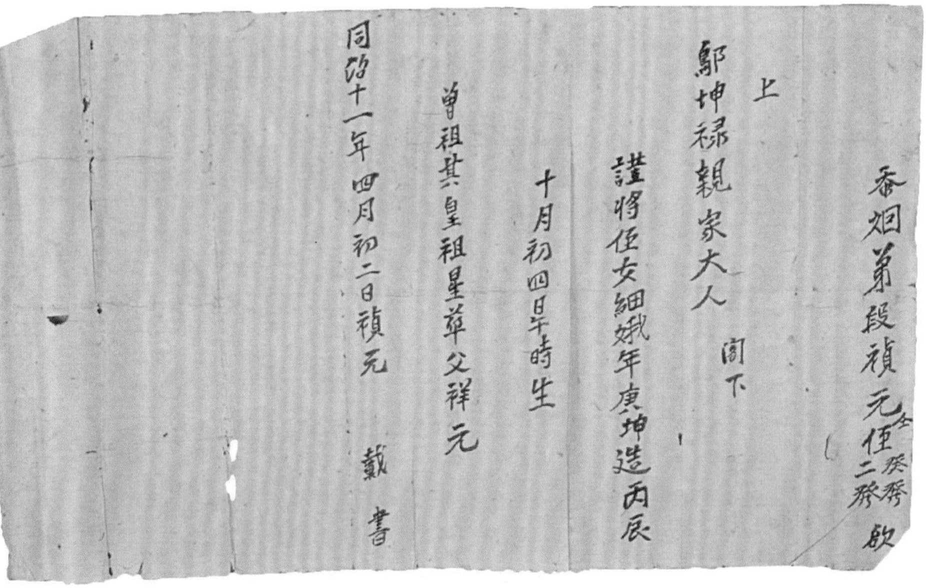

忝姻弟段祯元仝侄癸发二发启
上
邬坤禄亲家大人阁下
谨将侄女细娥年庚坤造丙辰十月初四日午时生
曾祖其皇祖星华父祥元
同治十一年四月初二日祯元戴书

光绪二十五年七月初七日徐辛增限字

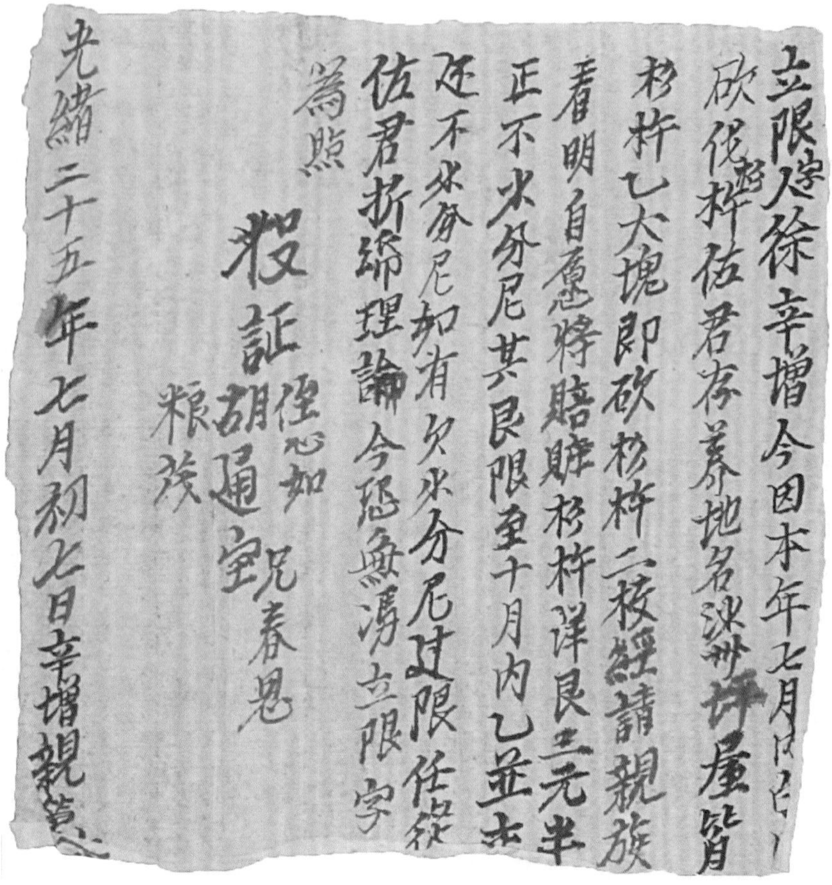

立限字人徐辛增今因本年七月内□□砍伐杉杵佐君存养地名沙州坪屋背杉杵一大块即砍杉杵二校经请亲族看明自愿将赔赃（偿）杉杵洋银三元半正不少分尼（厘）其银限至十月内一并交还不少分尼（厘）如有欠少分尼（厘）过限任从佐君折纸理论今恐无凭立限字为照

投证侄心如胡通宝粮茂兄春思

光绪二十五年七月初七日辛增亲笔〈立〉

光绪二十六年五月二十八日蓝林当菜地契

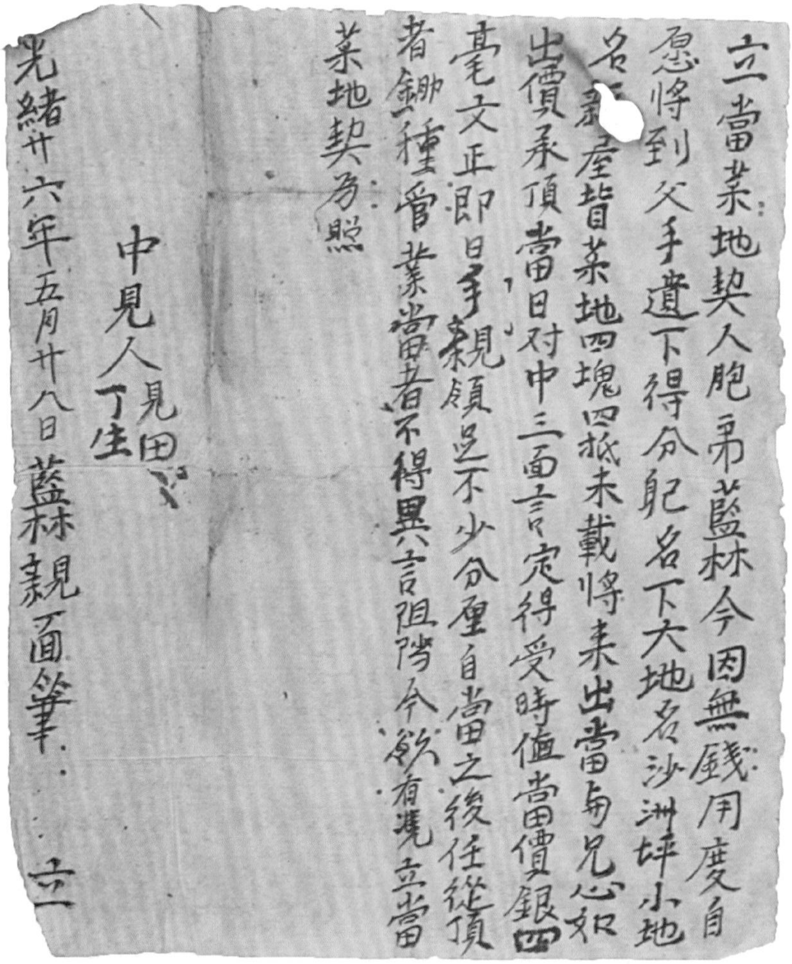

立当菜地契人胞弟蓝林今因无钱用度自愿将到父手遗下得分己名下大地名沙洲坪小地名〈新〉屋背菜地四块四抵未载将来出当与兄心如出价承顶当日对中三面言定得受时值当价银四毫文正即日亲手领足不少分厘自当之后任从顶者锄种管业当者不得异言阻[阝当]（挡）今欲有凭立当菜地契为照

中见人见田丁生

光绪廿六年五月廿八日蓝林亲面笔立

民国七年十月二十五日周厚其兄弟全领字

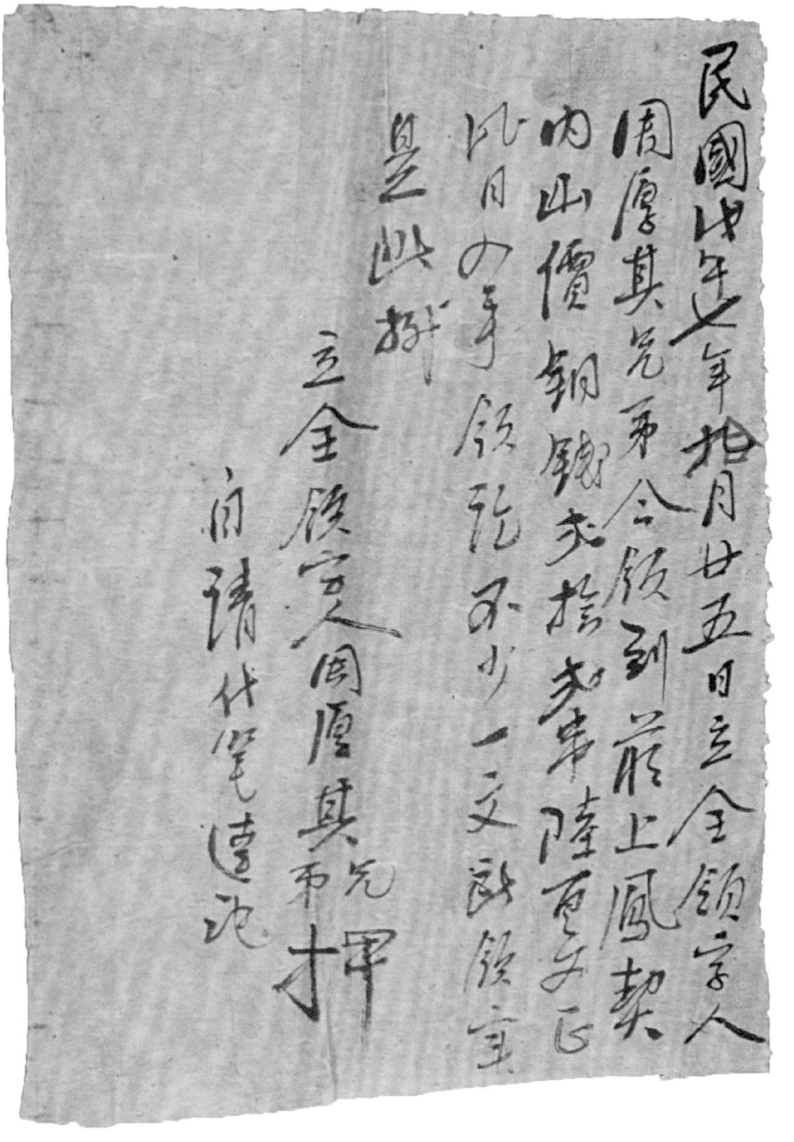

民国戊午七年拾月廿五日立
全领字人周厚其兄弟今领到
蒋上凤契内山价铜钱贰拾贰
串陆百文正比日入手领讫不
少一文所领实是此据
立全领字人周厚其兄弟【押】
自请代笔⍰记

民国七年十二月初五日周孚初全领字

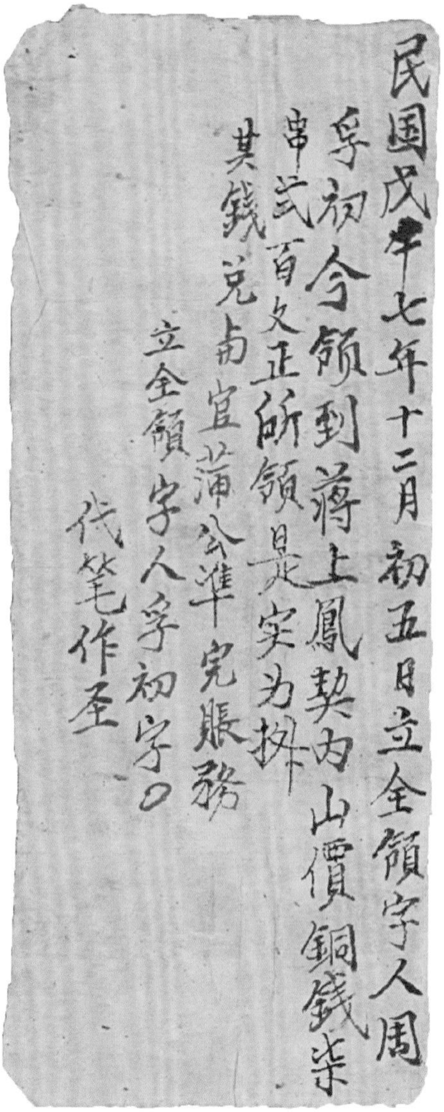

民国戊午七年十二月初五日立全领字人周孚初今领到蒋上凤契内山价铜钱柒串贰百文正所领是实为据
其钱兑与宜蒲公准完账务
立全领字人孚初字【押】
代笔作圣

民国八年十一月二十日杨国发卖地土契

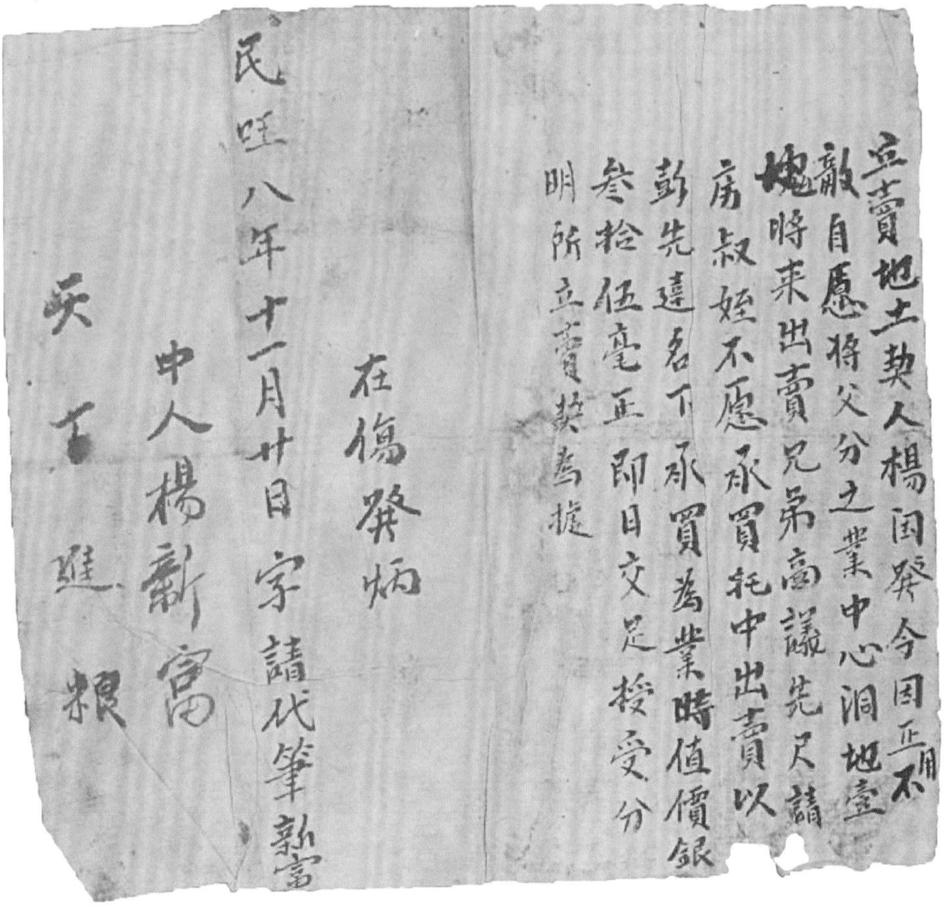

立卖地土契人杨国发今因正用不敷自愿将父分之业中心洞地壹块将来出卖兄弟商议先尺请房叔姪不愿承买托中出卖以彭先达名下承买为业时值价银叁拾伍毫正即日交足授受分明所立卖契为据

在伤（场）发炳

民国八年十一月廿日字请代笔新富

中人杨新富

天（添）丁进粮

民国十一年七月二十七日孟荣陞承耕田帖

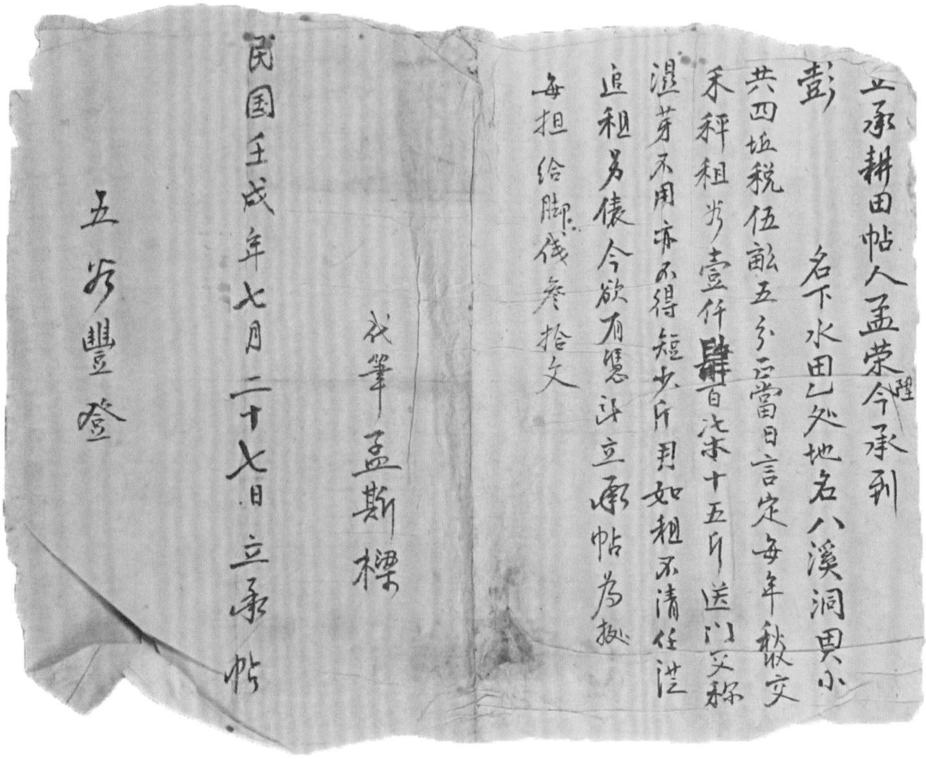

立承耕田帖人孟荣陞今承到
彭　　名下水田一处地名八溪洞田大
小共四丘税伍亩五分正当日言定每年秋收
交禾秤租谷壹仟肆百柒十五斤送门交称湿
芽不用亦不得短少斤两如租不清任从追租
另俵今欲有凭此立承帖为据
每担给脚钱叁拾文
代笔孟斯樑
民国壬戌年七月二十七日立承帖
五谷丰登

民国十四年二月十八日彭二郎转典房屋字

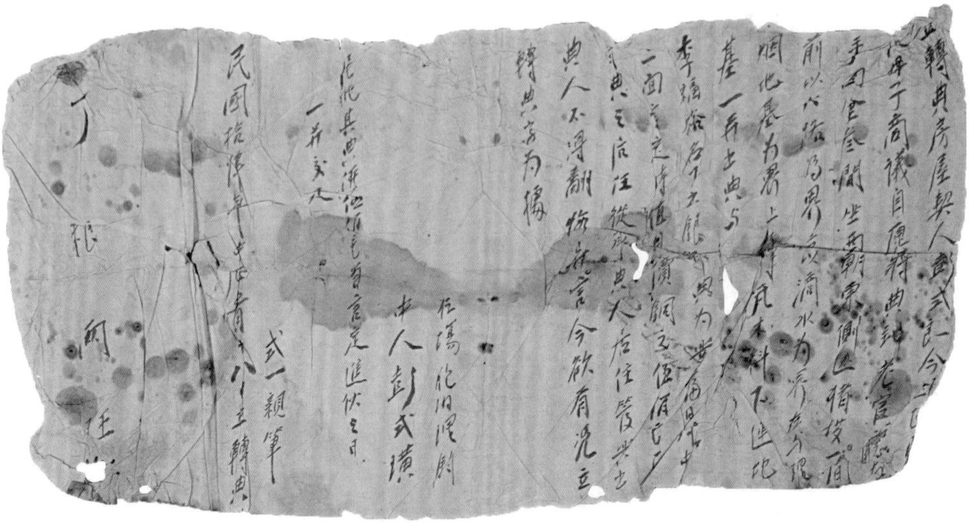

立转典房屋契人彭二〈郎〉今□□□□母子
商议自愿将典到老官□□手□□叁间坐西朝
东侧边猪⍰一间前以大路为界后以滴水为界
左与□烟地基为界上□瓦木料下连地基一并
出典与
李福裕名下出银□典为□□□□二面言定
时值□价铜元伍佰□□□自典之后任从承典
人居住管业出典人不得翻悔异言今欲有凭立
转典字为据
在场伦旧⍰钧
中人彭式璜
尾批其典价伍佰正当言定进伙之日一并交足
民国十肆年中历二月十八日转典
丁粮两旺

民国十五年十月△△日彭△△借铜元字

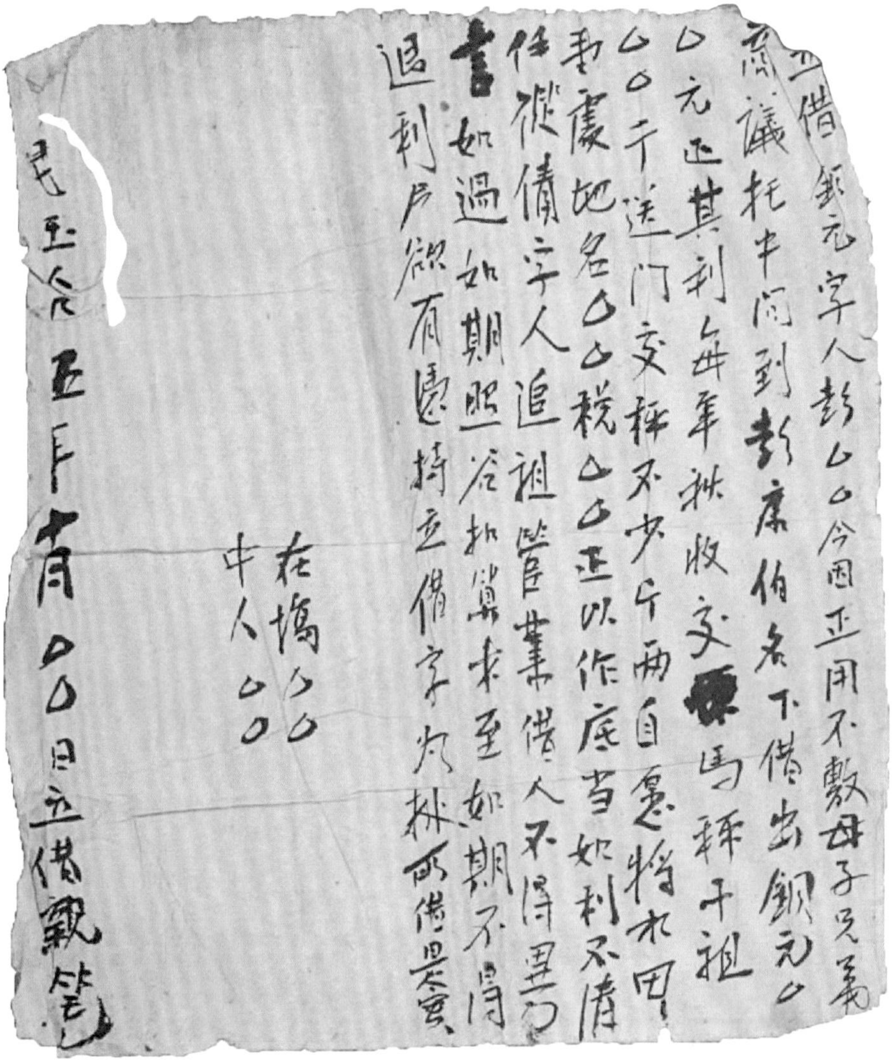

立借铜元字人彭△△今因正用不敷母子兄弟商议托中间到彭康伯名下借出铜元△△元正其利每年秋收交马秤干租△△千送门交秤不少斤两自愿将水田壹处地名△△税△△正以作底当如利不清任从债字人追租管业借人不得异言如过如期照谷折算未至如期不得退利今欲有凭持立借字为据所借是实

在场△△

中人△△

民国拾五年十月△△日立借亲笔

民国十六年十一月二十一日成良栋承耕水田帖

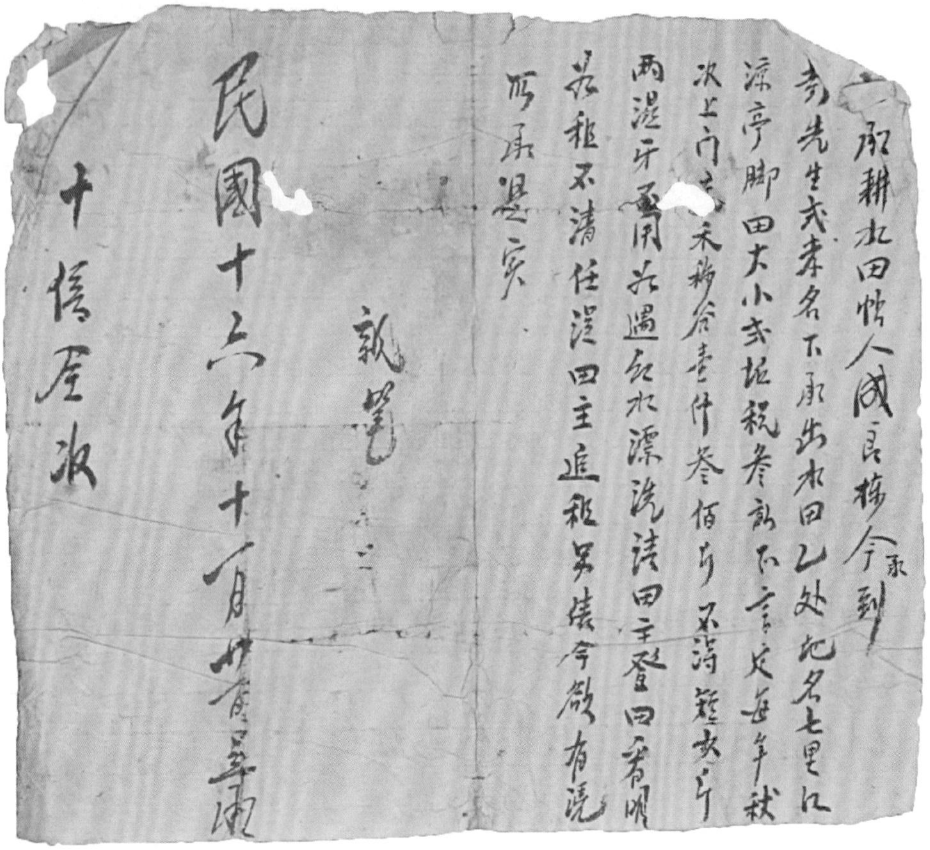

〈立〉承耕水田帖人成良栋今承到〈彭〉先生贰孝名下承出水田一处地名七里江凉亭脚田大小贰丘税叁亩正言定每年秋收上门〈交〉禾称谷壹仟叁佰斤不得短少斤两湿牙不用如遇红（洪）水漂洗请田主登田看明如租不清任从田主追租另俵今欲有凭所承是实

亲笔

民国十六年十一月廿一日??

十信全收

民国二十三年十二月二十一日黄大家承水田字

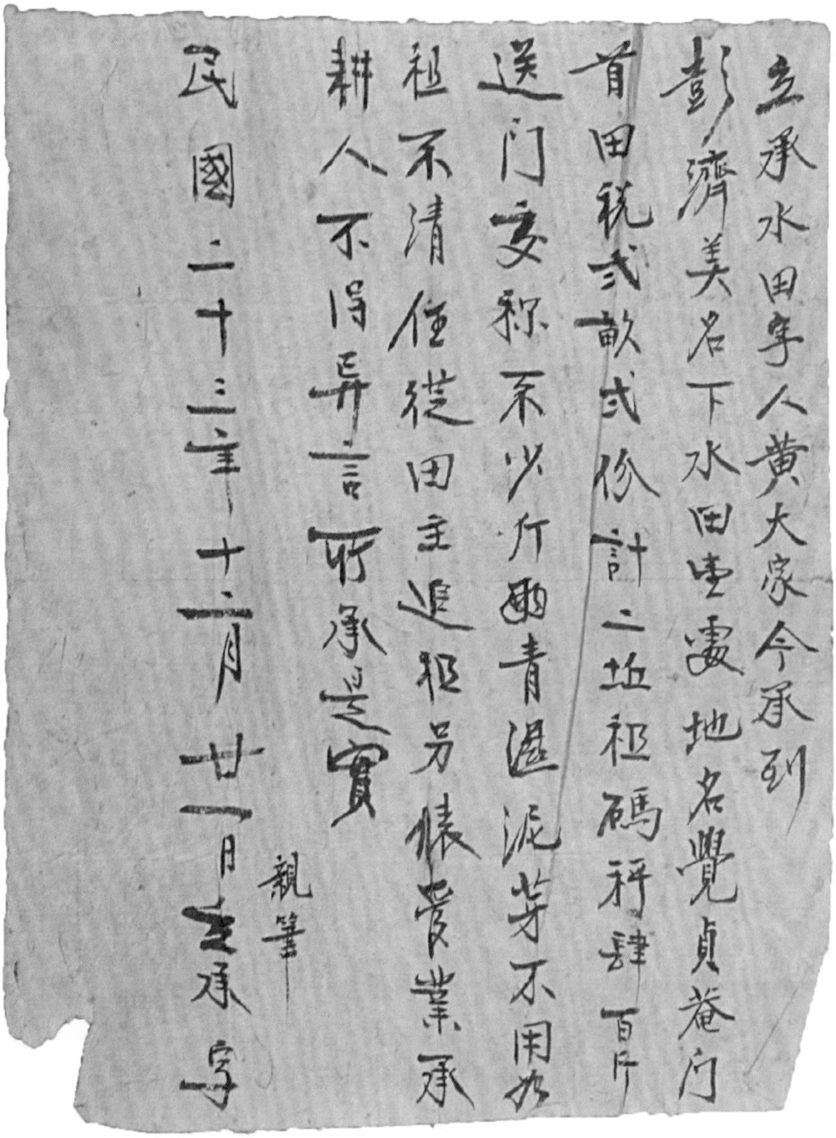

立承水田字人黄大家今承到彭济美名下水田壹处地名觉贞庵门首田税贰亩贰份计二丘租码秤肆百斤送门交称不少斤两青湿泥芽不用如租不清任从田主追租另倈管业承耕人不得异言所承是实

亲笔

民国二十三年十二月廿一日

立承字

民国二十五年正月二十九日李金林承耕字

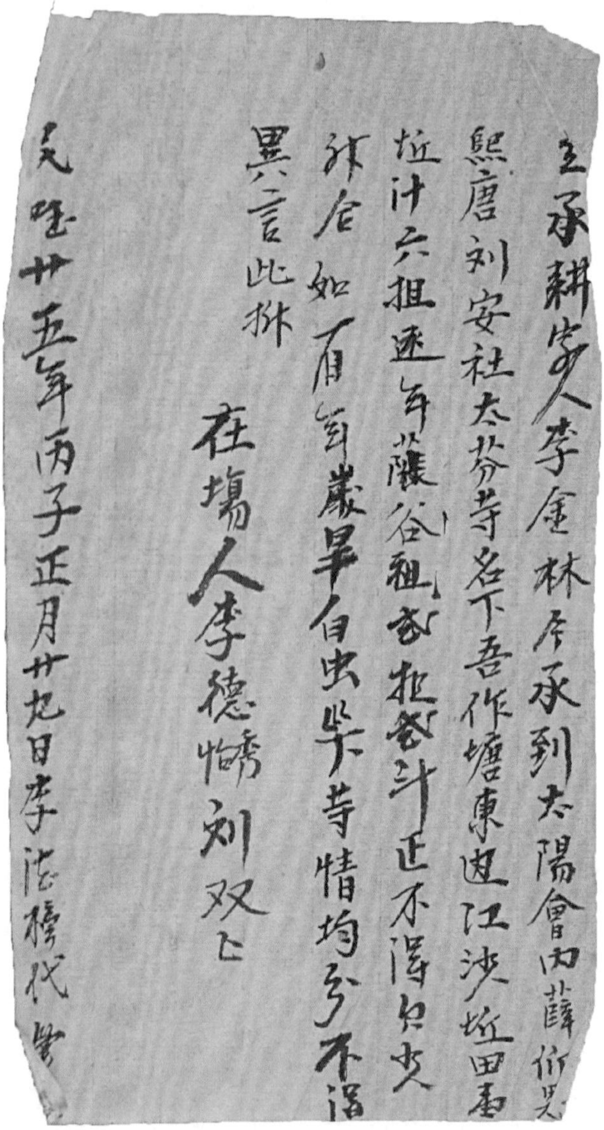

立承耕字人李金林今承到太阳会内薛□□熙唐刘安社太芬等名下吾作塘东边江沙坵田壹丘计六担逐年
⍰租谷贰担贰斗正不得欠少升合如有年岁旱白虫灾等情均分不得异言此据
在场人李德秀李德怡刘双正
民国廿五年丙子正月廿九日李德榜代笔

民国三十年古二月十三日周之邮收田价钱字

今满领收到

周之令田价洋贰仟陆佰伍拾元正

所收是实并无找补归赎翻悔异言

等情之事为据

周之邮【押】

周鹤笔【押】

中华民国三十年古二月十三日

收字为凭

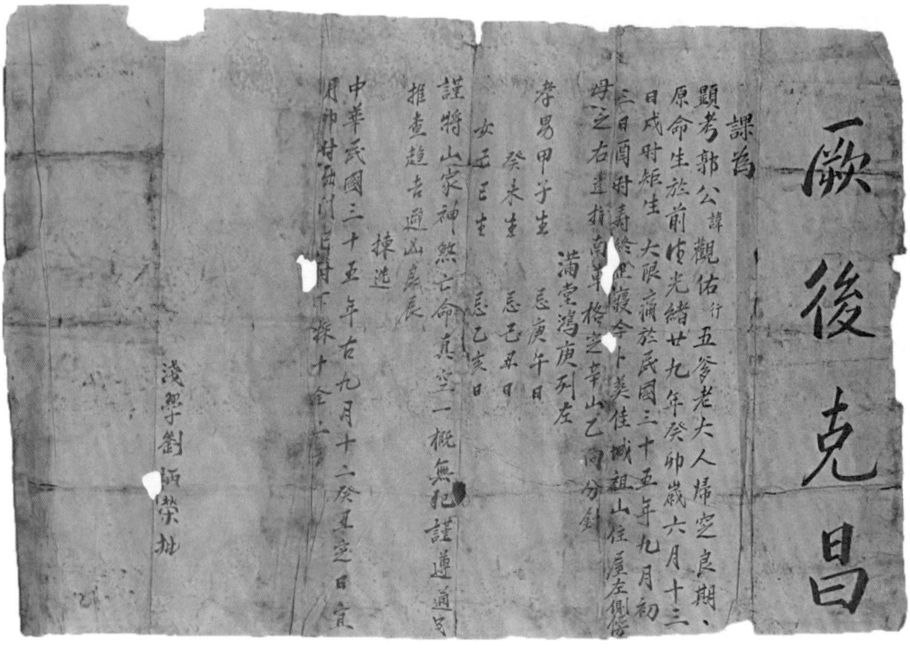

民国三十五年古九月十二日刘炳荣批葬良辰

厥后克昌
课为
显考郭公讳观佑行五爹老大人归窆良期原命生于
前清光绪廿九年癸卯岁六月十三日戌时矩生大限
痛于民国三十五年九月初三日酉时寿终正寝今卜
葬佳城祖山住屋左侧傍母之右边指南车格窆辛山
一向分针
满堂鸿庚列左
孝男甲子生　忌庚午日
孝男癸未生　忌己丑日
孝女己巳生　忌乙亥日
谨将山家神煞亡命真空一概无犯谨遵通定推查趋
吉避凶良辰
拣选
中华民国三十五年古九月十二癸丑窆日宜
月卯时出门巳时下采十全二□
浅学刘炳荣批

民国三十六年正月二十八日周后珍全领山价钱字

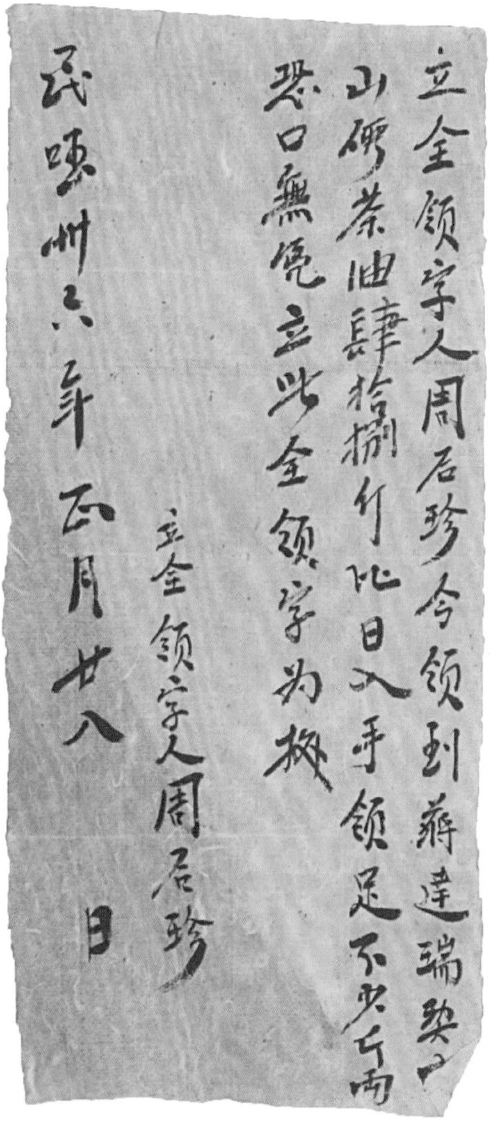

立全领字人周后珍今领到蒋达瑞契〈内〉山价茶油肆拾捌斤比日入手领足不少斤两恐口无凭立此全领字为据

立全领字人周后珍

民国卅六年正月廿八日

第七部分　资兴市（第一批）

光绪元年十一月初六日刘任开卖熟土契

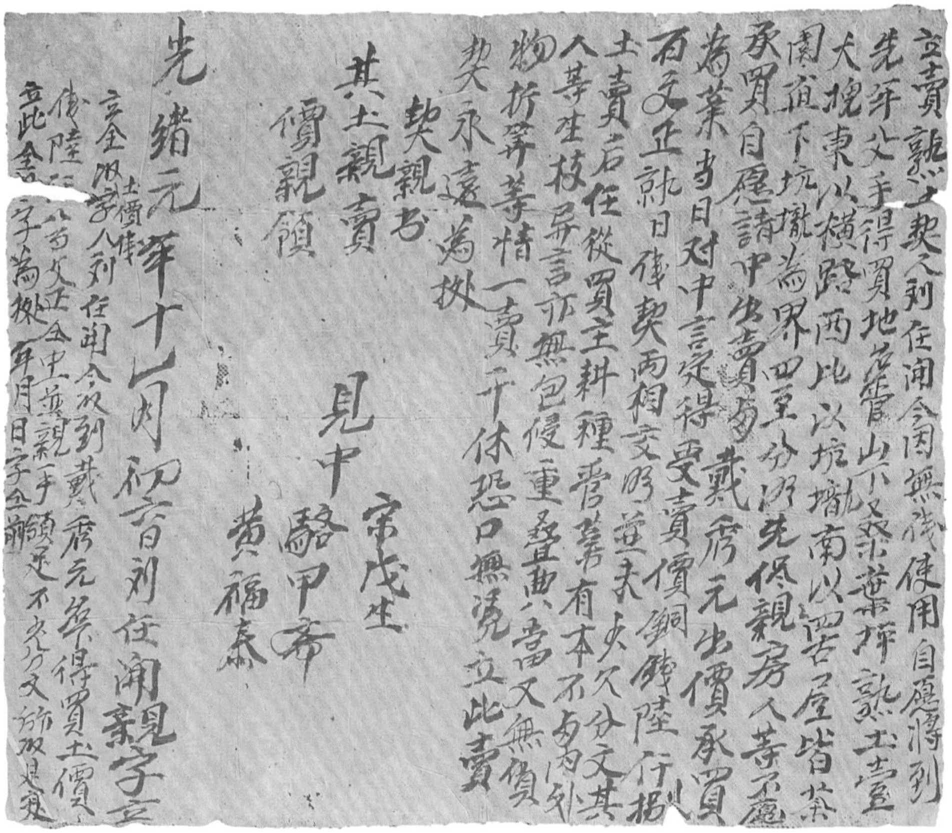

立卖熟土契人刘任开今因无钱使用自愿将到先年父手得买地名管山下桑叶坪熟土壹大块东以横路西北以坑垅南以罟屋皆茶园直下坑垅为界四至分明先尽亲房人等不愿承买自愿请中出卖与戴秀元出价承买为业当日对中言定得受卖价铜钱陆仟捌百文正就日钱契两相交明并未少欠分文其土卖后任从买主耕种管业有本不与内外人等生枝异言亦无包侵重叠典当又无货物折算等情一卖千休恐口无凭立此卖契永远为据

其契亲书

其土亲卖

其价亲领

见中宋戊生骆甲斋黄福泰

光绪元年十一月初六日刘任开亲字立

立全收土价钱字人刘任开今收到戴秀元名下得买土价钱陆仟八百文正全中一并亲手领足不少分文所收是实立此全〈收〉字为据年月日字仝前

光绪三十四年四月曾寄福杜卖荒熟土茶桐树契

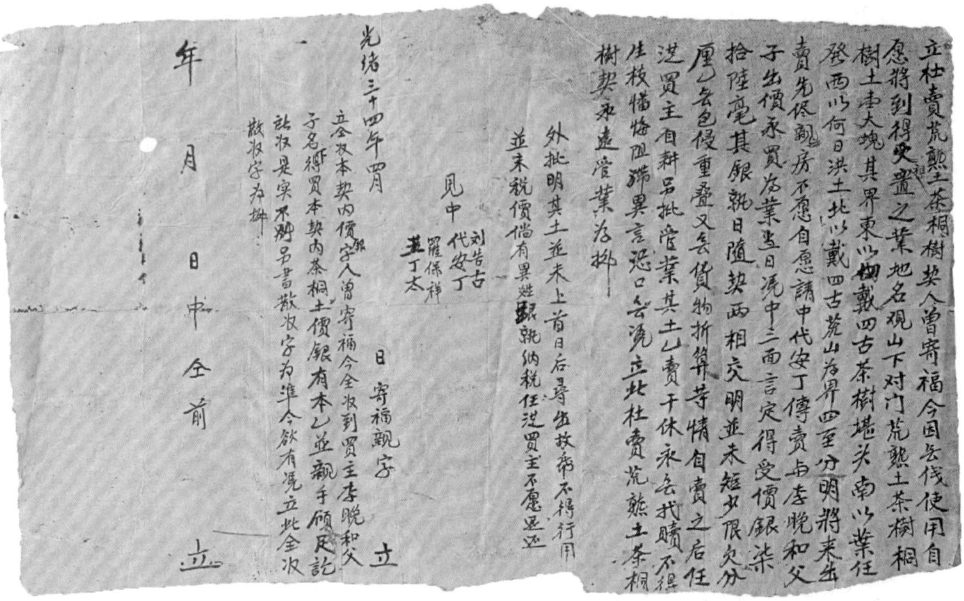

立杜卖荒熟土茶桐树契人曾寄福今因无钱使用自愿将到得受祖上置之业地名观山下对门荒熟土茶树桐树土壹大块其界东以戴四古茶树堪头南以叶任发西以何日洪土北以戴四古荒山为界四至分明将来出卖先尽亲房不愿自愿请中代安丁传卖与李晚和父子出价承买为业当日凭中三面言定得受价银柒拾陆毫其银就日随契两相交明并未短少限欠分厘一无包侵重叠又无货物折算等情自卖之后任从买主自耕另批管业其土一卖千休永无找赎不得生枝憣悔阻滞异言恐口无凭立此杜卖荒熟土茶桐树契永远管业为据

外批明其土并未上首日后寻出故纸不得行用

并未税价倘有异姓银就纳税任从买主不愿退还

见中刘告古代安丁罗保祥王丁太

光绪三十四年四月　日寄福亲字立

立全收本契内价银字人曾寄福今全收到买主李晚和父子名下得买本契内茶桐土价银有本一并亲手领足讫所收是实不另书散收字为准今欲有凭立此全收散收字为据

年月日中仝前立

宣统元年十一月十一日李细求杜卖茶山荒熟土浆契

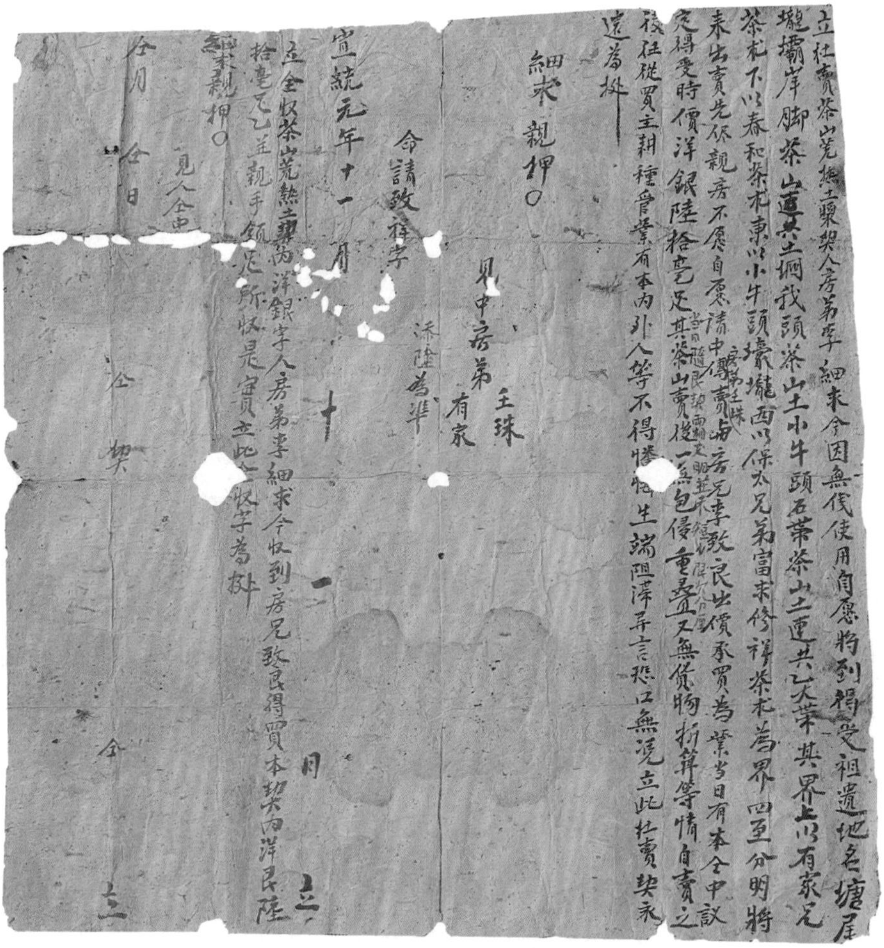

立杜卖茶山荒熟土浆契人房弟李细求今因无钱使用自愿将到得受祖遗地名塘尾垅坝岸脚茶山土坳我头茶山土小牛头石带茶山土连共一大带其界上以有家兄茶术（树）下以春和茶术（树）东以小牛头壕垅西以保太兄弟富求修祥茶术（树）为界四至分明将来出卖先尽亲房不愿自愿请中房弟壬珠传卖与房兄李致良出价承买为业当日有本仝中议定得受时价洋银陆拾毫足当日随银契两相交明并未短少限欠分厘其茶山卖后一无包侵重叠又无货物折算等情自卖之后任从买主耕种管业有本内外人等不得憣悔生端阻滞异言恐口无凭立此杜卖契永远为据

细求亲押【押】

见中房弟壬珠有家

添涂为准

命请致祥字

宣统元年十一月十一日立

立仝收茶山荒熟土契内洋银字人房弟李细求今收到房兄致良得买本契内洋银陆拾毫足一并亲手领足所收是实立此〈仝〉收字为据

细求亲押【押】

见人仝中

仝月仝日仝契仝立

宣统三年三月十四日李成泰杜卖茶山土契

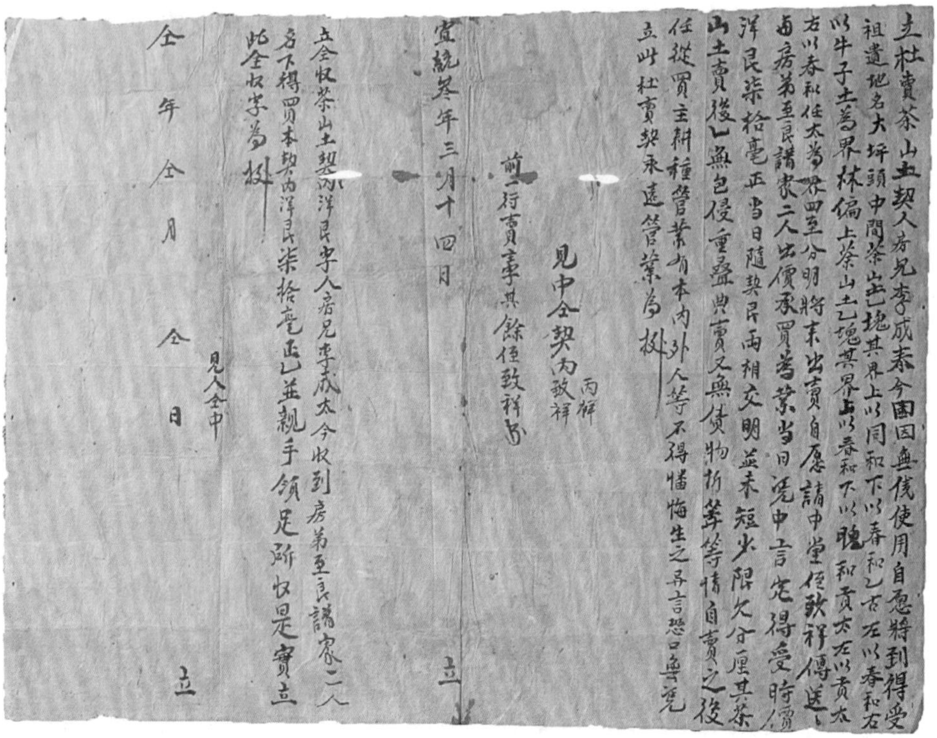

立杜卖茶山土契人房兄李成泰今因无钱使用自愿将到得受祖遗地名大坪头中间茶山土一块其界上以同和下以春和一古左以春和右以牛子土为界林偏上茶山土一块其界上以春和下以魄和贡太左以贡太右以春和任太为界四至分明将来出卖自愿请中堂侄致祥传送与房弟至良谱家二人出价承买为业当日凭中言定得受时价洋银柒拾毫正当日随契银两相交明并未短少限欠分厘其茶山土卖后一无包侵重叠典卖又无货物折算等情自卖之后任从买主耕种管业有本内外人等不得憣悔生之（枝）异言恐口无凭立此杜卖契永远管业为据

见中仝契内丙祥致祥

前一行卖主字其余侄致祥书

宣统叁年三月十四日立

立仝收茶山土契内洋银字人房兄李成太今收到房弟至良谱家二人名下得买本契内洋银柒拾毫正一并亲手领足所收是实立此仝收字为据

见人仝中

仝年仝月仝日立

民国元年二月十八日李德荣卖退耕禾田契

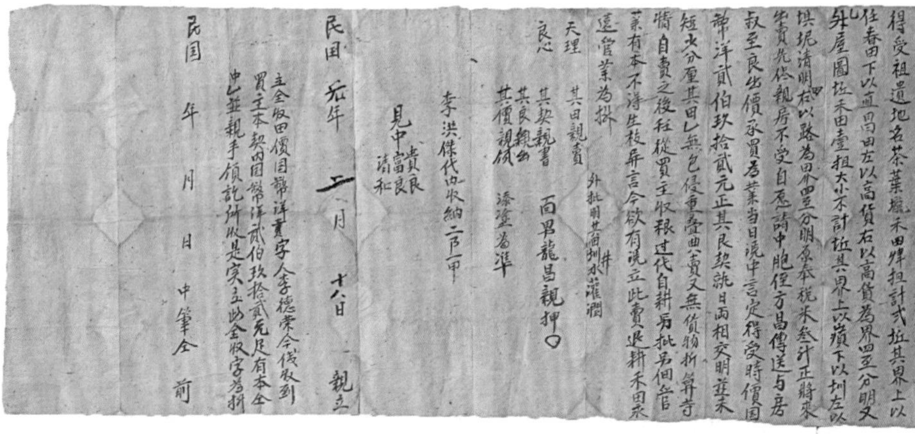

立卖退耕禾田契人李德荣今因无钱使用自愿将到得受祖遗地名茶叶垅禾田肆担计贰丘其界上以任春田下以直昌田左以高货右以高货为界四至分明又一外屋图丘禾田壹担大小不计丘其界上以岭下以圳左以坝坭清明田右以路为界四至分明原奉税米叁升正将来出卖先尽亲房不受自愿请中胞侄方昌传送与房叔至良出价承买为业当日凭中言定得受时价国币洋贰伯（佰）玖拾贰元正其银契就日两相交明并未短少分厘其田 一无包侵重叠典卖又无货物折算等情自卖之后任从买主收粮过代自耕另批另佃管业有本不得生枝异言今欲有凭立此卖退耕禾田永远管业为据

外批明其田圳井水灌润

天理良心

其田亲卖

其契亲书

其良（粮）亲出

其价亲领

面男龙昌亲押【押】

添涂为准

李洪杰代内收纳二户一甲

见中贵良富良清和

民国元年二月十八日亲立

立全收田价国币洋字人李德荣今钱收到买主本契内国币洋贰伯（佰）玖拾贰元足有本仝中一并亲手领讫所收是实立此全收字为据

民国年月日中笔仝前

民国元年二月二十日何外朱典脱耕禾田字

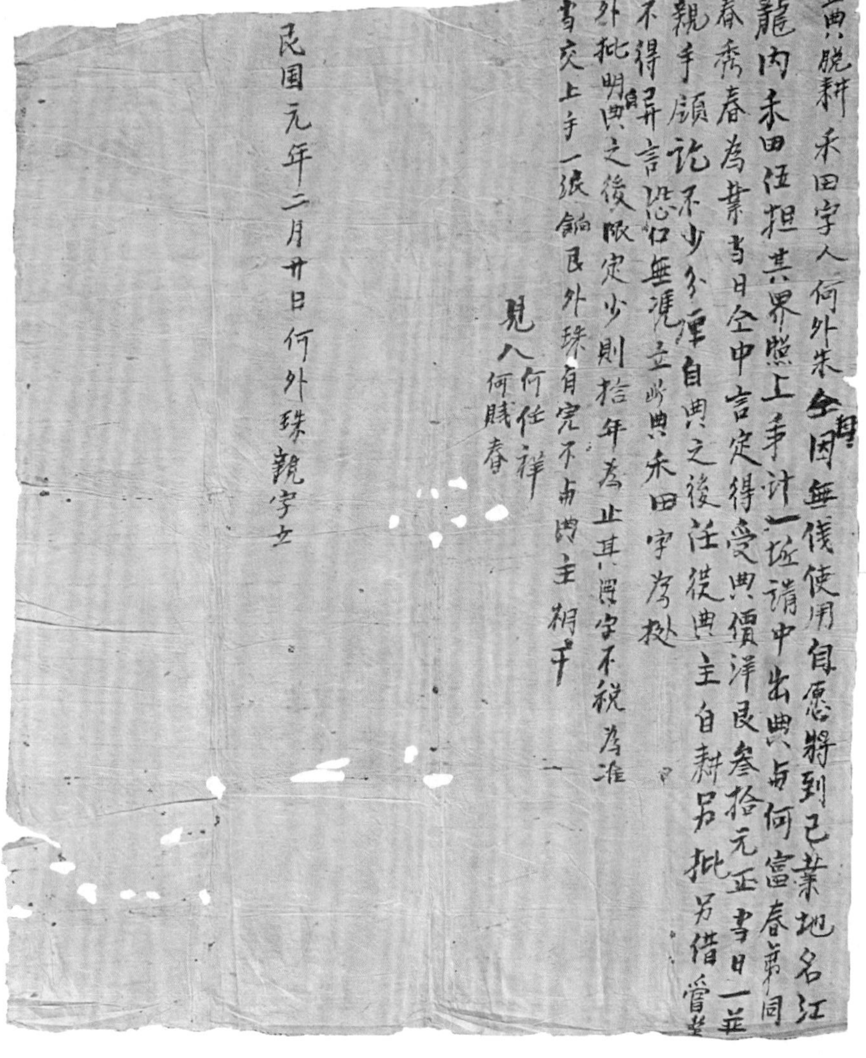

立典脱耕禾田字人何外朱仝母因无钱使用自愿将到己业地名江龙内禾田伍担其界照上手计一丘请中出典与何富春弟同春秀春为业当日仝中言定得受典价洋银叁拾元正当日一并亲手领讫不少分厘自典之后任从典主自耕另批另借管业不得异言恐口无凭立此典禾田字为据

外批明自典之后限定少则拾年为止其典字钱税为准

当交上手一纸饷银外珠有完不与典主相干

见人何任祥何贱春

民国元年二月廿日何外珠亲字立

民国元年二月二十九日李茂松卖菜园土契

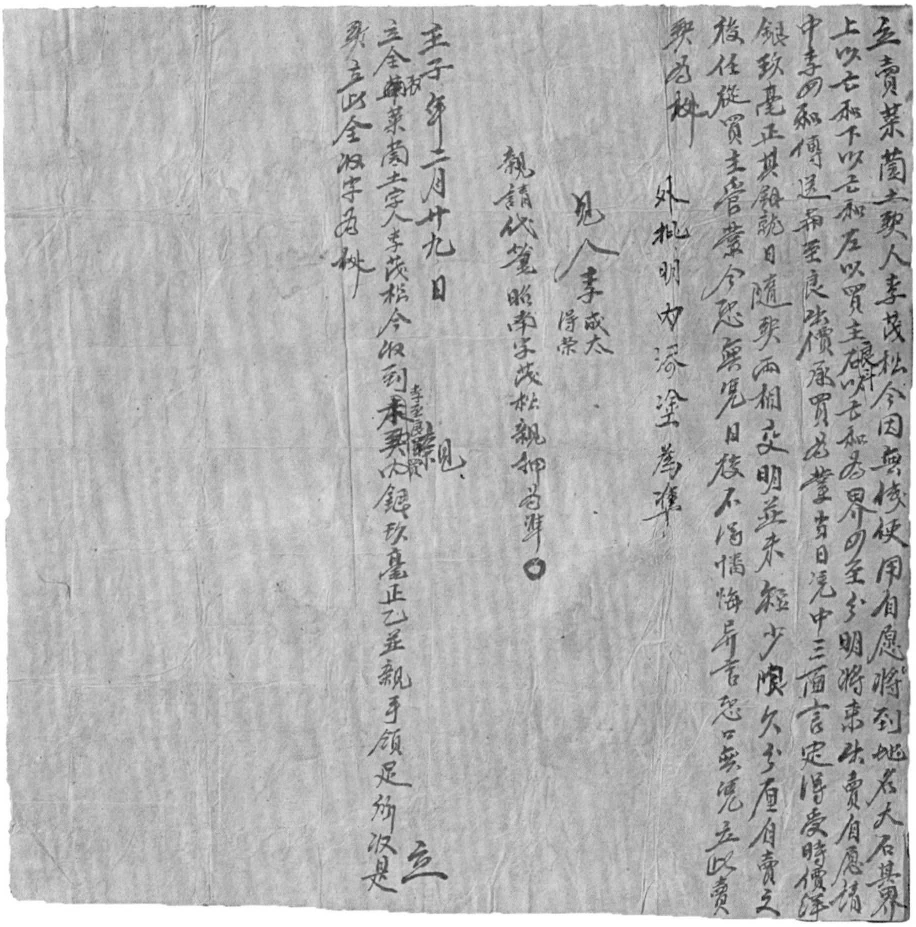

立卖菜园土契人李茂松今因无钱使用自愿将到地名大石其界上以己和下以己和左以买主良斗右以己和为界四至分明将来出卖自愿请中李四和传送与至良出价承买为业当日凭中三面言定得受时价洋银玖毫正其银就日随契两相交明并未短少限欠分厘自卖之后任从买主管业今恐无凭日后不得慉悔异言恐口无凭立此卖契为据

外批明内添涂为准

见人李成太李得荣

亲请代笔昭南字茂松亲押为准【押】

壬子年二月廿九日亲立

立全收菜园土字人李茂松今收到李至良承买本契内银玖毫正一并亲手领足所收是实立此全收字为据

民国元年七月十二日文秀香父子永卖土壂契

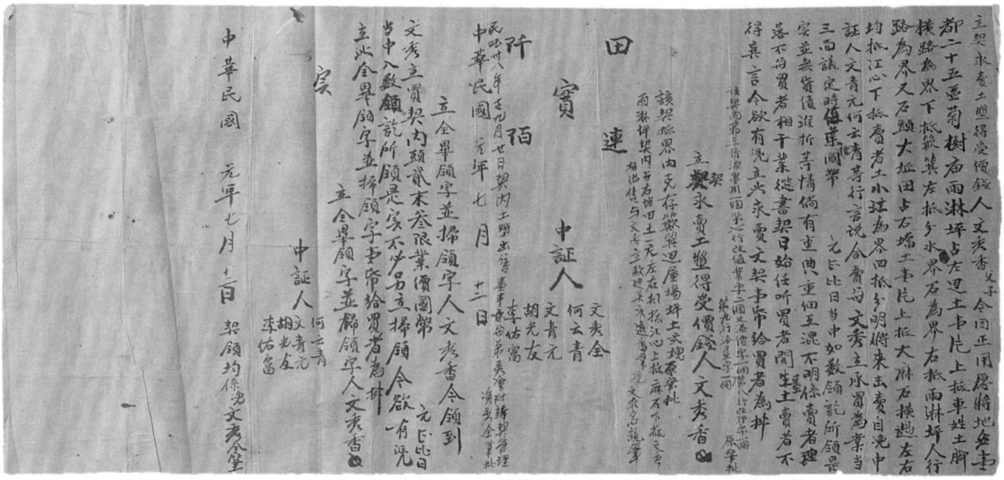

立契永卖土壂得受价钱人文秀香父子今因正用愿将地名壹都二十五区菊树庙雨淋坪占左边土壹片上抵车姓土脚横路为界下抵簸箕左抵分水界石为界右抵雨淋坪人行路为界又石头大坵田占右垱土壹片上抵大麻石横过左右均抵江心下抵卖者土小江为界四抵分明将来出卖自浼中证人文青元何云青等行言说合卖与文秀立承买为业当三面议定时值业价国币　　元正比日当中如数领讫所领是实并无货债准（准）折等情倘有重典重佃互混不明系卖者理落不与买者相干业从书契日始任听买者开生垦土卖者不得异言今欲有凭立此永卖文契壹纸给买者为据

该契内第三行添墨川（圈）一个第七行改值业字二个又添价字一个第八行改理字一个第九行添垦字一个

原笔批

立契永卖土壂得受价钱人文秀香【押】

该契抵界内克存簸箕边屋场坪土贰块

原笔批

雨淋坪契内占右垱田土一片左右相抵江心上抵麻石下抵文秀相出售与文秀立欧廸美永远为业

凭文永名亲笔

实田连阡陌

中证人文秀全何云青文青元胡光友李佑富

民国卅八年古九月二十日契内土壂出售壹半?与弟秀会附新契管理浼秀全笔批

中华民国元年七月十二日

立全毕领字并扫领字人文秀香今领到文秀立买契内头贰末叁限业价国币　　元正比日当中入（如）数领讫所领是实不必另立扫领今欲有凭立此全毕领字并扫领字壹纸给买者为据

立全毕领字并扫领字人文秀香【押】

实

中证人何云青文青元胡光友李佑富

中华民国元年七月十二日契领均系浼文秀全笔

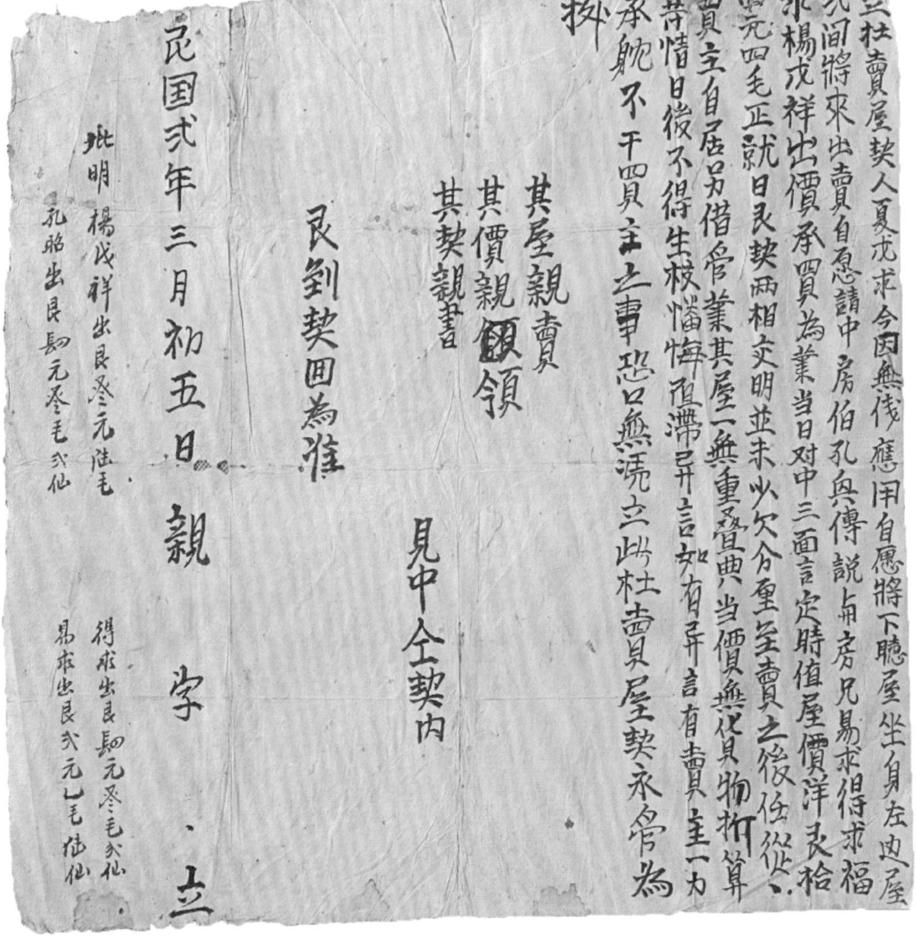

民国二年三月初五日夏戊求杜卖屋契

立杜卖屋契人夏戊求今因无钱应用自愿将下听屋坐身左边屋贰间将来出卖自愿请中房伯孔兴传说与房兄易求得求福求杨戊祥出价承买为业当日对中三面言定时值屋价洋银拾四元四毛正就日银契两相交明并未少欠分厘至卖之后任从买主自居另借管业其屋一无重叠典当价无货物折算等情日后不得生枝憣悔阻滞异言如有异言有（由）卖主一力承耽（担）不干买主之事恐口无凭立此杜卖屋契永管为据

其屋亲卖

其价亲领

其契亲书

见中仝契内

银到契回为准

民国贰年三月初五日亲字立

批明杨戊祥出银叁元陆毛得求出银肆元叁毛贰仙

孔昭出银肆元叁毛贰仙易求出银贰元一毛陆仙

民国三年三月初四日李成泰杜卖山土熟土石带契

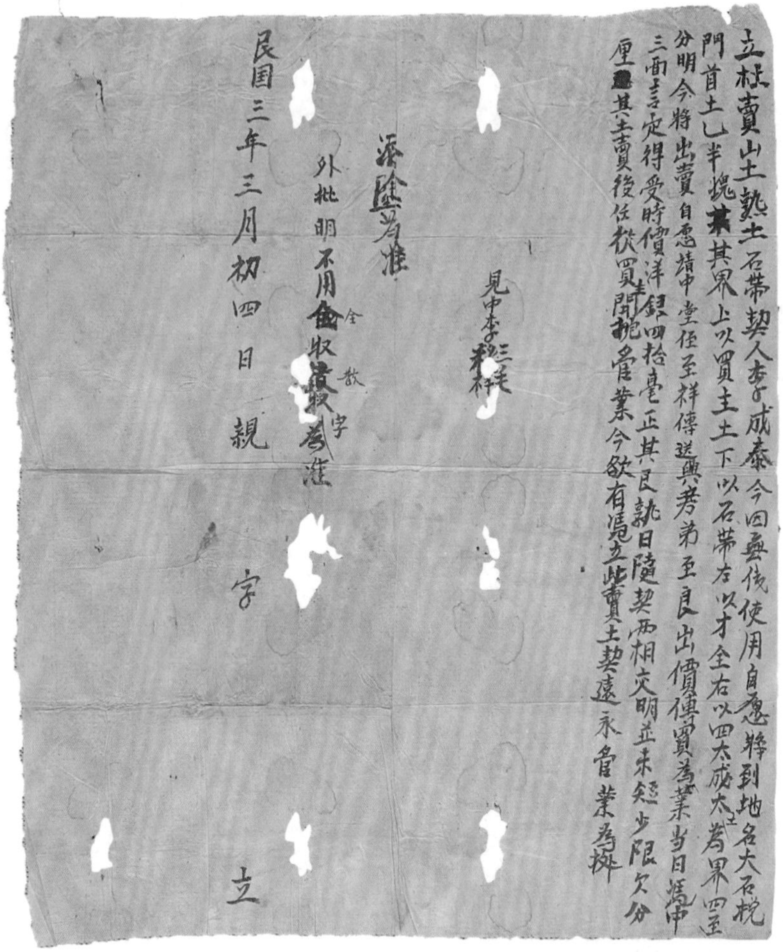

立杜卖山土熟土石带契人李成泰今因无钱使用自愿将到地名大石梲门首土一半块其界上以买主土下以石带左以才全右以四太成太土为界四至分明今将出卖自愿请中堂侄至祥传送与房弟至良出价传买为业当日凭中三面言定得受时价洋银四拾毫正其银就日随契两相交明并未短少限欠分厘其土卖后任从买主开挖管业今欲有凭立此卖土契远永（永远）管业为据

见中李三毛李禄祥

添塗（涂）为准

外批明不用全收散收字为准

民国三年三月初四日亲字立

民国十二年十二月三十日欧庚泰重典当茶山字

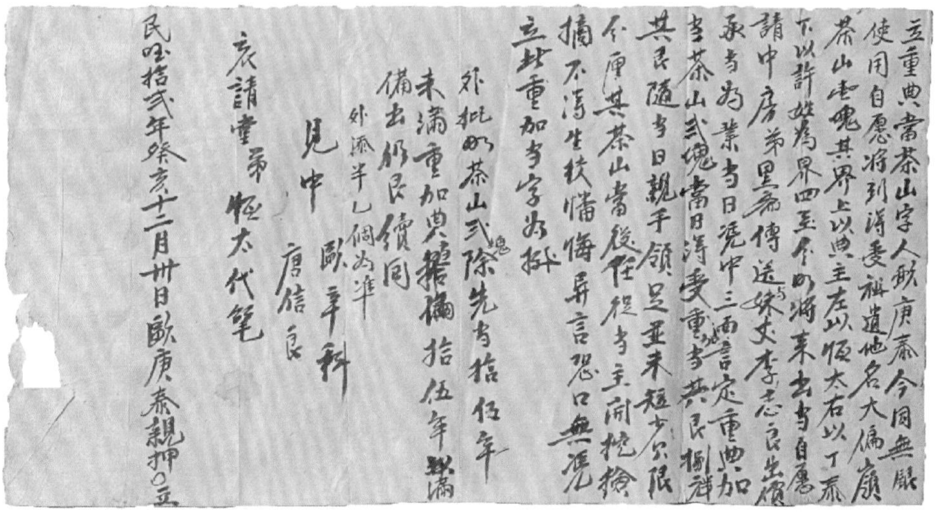

立重典当茶山字人欧庚泰今因无银使用
自愿将到得受祖遗地名大偏岭茶山壹块
其界上以典主左以恒太右以丁泰下以许
姓为界四至分明将来出当自愿请中房弟
里斋传送与妹丈李志良出价承当为业当
日凭中三面言定重典加当茶山贰块当日
得受重加当共银捌元半共银随当日亲手
领足并未短少欠限分厘其茶山当后任从
当主开挖捡摘不得生枝憣悔异言恐口无
凭立此重加当字为据
外批明茶山贰块除先当拾伍年
未满重加典当拾伍年满
备出价银续回
外添半一个为准
见中欧辛科唐信良
哀请堂弟恒太代笔
民国拾贰年癸亥十二月卅日欧庚泰亲押
【押】立

民国十三年三月初三日文业公佃土字

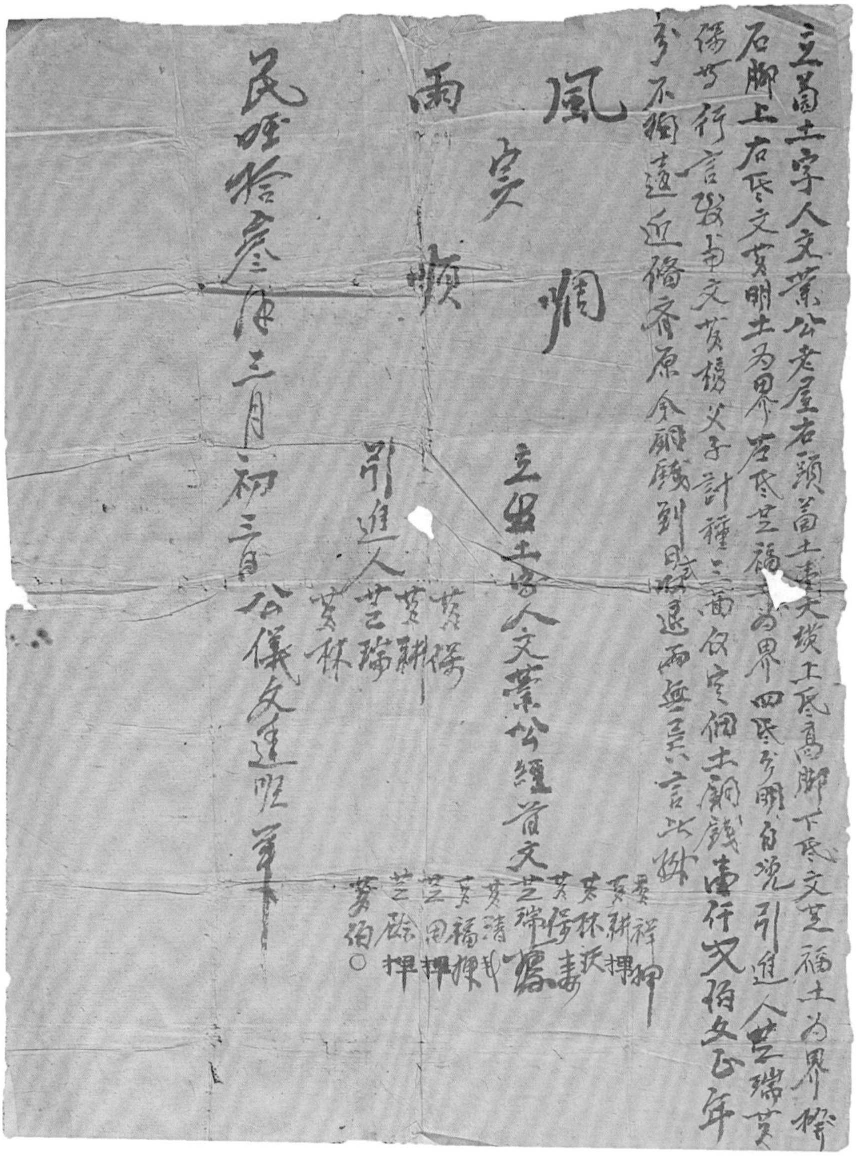

立园土字人文业公老屋右头园土壹大壙（块）上氐（抵）高脚下氐（抵）文芝福土为界拨石脚上右氐（抵）文著明土为界左氐（抵）芝福土为界四氐（抵）分明自浼引进人芝瑞著保等行言发与文著榜父子计种三面仪（议）定佃土铜钱壹仟贰佰文正年分不拘远近备齐原今铜钱到日贰收退两无异言此据

实风调雨顺

立发土字人文业公经首文著祥【押】文著耕【押】文著林【押】文著保【押】文芝瑞【押】文著清【押】文著福【押】文芝田【押】文芝馀【押】文著伯【押】

引进人著保著耕芝瑞著林

公仪文逢顺笔

民国拾叁年三月初三日

民国二十七年五月初一日李细保仝母欧氏瑞容卖土契

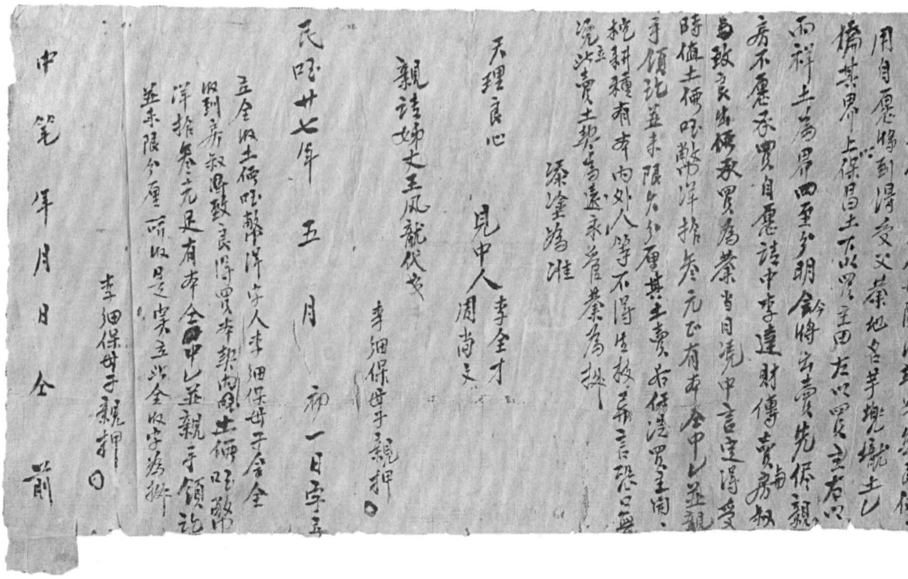

立卖土契人李细保仝母欧氏瑞容今因无银使用自愿将到得受父业地名芋垗垅土一墒（块）其界上以保昌土下以买主田左以买主右以丙祥土为界四至分明今将出卖先尽亲房不愿承买自愿请中李达财传卖与房叔致良出价承买为业当日凭中言定得受时值土价国币洋拾叁元正有本仝中一并亲手领讫并未限欠分厘其土卖后任从买主开挖耕种有本内外人等不得生枝异言恐口无凭立此卖土契为永远管业为据

添涂为准

天理良心

见中人李全才周尚文

亲请姊丈王风龙代书

李细保母子亲押【押】

民国廿七年五月初一日字立

立全收土价国币洋字人李细保母子今全收到房叔致良得买本契内土价国币洋拾叁元足有本仝中一并亲手领讫并未限分厘所收是实立此全收字为据

李细保母子亲押【押】

中笔年月日仝前

民国三十年九月十二日李谱昌杜卖包退耕禾田契

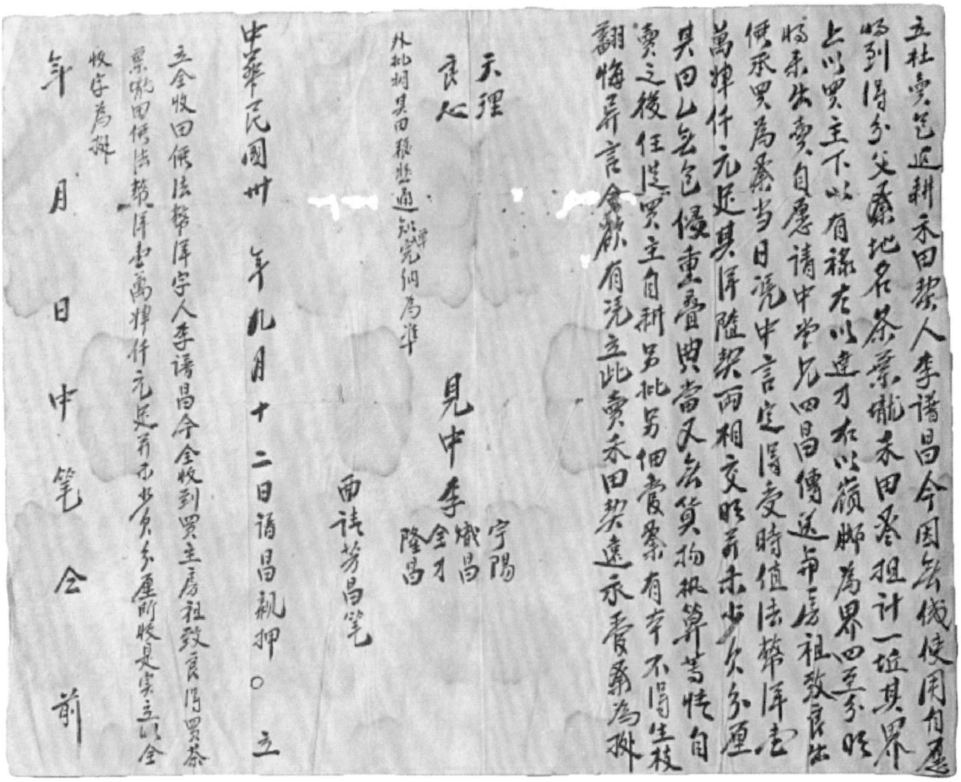

立杜卖包退耕禾田契人李谱昌今因无钱使用自愿将到得分父业地名茶叶垅禾田叁担计一丘其界上以买主下以有禄左以达才右以岭脚为界四至分明将来出卖自愿请中堂兄四昌传送与房祖致良出价承买为业当日凭中言定得受时值法币洋壹萬肆仟元足其洋随契两相交明并未少欠分厘其田一无包侵重叠典当又无货物执（折）算等情自卖之后任从买主自耕另批另佃管业有本不得生枝翻悔异言今欲有凭立此卖禾田契远永（永远）管业为据

天理良心

见中李宇阳李炽昌李全才李隆昌

外批明其田粮照通知单完纳为准

面请芳昌笔

中华民国卅年九月十二日谱昌亲押【押】立

立全收田价法币洋字人李谱昌今全收到买主房祖致良得买茶叶垅田价法币洋壹萬肆仟元足并未少欠分厘所收是实立〈此〉全收字为据

年月日中笔仝前

民国三十一年正月二十二日李考家兄弟杜卖包退耕茶山土契

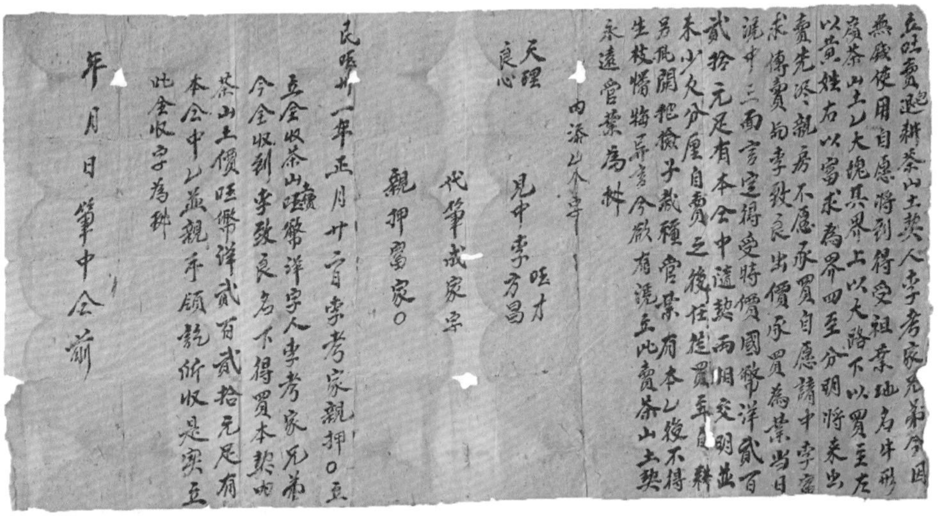

立吐（杜）卖包退耕茶山土契人李考家兄弟今因无钱使用自愿将到得受祖业地名牛形岭茶山土一大块其界上以大路下以买主左以黄姓右以富求为界四至分明将来出卖先尽亲房不愿承买自愿请中李富求传卖与李致良出价承买为业当日凭中三面言定得受时价国币洋贰百贰拾元足有本仝中随契两相交明并未少欠分厘自卖之后任从买主自耕另批开挖捡子栽种管业有本一（以）后不得生枝憣悔异言今欲有凭立此卖茶山土契永远管业为据

内添 一个字

天理良心

见中李国才李方昌

代笔成家字

亲押富家【押】

民国卅一年正月廿二日李考家亲押【押】立

立全收茶山土价国币洋字人李考家兄弟今全收到李致良名下得买本契内茶山土价国币洋贰百贰拾元足有本仝中一并亲手领讫所收是实立此全收字为据

年月日笔中仝前

民国三十一年古二月初八日红业祖后裔合约字（一）

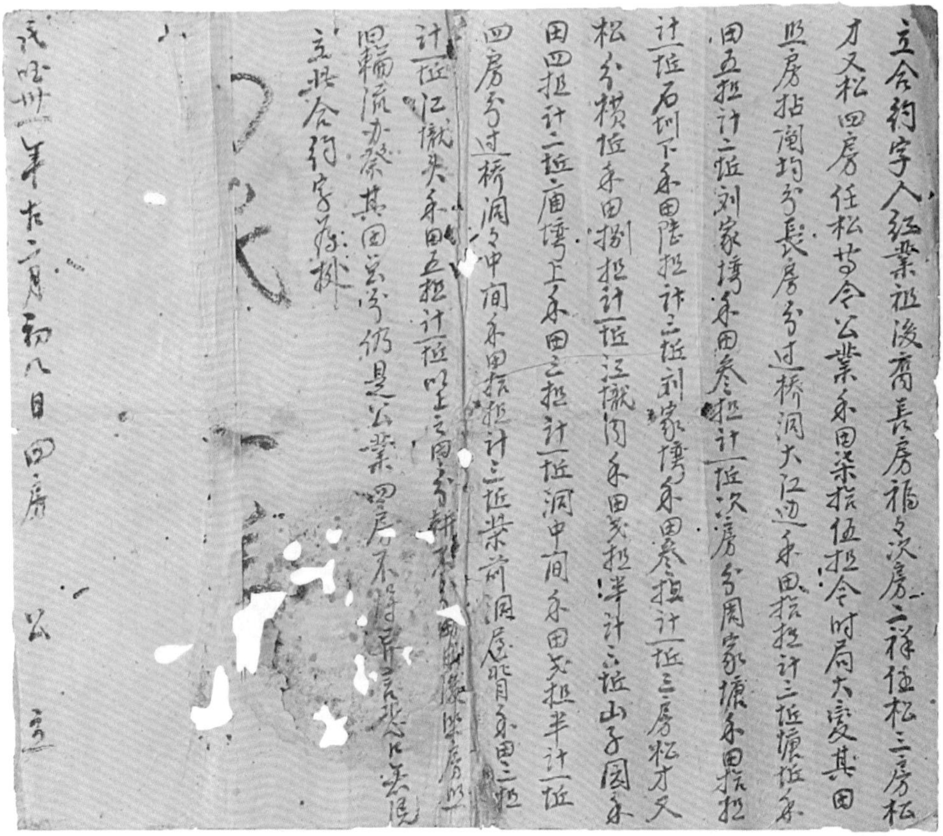

立合约字人红业祖后裔长房福福次房二祥任松三房松才又松四房任松等今公业禾田柒拾伍担今时局大变其田照房拈阄均分长房分过桥洞大江边禾田拾担计三丘塘坵禾田五担计二丘刘家塆禾田叁担计一丘次房分周家塘禾田拾担计一丘石圳下禾田陆担计三丘刘家塆禾田叁担计一丘三房松才又松分横坵禾田捌担计一丘江垅内禾田贰担半计三丘山子园禾田四担计二丘庙塆上禾田三担计一丘洞中间禾田贰担半计一丘四房分过桥洞洞中间禾田拾担计三丘柴前洞屋背禾田三担计一丘江垅头禾田五担计一丘以上之田分耕不分田日后照房照旧轮流办祭其田总分仍是公业四房不得异言恐口无凭立此合约字为据

〈四纸一样〉

民国卅一年古二月初八日四房公立

民国三十一年古二月初八日红业祖后裔合约字（二）

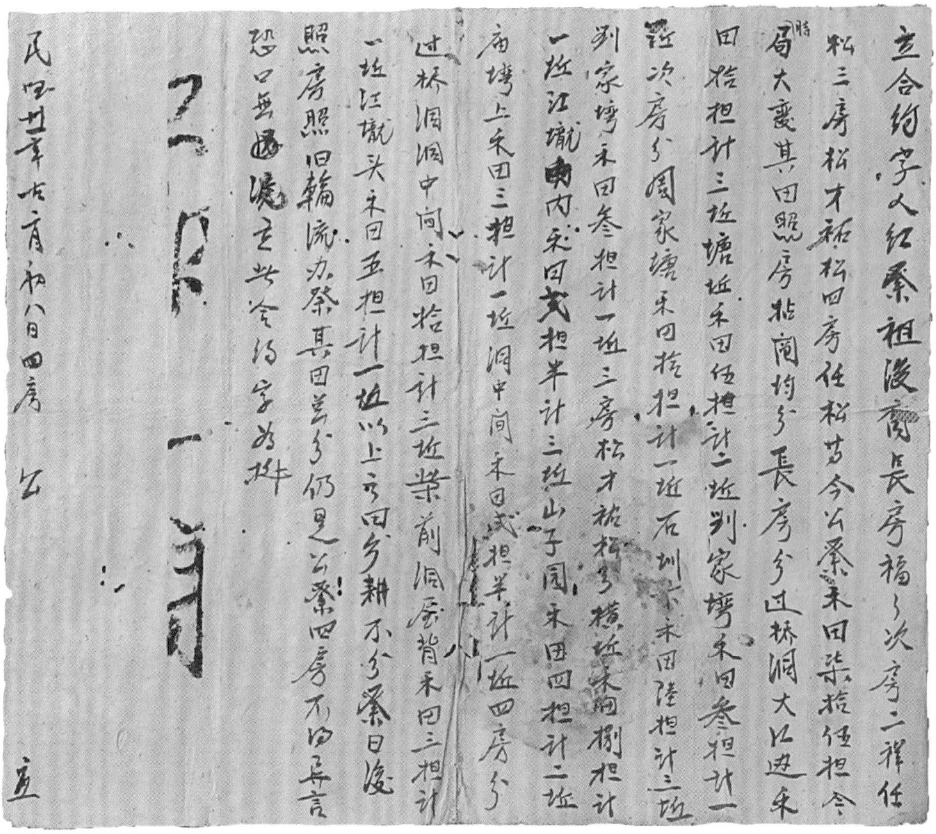

立合约字人红业祖后裔长房福福次房二祥任松三房松才祐松四房任松等今公业禾田柒拾伍担今时局大变其田照房拈阄均分长房分过桥洞大江边禾田拾担计三丘塘坵禾田伍担计二丘刘家塆禾田叁担计一丘次房分周家塘禾田拾担计一丘石圳下禾田陆担计三丘刘家塆禾田叁担计一丘三房松才祐松分横坵禾田捌担计一丘江垅内禾田贰担半计三丘山子园禾田四担计二丘庙塆上禾田三担计一丘洞中间禾田贰担半计一丘四房分过桥洞洞中间禾田拾担计三丘柴前洞屋背禾田三担计一丘江垅头禾田五担计一丘以上之田分耕不分业日后照房照旧轮流办祭其田总分仍是公业四房不得异言恐口无凭立此合约字为据

（四纸一样）

民国卅一年古二月初八日四房公立

民国三十一年古二月初八日红业祖后裔合约字（三）

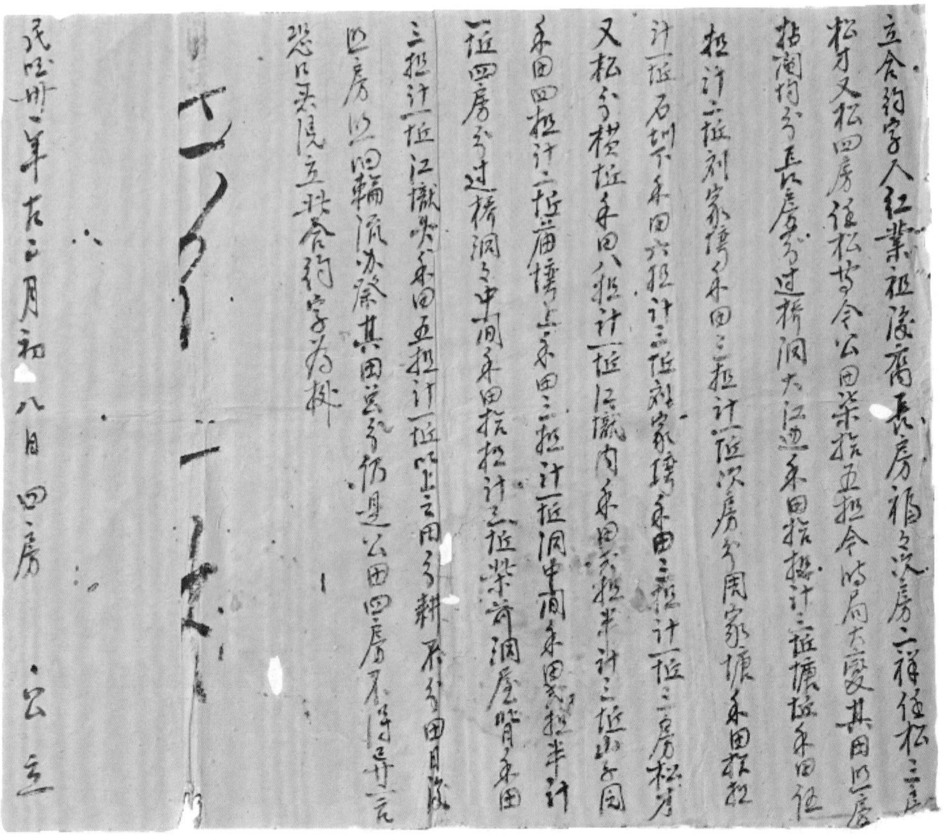

立合约字人红业祖后裔长房福福次房二祥任松三房松才又松四房任松等今公田柒拾五担今时局大变其田照房拈阄均分长房分过桥洞大江边禾田拾担计三丘塘坵禾田伍担计二丘刘家塆禾田三担计一丘次房分周家塘禾田拾担计一丘石圳下禾田六担计三丘刘家塆禾田三担计一丘三房松才又松分横坵禾田八担计一丘江垅内禾田贰担半计三丘山子园禾田四担计二丘庙塆上禾田三担计一丘洞中间禾田贰担半计一丘四房分过桥洞洞中间禾田拾担计三丘柴前洞屋背禾田三担计一丘江垅头禾田五担计一丘以上之田分耕不分田日后照房照旧轮流办祭其田总分仍是公田四房不得异言恐口无凭立此合约字为据

〈四纸一样〉

民国卅一年古二月初八日四房公立

民国三十一年古二月初八日红业祖后裔合约字（四）

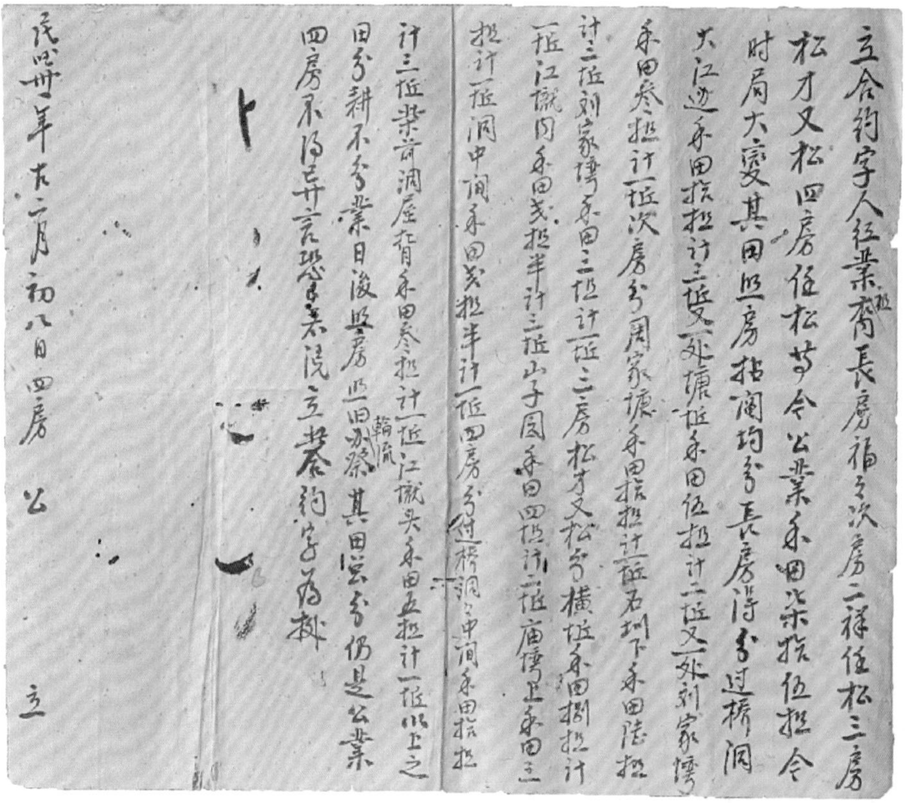

立合约字人红业祖裔长房福福次房二祥任松三房松才又松四房任松等今公业禾田柒拾伍担今时局大变其田照房拈阄均分长房得分过桥洞大江边禾田拾担计三丘又一处塘坵禾田伍担计二丘又一处刘家塆禾田叁担计一丘次房分周家塘禾田拾担计一丘石圳下禾田陆担计三丘刘家塆禾田三担计一丘三房松才又松分横坵禾田捌担计一丘江垅内禾田贰担半计三丘山子园禾田四担计二丘庙塆上禾田三担计一丘洞中间禾田贰担半计一丘四房分过桥洞洞中间禾田拾担计三丘柴前洞屋背禾田叁担计一丘江垅头禾田五担计一丘以上之田分耕不分业日后照房照旧轮流办祭其田总分仍是公业四房不得异言恐口无凭立此合约字为据

〈四纸一样〉

民国卅一年古二月初八日四房公立

民国三十一年九月十一日李谱昌杜卖包退耕禾田契

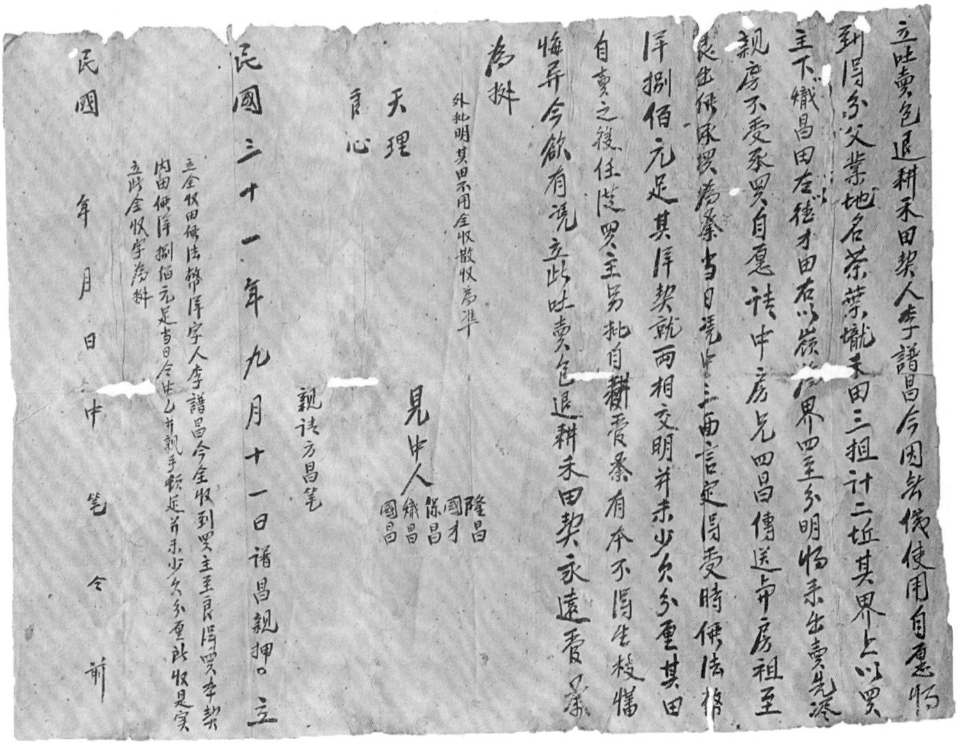

立吐（杜）卖包退耕禾田契人李谱昌今因无钱使用自愿将到得分父业地名茶叶垅禾田三担计二丘其界上以买主下以炽昌田左以德才田右以岭□界四至分明将来出卖先尽亲房不受承买自愿请中房兄四昌传送与房祖至良出价承买为业当日凭中三面言定得受时价法币洋捌佰元足其洋契就两相交明并未少欠分厘其田自卖之后任从买主另批自耕管业有本不得生枝憣悔异今欲有凭立此吐（杜）卖包退耕禾田契永远管业为据

外批明其田不用全收散收为准

天理良心

见中人隆昌国才保昌炽昌国昌

亲请方昌笔

民国三十一年九月十一日谱昌亲押【押】立

立全收田价法币洋字人李谱昌今全收到买主至良得买本契内田价洋捌佰元足当日仝中一并亲手领足并未少欠分厘所收是实立此全收字为据

民国年月日中笔仝前

民国三十二年古十一月二十一日夏全才退耕典当禾田字

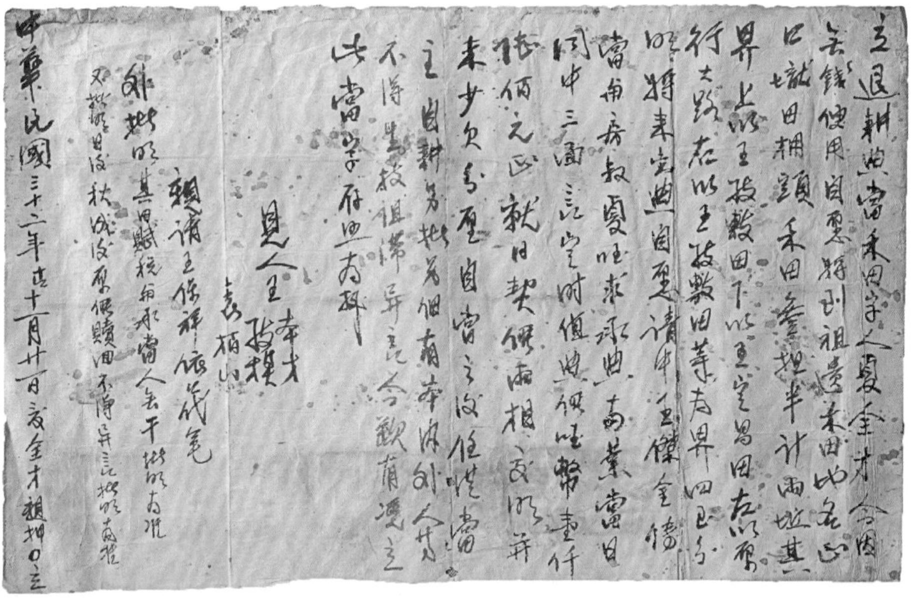

立退耕典当禾田字人夏全才今因无钱使用自愿将到祖遗禾田地名正口垅田拥头禾田壹担半计两丘其界上以王孜敷田下以王定昌田左以原行大路右以王孜敷田等为界四至分明将来当典自愿请中王杰金传当与房叔夏国求承典为业当日同中三面言定时值典价国币壹仟陆佰元正就日契价两相交明并未少欠分厘自当之后任从当主自耕另批另佃有本内外人等不得生枝阻滞异言今欲有凭立此当字存照为据

见人王本才王孜模袁栢山

亲请王保祥依口代笔

外批明其田赋税与承当人无干批明为准

又批明日后秋成后原价赎回不得异言批明为准

中华民国三十二年古十一月廿一日夏全才亲押【押】立

民国三十四年古十二月初四日陈任松杜卖退居屋宇契

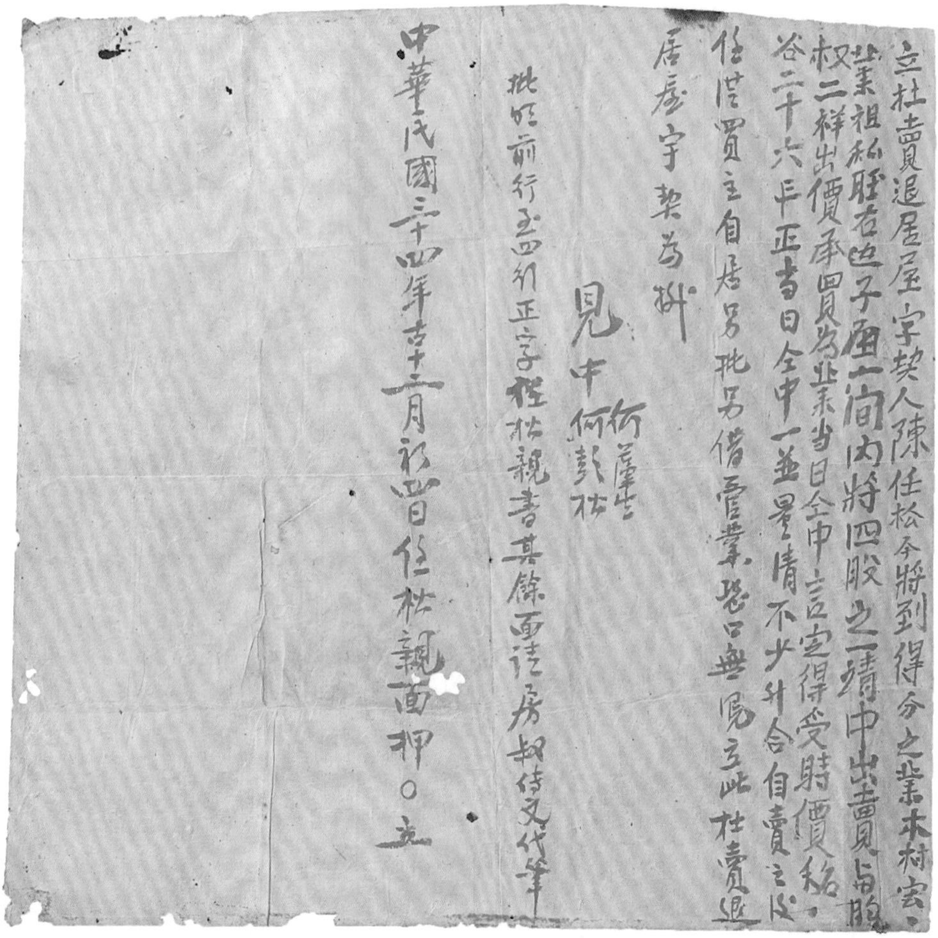

立杜卖退居屋宇契人陈任松今将到得分之业木村宏业祖私旺右边子屋一间内将四股之一请中出卖与胞叔二祥出价承买为业当日仝中言定得受时价稻谷二十六斗正当日仝中一并量清不少升合自卖之后任从买主自居另批另借管业恐口无凭立此杜卖退居屋宇契为据

见中何[?]生何彭松

批明前行至四行正字任松亲书其余面请房叔传文代笔

中华民国三十四年古十二月初四日任松亲面押【押】立

民国三十五年古正月十六日文阿綦氏阄分合约字

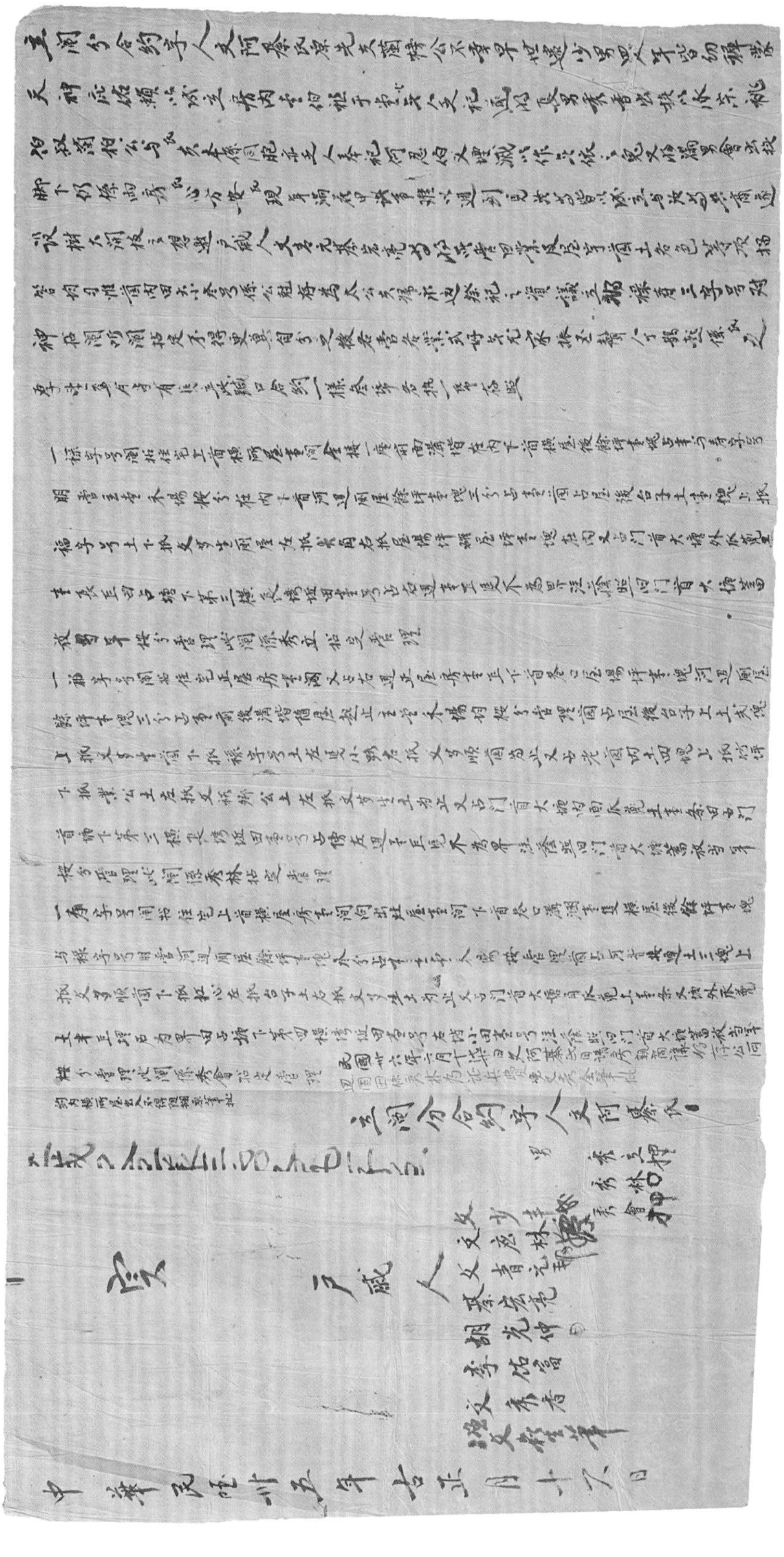

立阄分合约字人文阿綦氏原先夫兰榜公不幸早世遗少男四人年皆幼稚蒙天神庇佑赖以成立房内壹伯祖于堂小无人乏祀遂将长男秀香出抚以承宗祧柏叔兰柏公与氏夫本系同胞亦乏人奉祀何忍伯父堙灭以作无依之鬼又将满男会出抚脚下仍系两房氏心方安氏现年满花甲诸事难以周到见汝等皆以成立与汝等共商遂设树大开枝之想邀户戚人文青元綦宏亮等将所管田业及屋宇园土各色等项抽答（搭）均匀惟园内田大小叁号系公尅存为太公夫妇永远祭祀之资议立福禄寿三字号对神拈阄听阄拈定不得更异自分之后各管各业式好年尤家振丕声人丁鹊起系氏之厚望焉今当有凭立此缄口合约一样叁纸各执一纸存照

一禄字号阄拈住宅上首横厅屋壹间全楼一座前面沟阶在内下首横屋后余坪壹块占丰与寿字号朋管主壹禾场桉分在内下首河边厕屋余坪壹块三分占壹园占屋后台子土壹块上抵福字号土下抵文芗生厕屋左抵尖角右抵屋场坪确屋坪壹块在内又占门首大塘外瓜蔸土壹长丘田占塘下第三横长塆坵田壹号占右边壹⍰凭不为界注荫照旧门首大塘蓄放当年桉（按）分管理此阄系秀立拈定管理

一福字号阄拈住宅正屋房壹间又占右边正屋房壹⍰下首巷口屋场坪壹块河边厕屋余坪壹块三分占壹前后沟阶随屋起止主堂禾场均桉（按）分管理园占屋后台子上土贰块上抵文芗生园下抵禄字号土左凭小路右抵文芗顺园为止又占老园内土四块上抵竹坪下抵业公土左抵文福卿公土左抵文芗生土为止又占门首大塘内面瓜蔸土壹条田占门首塘下第三横长塆坵田壹号占傍左边壹⍰凭不为界注荫照旧门首大塘蓄放当年桉（按）分管理此阄系秀林拈定管理

一寿字号阄拈住宅上首横屋房壹间向出灶屋壹间下首巷口沟渊壹只横屋后余坪壹块与禄字号朋管河边厕屋余坪壹块叁分占□□〈禾〉场按管理园占河⍰接连土三块上抵文芗顺园下抵江心左抵台子土右抵文芗生土为止又占门首大塘角瓜蔸土壹条又塘外瓜蔸土半⍰埋石为界田占塘下第四横塆坵田壹号右垱小田壹号注荫照旧门首大塘蓄放当年桉（按）分管理此阄系秀会拈定管理

民国卅六年六月十柒日文阿綦氏自请房亲商议将存公河边园田系秀林为证兵费浼文秀全笔批

约内横厅屋出入不得阻拦原笔批

立阄分合约字人文阿綦氏【押】

⍁

男秀立【押】秀林【押】秀会【押】

实

户戚人文少丰【押】文应林【押】文青元【押】綦宏亮胡光仲【押】李佑富文秀香浼文崧生笔

中华民国卅五年古正月十六日

民国三十七年正月十二日文秀会永拨屋宇契

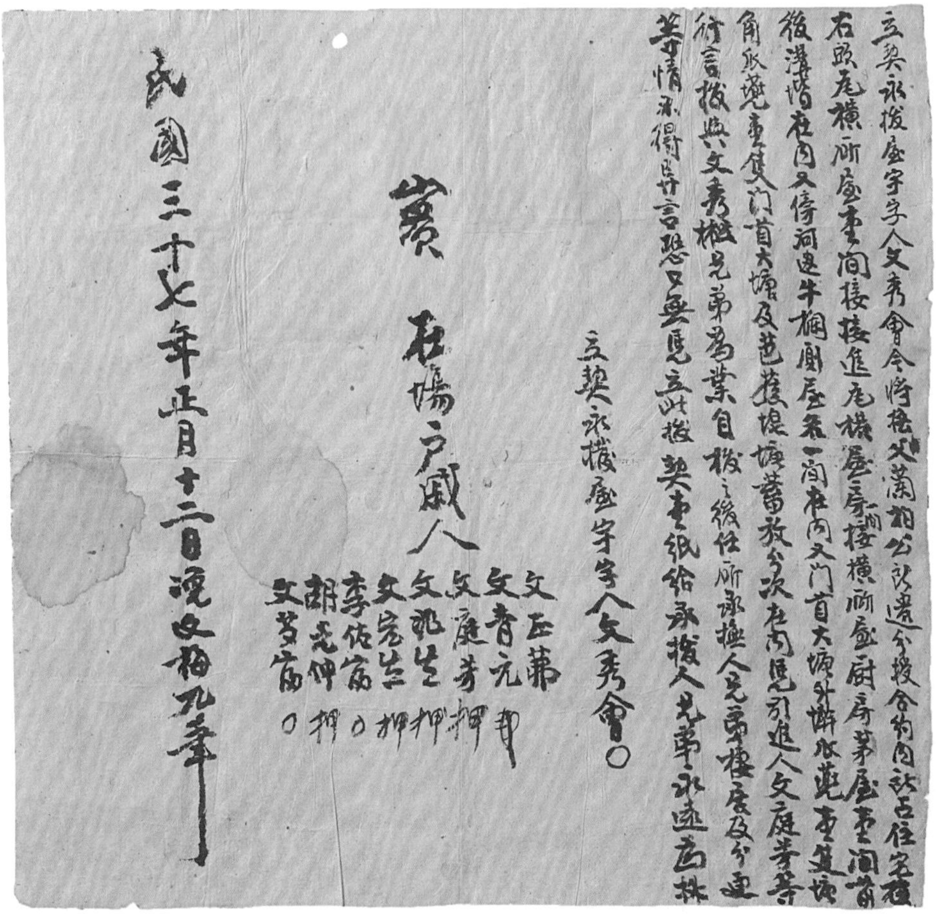

立契永拨屋宇字人文秀会今将抚父兰相公所遗分授合约内所占住宅□右头瓦横所屋壹间接［接］进瓦横屋房一间接横所屋厨房茅屋壹间前后沟阶在内又傍河边牛栏厕屋各一间在内又门首大塘外墈瓜蔸壹只塘角瓜蔸壹只门首大塘及芭蕉埠塘蓄放分次在内凭引进人文庭芳等行言拨与文秀⍰文秀林兄弟为业自拨之后任所承抚人兄弟楼居及分更等情不得异言恐口无凭立此拨契壹纸给承拨人兄弟永远为据

立契永拨屋宇字人文秀会【押】

实

在场户戚人文正茀文青元【押】文庭芳【押】文兆生【押】文宏生【押】李佑富【押】胡光仲【押】文芗富【押】

民国三十七年正月十二日浼文梅九笔

民国三十七年三月初三日全良庚等杜卖茶山岭契

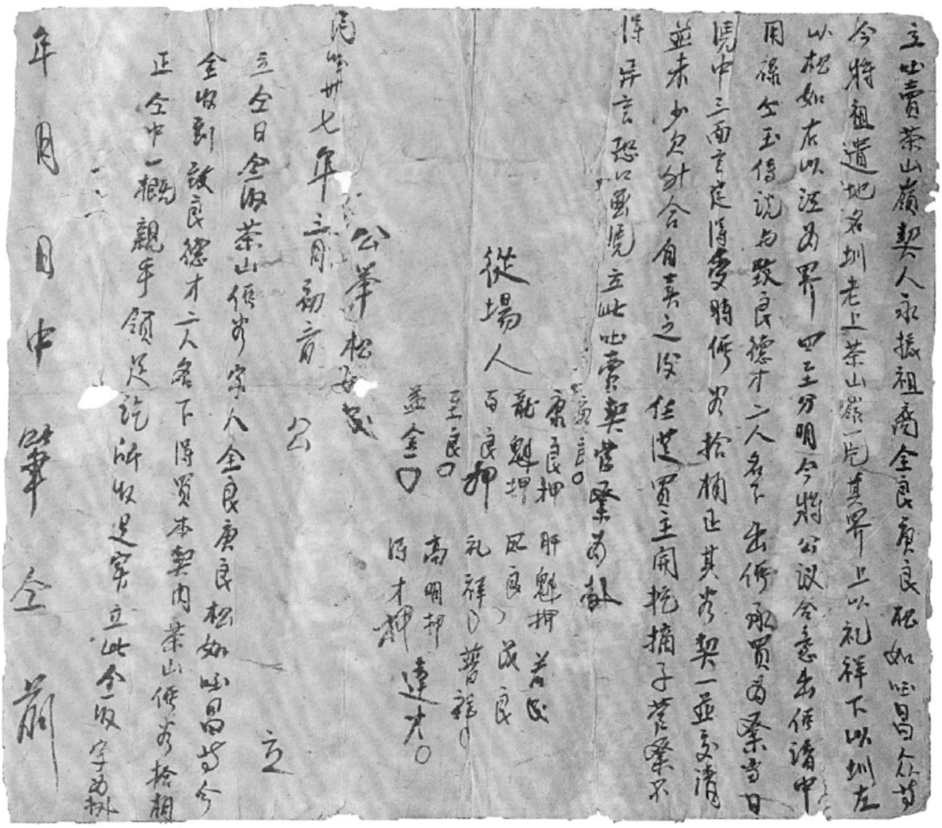

立吐（杜）卖茶山岭契人永振祖裔全良庚良松如国昌众等今将祖遗地名圳老上茶山岭一片其界上以礼祥下以圳左以松如右以江为界四至分明今将公议合意出价请中用禄仝玉传说与致良德才二人名下出价承买为业当日凭中三面言定得受时价谷拾桶正其谷契一并交清并未少欠升合自卖之后任从买主开挖摘子管业不得异言恐口无凭立此吐（杜）卖契管业为据

从场人〈庚良〉【押】康良【押】龙魁【押】百良【押】至良【押】盖金【押】肝魁【押】凤良【押】礼祥【押】高明【押】得才【押】前书茂良普祥【押】达才【押】

公举松如书

民国卅七年三月初三日公立

立仝日全收茶山价谷字人全良庚良松如国昌等今全收到致良德才二人名下得买本契内茶山价谷拾桶正仝中一概亲手领足讫所收是实立此全收字为据

年月日中笔仝前

民国三十七年六月初八日李伯良等杜卖青苗禾田契

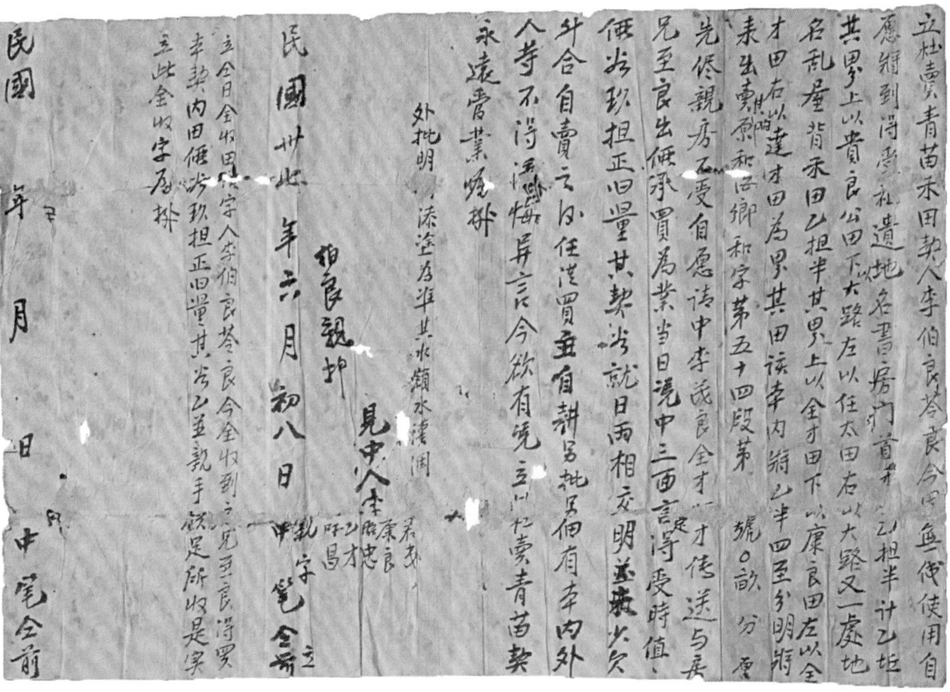

立杜卖青苗禾田契人李伯良苓良今因无钱使用自愿将到得受〈祖〉遗地名书房门首〈禾田〉一担半计一丘其界上以贵良公田下以大路左以任太田右以大路又一处地名乱屋背禾田一担半其界上以全才田下以康良田左以全才田右以达才田为界其田该本内将一半四至分明将来出卖其⍰原和海乡和字第五十四段第　号〇亩　分　厘先尽亲房不受自愿请中李茂良全才□才传送与房兄至良出价承买为业当日凭中三面言定得受时值价谷玖担正旧量其契谷就日两相交明并未少欠升合自卖之后任从买主自耕另批另佃有本内外人等不得憣悔异言今欲有凭立〈此杜〉卖青苗契永远管业为据

外批明□添涂为准其水额水灌润

见中人李若书李康良李昭忠李乙才李国昌

伯良亲押

亲字立

民国卅七年六月初八日中笔仝前

立仝日全收田□字人李伯良苓良今全收到〈房〉兄至良得买本契内田价谷玖担正旧量其谷一并亲手领足所收是实立此全收字为据

民国年月日中笔仝前

第八部分　资兴市（第二批）

乾隆二十九年三月初八日昌可等卖阴地契

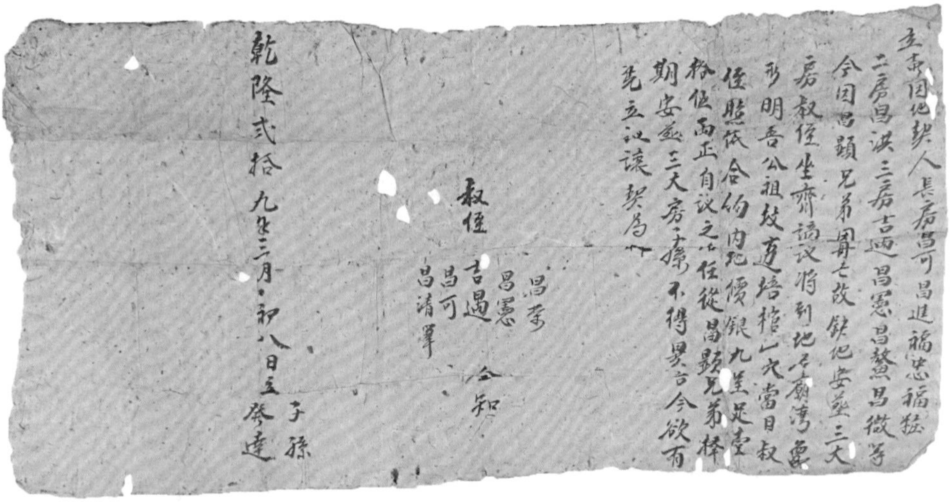

立卖因（阴）地契人长房昌可昌进福忠福粧二房昌洪三房吉遇昌宪昌鳌昌微等今因昌显兄弟因母亡故缺地安葬三大房叔侄坐齐謪（商）议将到地名庙湾象形明吾公祖坟左边培（陪）棺一穴当日叔侄照依合约内地价银九呈足壹拾伍两正自议之〈后〉任从昌显兄弟择期安葬三大房子孙不得异言今欲有凭立议让契为〈据〉

叔侄昌荣昌宪吉遇昌可昌清笔仝知

乾隆贰拾九年三月初八日立

子孙发达

道光十年十月二十六日刘观斋卖田契

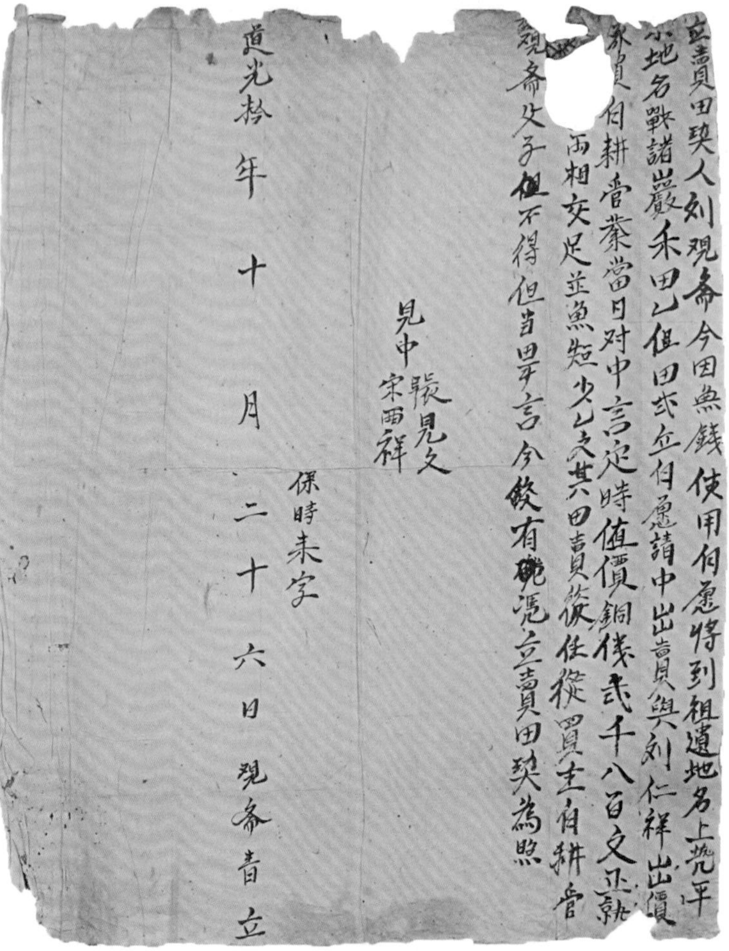

立卖田契人刘观斋今因无钱使用自愿将到祖
遗地名上挑平小地名战诸岩禾田一但（担）
田贰丘自愿请中出卖与刘仁祥出价承买自耕
管业当日对中言定时值价铜钱贰千八百文正
就〈日银契〉两相交足并无短少一文其田卖
后任从买主自耕管〈业〉观斋父子不得但（阻）
当异言今欲有凭立卖田契为照
见中张见文宋西祥
系时来字
道光拾年十月二十六日观斋青（亲）立

同治八年十二月二十日刘九林等杜卖退牛栏屋契

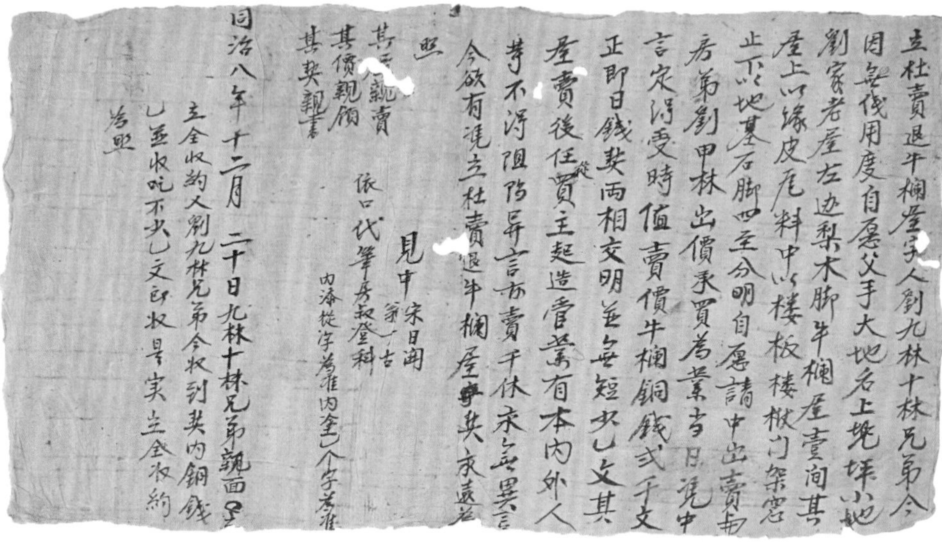

立杜卖退牛栏屋字人刘九林十林兄弟今因无钱用度自愿父手大地名上兆坪小地刘家老屋左边梨木脚牛栏屋壹间其屋上以缘皮瓦料中以楼板楼栿门架窗止下以地基石脚四至分明自愿请中出卖与房弟刘甲林出价承买为业当日凭中言定得受时值卖价牛栏铜钱贰千文正即日钱契两相交明并无短少一文其屋卖后任从买主起造管业有本内外人等不得阻陷（挡）异言亦（一）卖千休永无异言今欲有凭立杜卖退牛栏屋契永远为照

其（屋）亲卖

其价亲领

其契亲书

见中宋日开翁一古

依口代笔房叔登科

内添从字为准内涂一个字为准

同治八年十二月二十日九林十林兄弟亲面【押】立

立全收约人刘九林兄弟今收到契内铜钱一并收吃（讫）不少一文所收是实立全收约为照

同治十二年九月二十三日谭文彬等当退耕禾田契

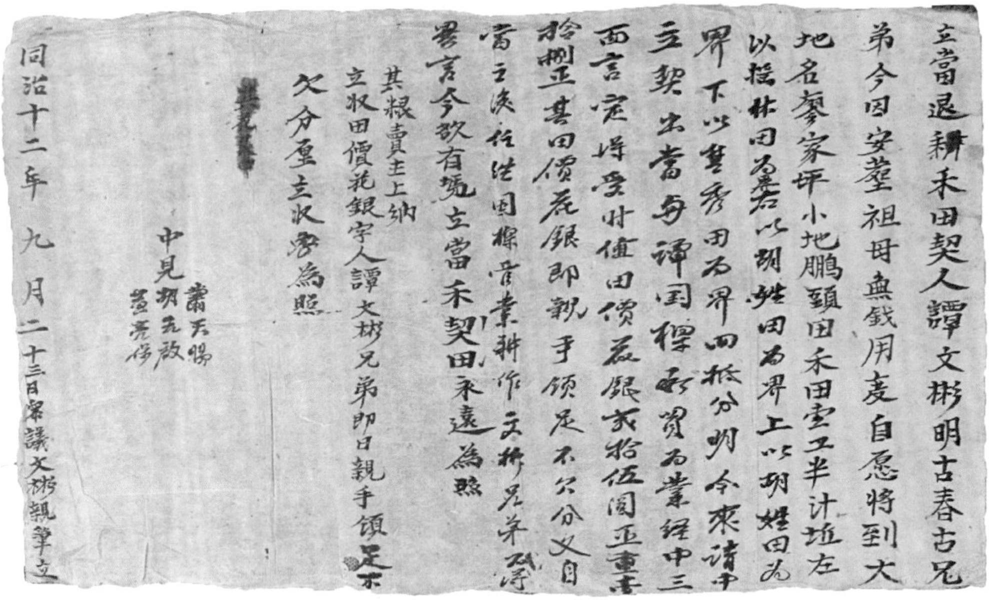

立当退耕禾田契人谭文彬明古春古兄弟今因安葬祖母无钱用度自愿将到大地名廖家坪小地鹏头田禾田壹工〔弓〕半计丘左以摇林田为界右以胡姓田为界上以胡姓田为界下以綦秀田为界四抵分明今来请中立契出当与谭国樑承买为业经中三面言定得受时值田价花银贰拾伍圆正重壹拾捌正其田价花银即亲手领足不欠分文自当之后任从国樑管业耕作文彬兄弟不得异言今欲有凭立当禾田契永远为照

其粮卖主上纳

立收田价花银字人谭文彬兄弟即日亲手领足不欠分厘立收字为照

中见萧天赐胡先启黄亮保

同治十二年九月二十三日众议文彬亲笔立

光绪四年三月初二日李清泉杜卖并退耕禾田契

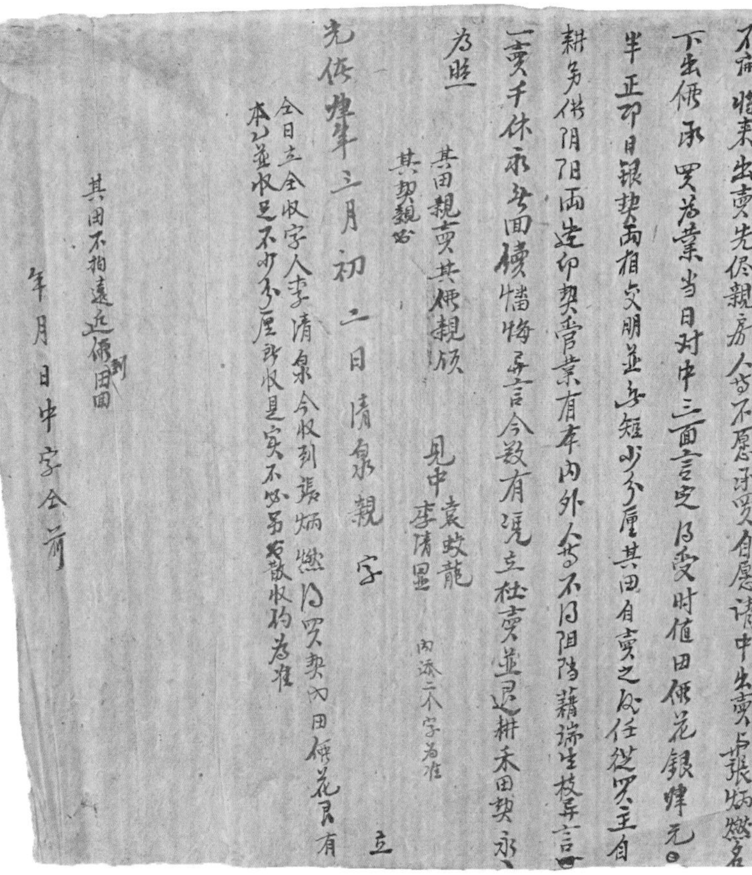

立杜卖并退耕禾田契人李清泉今因移远就近自愿将祖遗受分己名大地名上兆坪小地名马口面上李家垇禾田贰担计一丘其界四至不开将来出卖先尽亲房人等不愿承买自愿请中出卖与张炳燃名下出价承买为业当日对中三面言定得受时值田价花银肆元半正即日银契两相交明并无短少分厘其田自卖之后任从买主自耕另借阴阳两造印契管业有本内外人等不得阻陷（挡）藉端生枝异言一卖千休永无回侇憣悔异言今欲有凭立杜卖并退耕禾田契永为照

其田亲卖其价亲领

其契亲书

见中袁蛟龙李清显

内添二个字为准

光绪肆年三月初二日清泉亲字立

仝日立仝收字人李清泉今收到张炳燃得买契内田价花银有本一并收足不少分厘所收是实不必另书散收约为准

其田不拘远近价到田回

年月日中字仝前

光绪四年十二月二十四日王远猷借银字

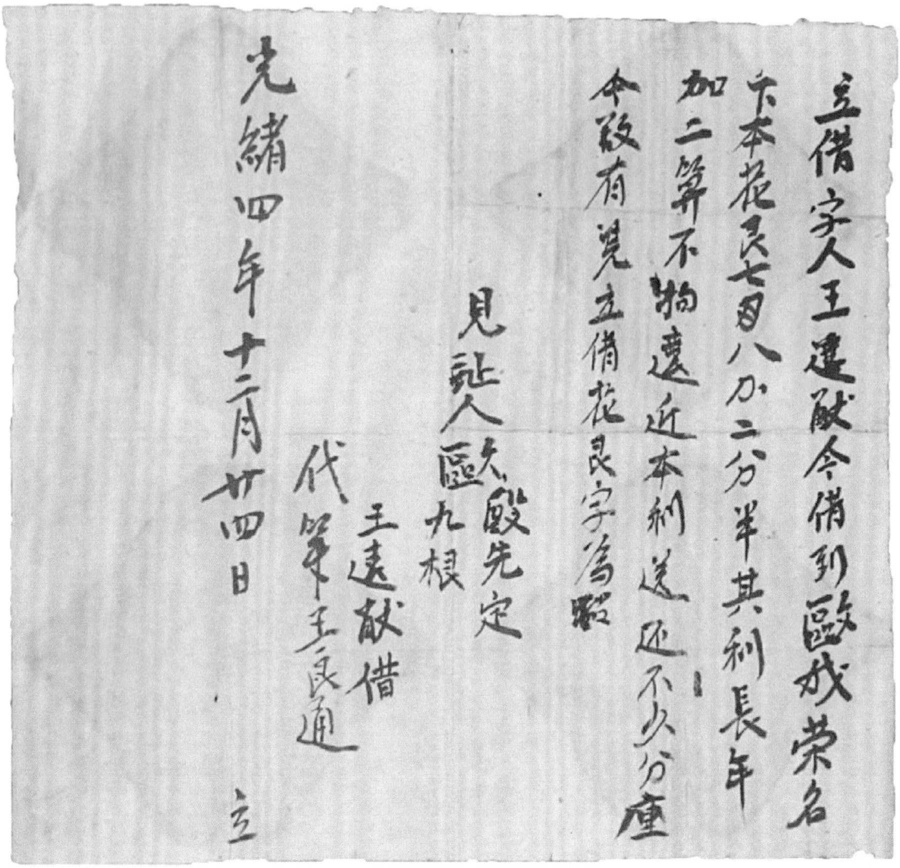

立借字人王远猷今借到欧成荣名下本花银七两八分
二分半其利长年加二算不拘远近本利送还不少分厘
今欲有凭立借花银字为照
见证人段先定欧九根
王远猷借
代笔王良通
光绪四年十二月廿四日立

光绪十二年四月初六日刘太由等留粮字

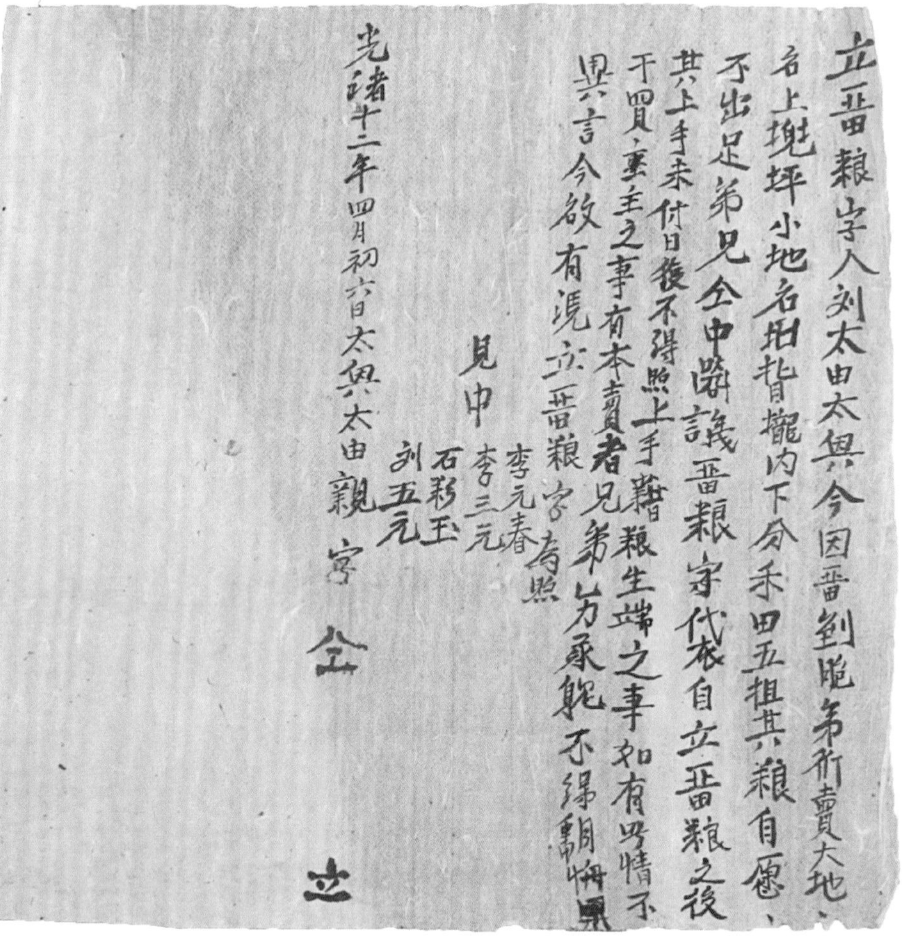

立留粮字人刘太由太兴今因留到胞弟行卖大地名上垰坪小地名垇背垅内下分禾田五担其粮自愿不出足弟兄仝中商议留粮字袋自立留粮之后其上手未付日后不得照上手藉粮生端之事如有此情不干买主之事有本卖者兄弟一力承躭（担）不得翻悔异言今欲有凭立留粮字为照

见中李元春李三元石彩玉刘五元

光绪十二年四月初六日太兴太由亲字仝立

光绪十二年五月二十二日刘泰华父子杜卖茶山树沙荒地土契

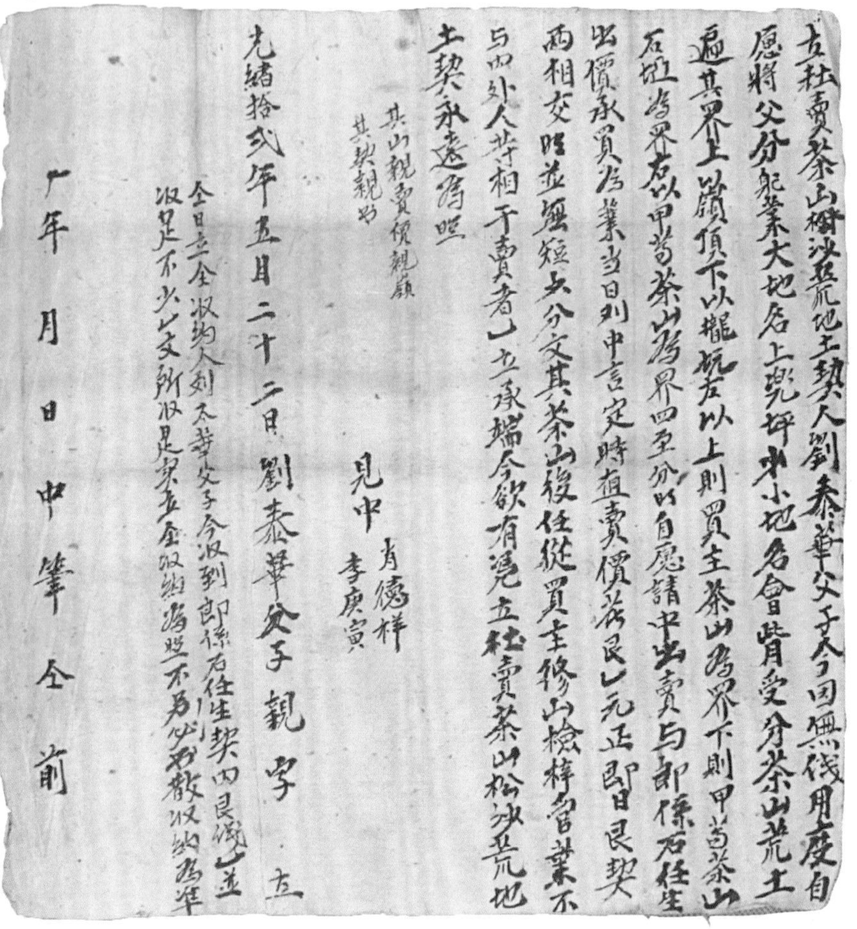

立杜卖茶山树沙荒地土契人刘泰华父子今因无钱用度自愿将父分己业大地名上垗坪小地名会背受分茶山荒土遍其界上以岭顶下以垅坑左以上则买主茶山为界下则甲苟茶山石坮为界右以甲苟茶山为界四至分明自愿请中出卖与郎 系石任生出价承买为业当日对中言定时直卖价花银一元正即日银契两相交明并无短少分文其茶山后任从买主修山检梓管业不与内外人等相干卖者一立（力）承端（担）今欲有凭立杜卖茶山松沙荒地土契永远为照

其山亲卖价亲岭（领）

其契亲书

见中肖德祥李庚寅

光绪拾贰年五月二十二日刘泰华父子亲字立

仝日立全收约人刘太华父子今收到郎系石任生契内银钱一并收足不少一文所收是实立全收约为照不必另书散收约为准

[一] 年月日中笔仝前

光绪十三年十二月二十九日刘冬福杜卖茶山地土契

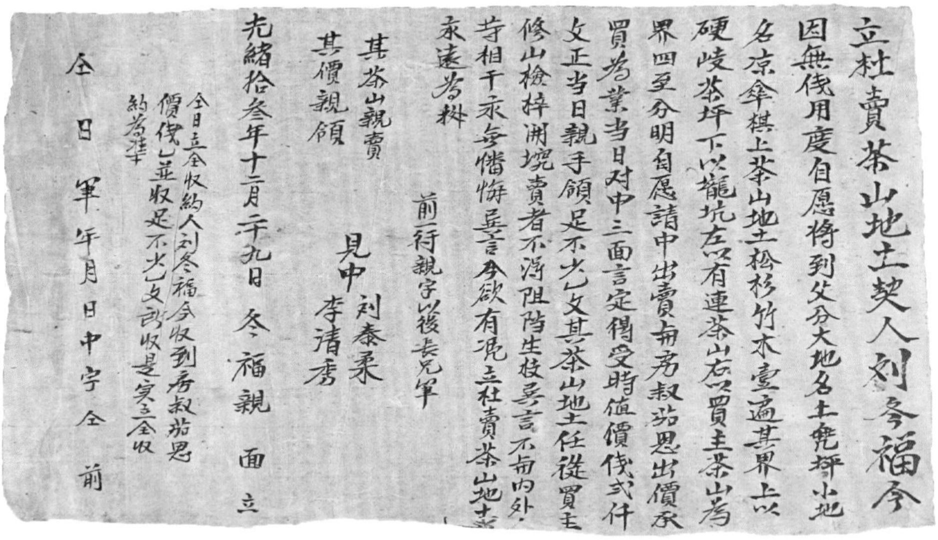

立杜卖茶山地土契人刘冬福今因无钱用度自愿将到父分大地名上兆坪小地名凉伞棋上茶山地土松杉竹木壹遍其界上以硬（埂）岐茶坪下以垅坑左以有连茶山右以买主茶山为界四至分明自愿请中出卖与房叔茄恩出价承买为业当日对中三面言定得受时值价钱贰仟文正当日亲手领足不少一文其茶山地土任从买主修山检梓开垰（挖）卖者不得阻陷（挡）生枝异言不与内外人等相干永无憣悔异言今欲有凭立杜卖茶山地土〈契〉永远为据

前一行亲字以后长兄笔

其茶山亲卖

其价亲领

见中刘泰柔李清秀

光绪拾叁年十二月二十九日冬福亲面立

仝日立全收约人刘冬福今收到房叔茄恩价钱一并收足不少一文所收是实立全收约为准

仝日笔年月日中字仝前

光绪十三年刘欧二人账本

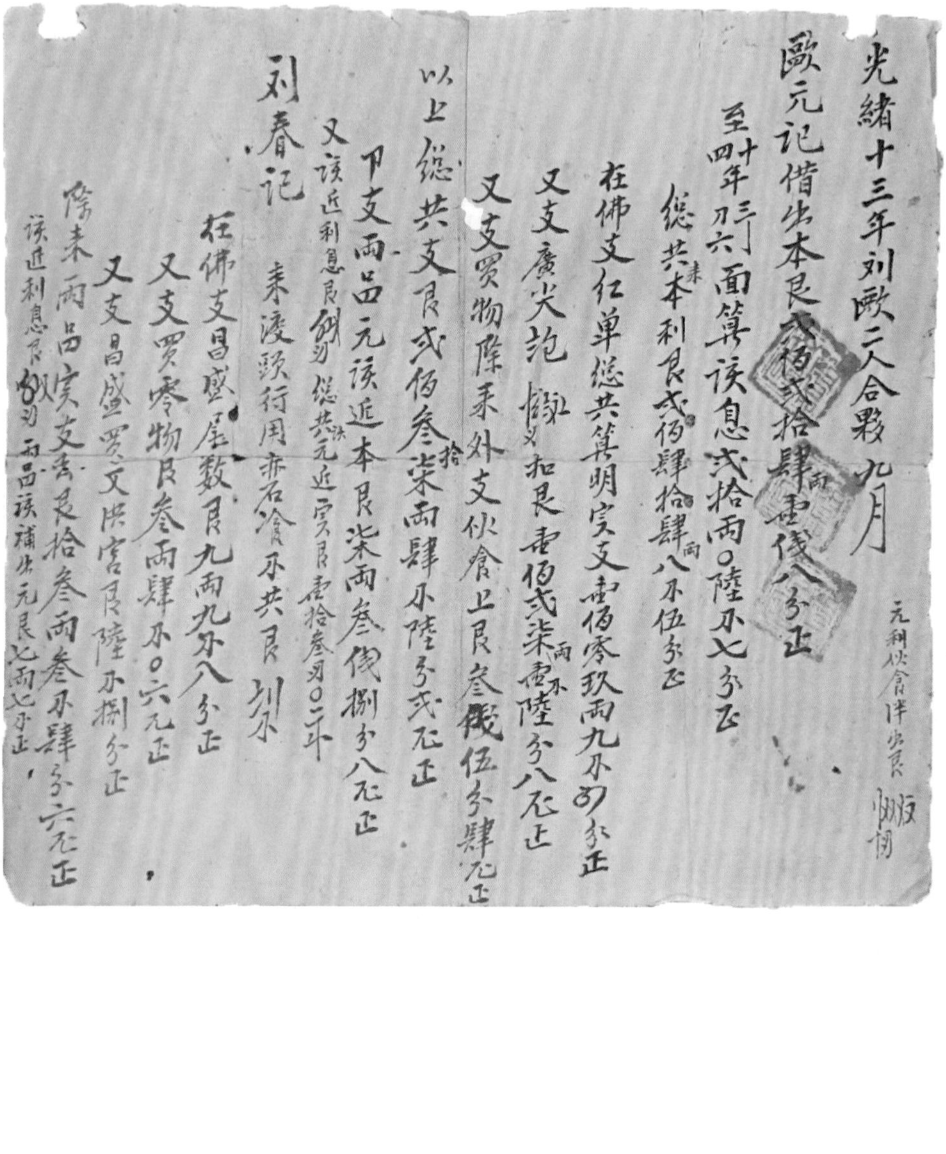

光绪十三年刘欧二人合伙九月　　元利伙食伴出银贰拾肆点肆肆玖两
欧元记借出本银贰佰贰拾肆两壹钱八分正
至十四年三月初六面算该息贰拾两〇陆钱七分正
总共来本利银贰佰肆拾肆两八钱伍分正
在佛支红单总共算明实支壹佰零玖两九钱四分正
又支广尖捌包拾伍点捌玖贰两扣银壹佰贰柒两壹钱陆分八厘正
又支买物除来外支伙食上银叁钱伍分肆厘正
以上总共支银贰佰叁拾柒两肆钱陆分贰厘正
除支两　元该近本银柒两叁钱捌分八厘正
又该近利息银伍点陆肆两总共该元近实银壹拾叁两〇二分
刘春记⍰来渡头行用赤石贪钱共银柒点贰钱
在佛支昌盛尾数银九两九钱八分正
又支买零物银叁两肆钱〇六厘正
又支昌盛买文洪宫银陆钱捌分正
除来两⍰实支⍰银拾叁两叁钱肆分六厘正
该近利息银伍点陆肆两⍰该补出元银七两七钱正

光绪十四年十月初四日刘初开等杜卖山场地土茶树杉木桐棕百物树株契

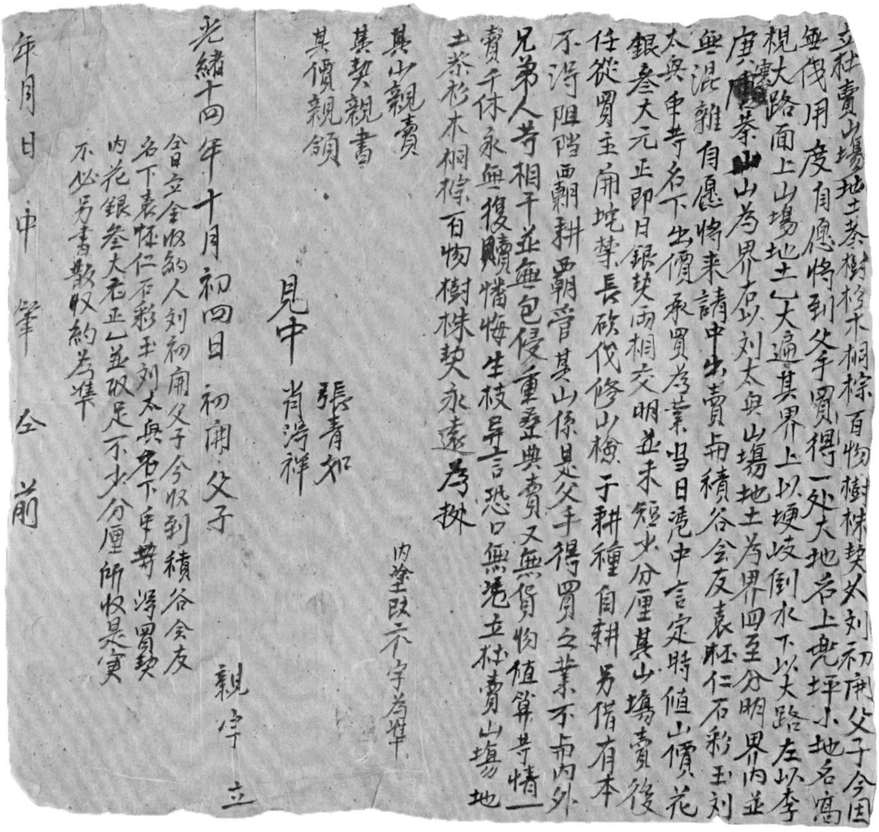

立杜卖山场地土茶树杉木桐棕百物树株契人刘初开父子今因无钱用度自愿将到父手得买一处大地名上挑坪小地名高枧大路面上山场地土一大遍其界上以埂岐倒水下以大路左以李庚寅茶山［山］为界右以刘太兴山场地土为界四至分明界内并无混杂自愿将来请中出卖与积谷会友袁怀仁石彩玉刘太兴众等名下出价承买为业当日凭中言定时值山价花银叁大元正即日银契两相交明并未短少分厘其山场卖后任从买主开挖禁长砍伐修山检子耕种自耕另借有本不得阻[阝当]（挡）霸耕霸管其山系是父手得买之业不与内外兄弟人等相干并无包侵重叠典卖又无货物值算等情一卖千休永无复赎憣悔生枝异言恐口无凭立杜卖山场地土茶杉木桐棕百物树株契永远为据

内涂改二个字为准

其山亲卖

其契亲书

其价亲领

见中张青如肖淂祥

光绪十四年十月初四日初开父子亲字立

仝日立全收约人刘初开父子今收到积谷会友名下袁怀仁石彩玉刘太兴名下众等得买契内花银叁大元正一并收足不少分厘所收是实不必另书散收约为准

年月日中笔仝前

光绪十五年十一月十六日皮承佑借银字

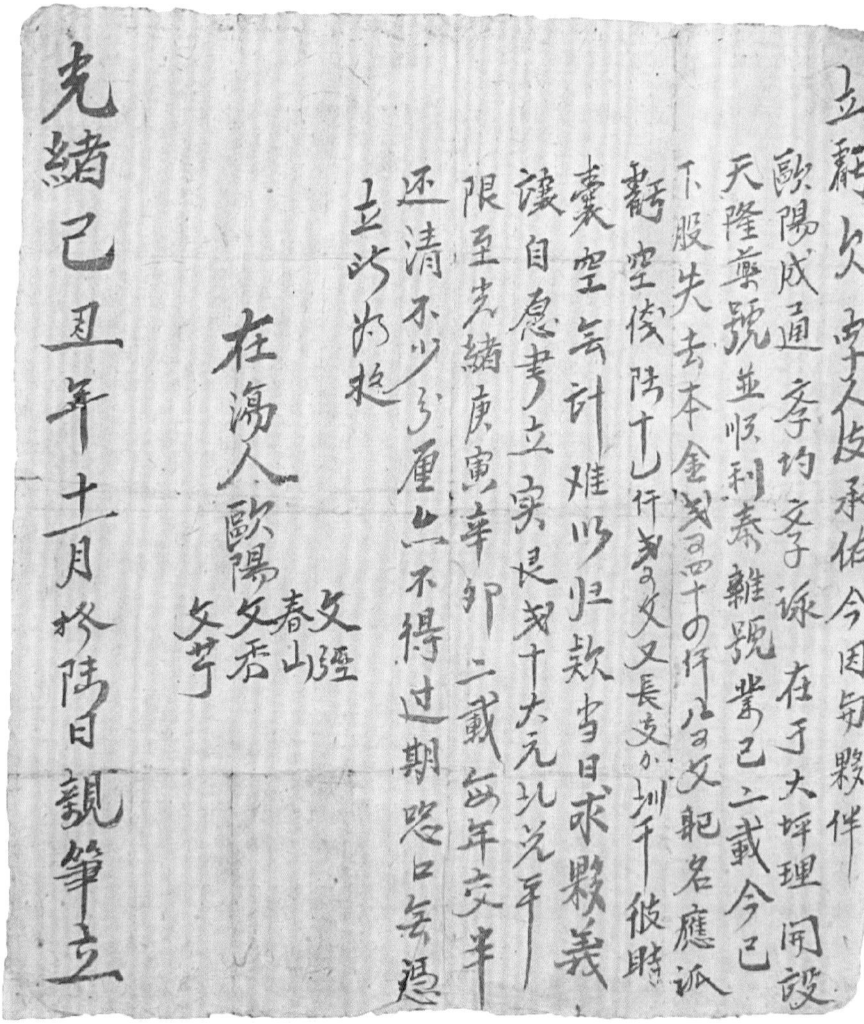

立亏欠字人皮承佑今因与伙伴欧阳成通孝均孝咏在于大坪理开设天隆药号并顺利泰杂号业已（已）二载今已下股失去本金贰百四十四仟八百文已名应派亏空钱陆十一仟贰百文又长支钱圳干彼时囊空无计难以归款当日求伙义让自愿书立实银贰十大元扎兑平限至光绪庚寅辛卯二载每年交半还清不少分厘亦不得过期恐口无凭立此为据

在场人欧阳文经欧阳春山欧阳文秀

欧阳文芹

光绪己丑年十一月拾陆日亲笔立

光绪十五年十一月十八日石仁芳卖禾田租谷契

立卖禾田租谷契人〈石仁芳〉今因得分得买之业大地名兆坪嵩小地名新麻窑正垅搞（高）枧上凸上井子泉茶兆脚桥头上打子垅屋后槽对垅塘塆上小洞排上瓦窑边李家凹又刘家门首杉树下竹山下棑（排）上茶陵头牛对垅庵堂边架枧凹以上等处共禾田壹伯（佰）伍拾捌担正额租谷壹伯（佰）捌拾斗正原有荒田在内其有四至界址照依上手管业奉丈税米壹拾伍斗八升正请中出卖与☒弟名下出价承买为业当日凭中言定得受时值田价洋银壹百玖拾元正即日亲手银契两相交明并未短少分厘自卖之后任从买者⍰租过税自耕另借管业有本不与内外人等相干日后不得异言今欲有凭立卖禾田租谷契永远为据

天理良心

见中张远达刘正秀李佳猷

立出粮字人石仁芳今出到二都三甲元芳堂袋内税米拾伍斗八升正出与买者袋内收纳为准

立全收字人石仁芳今收到买主前契内田价洋银一并收足不必另书散收约为准

代笔房叔基福

光绪拾伍年十一月十八日☒面立

光绪二十五年五月初五日刘恩连卖黄牛字

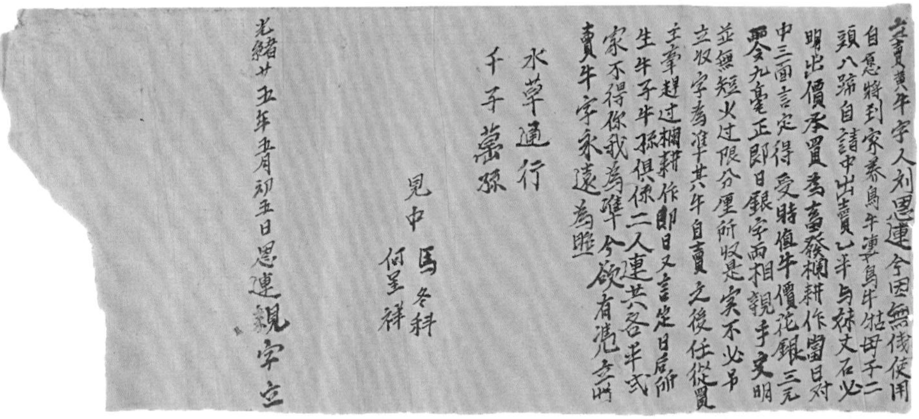

立卖黄牛字人刘恩连今因无钱使用自愿将到家养乌牛婆乌牛牯母子二头八蹄自请中出卖一半与妹丈石必明出价承买为畜发栏耕作当日对中三面言定得受时值牛价花银三元零九毫正即日银字两相亲手交明并无短少过限分厘所收是实不必另立收字为准其牛自卖之后任从买主牵赶过栏耕作即日又言定日后所生牛子牛孙俱系二人连共各半贰家不得你我为准今欲有凭立此卖牛字永远为照

水草通行

千子万孙

见中马冬科何呈祥

光绪廿五年五月初五日恩连亲字立

光绪三十年十月初八日张俊如父子典卖退耕禾田契

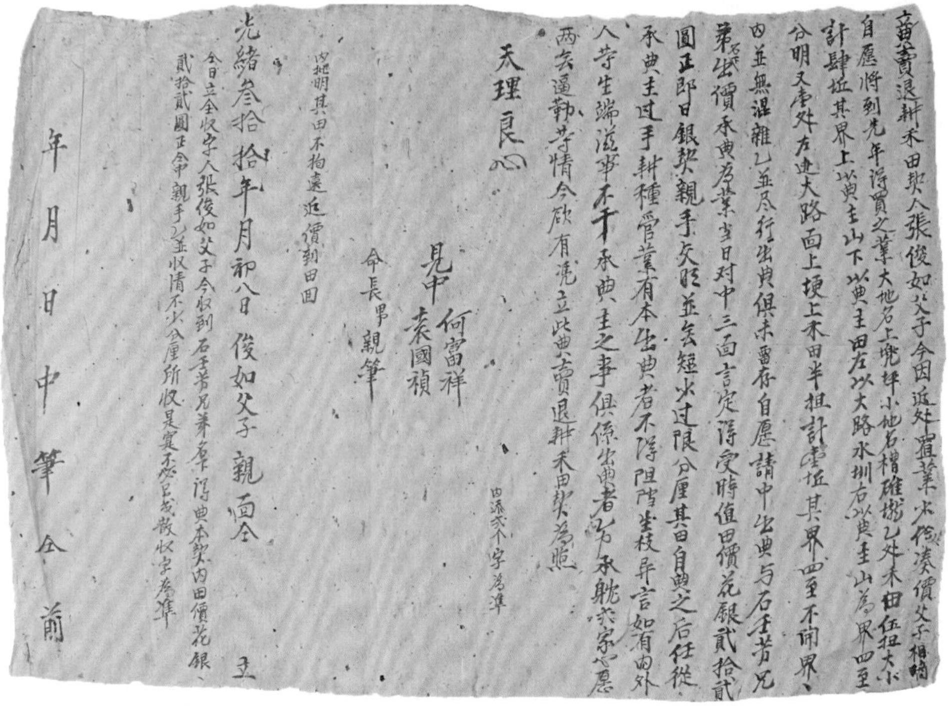

立當賣退耕禾田契人張俊如父子今因近处置業少價凑價父子相商
自愿將到先年得買之業大地名上塆坪小地名槽碓拗乙处禾田伍担大小
計肆坵其界上以與主山下以與主田左以大路水圳右以與主山為界四至
分明又壹处左边大路面上埂上禾田半担計壹坵其界四至不開界、
内並無混雜乙並尽行出典俱未留存自愿請中出典与石壬芳兄
弟名下出價承典為業当日对中三面言定得受時值田價花銀貳拾貳
圓正即日銀契親手交明並無短少过限分厘其田自典之后任從
承典主过手耕種管業有本出典者不得阻陷生枝异言如有內外
人等生端滋事不干承典主之事俱係出典者乙力承耽弍家心愿
兩無逼勒等情今欲有凭立此典賣退耕禾田契為照
内添弍个字為準
天理良心
見中 何富祥 袁國禎
命長男 親筆
内批明其田不拘遠近價到田回
光緒叁拾年拾月初八日 俊如父子 親面仝 立
仝日立全收字人張俊如父子今收到石壬芳兄弟名下得典本契内田價花銀、
貳拾貳圓正仝中親手乙並收清不少分厘所收是實不必另載收字為準
年 月 日 中 筆 仝 前

立典卖退耕禾田契人张俊如父子今因近处置业少钱凑价父子相嘀（商）自愿将到先年得买之业大地名上兆坪小地名槽碓垅一处禾田伍担大小计肆丘其界上以典主山下以典主田左以大路水圳右以典主山为界四至分明又壹处左边大路面上埂上禾田半担计壹丘其界四至不开界内并无混杂一并尽行出典俱未留存自愿请中出典与石壬芳兄弟名下出价承典为业当日对中三面言定得受时值田价花银贰拾贰圆正即日银契亲手交明并无短少过限分厘其田自典之后任从承典主过手耕种管业有本出典者不得阻凼（挡）生枝异言如有内外人等生端滋事不干承典主之事俱系出典者一力承躭（担）贰家心愿两无逼勒等情今欲有凭立此典卖退耕禾田契为照

天理良心

内添贰个字为准

见中何富祥袁国祯

命长男亲笔

内批明其田不拘远近价到田回

光绪叁拾年拾月初八日俊如父子亲面仝立

仝日立仝收字人张俊如父子今收到石壬芳兄弟名下得典本契内田价花银贰拾贰圆正仝中亲手一并收清不少分厘所收是实不必另书散收字为准

年月日中笔仝前

光绪三十三年三月初十日袁连科吉古兄弟杜卖山场地土茶树杉木桐棕百物树株契

立杜賣山塲地土茶樹杉木桐棕百物樹株契人袁連科吉古兄弟今因無錢用
度自愿将到父手起立之會淂買一处大地名上垉坪小地名高梘大路面上山塲
地土山大過其界上以埂岐倒水下以大路左以李庚寅茶山為界右以高梘埂岐為
界四至分明界内並無混雜已名二人内将二分買主山分自愿将來請中出賣而國楨
名下出價承買為業当日憑中言定淂受時值山價良山元六毛正即日銀契兩相
交明並未短少分厘其山塲賣後任從買主開𡈽禁長砍伐修山捡子耕種自耕[illegible]
借有本不得阻擋兩𦂳耕覇管其山係是受分積谷會之業不与内外人等相干並無包侵
重叠典賣又無貨物值算等情一賣千休永無複贖憾悔生枝异言恐口無憑立杜
賣山塲地土茶杉木桐棕百物樹株契永遠為据
天理良心　　前四个字吉古筆其餘連科筆
見中　弟辛科
　　　刘五福
光緒卅三年三月初十日連科吉古二人親字
仝日立仝收約人袁連科吉古二人今收到國楨名下淂買契内山價良山元六毛正山並
收足不少分厘所收是實不必另書歆收約為準　　仝立
年月日中筆仝前

立杜卖山场地土茶树杉木桐棕百物树株契人袁连科吉古兄弟今因无钱用度自愿将到父手起立之会得买一处大地名上兆坪小地名高枧大路面上山场地土一大遍其界上以埂岐倒水下以大路左以李庚寅茶山为界右以高枧埂岐为界四至分明界内并无混杂已名二人内将二分买主一分自愿将来请中出卖与国桢名下出价承买为业当日凭中言定得受时值山价银一元六毛正即日银契两相交明并未短少分厘其山场卖后任从买主开挖禁长砍伐修山检子耕种自耕〈另〉借有本不得阻凼（挡）霸耕霸管其山系是受分积谷会之业不与内外人等相干并无包侵重叠典卖又无货物值算等情一卖千休永无复赎憣悔生枝异言恐口无凭立杜卖山场地土茶杉木桐棕百物树株契永远为据

天理良心

前四个字吉古笔其余连科笔

见中弟辛科刘五福

光绪卅三年三月初十日连科吉古二人亲字仝立

仝日立仝收约人袁连科吉古二人今收到国桢名下得买契内山价银一元六毛正一并收足不少分厘所收是实不必另书散收约为准

年月日中笔仝前

民国三年八月二十六日桂昌父子收银字

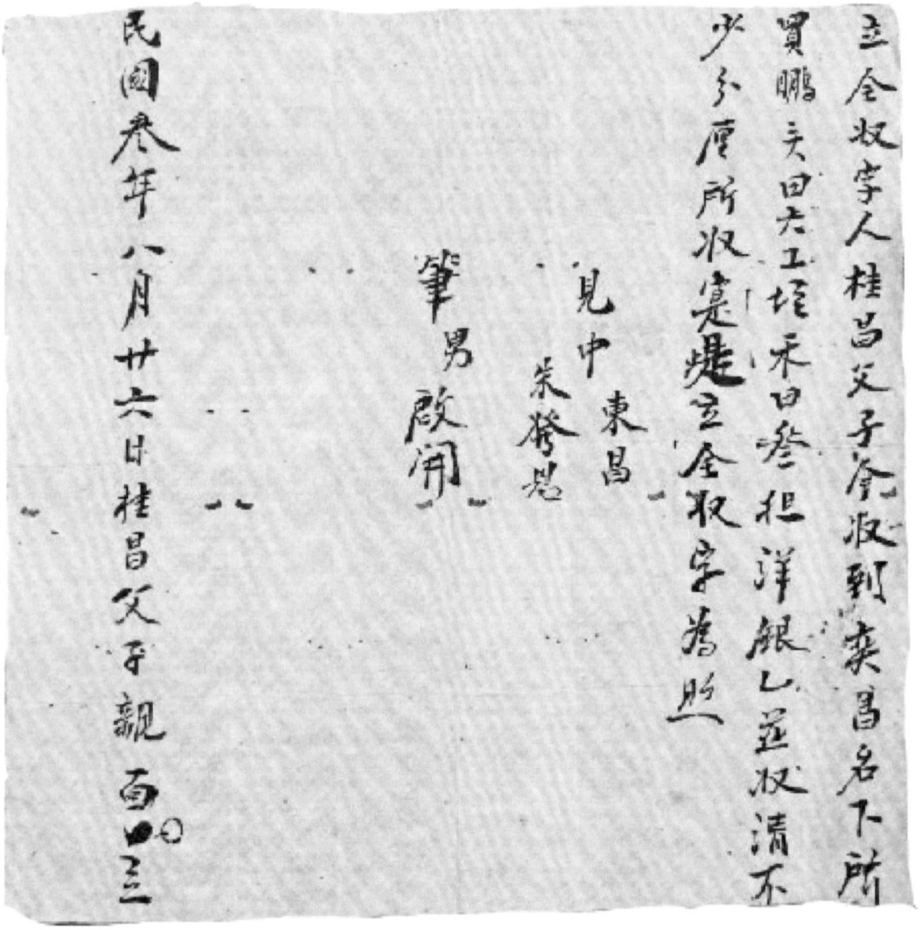

立全收字人桂昌父子今收到奕昌名下所买鹏头田六工〔弓〕⍰禾田叁担洋银一并收清不少分厘所收是实立全收字为照

见中东昌朱发恩

笔男啟开

民国叁年八月廿六日桂昌父子亲面【押】立

民国七年十一月二十二日罗先苟等杜退屋图园土字

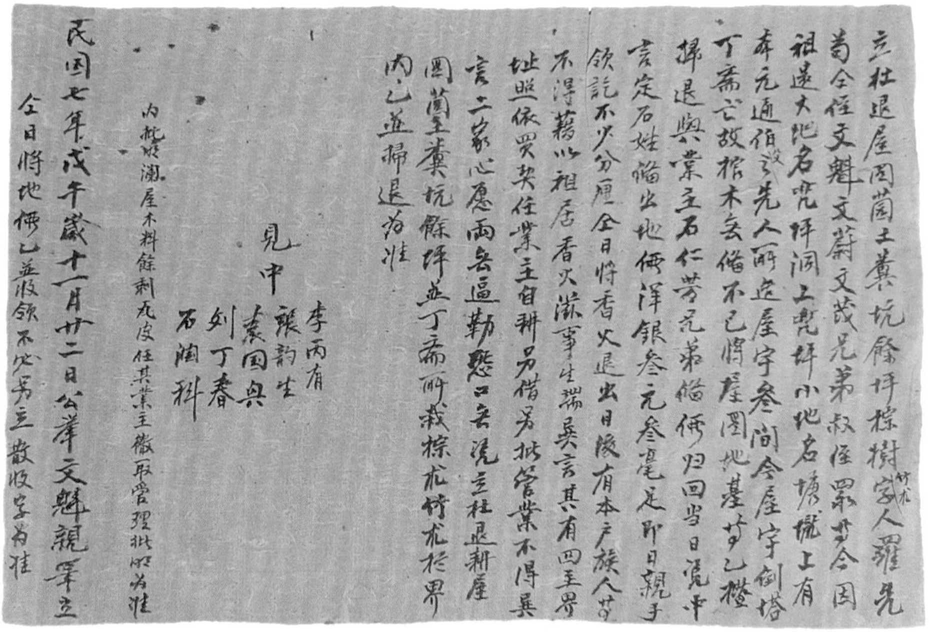

立杜退屋图园土粪坑余坪棕树竹术（树）字人罗先苟仝侄文魁文蔚文茂兄弟叔侄众等今因祖遗大地名兆坪洞上兆坪小地名塘垅上有本元通伯父之先人所造屋宇叁间今屋宇倒塔（塌）丁斋亡故棺木无备不已将屋图地基等一概扫退与业主石仁芳兄弟备价归回当日凭中言定石姓备出地价洋银叁元叁毫足即日亲手领讫不少分厘仝日将香火退出日后有本户族人等不得藉以祖居香火滋事生端异言其有四至界址照依买契任业主自耕另借另批管业不得异言二家心愿两无逼勒恐口无凭立杜退耕屋图园土粪坑余坪并丁斋所栽棕术（树）竹术（树）于界内一并扫退为准

见中李丙有张韵生袁国兴刘丁春石润科

内批明澜屋木料余剩瓦皮任其业主徹（拆）取管理批明为准

民国七年戊午岁十一月廿二日公举文魁亲笔立

仝日将地价一并收领不必另立散收字为准

民国十年十二月二十四日石甲科杜卖茶山松杉地土契

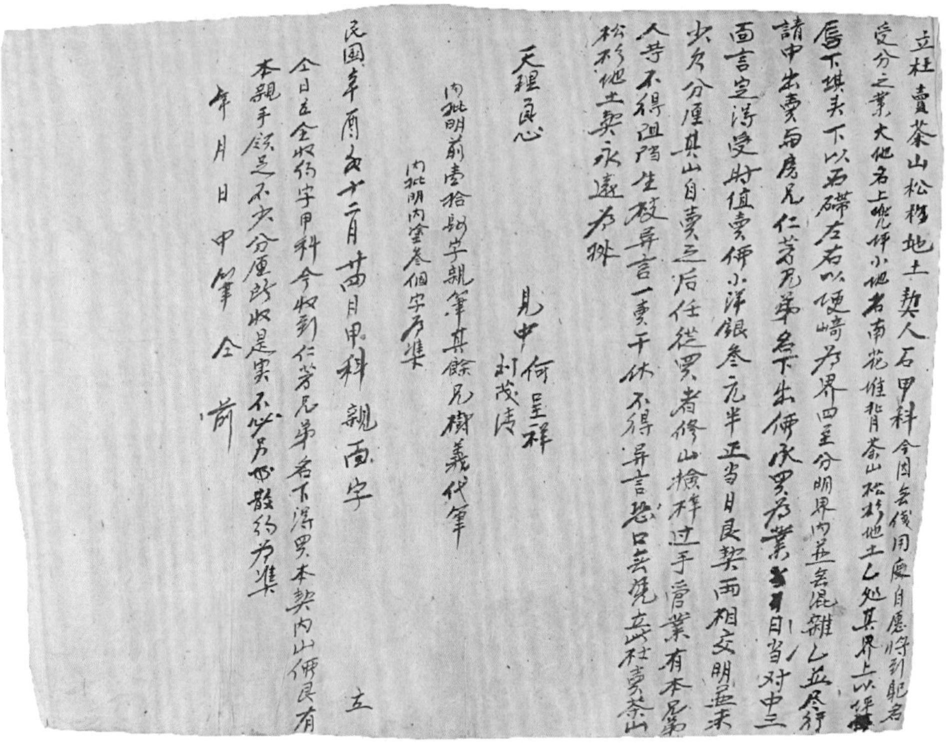

立杜卖茶山松杉地土契人石甲科今因无钱用度自愿将到己名
受分之业大地名上兆坪小地名南花堆背茶山松杉地土一处其
界上以坪唇下堪头下以石礴左右以埂埼为界四至分明界内并
无混杂一并尽行请中出卖与房兄仁芳兄弟名下出价承买为业
当日对中三面言定得受时值卖价小洋银叁元半正当日银契两
相交明并未少欠分厘其山自卖之后任从买者修山捡梓过手管
业有本兄弟人等不得阻陷（挡）生枝异言一卖千休不得异言
恐口无凭立此杜卖茶山松杉地土契永远为据
天理良心
见中何呈祥刘茂清
内批明前壹拾肆字亲笔其余兄树义代笔
内批明内涂叁个字为准
民国辛酉年十二月廿四日甲科亲面字立

仝日立仝收约字甲科今收到仁芳兄弟名下得买本契内山价银
有本亲手领足不少分厘所收是实不必另书散约为准
年月日中笔仝前

民国二十年六月初三日谢阿曹氏美钗借光洋银字

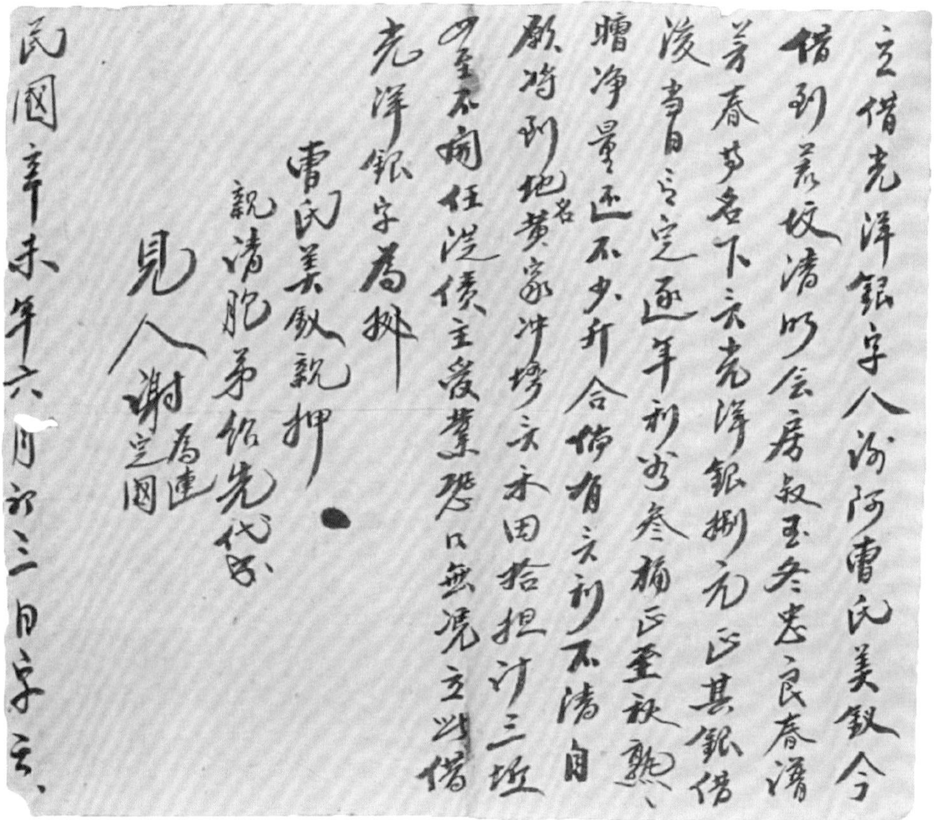

立借光洋银字人谢阿曹氏美钗今借到着坟清明会房叔玉冬忠良春谱芳春等名下头光洋银捌元正其银借后当日言定逐年利谷叁桶正至秋熟嘈净量还不少升合倘有头利不清自愿将到地名黄家冲塝头禾田拾担计三丘四至不开任从债主管业恐口无凭立此借光洋银字为据

曹氏美钗亲押【押】

亲请胞弟绍先代书

见人谢为连谢定国

民国辛未年六月初三日字立

民国二十年胡国恩卖脱耕禾田契

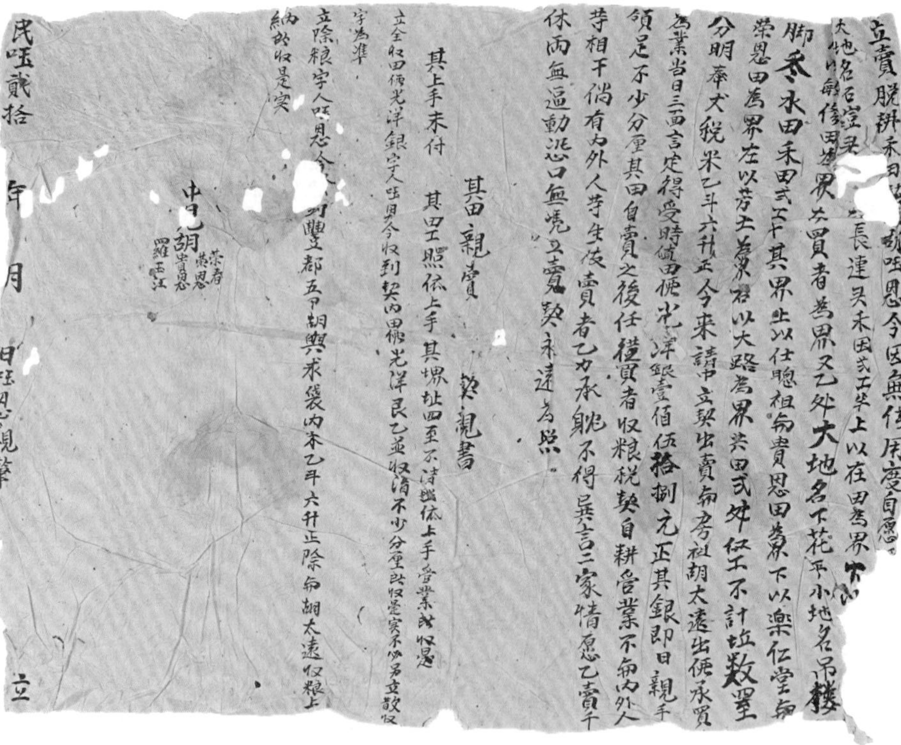

立卖脱耕禾田〈契人〉胡国恩今因无钱用度自愿☐大地名石室☐☐☐长连头禾田贰弓半上以在田为界下☐以敏修田为界☐买者为界又一处大地名下花平小地名吊楼脚冬水田禾田贰工〔弓〕☐其界上以仕聪祖与贵恩田为界下以乐仁堂与荣恩田为界左以芳土为界右以大路为界共田贰处☐工〔弓〕不计丘数四至分明奉丈税米一斗六升正今来请中立契出卖与房祖胡太远出价承买为业当日三面言定得受时值田价光洋银壹佰伍拾捌元正其银即日亲手领足不少分厘其田自卖之后任从买者收粮税契自耕管业不与内外人等相干倘有内外人等生枝卖者一力承躭（担）不得异言二家情愿一卖千休两无逼勒恐口无凭立卖契永远为照

其田亲卖　　契亲书

其上手未付　　其田工〔弓〕照依上手其界址四至不清照依上手管业所收是

立全收田价光洋银字人国恩今收到契内田价光洋银一并收清不少分厘所收是实不必另立散收字为准

立除粮字人国恩〈今收到〉丰都五甲胡舆求袋内米一斗六升正除与胡太远收粮上纳所收是实

中见胡荣春胡荣恩胡贵恩罗玉江

民国贰拾年月日国恩亲笔立

民国二十三年古三月初四日谢维新领会银字

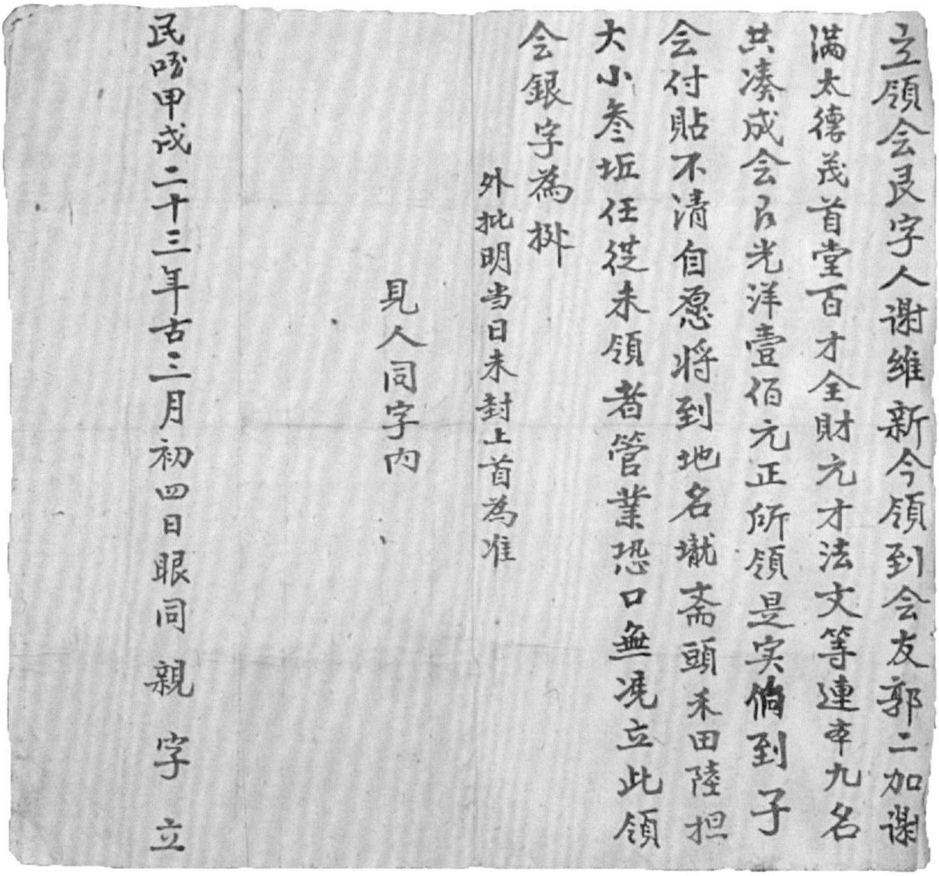

立领会银字人谢维新今领到会友郭二加谢满太德茂
首堂百才全财元才法文等连本九名共凑成会银光洋
壹佰元正所领是实倘到子会付贴不清自愿将到地名
垅斋头禾田陆担大小叁丘任从未领者管业恐口无凭
立此领会银字为据
外批明当日未封上首为准
见人同字内
民国甲戌二十三年古三月初四日眼同亲字立

民国二十三年三月二十日学训等得买水田合约合同字

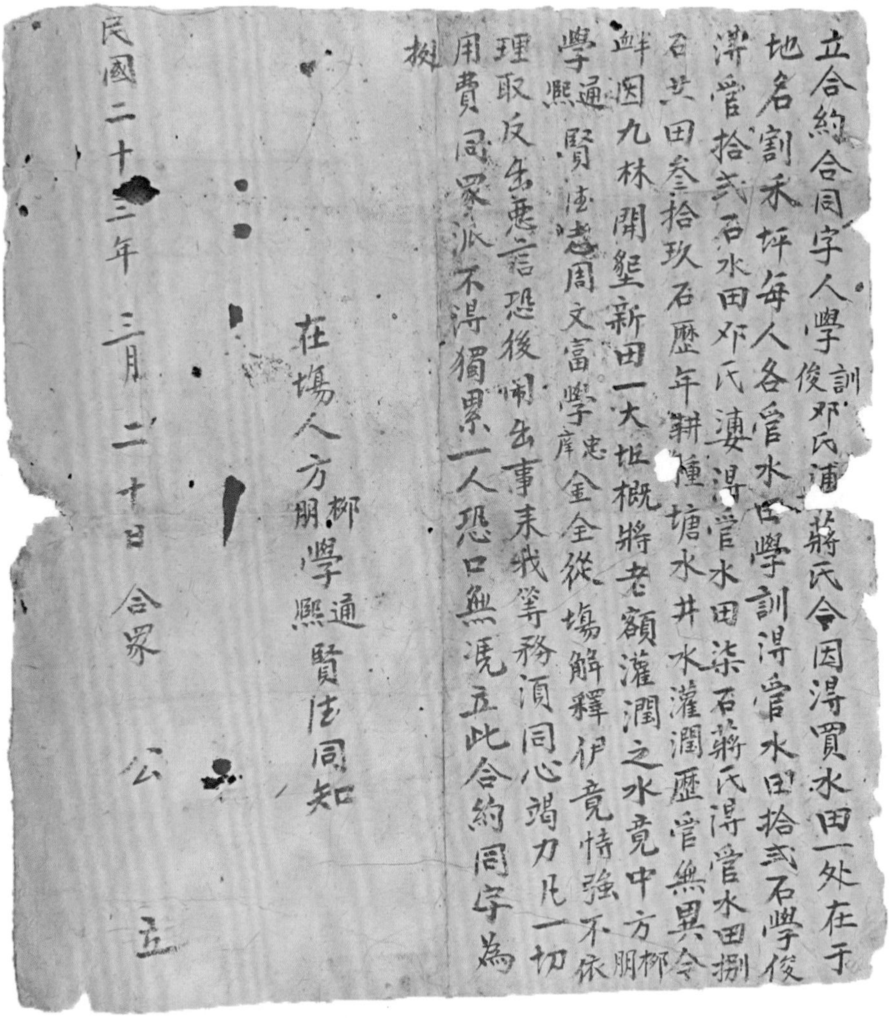

立合约合同字人学训学俊邓氏〈婆〉蒋氏今因得买水田一处在于地名割禾坪每人各管水田学训得管水田拾贰石学俊得管拾贰石水田邓氏婆得管水田柒石蒋氏得管水田捌石共田叁拾玖石历年耕种塘水井水灌润历管无异今衅因九林开垦新田一大丘概将老额灌润之水竟中方柳方朋学通学熙贤德志周文富学忠学庠金全从场解释伊竟恃强不依理取反出恶言恐后闹出事来我等务须同心竭力凡一切用费同众派不得独累一人恐口无凭立此合约同字为据

在场人方柳方朋学通学熙贤德同知

民国二十三年三月二十日合众公立

民国二十五年三月十八日账单

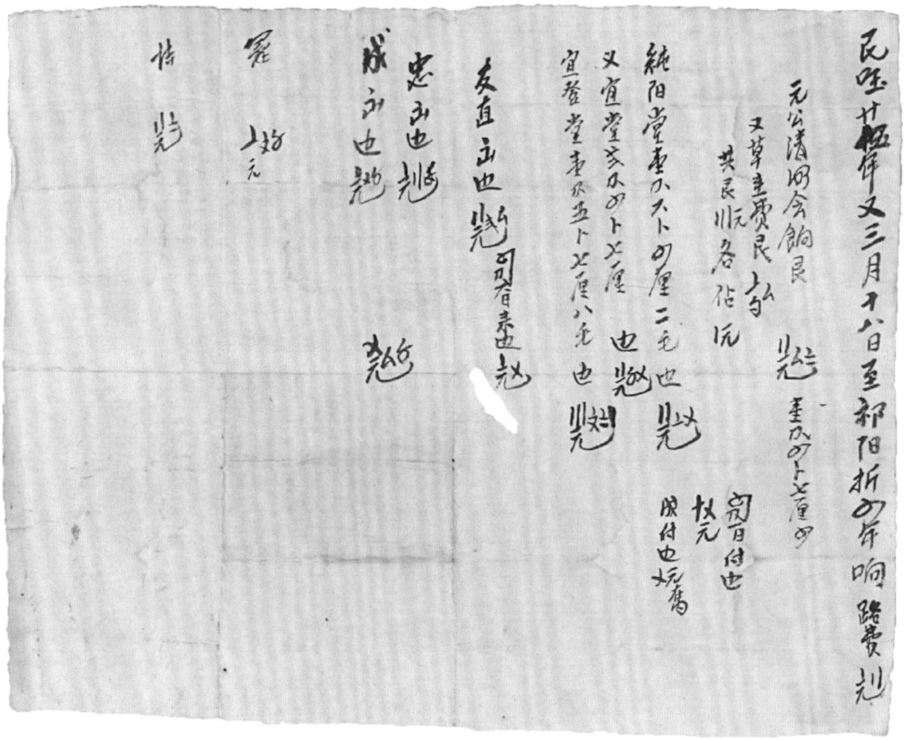

民国廿五年又三月十八日至祁阳折四年响
（饷）路费壹元贰角
元公清明会饷银贰元柒分壹钱四分七厘四
又草主费银⍰
共银叁元各占壹元
纯阳堂壹钱九分四厘二毛（毫）边贰元陆角
肆分
义宜堂贰钱四分七厘边贰元伍角肆分
宜登堂壹钱五分七厘八毛（毫）边叁元玖角
柒分
友直出边贰元叁角⍁边 壹元肆角
忠出边壹元贰角伍分
成出边壹元肆角伍分
实陆元玖角伍分
持贰元柒角
⍁边拾肆元
成付边肆元在内

民国二十九年十月二十四日周塘义仓会内众等出借山场土壆字

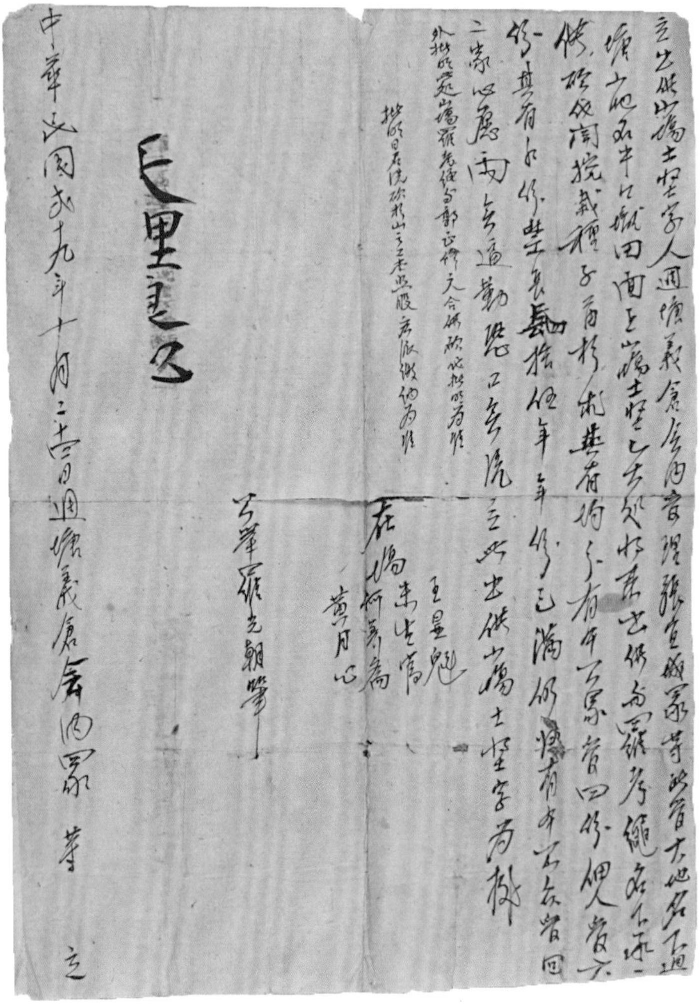

立出借山场土壆字人周塘义仓会内管理张宣城众等所管大地名下通塘小地名牛口垅田面上山场土壆一大处将来出借与罗孝绳名下承借砍伐开挖栽种子留杉术（树）其有均分有本公众管四份佃人管六份其有⍰份禁长肆拾伍年年份已满所归有本公众管回二家心愿两无逼勒恐口无凭立此出借山场土壆字为据

外批明此处山场罗孝绳与郭正修元合借砍伐批明为准

批明日后先砍杉山之之本照股众派缴纳为准

在场王显魁朱生富何养斋黄月心

公举罗光朝笔

〈天理良心〉

中华民国贰十九年十月二十四日周塘义仓会内众等立

民国三十一年六月二十五日黄昌隆父子卖梓苗老苗杉树契

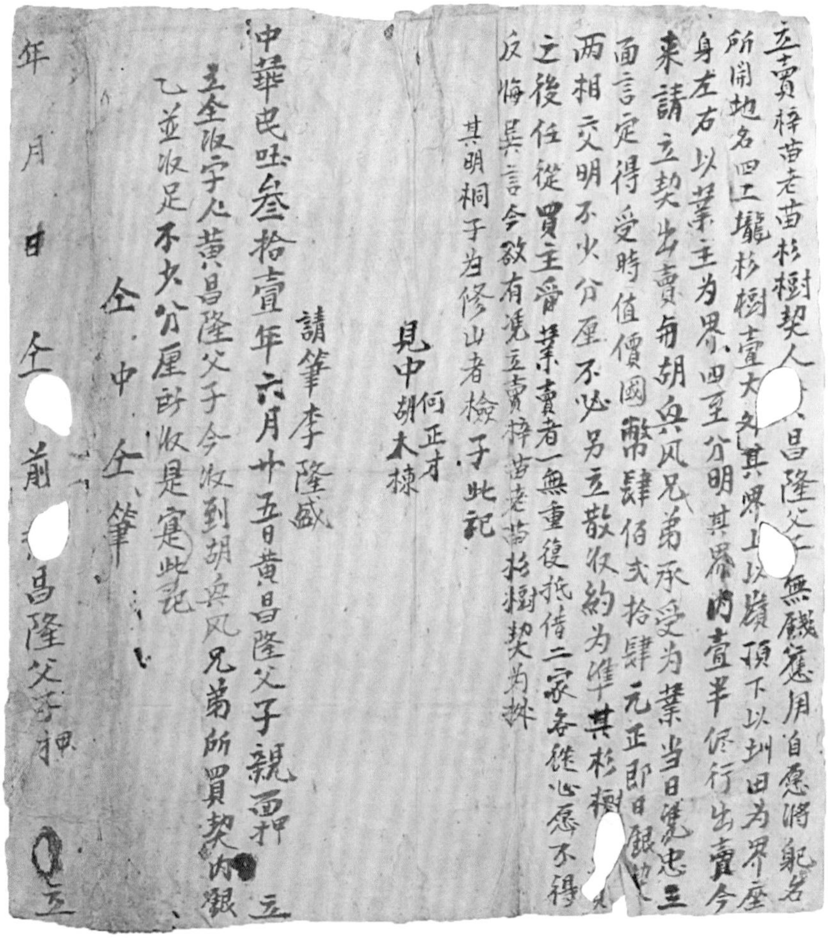

立卖梓苗老苗杉树契人〈黄〉昌隆父子无钱应用自愿将己名所开地名四工〔弓〕垅杉树壹大处其界上以岭顶下以圳田为界座身左右以业主为界四至分明其界内壹半尽行出卖今来请立契出卖与胡兴凤兄弟承受为业当日凭忠（中）三面言定得受时值价国币肆佰贰拾肆元正即日银契两相交明不少分厘不必另立散收约为准其杉树□□之后任从买主管业卖者一无重复抵借二家各从心愿不得反悔异言今欲有凭立卖梓苗老苗杉树契为据

其明桐于为修山者检子此记

见中何正才胡大栋

请笔李隆盛

中华民国叁拾壹年六月廿五日黄昌隆父子亲面押【押】立

立全收字人黄昌隆父子今收到胡兴凤兄弟所买契内银一并收足不少分厘所收是实此记

仝中仝笔

年月日仝前〈黄〉昌隆父子押【押】立

民国三十三年古七月初三日谢己兴杜卖包退耕禾田契

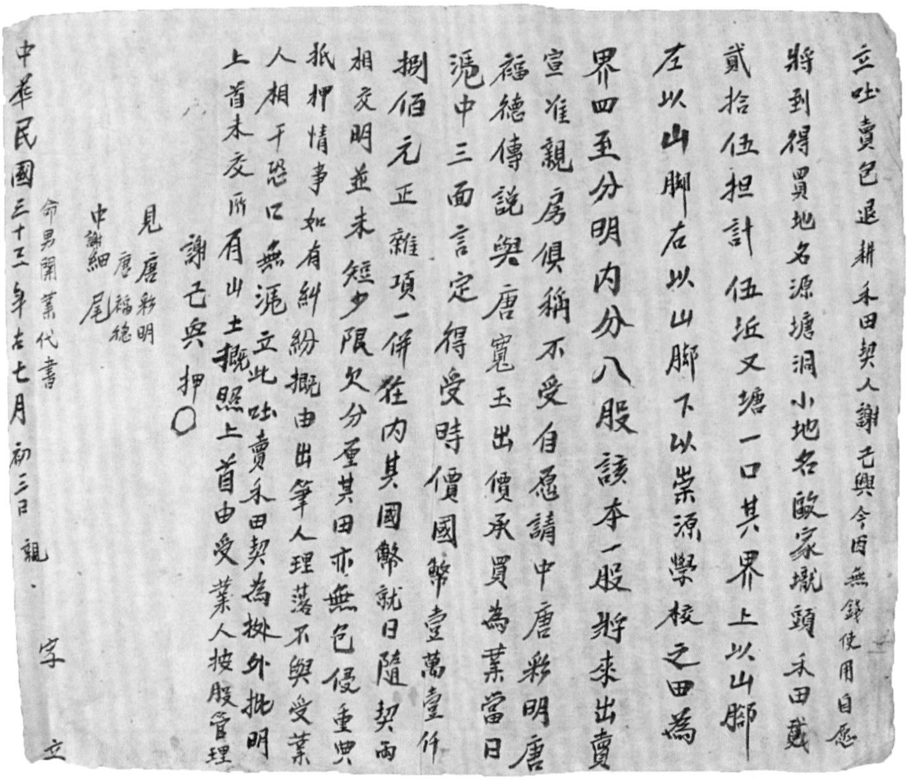
立吐賣包退耕禾田契人謝己興今因無錢使用自愿
將到得買地名源塘洞小地名歐家墈頭禾田貳
貳拾伍担計伍坵又塘一口其界上以山腳
左以山腳右以山腳下以崇源學校之田為
界四至分明内分八股該本一股將来出賣
宣准親房俱稱不受自愿請中唐彩明唐
福德傳說與唐寬玉出價承買為業當日
凴中三面言定得受時價國幣壹萬壹仟
捌佰元正雜項一併在内其國幣就日隨契兩
相交明並未短少限欠分厘其田亦無包侵重典
抵押情事如有糾紛概由出筆人理落不與受業
人相干恐口無凴立此吐賣禾田契為據外批明
上首未交所有山土概照上首由受業人按股管理
謝己興押〇
見中 唐彩明 唐福德 謝細尾
命男開業代書
中華民國三十三年古七月初三日親字立

立吐（杜）卖包退耕禾田契人谢己兴今因无钱使用自愿将到得买地名源塘洞小地名欧家垅头禾田贰拾伍担计伍丘又塘一口其界上以山脚左以山脚右以山脚下以崇源学校之田为界四至分明内分八股该本一股将来出卖宣准亲房俱称不受自愿请中唐彩明唐福德传说与唐宽玉出价承买为业当日凭中三面言定得受时价国币壹万壹仟捌佰元正杂项一并在内其国币就日随契两相交明并无短少限欠分厘其田亦无包侵重典抵押情事如有纠纷概由出笔人理落不与受业人相干恐口无凭立此吐（杜）卖禾田契为据外批明上首未交所有山土概照上首由受业人按股管理

谢己兴押【押】

见中唐彩明唐福德谢细尾

命男开业代书

中华民国三十三年古七月初三日亲字立

民国三十五年九月二十六日李任书请批耕禾田字

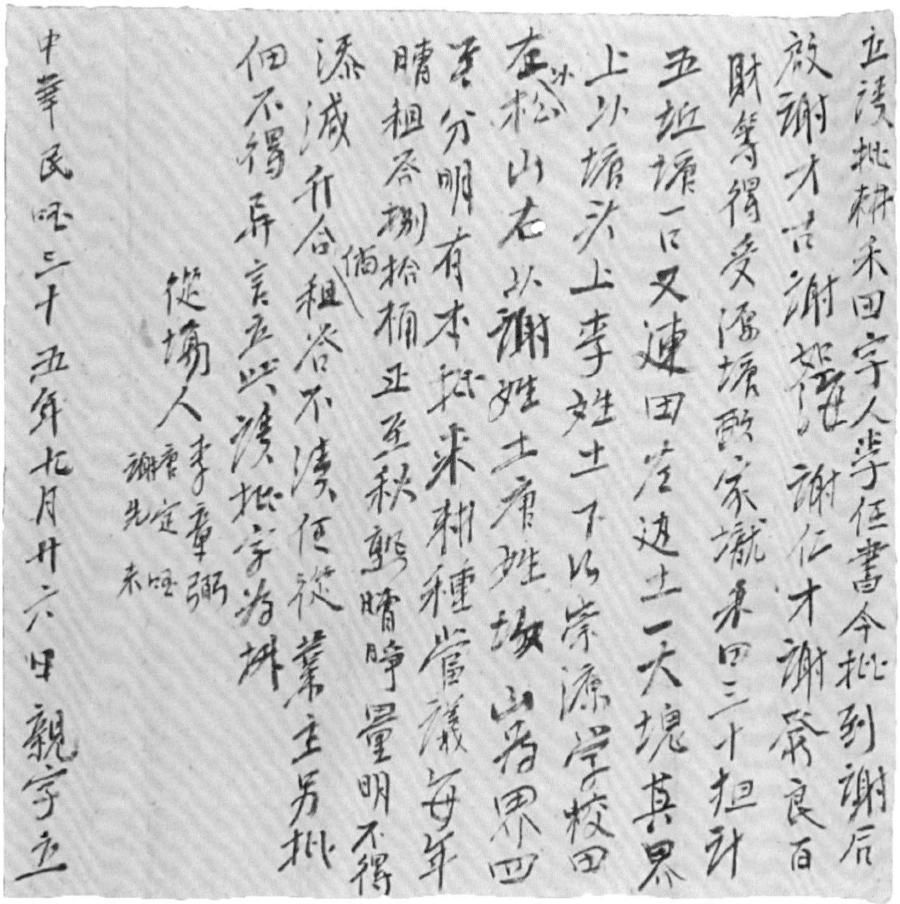

立请批耕禾田字人李任书今批到谢后启谢才古谢如海谢仁才谢发良百财等得受源塘欧家垅禾田三十担计五丘塘一口又连田左边土一大块其界上以塘头上李姓土下以崇源学校田左以松山右以谢姓土唐姓坟山为界四至分明有本批来耕种当议每年嘈租谷捌拾桶正至秋熟嘈净量明不得添减升合倘租谷不清任从业主另批佃不得异言立此请批字为据

从场人李章弼唐定国谢先未

中华民国三十五年九月廿六日亲字立

民国三十六年古七月二十八日陈法太卖黄牛牸契

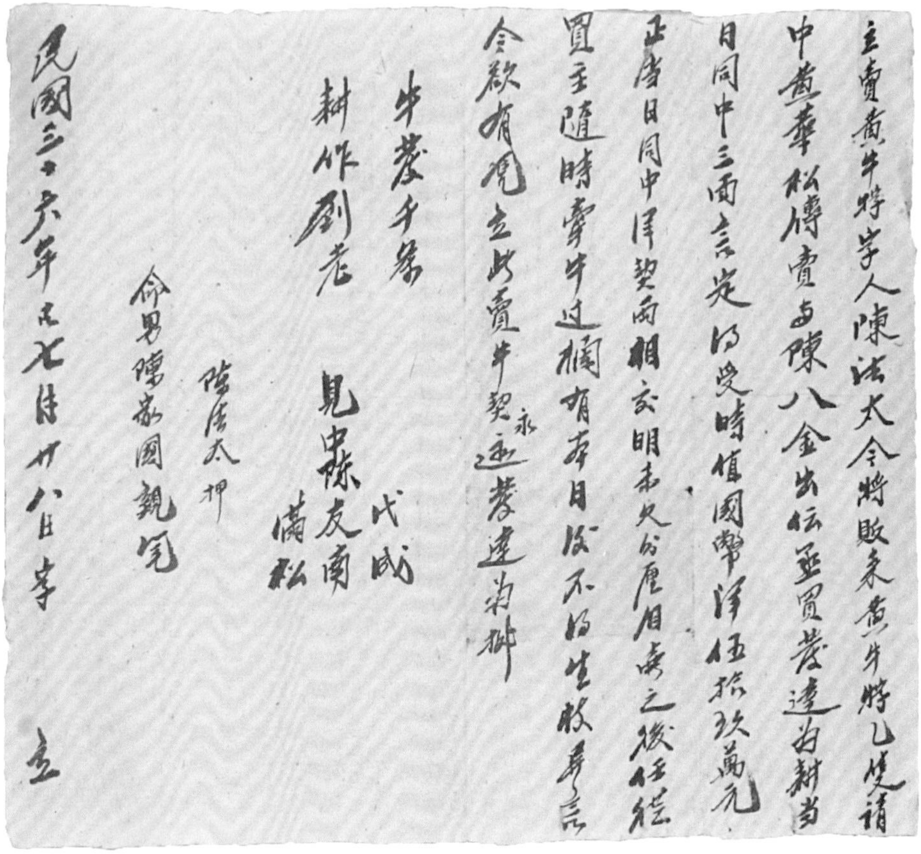

立卖黄牛牸字人陈法太今将贩来黄牛牸一只请中
黄华松传卖与陈八金出伝（价）丞（承）买发达为
耕当日同中三面言定得受时值国币洋伍拾玖萬元
正当日同中洋契两相交明未欠分厘自卖之后任从
买主随时牵牛过栏有本日后不得生枝异言今欲有
凭立此卖牛契永远发达为据

牛发千条

耕作到老

见中陈戊戌陈友南陈满松

陈法太【押】

命男陈家国亲笔

民国三十六年古七月廿八日字立

民国年间袁国桢杜卖山场地土松杉茶桐竹木百物树株契

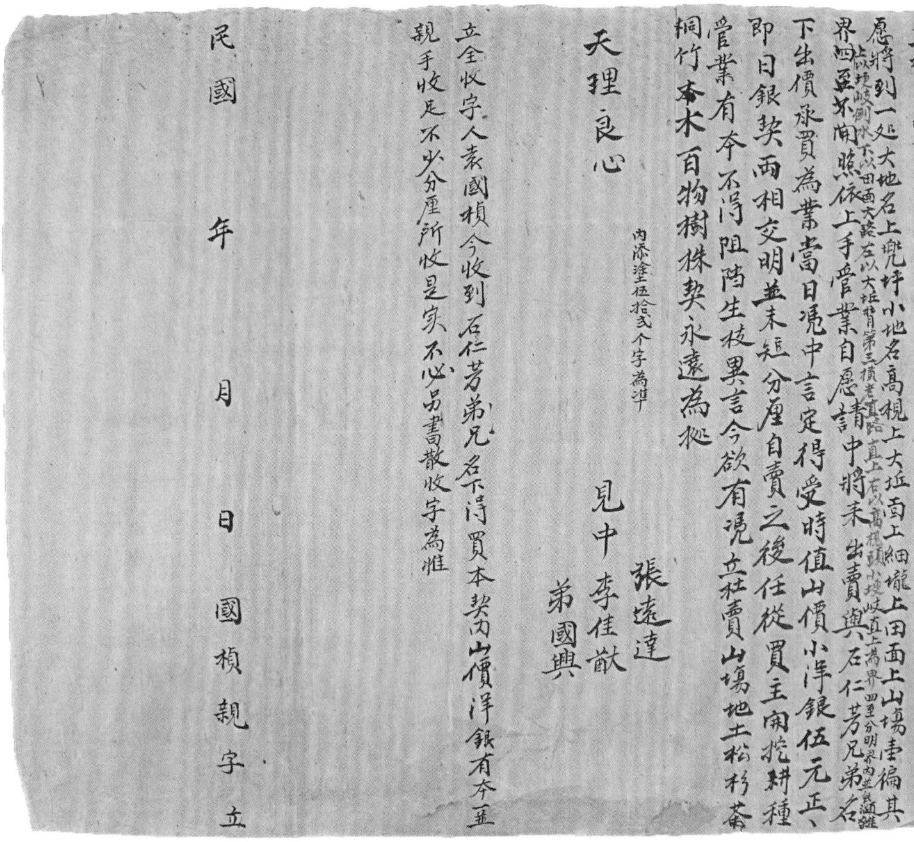

立杜賣山塲地土松杉茶桐竹木百物樹株契人袁國楨今因無錢使用自愿將到一処大地名上兆坪小地名高梘上大坵面上細壠上田面上山塲壹徧其界上以埂岐倒水下以田面大路左以大坵背第三横老直路直上右以高梘頭小埂岐直上為界四至分明界內並無混雜照依上手管業自愿請中將來出賣與石仁芳兄弟名下出價承買為業當日凴中言定得受時值山價小洋銀伍元正即日銀契兩相交明並未短分厘自賣之後任從買主開挖耕種管業有本不得阻陷生枝異言今欲有凴立杜賣山塲地土松杉茶桐竹木百物樹株契永遠為據

內添塗伍拾貳个字為準

天理良心

見中 張遠達 李佳猷 弟國興

立全收字人袁國楨今收到石仁芳弟兄名下得買本契內山價洋銀有本一並親手收足不少分厘所收是实不必另書散收字為准

民國 年 月 日 國楨親字立

立杜卖山场地土松杉茶桐竹木百物树株契人袁国桢今因无钱使用自愿将到一处大地名上兆坪小地名高枧上大坵面上细垅上田面上山场壹遍其界上以埂岐倒水下以田面大路左以大坵背第三横老直路直上右以高枧头小埂岐直上为界四至分明界内并无混杂照依上手管业自愿请中将来出卖与石仁芳兄弟名下出价承买为业当日凭中言定得受时值山价小洋银伍元正即日银契两相交明并未短分厘自卖之后任从买主开挖耕种管业有本不得阻陷（挡）生枝异言今欲有凭立杜卖山场地土松杉茶桐竹木百物树株契永远为据

内添涂伍拾贰个字为准

天理良心

见中张远达李佳猷弟国兴

立全收字人袁国桢今收到石仁芳兄弟名下得买本契内山价洋银有本一并亲手收足不少分厘所收是实不必另书散收字为准

民国年月日国桢亲字立

不知年代连茂受分产业契

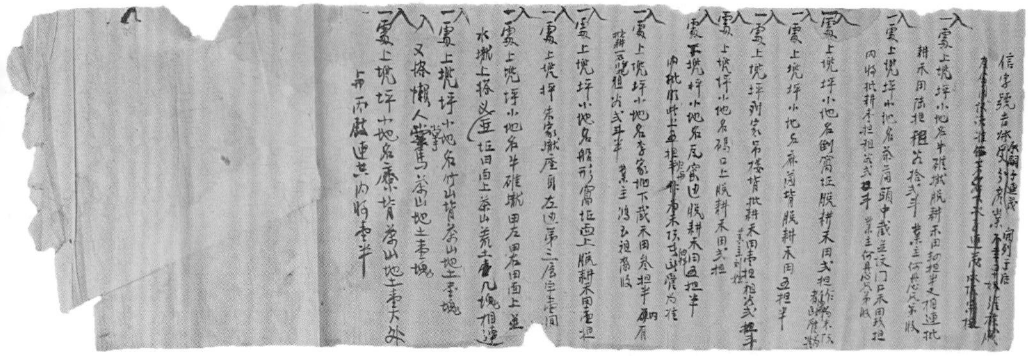

信字号吉发承嗣子连茂受分产业开列于后
入一处上兆坪小地名牛碓垅脱耕禾田肆担半又相连批耕禾田陆担租谷拾贰斗业主何丹心兄弟收
入一处上兆坪小地名茶园头中截并坟门口禾田玖担内收批耕壹担租谷贰斗业主何丹心兄弟收
入一处上兆坪小地名倒窝坵脱耕禾田贰担作为未顶者细科所管为准
入一处上兆坪小地名麻园背脱耕禾田五担半
入一处上兆坪列家吊楼背批耕禾田壹担租谷贰斗业主刘姓
入一处上兆坪小地名码口上脱耕禾田贰担
入〈一〉处下兆坪小地名瓦窑边脱耕禾田五担半归与未顶者细科所管为准
入一处上兆坪小地名李家垇下截禾田叁担半内有批耕一石临把租谷贰斗半　业主鸿玉祖裔收
入一处上兆坪小地名船形窝坵面上脱耕禾田壹担
入一处上兆坪朱家垅座身左边第三屋宇壹间
入一处上兆坪小地名牛碓垅田左田右田面上并水垅上搭义丘坵田面上茶山荒土几块相连
入一处上兆坪小地名竹山背茶山地土壹块
入又搭懒人掌马茶山地土壹块
入一处上兆坪小地名廓背茶山地土壹大处与丙□连共内将壹半

不知年代五房该量出租谷明细表

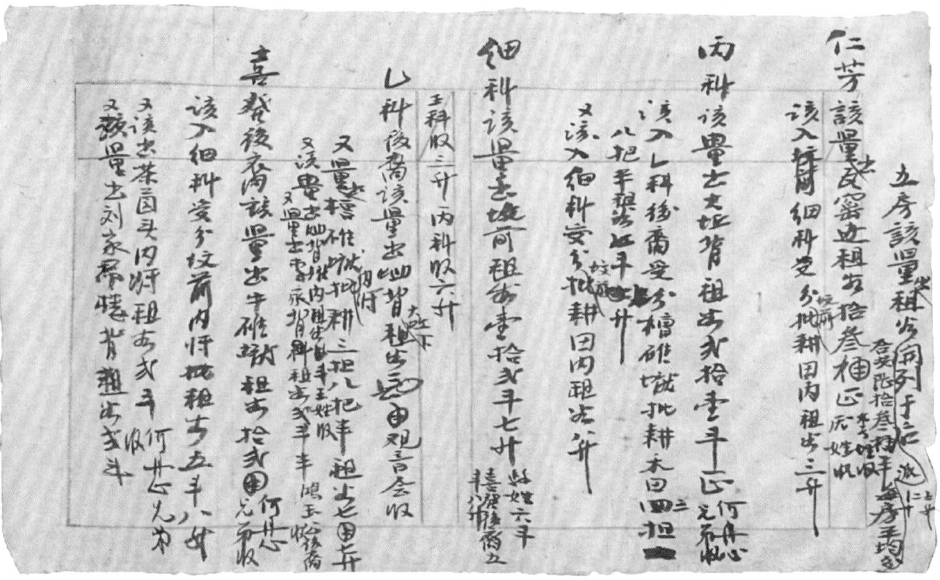

五房该量出租谷开列于后合共陆拾叁桶半派每房平均分
仁芳该量出瓦窑边租谷拾叁桶正李姓收尤姓收
该入细科受分坟前批耕田内租谷三升
丙科该量出大垭背租谷贰拾壹斗正 何丹心兄弟收
该入一科后裔受分槽礁垅批耕禾田三担八把半租谷七斗七升
又该入细科安分坟前批耕田内租谷八升
细科该量出坟前租谷壹拾贰斗七升□姓六斗喜发后裔五斗八升
王科收三升丙科收六升
乙科后裔该量出坰背大垭下租谷四甬观音会收
又量出槽碓垅内将批耕三担八把半租谷七甬七升
又该量出坰背垅内租谷七斗王姓收
又量出卖家背租谷贰半半鸿玉公后裔收
喜发后裔该量出牛碓垅租谷拾贰甬何丹心兄弟收
该入细科受分坟前内将批租谷五斗八升
又该出茶园头内将租谷贰斗何丹心兄弟收
又该量出刘家昂楼背租谷贰斗

第九部分　资兴市（第三批）

嘉庆六年十一月初六日罗雪林等退土字

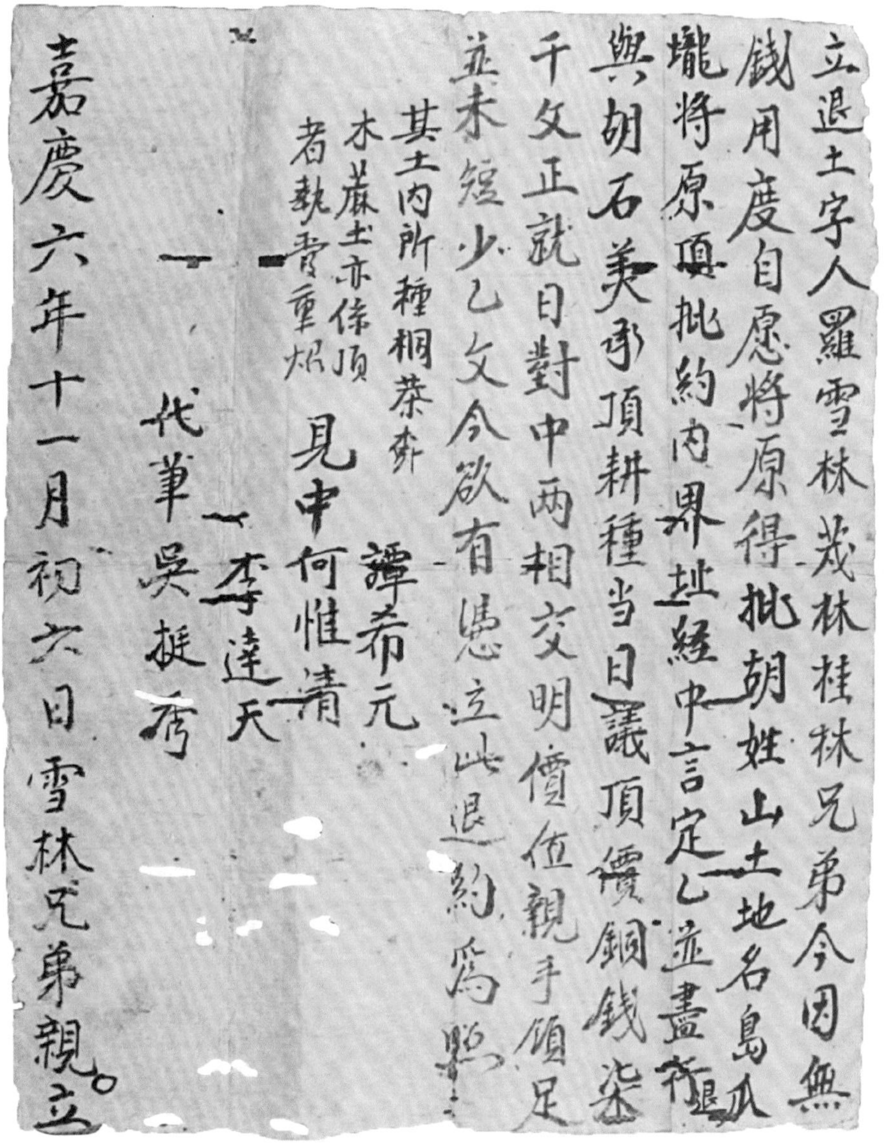

立退土字人罗雪林茂林桂林兄弟今因无钱用度自愿将原得批胡姓山土地名岛瓜垅将原顶批约内界址经中言定一并尽退与胡石美承顶耕种当日议顶价铜钱柒千文正就日对中两相交明价值亲手领足并未短少一文今欲有凭立此退约为照

其土内所种桐茶树木麻土亦系顶者执管重炤

见中谭希元何惟清李达天

代笔吴挺秀

嘉庆六年十一月初六日雪林兄弟亲【押】立

嘉庆十二年七月十一日分水契

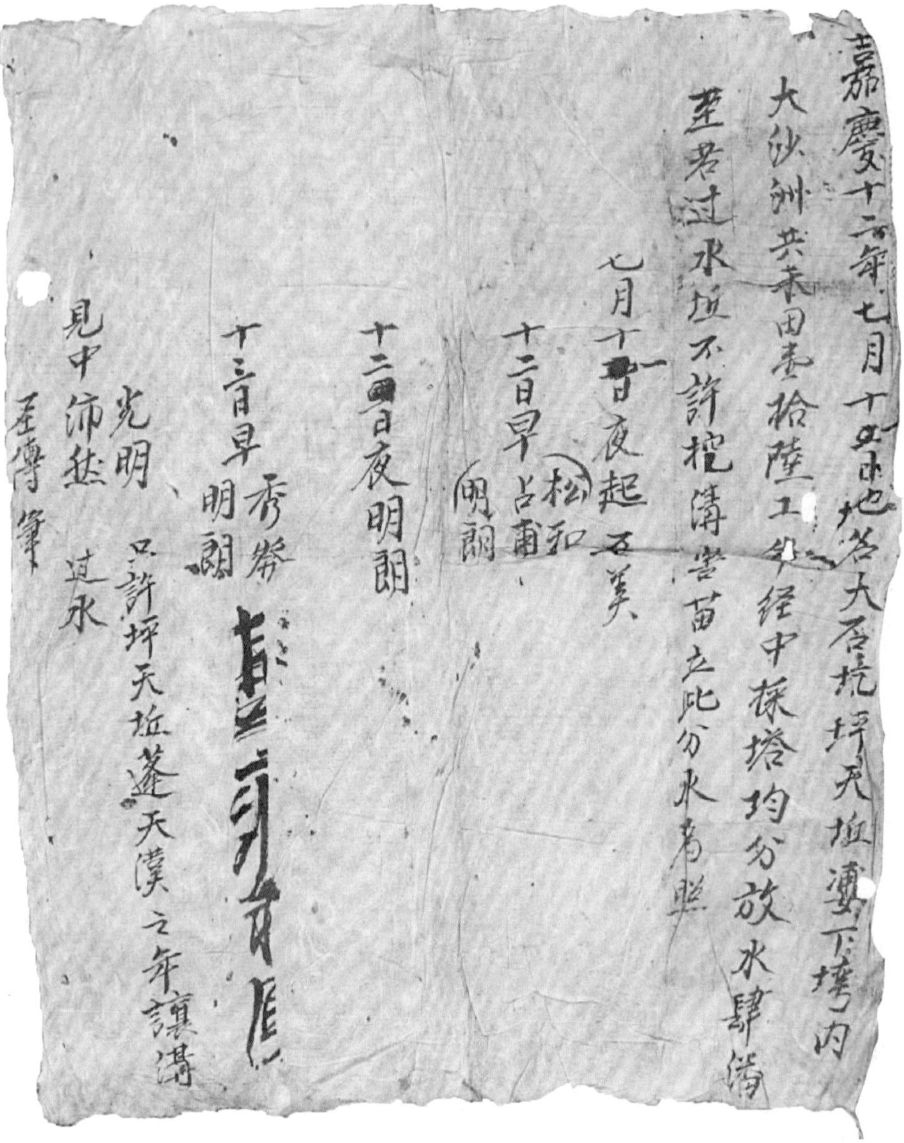

嘉庆十二年七月十一日地名
大石坑坪天垢漊下墸内大沙
洲共禾田壹拾陆工［弓］□
经中采塔均分放水肆潘至若
过水垢不许挖沟害苗立此分
水为照
七月十一日夜起石美
十二日早松和占甫明朗
十二日夜明朗
十三日早秀发明朗
⧄
见中光明沛然
圣传笔
只许坪天垢蓬（逢）天汉
（旱）之年让沟过水

嘉庆二十四年十二月二十日胡耀常兄弟卖杉树茶树退土契

立卖杉树茶树退土契人胡耀常亮才兄弟謪（商）议今因无钱应用自愿将到焦把垅中截熟土茶山杉树荒土并垅土连共壹大块上以买主土胡继来土为界下以胡时敏土买者土为界左右以岭顶倒水为界又壹处两叶垅下截杉树熟土荒岭连共壹块上左以买者杉树为界下以大圳为界坐身右边以建邦土大石硬碕为界贰处四至分明先尽亲房不受将来请中一并尽行□□出卖与房兄石美名下出价承买为业当日经中三面言□□□□值价铜钱壹仟九百文正即日亲手一并领足不少一文并无包□□复典卖亦无货物折算情由其树木自裁自种不与内外兄弟□⍰相干自卖之后任从买者自耕开地禁长管业耀常兄弟日后不得异言今欲有凭立卖树木退土契永远为照

内涂叁字为准

见中房兄秀发时敏

立全收字人胡耀常兄弟今收到房兄石美名下所买顶契内铜□一并俱收完不少一文所收是实

代笔房兄建邦

嘉庆贰拾四年十二月二十日耀常兄弟眼仝亲面【押】立

道光五年十二月十六日刘成才卖茶桐杉松竹木退土契

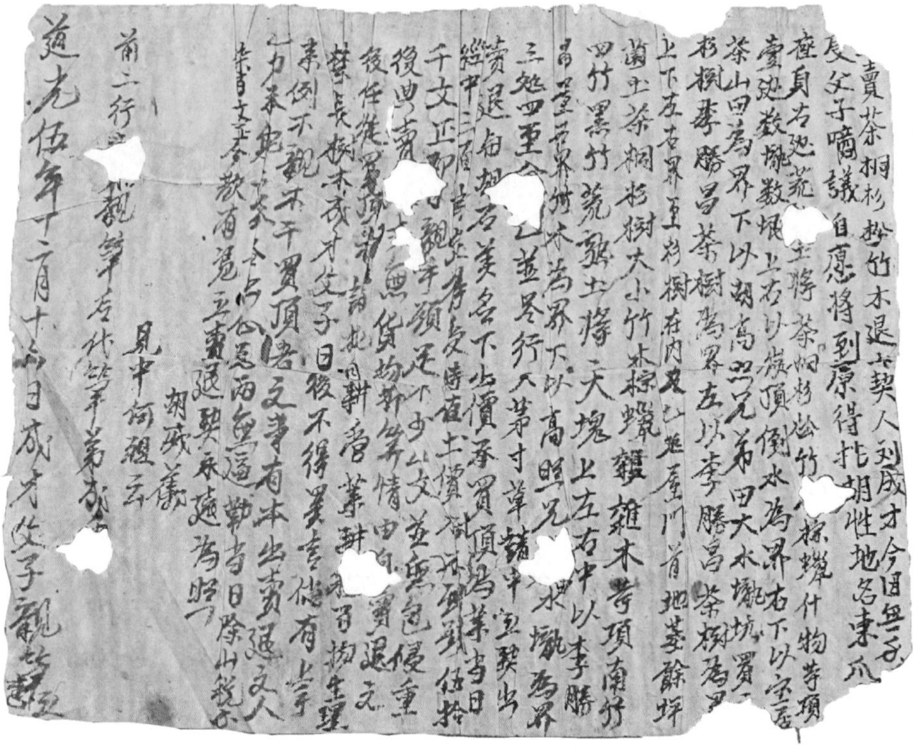

〈立〉卖茶桐杉松竹木退〈土〉契人刘成才今因无钱〈用〉度父子嘀（商）议自愿将到原得托胡性（姓）地名东爪□座身右边荒□土将茶桐杉松竹〈木〉棕蜡什物等项壹边数垅数垠上右以岭顶倒水为界右下以室居茶山田为界下以胡高照兄弟田大水垅坑买□杉树李胜昌茶树为界左以李胜昌茶树为界上下左右界至杉树在内及一处屋门首地基余坪园土茶桐杉树大小竹木棕蜡⍰杂木等项南竹四竹黑竹荒熟土将□大块上左右中以李胜昌□□为界竹木为界下以高照兄□水垅为界三处四至分□一并尽行□茅寸草请中立契出卖退与胡石美名下出价承买顶为业当日经中三面言定得受时值土价□□□钱伍拾千文正即日亲手领足不少一文并无包侵重复典卖□□□无货物折算情由□⍰退之后任从买顶者□□□自耕管业耕〈种〉百物生理禁长树木成才（材）父子日后不得异言倘有上手来例不⍰不干买顶者之事有本出卖退之人一力承躭（担）□□□□心愿两无逼勒当日除山税钱柒佰文正今欲有凭立卖退契永远为照

见中胡威仪何祖云

前二行〈成才〉亲笔后代笔弟成□

道光伍年十二月十六日成才父子亲笔立【押】

道光二十七年六月十八日刘及信杜退耕田约

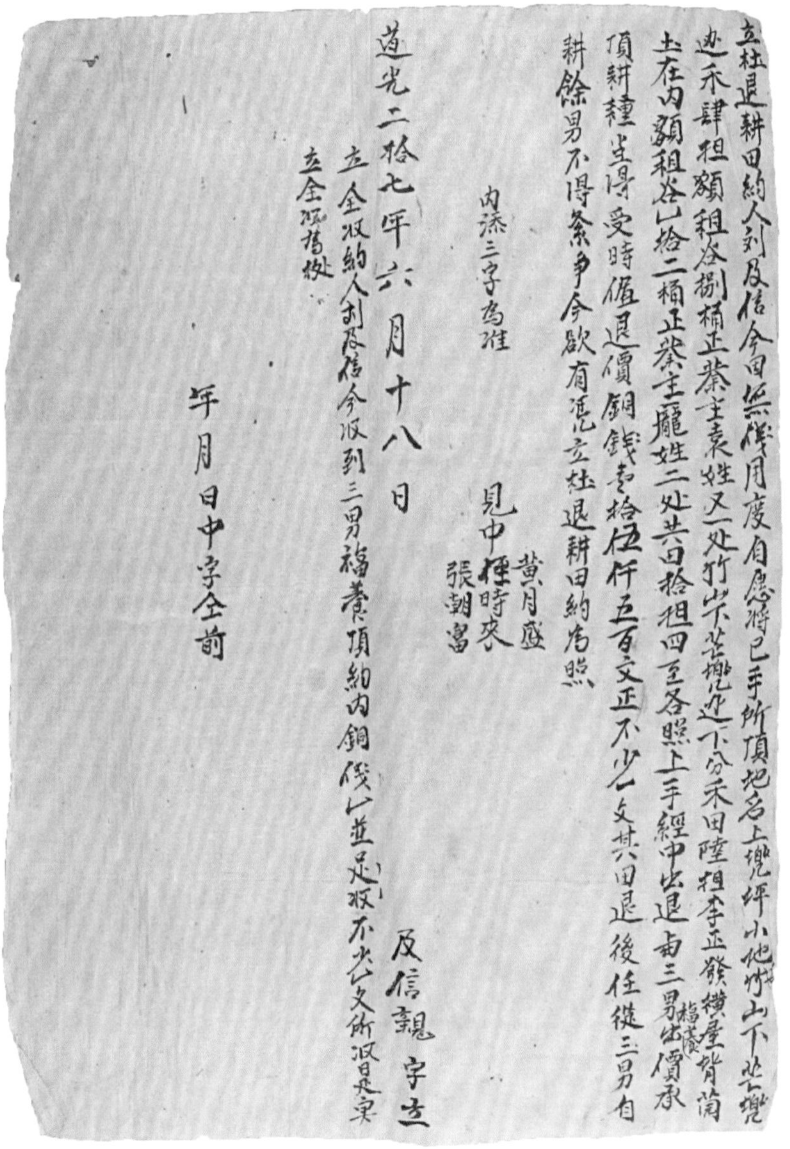

立杜退耕田约人刘及信今因无钱用度自愿将己手所顶地名上垗坪小地□竹山下芒垗边禾肆担额租谷捌桶正业主袁姓又一处竹山下芒垗边下分禾田陆担李正发横屋背园土在内额租谷一拾二桶正业主庞姓二处共田拾担四至各照上手经中出退与三男福养出价承顶耕种当得受时值退价铜钱壹拾伍仟五百文正不少一文其田退后任从三男自耕余男不得紊争今欲有凭立杜退耕田约为照

内添三字为准

见中黄月盛侄时来张朝富

道光二拾七年六月十八日

及信亲字立

立全收约人刘及信今收到三男福养顶约内铜钱一并收足不少一文所收是实立全收为据

年月日中字仝前

道光二十九年六月二十五日胡以求等分水潘单

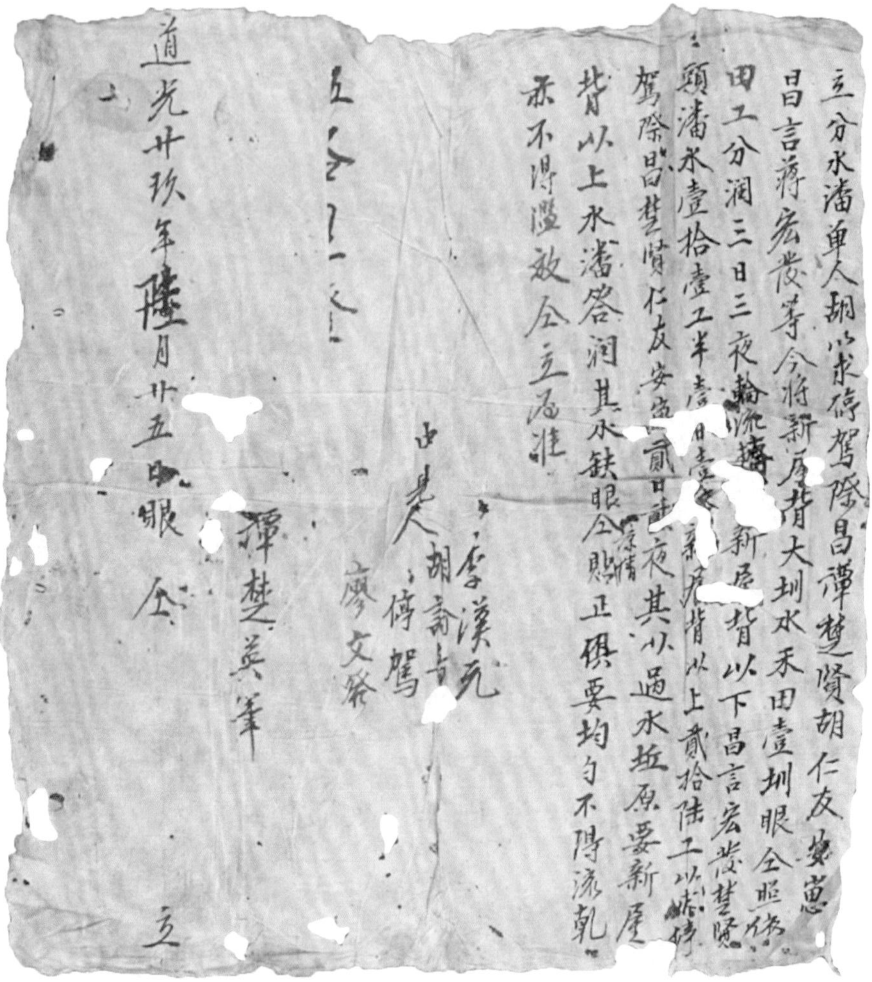

立分水潘单人胡以求停驾际昌谭楚贤胡
仁友安崽昌言蒋宏发等今将新屋背大圳
水禾田壹圳眼仝照依田工〔弓〕分润三
日三夜轮流挤□新屋背以下昌言宏发楚
贤头潘水壹拾壹工〔弓〕半壹〈日〉壹〈夜〉
新屋背以上贰拾陆工〔弓〕以求停驾际
昌楚贤仁友安崽贰日贰夜其以过水坵原
要新屋背以上水潘答润其水缺眼仝谅情
贴正俱要均匀不得流干亦不得滥放仝立
为准

中见人李汉元胡□□胡停驾廖文发
□□□
谭楚英笔
道光廿玖年陆月廿五日眼仝立

咸丰八年十二月二十九日吴文贵兄弟退耕禾田字

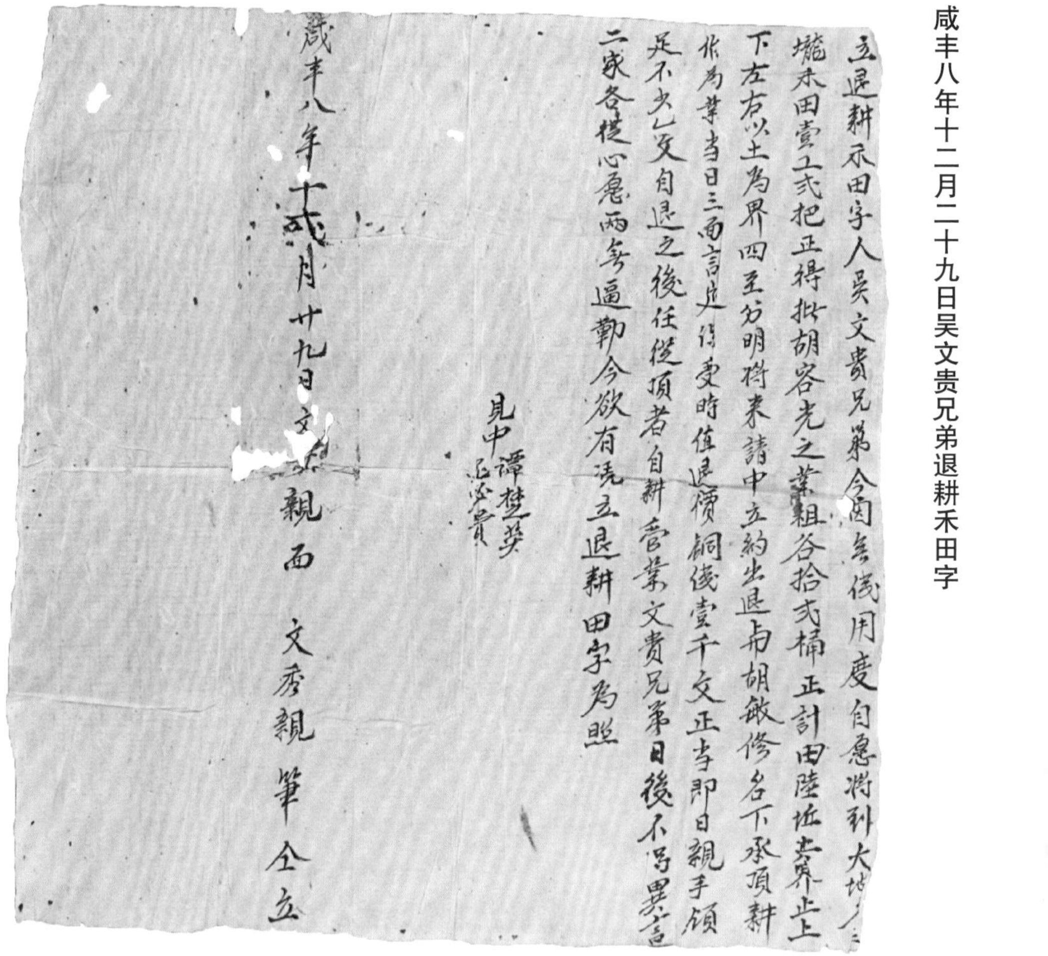

立退耕禾田字人吴文贵兄弟今因无钱用度自愿将到大地□□垅禾田壹工〔弓〕贰把正得批胡容光之业租谷拾贰桶正计田陆丘其界止上下左右以土为界四至分明将来请中立约出退与胡敏修名下承顶耕作为业当日三面言定得受时值退价铜钱壹千文正当即日亲手领足不少一文自退之后任从顶者自耕管业文贵兄弟日后不得异言二家各从心愿两无逼勒今欲有凭立退耕田字为照

见中谭楚英吴必贵

咸丰八年十贰月廿九日文〈贵〉亲面文秀亲笔仝立

光绪四年七月初七日骆信通等发批约

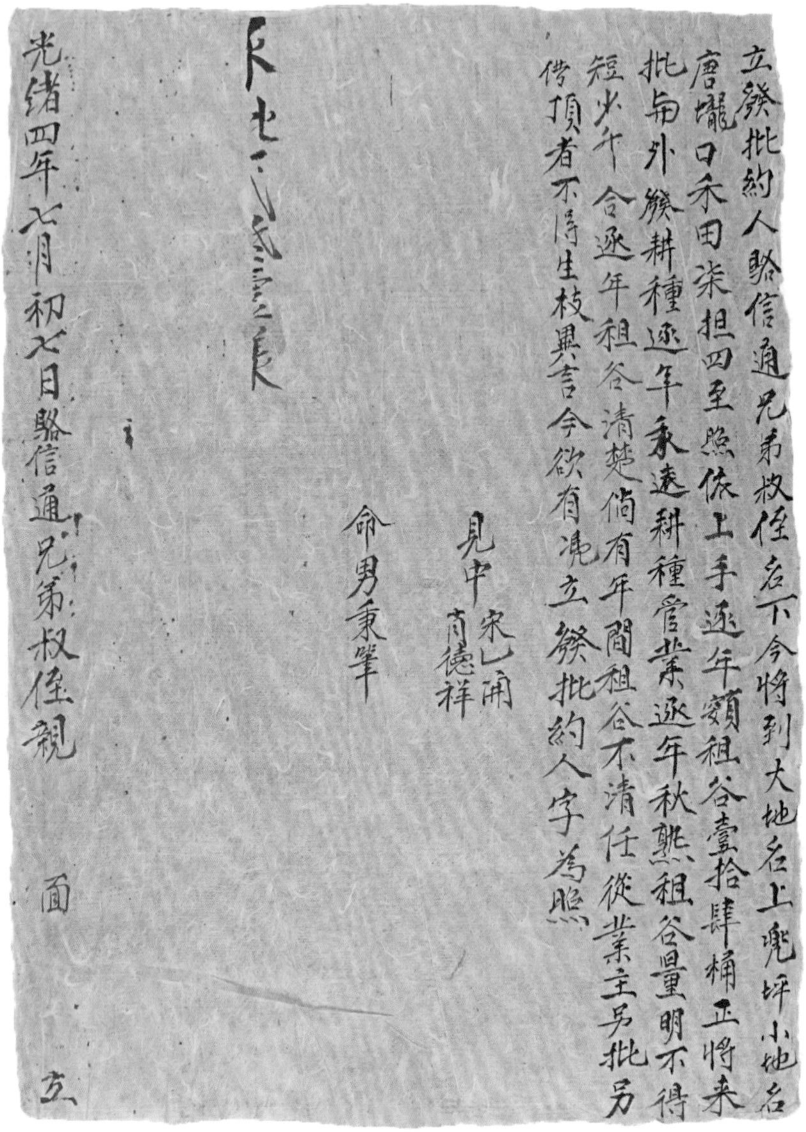

立发批约人骆信通兄弟叔侄名
下今将到大地名上兆坪小地名
唐垅口禾田柒担四至照依上手
逐年额租谷壹拾肆桶正将来批
与外发耕种逐年永远耕种管业
逐年秋熟租谷量明不得短少升
合逐年租谷清楚倘有年间租谷
不清任从业主另批另借顶者不
得生枝异言今欲有凭立发批约
人字为照
见中宋一开肖德祥
命男秉笔
□□□□□
光绪四年七月初七日骆信通兄
弟叔侄亲面立

光绪十五年六月初六日何俊杰卖青苗禾田退耕契

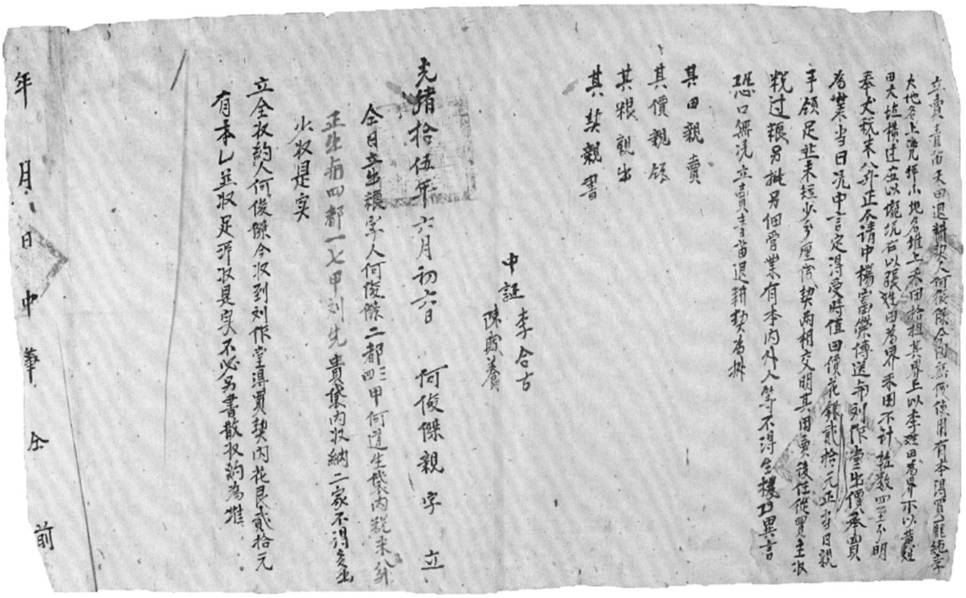

立卖青苗禾田退耕契人何俊杰今因无钱使用有本得买庞纯李大地名上兆坪小地名堆上禾田拾担其界上以李姓田为界下以黄姓田大坵横过左以垅坑右以张姓田为界禾田不计丘数四至分明奉丈税米八升正今请中杨富荣传送与刘作堂出价承买为业当日凭中言定得受时值田价花银贰拾元正当日亲手领足并未短少分厘钱契两相交明其田卖后任从买主收税过粮另批另佃管业有本内外人等不得生枝异言恐口无凭立卖青苗退耕契为据

其田亲卖

其价亲领

其粮亲出

其契亲书

中证李合古陈贱养

光绪拾伍年六月初六日何俊杰亲字立

仝日立出粮字人何俊杰二都三甲四甲何道生袋内税米八升正出与四都一七甲刘先贵袋内收纳二家不得多出少收是实

立仝收约人何俊杰今收到刘作堂得买契内花银贰拾元有本一并收足所收是实不必另书散收约为准

年月日中笔仝前

光绪二十五年二月二十六日胡寿林父子典卖禾田租谷契

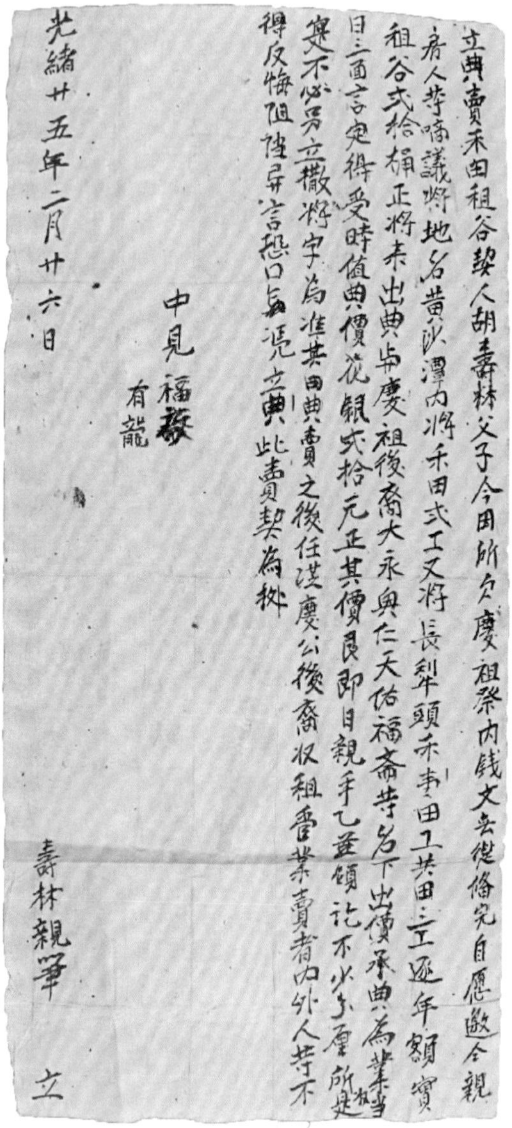

立典卖禾田租谷契人胡寿林父子今因所欠庆祖祭内钱文无从备完自愿邀仝亲房人等嘀（商）议将地名黄沙潭内将禾田贰工〔弓〕又将长犁头禾壹田工〔弓〕共田三工〔弓〕逐年额实租谷贰拾桶正将来出典与庆祖后裔大永兴仁天佑福斋等名下出价承典为业当日三面言定得受时值典价花银贰拾元正其价银即日亲手一并领讫不少分厘所收是实不必另立撒将字为准其田典卖之后任从庆公后裔收租管业卖者内外人等不得反悔阻⿰阝当（挡）异言恐口无凭立典此卖契为据

中见福毅有龙

光绪廿五年二月廿六日寿林亲笔立

光绪二十七年六月二十八日张家祥典青苗禾田租谷字

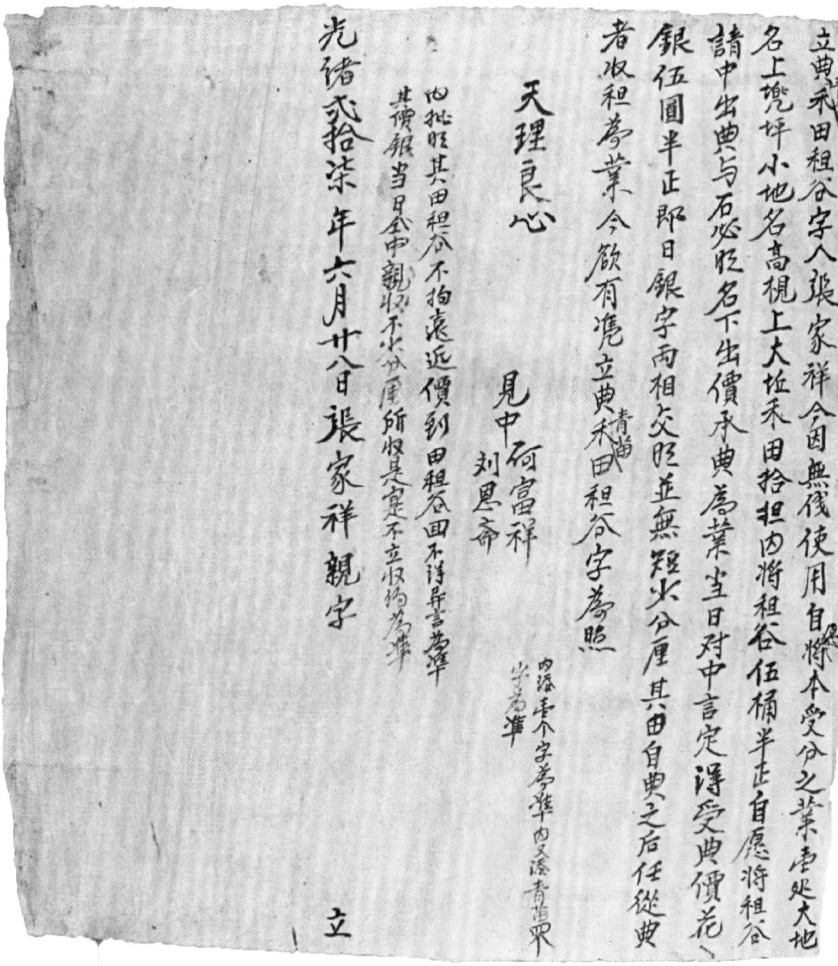

立典青苗禾田租谷字人张家祥今因无钱使用自愿将本受分之业壹处大地名上兆坪小地名高枧上大坵禾田拾担内将租谷伍桶半正自愿将租谷请中出典与石必明名下出价承典为业当日对中言定得受典价花银伍圆半正即日银字两相交明并无短少分厘其田自典之后任从典者收租为业今欲有凭立典青苗禾田租谷字为照

内添壹个字为准内又添青苗四个字为准

天理良心

见中何富祥刘恩斋

内批明其田租谷不拘远近价到田租谷回不得异言为准

其价银当日仝中亲收不少分厘所收是实不立收约为准

光绪贰拾柒年六月廿八日张家祥亲字立

光绪二十八年二月十九日刘富连典当耕禾田契

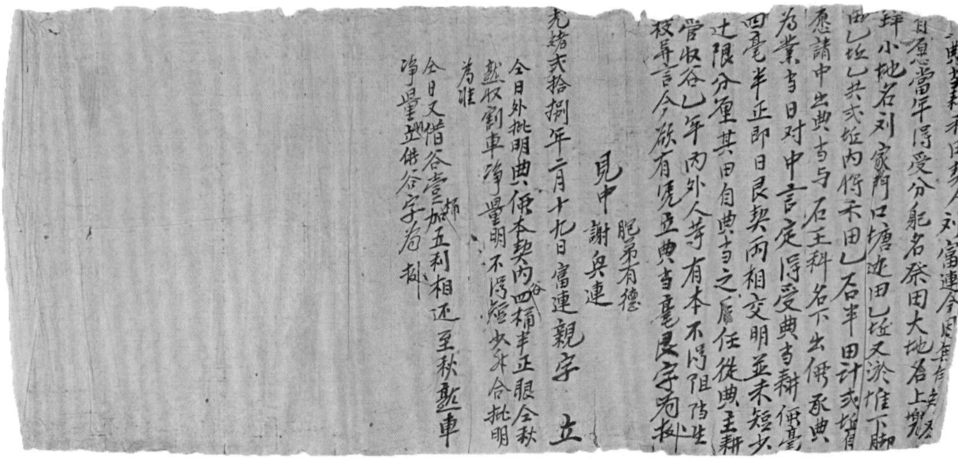

〈立〉典当耕禾田契人刘富连今因无〈钱〉□□自愿当年得受分己名祭田大地名上垗坪小地名刘家门口塘边田一丘又淤堆下脚田一丘一共贰丘内将禾田一大口半田计贰丘自愿请中出典当与石王科名下出价承典为业当日对中言定得受典当耕价毫四毫半正即日银契两相交明并未短少过限分厘其田自典当之后任从典主耕管收谷一年内外人等有本不得阻凶（挡）生枝异言今欲有凭立典当毫银字为据

见中胞弟有德谢兴连

光绪贰拾捌年二月十九日富连亲字立

仝日外批明典价本契内谷四桶半正眼仝秋熟收割车净量明不得短少升合批明为准

仝日又借谷壹桶加五利相还至秋熟车净量明立借谷字为据

光绪二十八年三月十六日王焕扬杜退耕禾田契

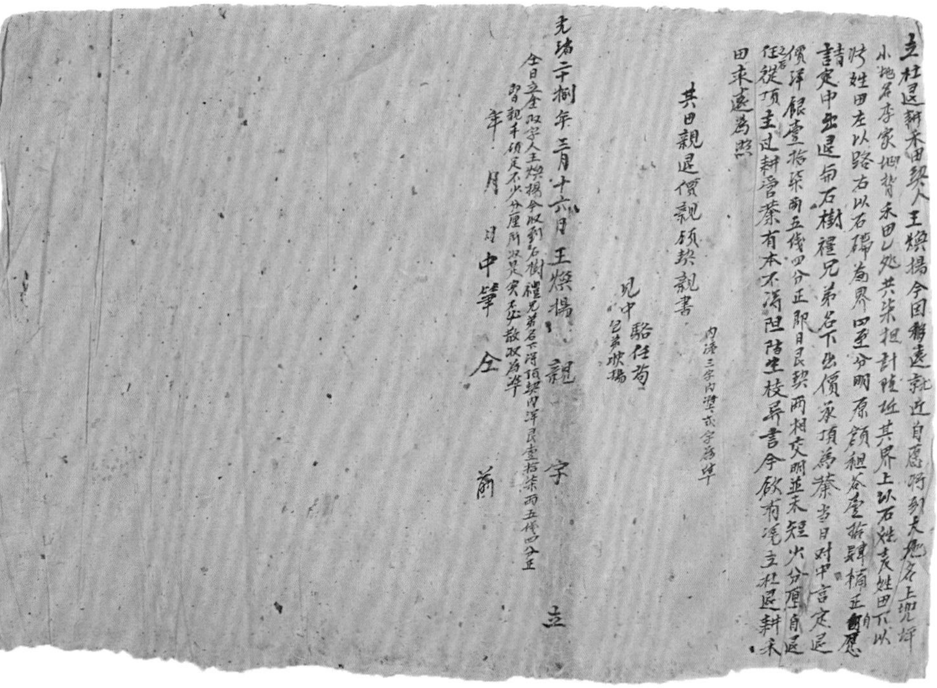

立杜退耕禾田契人王焕扬今因移远就近自愿将
到大地名上兆坪小地名李家抝背禾田一处共柒
担计陆丘其界上以石姓袁姓田下以张姓田左以
路右以石磡为界四至分明原额租谷壹拾肆桶正
自愿请定中出退与石树礼兄弟名下出价承顶为
业当日对中言定退价洋银壹拾柒两五钱四分正
即日银契两相交明并未短少分厘自退之后任从
顶主过耕管业有本不得阻陷（挡）生枝异言今
欲有凭立杜退耕禾田永远为照
内添三字内涂贰字为准
其田亲退价亲领契亲书
见中骆任苟包弟映扬
光绪二十捌年三月十六日王焕扬亲字立
仝日立仝收字人王焕扬今收到石树礼兄弟名下
得顶契内洋银壹拾柒两五钱四分正即日亲手领
足不少分厘所收是实不必散收为准
年月日中笔仝前

光绪三十一年六月十三日石福养等杜退耕青苗禾田约

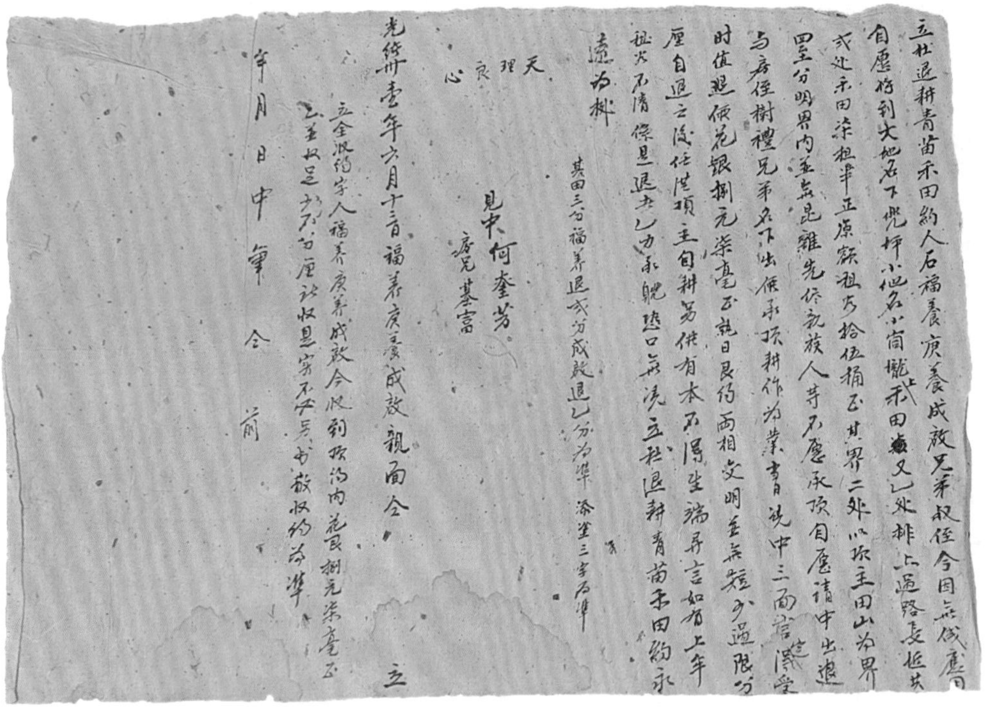

立杜退耕青苗禾田约人石福养庚养成啟兄弟叔侄今因无钱应用自愿将到大地名下兆坪小地名小尚垅上禾田又一处排上过路长坵共贰处禾田柒担半正原额租谷拾伍桶正其界二处以顶主田山为界四至分明界内并无昆（混）杂先尽亲族人等不愿承顶自愿请中出退与房侄树礼兄弟名下出价承顶耕作为业当日凭中三面言定得受时值退价花银捌元柒毫正就日银约两相交明并无短少过限分厘自退之后任从顶主自耕另借有本不得生端异言如有上年租谷不清系是退者一力承躭（担）恐口无凭立杜退耕青苗禾田约永远为据

其田三分福养退贰分成啟退一分为准添涂三字为准

天理良心

见中何奎芳房兄基富

光绪卅壹年六月十三日福养庚养成啟亲面仝立

立全收约字人福养庚养成啟今收到顶约内花银捌元柒毫正一并收足不少分厘所收是实不必另书散收约为准

年月日中笔仝前

光绪三十二年十二月二十三日李九益足领全收田契洋银字

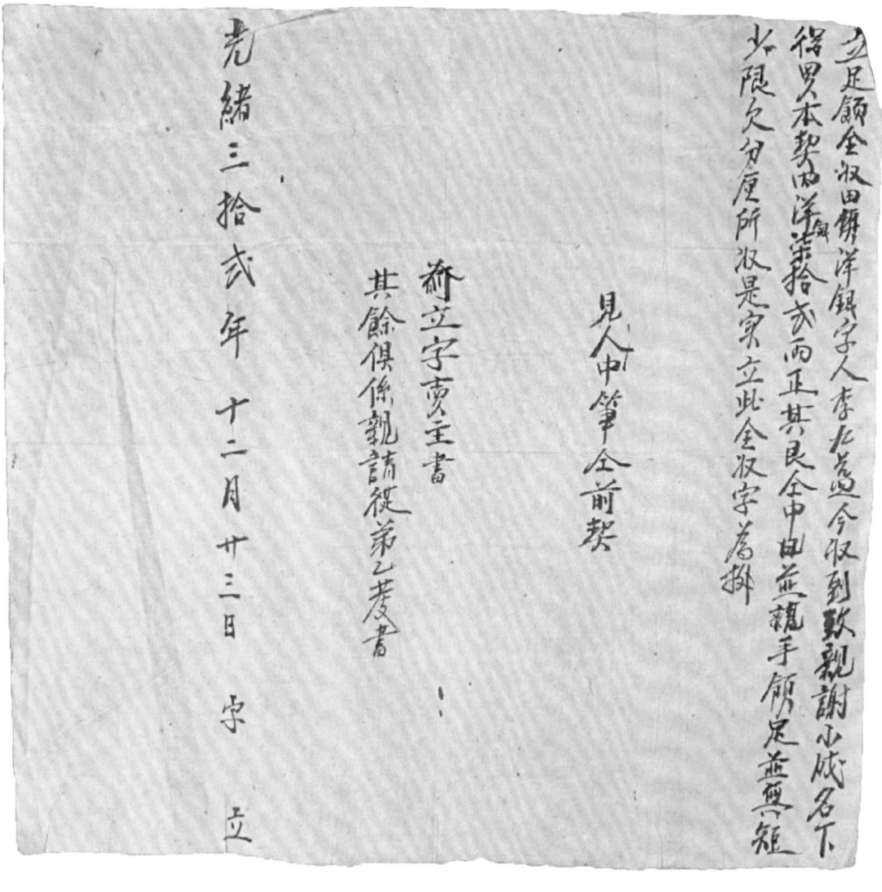

立足领全收田契洋银字人李九益今收到致亲谢小成名下得买本契内洋银柒拾贰两正其银仝中一并亲手领足并无短少限欠分厘所收是实立此全收字为据

见人中笔仝前契

前立字卖主书

其余俱系亲请从弟乙发书

光绪三拾贰年十二月廿三日字立

光绪三十二年十二月二十四日刘大奴借花银字

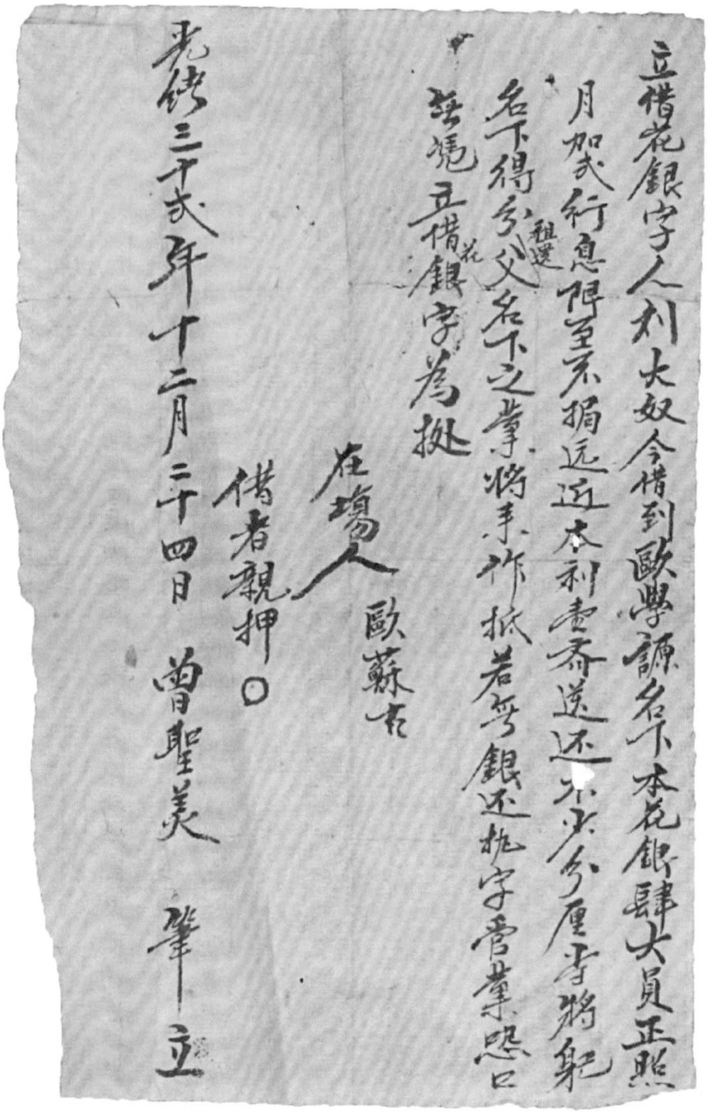

立借花银字人刘大奴今借到欧学源名下本花银肆大员正照月加贰行息限至不拘远近本利壹齐送还不少分厘当将己名下得分祖遗父名下之业将来作抵若无银还执字管业恐口无凭立借花银字为据

在场人欧苏古

借者亲押【押】

光绪三十贰年十二月二十四日

曾圣美笔立

光绪三十二年十二月二十四日刘有德借花银字

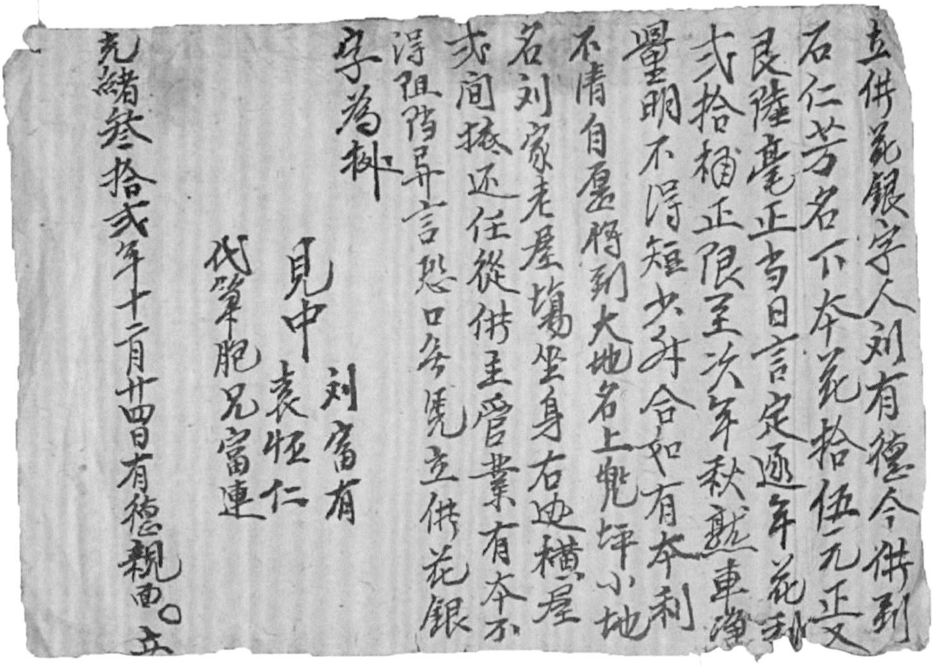

立借花银字人刘有德今借到石仁芳名下本花拾伍元正又银陆毫正当日言定逐年花利贰拾桶正限至次年秋熟车净量明不得短少升合如有本利不清自愿将到大地名上兜坪小地名刘家老屋场坐身右边横屋贰间抵还任从借主管业有本不得阻挡（挡）异言恐口无凭立借花银字为据

见中刘富有袁怀仁

代笔胞兄富连

光绪叁拾贰年十二月廿四日有德亲面【押】立

光绪三十三年四月二十五日袁辛科杜卖菜园土契

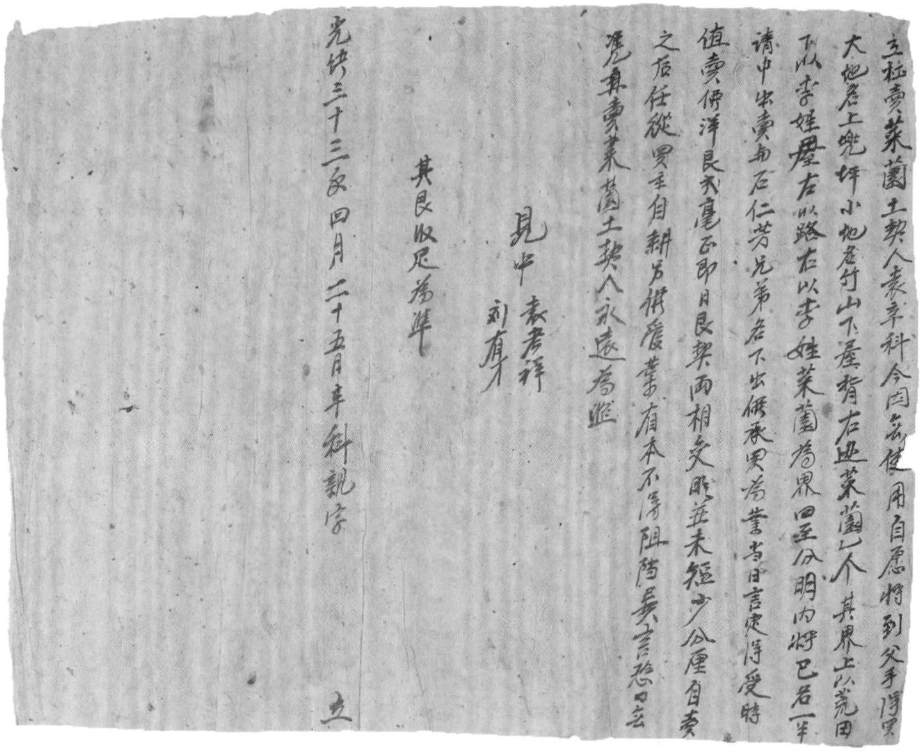

立杜卖菜园土契人袁辛科今因无钱使用自愿将到父手得买大地名上兆坪小地名竹山下屋背右边菜园一个其界上以荒田下以李姓屋左以路右以李姓菜园为界四至分明内将已各一半请中出卖与石仁芳兄弟名下出价承买为业当日言定得受时值卖价洋银贰毫正即日银契两相交明并未短少分厘自卖之后任从买主自耕另借管业有本不得阻凼（挡）异言恐口无凭立卖菜园土契人永远为照

见中袁考祥刘有才

其银收足为准

光绪三十三年四月二十五日辛科亲字立

民国元年九月桂昌杜退茶山松杉茶桐竹木土壄契

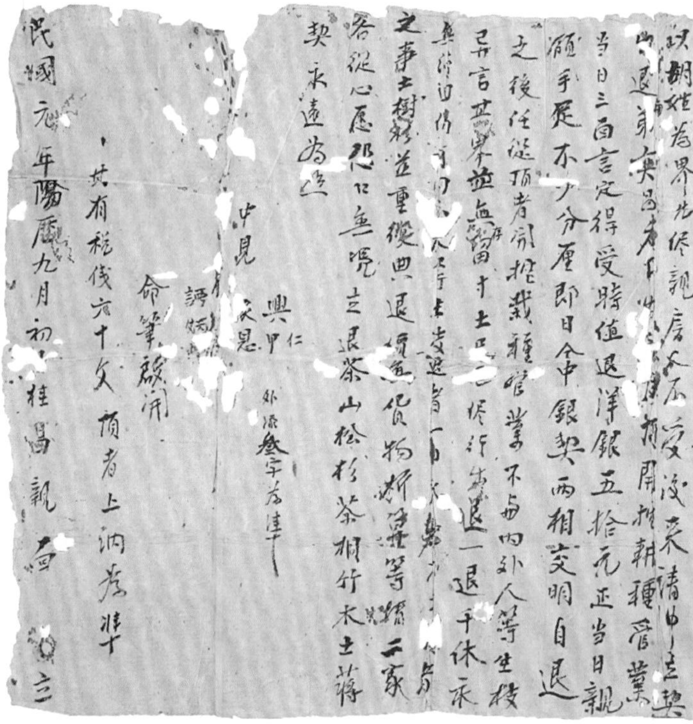

立杜退茶山松杉茶桐竹木土壄契人桂昌今因无钱应用自愿将己名下得顶之业大地廖家坪小地名新屋背坪头其界址上以顶者下以在田田址东昌土址谭姓田址左以顶者址右边上截以谭炳均中截顶者下以胡姓为界先尽亲房人不受后来请中立契出退与弟实昌名下□□□开挖耕种管业当日三面言定得受时值退洋银五拾元正当日亲领手足不少分厘即日仝中银契两相交明自退之后任从顶者开挖栽种管业不与内外人等生枝异言其界并无存留寸土□□尽行出退一退千休永无续（赎）回日☒退者一☒之事土树杉并重复典退□□货物折算等情二家各从心愿恐口无凭立退茶山松杉茶桐竹木土蒋（壄）契永远为照

中见兴仁兴甲家恩谭炳〈均〉

外添叁字为准

命笔启开

其有税钱六十文顶者上纳为准

民国元年阳历九月初□桂昌亲面【押】立

民国三年十月初八日罗丁斋退茶山杉树荒山地土百物树株契

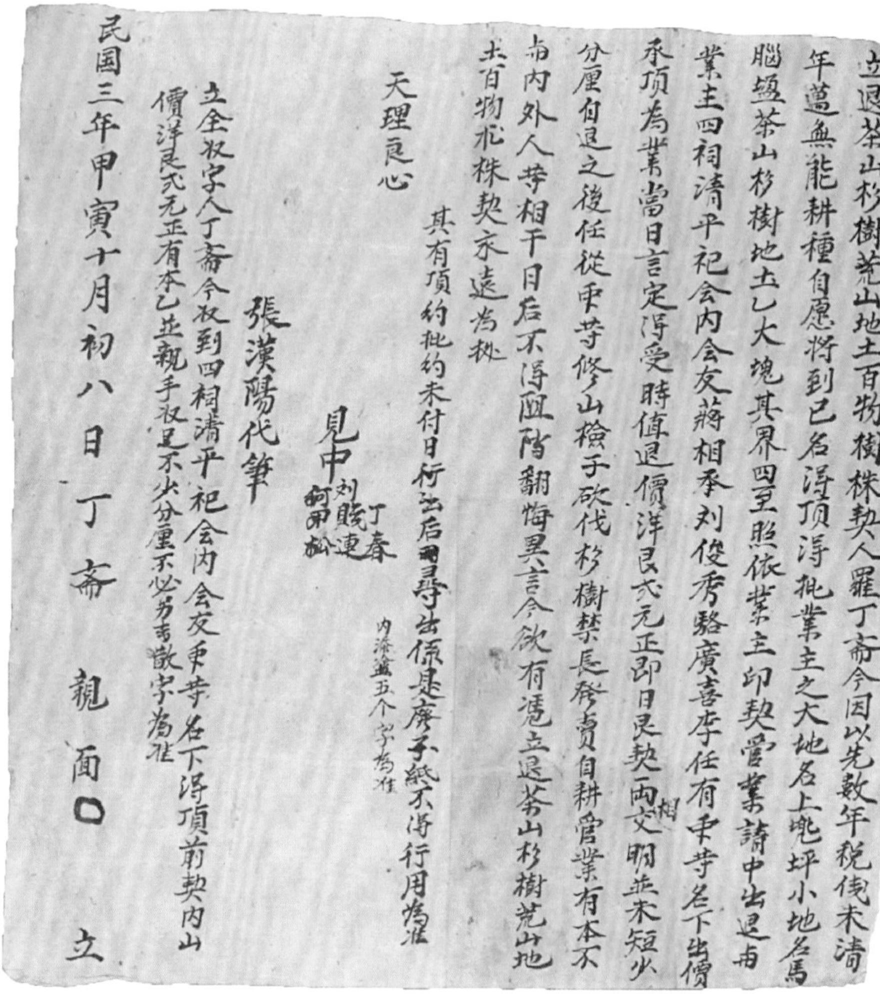

立退茶山杉树荒山地土百物树株契人罗丁斋今因以先数年税钱未清年迈无能耕种自愿将到已（己）名得顶得批业主之大地名上兆坪小地名马脑塭茶山杉树地土一大块其界四至照依业主印契管业请中出退与业主四祠清平祀会内会友蒋相承刘俊秀骆广喜李任有众等名下出价承顶为业当日言定得受时值退价洋银贰元正即日银契两相交明并未短少分厘自退之后任从众等修山检子砍伐杉树禁长发卖自耕管业有本不与内外人等相干日后不得阻凼（挡）翻悔异言今欲有凭立退茶山杉树荒山地土百物术（树）株契永远为据

其有顶约批约未付日行出后寻出系是废纸不得行用为准

内添涂五个字为准

见中刘丁春刘贱连何甲松

张汉阳代笔

立全收字人丁斋今收到四祠清平祀会内会友众等名下得顶前契内山价洋银贰元正有本一并亲手收足不少分厘不必另书散字为准

民国三年甲寅十月初八日丁斋亲面【押】立

民国六年十二月二十七日曹红米全收腹字

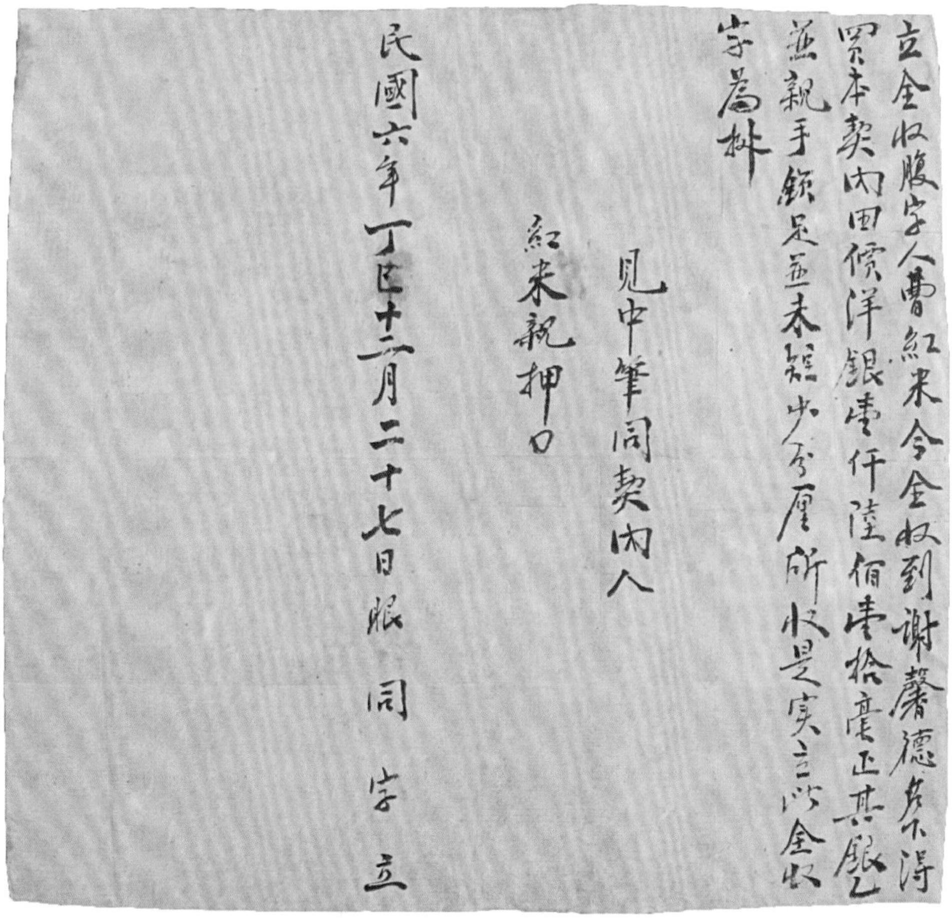
立全收腹字人曹紅米今全收到謝馨德名下得
買本契內田價洋銀壹仟陸佰壹拾毫正其銀一
並親手領足並未短少分厘所收是實立此全收
字為據
見中筆同契內人
紅米親押
民國六年丁巳十二月二十七日眼同字立

立全收腹字人曹红米今全收到谢馨德名下得买本契内田价洋银壹仟陆佰壹拾毫正其银一并亲手领足并未短少分厘所收是实立此全收字为据

见中笔同契内人

红米亲押【押】

民国六年丁巳十二月二十七日眼同字立

民国十二年三月初八日何光明裔等重新分田约

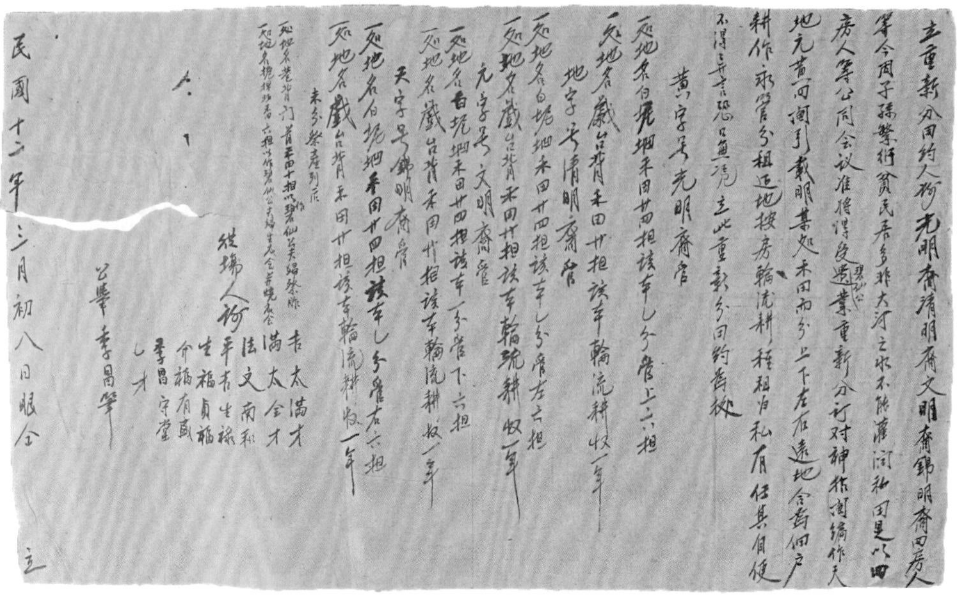

立重新分田约人何光明裔清明裔文明裔锦明裔四房人等今因子孙繁衍贫民居多非大河之水不能灌润私田是以四房人等公同会议准将得受碧仙公遗业重新分订对神拈阄编作天地元黄四阄引载明某处禾田而分上下左右远地合为佃户耕作永管分租近地按房轮流耕种租归私有任其自便不得异言恐口无凭立此重新分田约为据

黄字号光明裔管

一处地名白坭垌禾田廿四担该本一分管上六担

一处地名戏台背禾田廿担该本轮流耕收一年

地字号清明裔管

一处地名白坭垌禾田廿四担该本一分管左六担

一处地名戏台背禾田廿担该本轮流耕收一年

元字号文明裔管

一处地名白坭垌禾田廿四担该本一分管下六担

一处地名戏台背禾田廿担该本轮流耕收一年

天字号锦明裔管

一处地名白坭垌禾田廿四担该本一分管右六担

一处地名戏台背禾田廿担该本轮流耕收一年

未分祭产列后

一处地名巷背门前禾田十担以作碧仙公夫妇祭胙

一处地名桅捍坵禾田六担以作碧仙公夫妇生龙会并烧衣会

从场人何吉太满才满太全才法文南和平吉生禄生福贞福介福有盛

季昌守堂乙才

公举季昌笔

民国十二年三月初八日眼仝立

民国十三年十一月十五日杨加宏义让禾田字

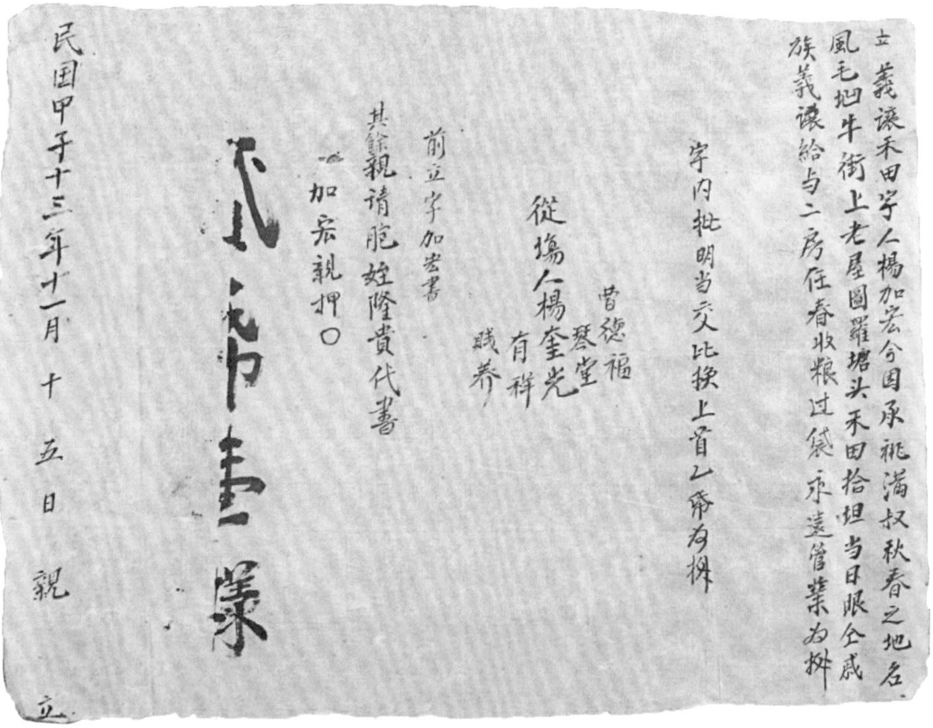

立义让禾田字人杨加宏今因承祧满叔秋春之地名风毛
坰牛街上老屋图罗塘头禾田拾担当日眼仝戚族义让给
与二房任春收粮过袋永远管业为据
字内批明当交比换上首一纸为据
从场人曹德福杨琴堂杨奎光杨有祥杨贱养
前立字加宏书
其余亲请胞侄隆贵代书
加宏亲押【押】
〈贰纸壹样〉
民国甲子十三年十一月十五日亲立

民国十七年古四月二十三日陈蠢古典卖粪坑屋宇地基契

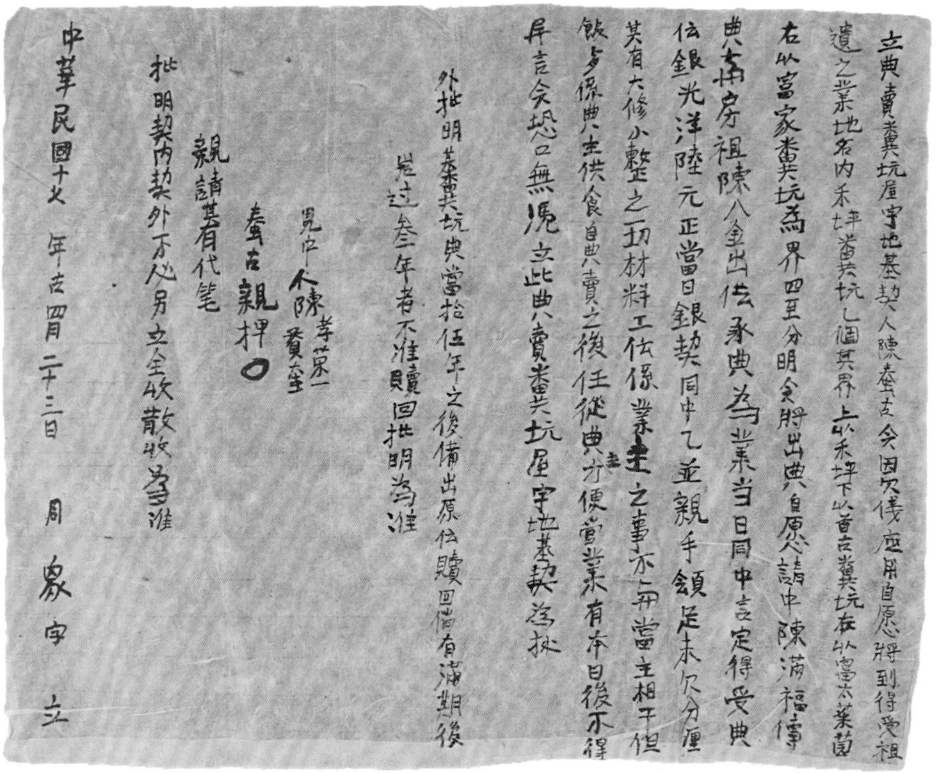

立典卖粪坑屋宇地基契人陈蠢古今因欠钱应用自愿将到得受祖遗之业地名内禾坪粪坑一个其界上以禾坪下以首古粪坑左以富太菜园右以富家粪坑为界四至分明今将出典自愿请中陈满福传典与房祖陈八金出伝（价）承典为业当日同中言定得受典伝（价）银光洋陆元正当日银契同中一并亲手领足未欠分厘其有大修小整之一切材料工伝（价）系业主之事不与当主相干但饮餐系典主供食自典卖之后任从典主方便管业有本日后不得异言今恐口无凭立此典卖粪坑屋宇地基契为据

外批明其粪坑典当拾伍年之后备出原伝（价）赎回倘有满期后岂（延）过叁年者不准赎回批明为准

见中人陈孝荣陈赉奎

蠢古亲押【押】

亲请其有代笔

批明契内契外不必另立全收散收为准

中华民国十七年古四月二十三日同众字立

民国十八年至二十年因洪水蠲免田赋情形

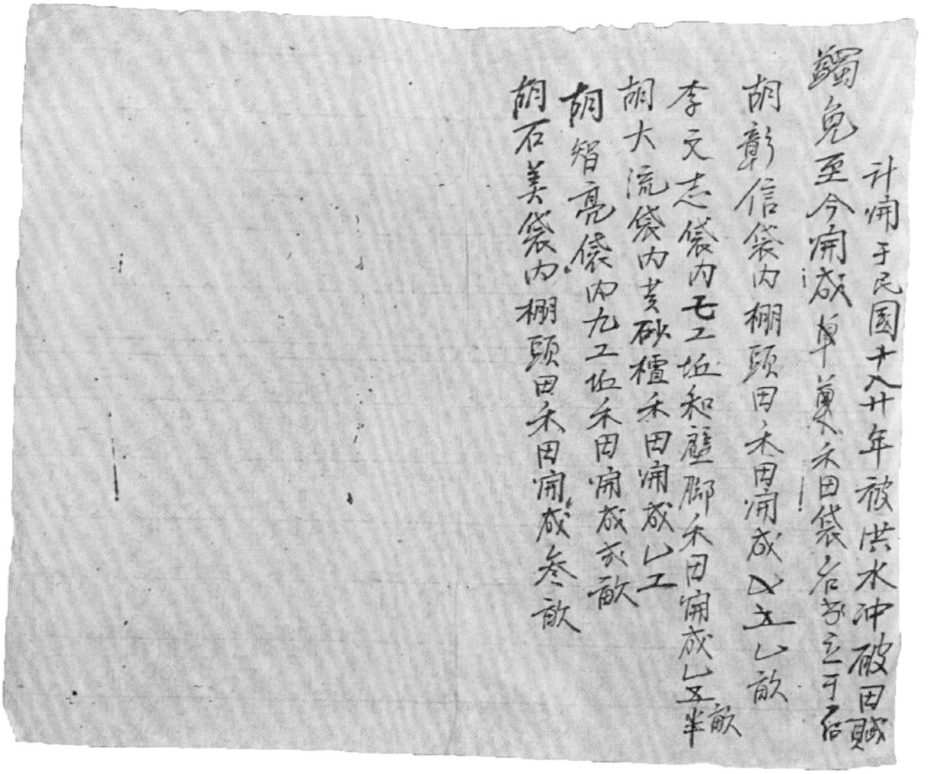

计开于民国十八廿年被洪水冲破田赋蠲免至今开成禾田袋名书立于后
胡彰信袋内棚头田禾田开成一亩
李文志袋内七工〔弓〕丘和壁脚禾田开成一亩半
胡大流袋内共砂植禾田开成一工〔弓〕
胡智亮袋内九工〔弓〕丘禾田开成贰亩
胡石美袋内棚头田禾田开成叁亩

民国十九年十二月十六日胡禄春卖脱耕禾田契

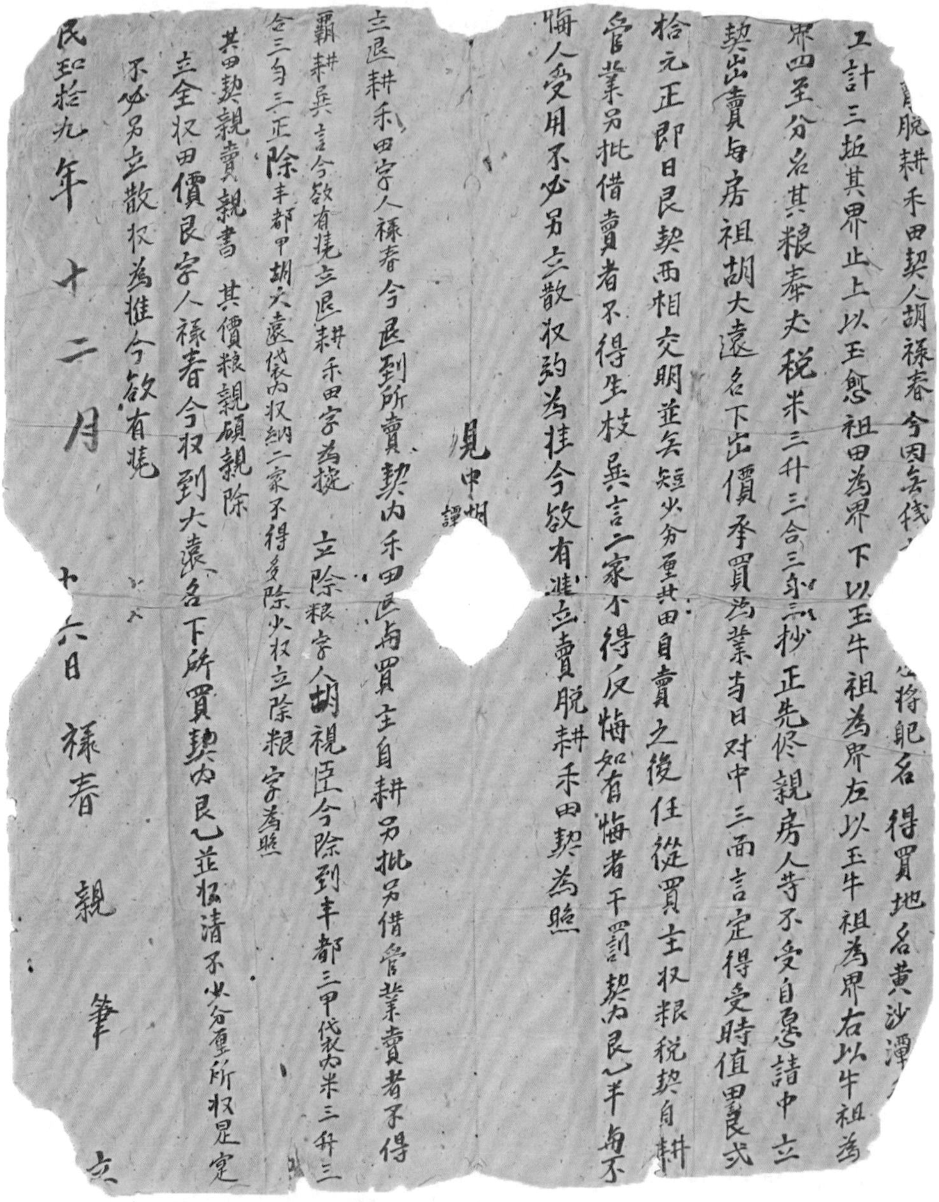
[立]賣脫耕禾田契人胡祿春，今因無錢……將祀名得買地名黃沙潭
土計三坵，其界止上以王愈祖田為界，下以王牛祖為界，左以王牛祖為界，右以牛祖為
界，四至分明。其粮奉丈稅米三升三合三勺三抄正。先儘親房人等，不受，自愿請中立
契出賣與房祖胡大遠名下出價承買為業。當日对中三面言定，得受時值價良式
拾元正，即日良契兩相交明，並無短少分厘。其田自賣之後，任從買主收粮稅契自耕
管業，另批借賣者不得生枝異言。二家不得反悔，如有悔者，干罰契內良一半與不
悔人受用，不必另立散收，約為推。今欲有憑，立賣脫耕禾田契為照。
見中 胡譚
立退耕禾田字人祿春，今退到所賣契內禾田退與買主自耕，另批另借管業，賣者不得
霸耕異言。今欲有憑，立退耕禾田字為據。
立除粮字人胡視臣，今除到豐都三甲代收內米三升三
合三勺三正，除豐都甲胡大遠代收內收納，二家不得多除少收，立除粮字為照。
其田契親賣親書　其價粮親領親除
立全收田價良字人祿春，今收到大遠名下所買契內良一並收清，不少分厘，所收是實。
不必另立散收，為推。今欲有憑
民國拾九年十二月十六日　祿春親筆立

〈卖〉脱耕禾田契人胡禄春今因无钱☒将己名得买地名黄沙潭□□□工（弓）计三丘其界止上以玉愈祖田为界下以玉牛祖为界左以玉牛祖为界右以牛祖为界四至分名（明）其粮奉丈税米三升三合三勺（勺）三抄正先尽亲房人等不受自愿请中立契出卖与房祖胡大远名下出价承买为业当日对中三面言定得受时值田银贰拾元正即日银契西（两）相交明并无短少分厘其田自卖之后任从买主收粮税契自耕管业另批借卖者不得生枝异言二家不得反悔如有悔者干（甘）罚契内银一半与不悔人受用不必另立散收约为准今欲有准立卖脱耕禾田契为照

见中胡□□谭□□

立退耕禾田字人禄春今退到所卖契内禾田⍰与买主自耕另批另借管业卖者不得霸耕异言今欲有凭立退耕禾田字为据　立除粮字人胡视臣今除到丰都三甲袋内米三升三合三勺（勺）三正除丰都甲胡大远袋内收纳二家不得多除少收立除粮字为照

其田契亲卖亲书　其价粮亲领亲除

立全收田价银字人禄春今收到大远名下所买契内银一并收清不少分厘所收是实不必另立散收为准今欲有凭

民国拾九年十二月十六日禄春亲笔立

民国十九年十二月十八日沈孝华卖屋契

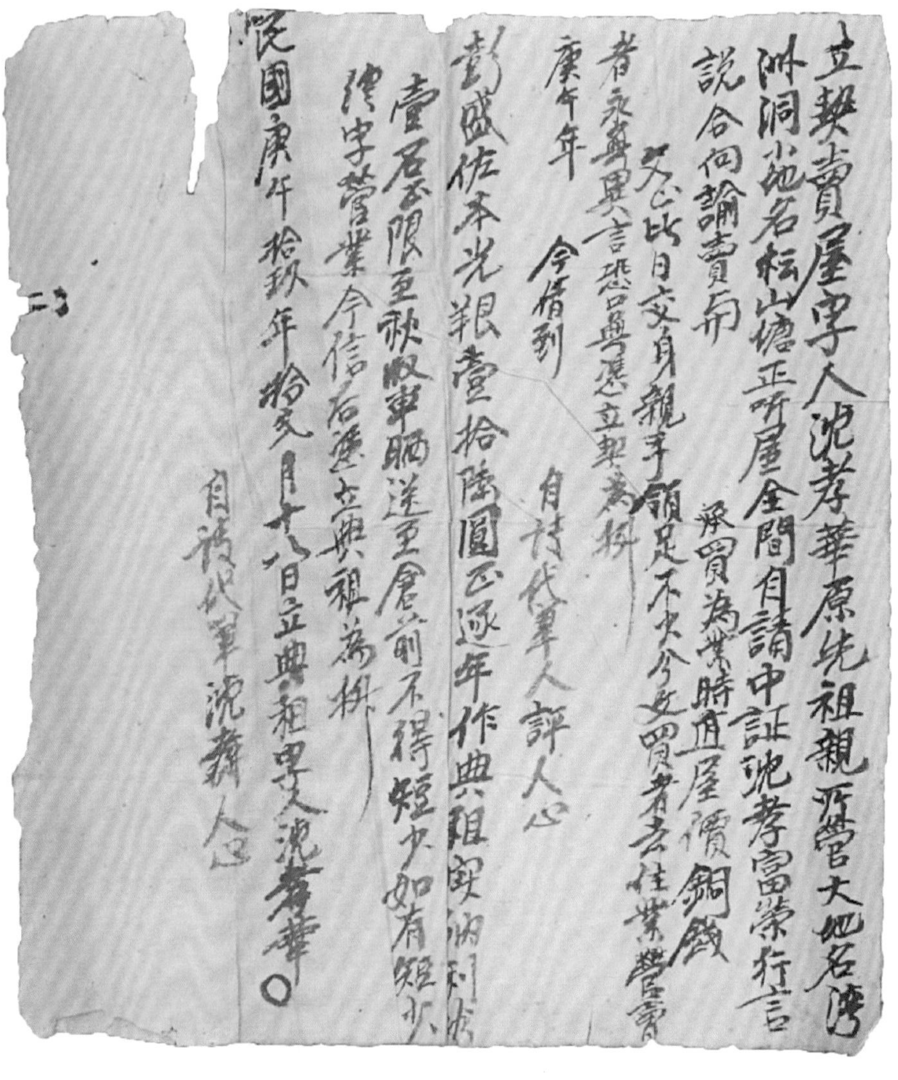

立契卖屋字人沈孝华原先祖亲所管
大地名湾洲洞小地名枟山塘正听屋
全间自请中证沈孝富荣行言说合向
谕卖与　　承买为业时直屋价
铜钱　　文正比日交身亲手领
足不少分文买者去住业管卖者永无
异言恐口无凭立契为据
庚午年
自请代笔人评人心

今借到
彭盛佐本光银壹拾陆圆正逐年作典
租实纳利谷壹石正限至秋收车晒送
至仓前不得短少如有短少☐字管业
今信后凭立典租为据
民国庚午拾玖年拾贰月十八日立典
租字人沈孝华【押】
自请代笔沈孝人【押】

民国二十七年六月初十日胡任太等杜卖梓苗杉树契

立杜卖梓苗杉术（树）契人胡任太文太兄弟同母黄氏将父所欠之债无钱还债自愿将父手得买四分一分大地名强溪小地名下井垅杉术（树）一大块其界止上以岭顶止下以胡荣太龙古二人杉术（树）止左右以硬止其界止四至分明先尽亲房人等不受后来请中立契送卖与何谱秀出价承买一分为业当日经中三面言定得受时直术（树）价光洋壹伯（佰）元正即日银契两相交明不少分文自卖之后任从买主禁长砍伐为利卖者不得阻陷（挡）生枝异言如有内外人等生枝异言卖者一力承躭（担）二家各从心愿两无板（反）悔异言恐口无凭立卖杉术（树）契为据

外批明界止禁长年分照依父手得买老契管业为准

立全收字人胡任太兄弟母子今收到何谱秀所买契内术（树）价光洋银一并收清不少分文所收是实不必另力（立）散收约为准

见中胡大明何厚德唐庚保

在场母黄氏【押】

民国贰拾柒年六月初十日胡任太亲笔文太母子亲面仝立

民国二十九年十一月初二日黄远群出借青山地土禾田屋图字

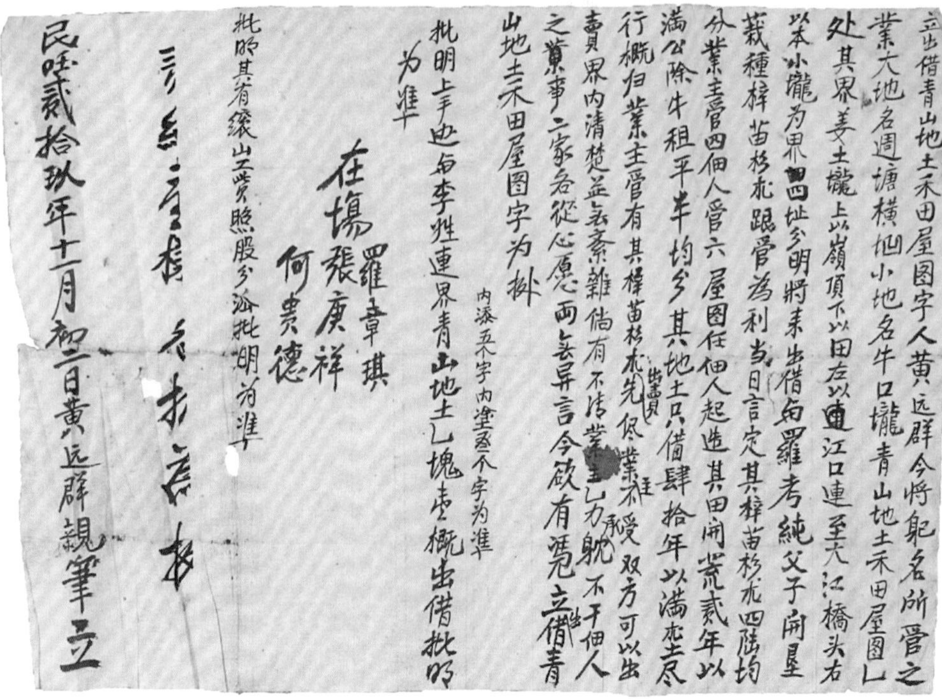

立出借青山地土禾田屋图字人黄远群今将己名所管之业大地名週塘横坰小地名牛口垅青山地土禾田屋图一处其界姜土垅上以岭顶下以田左以江口连至大江桥头右以本小垅为界四址分明将来出借与罗考纯父子开垦栽种梓苗杉术（树）跟管为利当日言定其梓苗杉术（树）四陆均分业主管四佃人管六屋图任佃人起造其田开荒贰年以满公除牛租平半均分其地土只借肆拾年以满术（树）土尽行概归业主管有其梓苗杉术（树）出卖先尽业主不受双方可以出卖界内清楚并无紊杂倘有不清业主一力承躭（担）不干佃人之事二家各从心愿两无异言今欲有凭立出借青山地土禾田屋图字为据

内添五个字内涂叁个字为准

批明上手边与李姓连界青山地土一块一概出借批明为准

在场罗章琪张庚祥何贵德

批明其有缕山工资照股分派批明为准

〈贰纸壹样各执为据〉

民国贰拾玖年十一月初二日黄远群亲笔立

民国三十四年古十二月十二日陈有南卖茶山土疆契

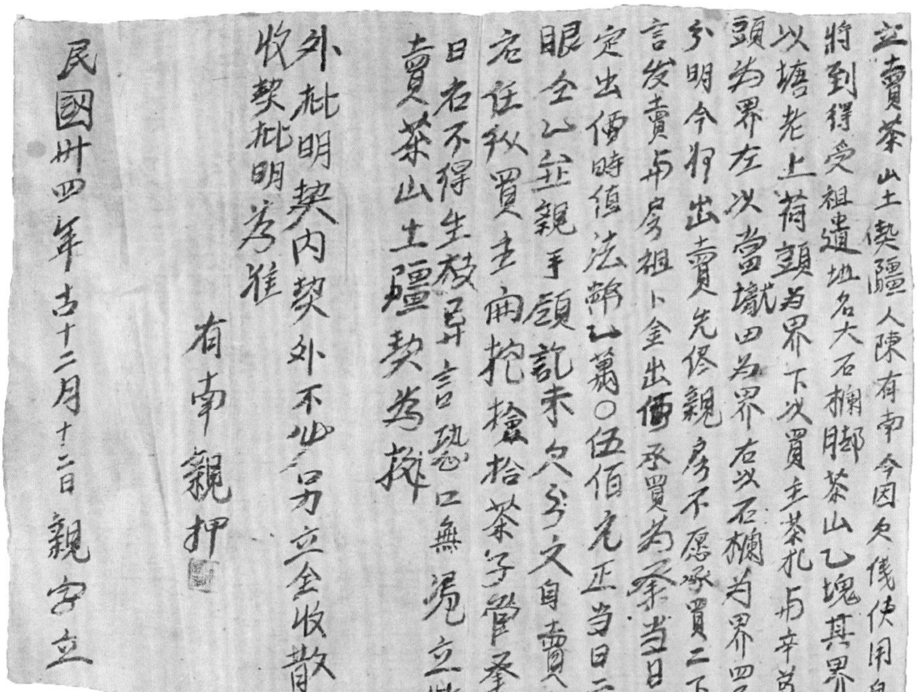
立賣茶山土疆人陳有南今因欠錢使用自愿
將到得受祖遺地名大石櫊脚茶山乙塊其界上
以塘老上荷頭為界下以買主茶朮與辛苟荷
頭為界左以當墈田為界右以石櫊為界四至、
分明今將出賣先儘親房不愿承買二下面
言發賣與房祖卜金出價承買為業當日言
定出價時值法幣壹萬○伍佰元正當日二下
眼仝亦並親手領訖未欠分文自賣之
后任從買主開挖撿拾茶子管業、
日后不得生枝異言恐口無憑立此
賣茶山土疆契為據
有南親押
外批明契內契外不必另立全收散
收契批明為准
民國卅四年古十二月十二日親字立

立卖茶山土疆契人陈有南今因欠钱使用自愿将到得受祖遗地名大石栏脚茶山一块其界上以塘老上荷头为界下以买主茶术（树）与辛苟荷头为界左以当垅田为界右以石栏为界四至分明今将出卖先尽亲房不愿承买二下面言发卖与房祖卜金出价承买为业当日言定出价时值法币壹萬〇伍佰元正当日二下眼仝一并亲手领讫未欠分文自卖之后任从买主开挖捡拾茶子管业日后不得生枝异言恐口无凭立此卖茶山土疆契为据

有南亲押【印】

外批明契内契外不必另立全收散收契批明为准

民国卅四年古十二月十二日亲字立

民国三十七年古九月初四日陈阿何氏等杜卖粪坑屋宇地基契

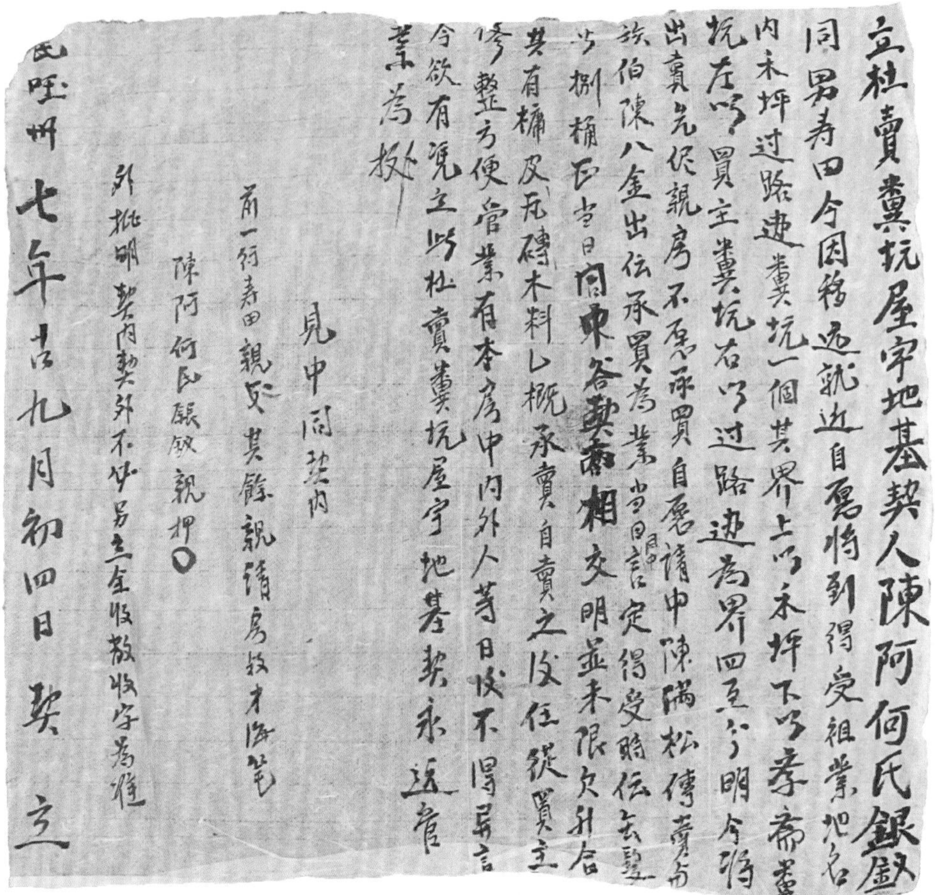

立杜卖粪坑屋宇地基契人陈阿何氏银钗同男寿田今因移远就近自愿将到得受祖业地名内禾坪过路边粪坑一个其界上以禾坪下以学斋粪坑左以买主粪坑右以过路边为界四至分明今将出卖先尽亲房不愿承买自愿请中陈满松传卖与族伯陈八金出伝（价）承买为业当日同中言定得受时伝（价）无发谷捌桶正当日同中谷契两相交明并未限欠升合其有樜皮瓦砖木料一概承卖自卖之后任从买主修整方便管业有本房中内外人等日后不得异言今欲有凭立此杜卖粪坑屋宇地基契永远管业为据

见中同契内

前一行寿田亲书其余亲请房叔才海笔

陈阿何氏银钗亲押【押】

外批明契内契外不必另立全收散收字为准

民国卅七年古九月初四日契立

辛亥年十二月二十日谢祥太父子全收散收字

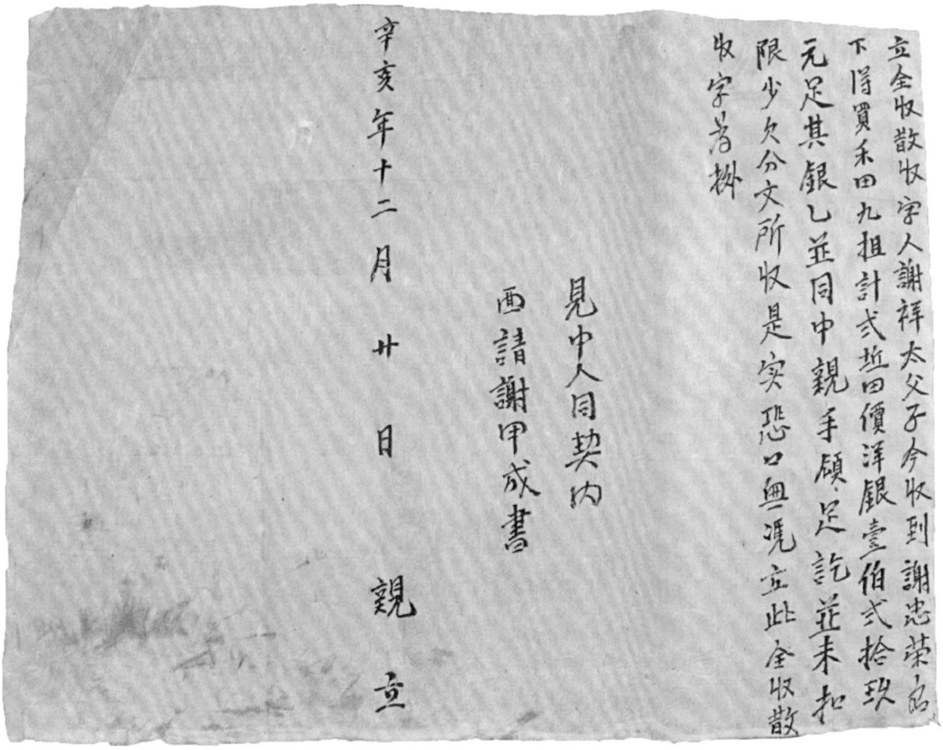
立全收散收字人謝祥太父子今收到謝忠榮名下得買禾田九担計弍坵田價洋銀壹伯弍拾玖元足其銀乙並同中親手領足訖並未扣限少欠分文所收是實恐口無凭立此全收散收字爲據
見中人同契內
面請謝甲成書
辛亥年十二月廿日親立

立全收散收字人谢祥太父子今收到谢忠荣名下得买禾田九担计贰丘田价洋银壹伯（佰）贰拾玖元足其银一并同中亲手领足讫并未扣限少欠分文所收是实恐口无凭立此全收散收字为据

见中人同契内

面请谢甲成书

辛亥年十二月廿日亲立

第十部分　桂阳县

嘉庆四年十一月初八日李兼万显廷云亭兄弟分关书

立分閹人李兼萬顯廷雲亭兄弟三房今因松下松坑
貳処側屋牛欄糞寮並未分晴經今請集家族親裏向
前設閹分清自分之後兄弟各管各業不得越佔爭論
今恐無凭立分閹永遠為照
長房兼萬得分松下前面横屋乙間牛欄乙間上屋横屋
糞寮貳間松坑中截牛欄乙間二処菜園土未分
二房顯廷得分松下坐身右邊上截側屋乙間大门口牛欄
乙間上屋坐身右邊正屋糞寮乙間松坑上截牛欄乙
間二処菜園土未分
三房雲亭得分松下坐身右邊下截側屋乙間大門口横
屋牛欄乙間上屋坐身左邊正屋糞寮乙間松坑下截
牛欄土乙間貳処菜園土未分
李仁和
中見劉鳳祥
何德盛
范康侯
代筆堂侄孫明章
嘉慶四年十一月初八日兼萬 顯廷 雲亭 三房仝立

立分关人李兼万显廷云亭兄弟三房今因松下松坑贰处侧屋牛栏粪寮并未分清经今请集家族亲里向前设阄分清自分之后兄弟各管各业不得越占争论今恐无凭立分关永远为照

长房兼万得分松下前面横屋一间牛栏一间上屋横屋粪寮贰间松坑中截牛栏一间二处菜园土未分

二房显廷得分松下坐身右边上截侧屋一间大门口牛栏一间上屋坐身右边正屋粪寮一间松坑上截牛栏一间二处菜园土未分

三房云亭得分松下坐身右边下截侧屋一间大门口横屋牛栏一间上屋坐身左边正屋粪寮一间松坑下截牛栏土一间贰处菜园土未分

中见李仁和刘凤祥何德盛范康侯

代笔堂侄孙明章

□

嘉庆四年十一月初八日显廷兼万云亭三房仝立

嘉庆二十三年七月十六日晋阳兄弟分关书

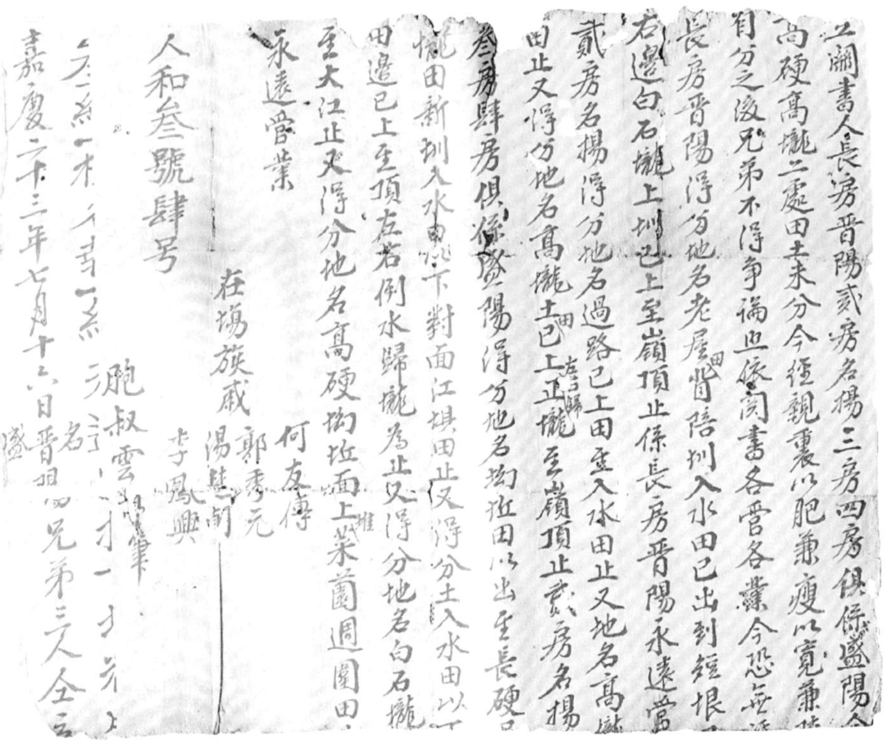

立关书人长房晋阳贰房名扬三房四房俱系盛阳☐高硬高垅二处田土未分今经亲里以肥兼瘦以宽兼☐自分之后兄弟不得争论照依关书各管各业今恐无〈凭〉☐长房晋阳得分地名老屋田背陪圳入水田已出到短垠☐右边白石垅上圳已上至岭顶止系长房晋阳永远管☐贰房名扬得分地名过路已上田至入水田止又地名高〈垅〉☐田止又得分地名高垅土田已上左右归正垅至岭顶止贰房名扬☐叁房肆房俱系盛阳得分地名坳坵田以出至长硬☐垅田新圳入水田以下对面江坝田止又得分土入水田以☐田边已上至顶左右倒水归垅为止又得分地名白石垅☐至大江止又得分地名高硬坳坵面上堆菜园周围田☐永远管业

在场族戚何友传郭秀元汤楚朝李凤兴

人和叁号肆号

胞叔云☐笔

〈叁纸一样各执一纸永远为据〉

嘉庆二十三年七月十六日名阳晋阳盛阳兄弟三人同立

嘉庆二十三年十一月二十日何德盛卖田契

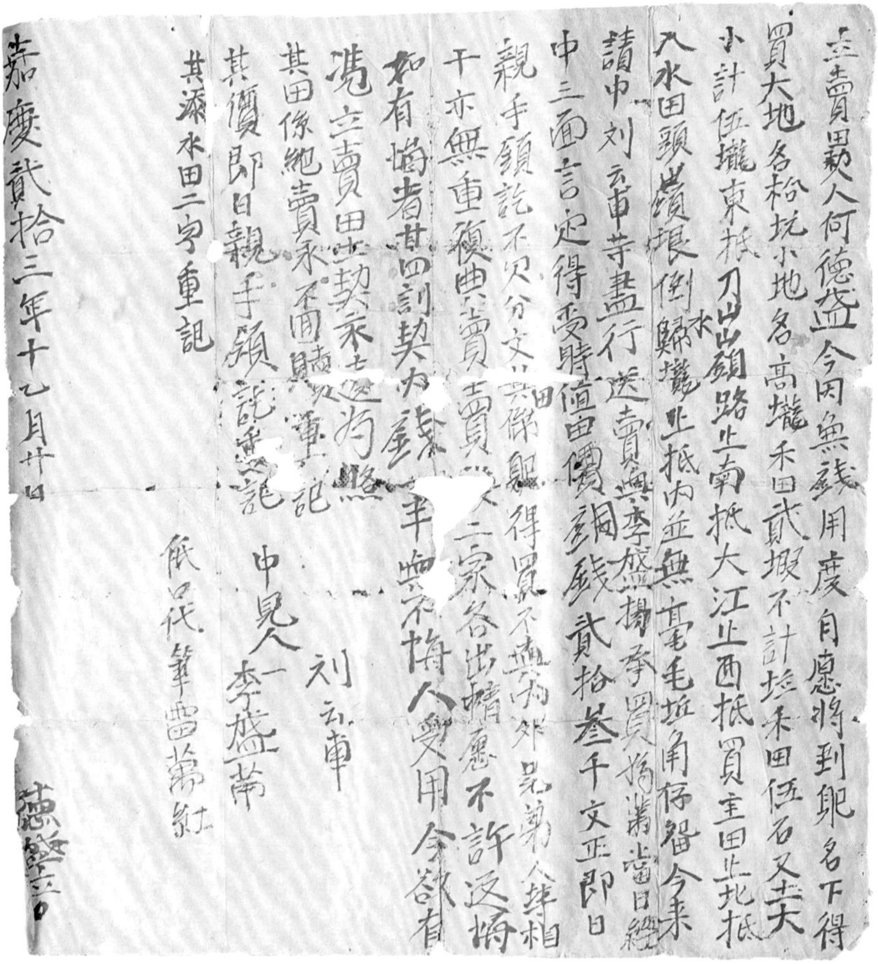

立卖田契人何德盛今因无钱用度自愿将到己名下得买大地名松坑小地名高垅禾田贰嘏不计丘禾田伍石又土大小计伍垅东抵刀山岭路止南抵大江止西抵买主田止北抵入水田头岭埌倒水归垅止抵内并无毫毛坵角存留今来请中刘云甫等尽行送卖与李盛扬承买为业当日经中三面言定得受时值田价铜钱贰拾叁千文正即日亲手领讫不欠分文其田系己得买不与内外兄弟人等相干亦无重复典卖卖〈后〉内钱〈一〉半与不悔人受用今欲有凭立卖田土契永远为照

其田系绝卖永不回赎重记

其价即日亲手领讫重记

其添水田二字重记

中见人刘云甫李盛茜

依口代笔雷万红

嘉庆贰拾三年十一月廿日德盛立【押】

道光二十八年正月十二日李盛扬分关书

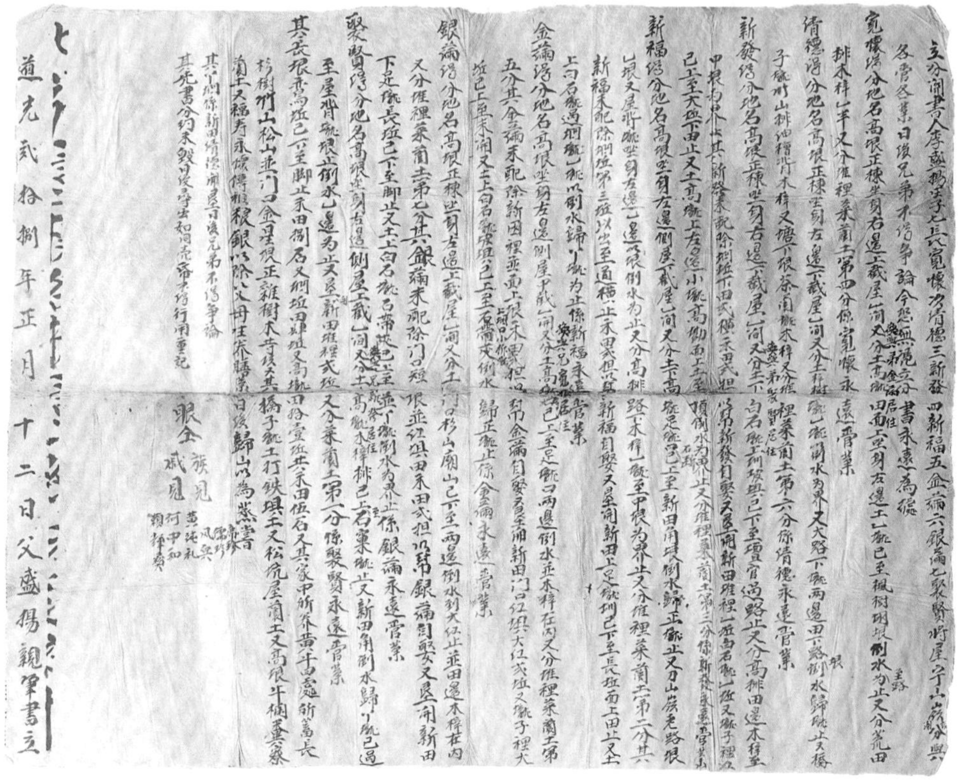

立分关书人李盛扬生子七长宽怀次清德三新发四新福五金满六银满七聚贤将屋宇山岭设阄分与各管各业日后兄弟不得争论今恐无
凭立分书永远为据
宽怀得分地名高垠正栋坐身右边上截屋一间换与弟金满居住又分土高垅田面上坐身左边土一垅已至枫树囷垠倒水至路为止又分荒
田排木梓一半又分堆裡菜园土第四分系宽怀永远管业
清德得分地名高垠正栋坐身左边下截屋一间又分土梓树垅一垅以倒水为界又大路下垅两边田下路垠倒水归垅止又桥子垅竹山排油
槽背木梓又塘下垠茶园垅木梓又分堆裡菜园土第六分系清德永远管业
新发得分地名高垠正栋坐身右边下截屋一间换与弟聚贤居住又分土下白石垅上圳坡坝已下至壇官过路止又分高排田边木梓至中垠
为界止其新发未配除坰坵下田贰横禾田贰担以帮新发自娶又垦开新田堆裡一丘白石垅一丘又垅子裡江已上至大坵下田止又土高垅
上左边小垅高墈面上土至顶倒水为界止又分堆裡菜园土第三分系新发永远管业
新福得分地名高垠坐身左边侧屋下截屋一间又分土下高垅足垅口石断已上至新田角垠倒水归正垅止又刀山岭老路垠一垠又屋背垅
坐身左边一边以垠倒水为止又分高排路下木梓一垅至中垠为界止又分堆裡菜园土第二分其新福未配除坰坵第三丘以出至通横止禾
田贰担以帮新福自娶又垦开新田上足垅圳已下至长坵面上田止又土上白石垅过坰垅一垅以倒水归丫垅为止系新福永远管业
金满得分地名高垠坐身左边侧屋中截一开换与兄宽怀居住又分土高垅口已上至足垅口两边倒水并木梓在内又分堆裡菜园土第五分
其金满未配除新囷裡并面上垠禾田贰担以帮金满自娶又垦开新田门口江坝大江贰丘又垅子裡大坵已上至未开又土上白石垅坡坝已
上至上囷口小折胜右带夹倒水归正垅止系金满永远管业
银满得分地名高垠正栋坐身左边上截屋一间又分土门口杉山庙山已下至两边倒水到大江止并田边木梓在内又分堆裡菜园土第七分
其银满未配除门口短垠并江坝田禾田贰担以帮银满自娶又垦开新田下足垅长坵已下至脚止又土上白石垅石带陕已上至并丫垅倒水
为界止系银满永远管业
聚贤得分地名高垠坐身左边侧屋上截一间换与兄新发居住又分土高垅木梓排已上至石窠垅止又新田角倒水归丫垅已过至屋背垅垠
止倒水一边为止又垦开新田堆裡贰丘又分菜园土第一分系聚贤永远管业
其长垠鸾坵已下至脚止禾田捌石又坰坵田肆丘又高垅田拾壹丘共禾田伍石又其家中所养黄牛四处所蓄长杉树竹山松山并门口金星垠
正杂树木等项又其桥子垅土打铁坝土又松坑屋园土又高垠牛栏粪寮园土又福寿永怀传租粮银以除父母生养膳业日后归山以为蒸尝
其丫坰系新田清德开垦日后兄弟不得争论
其先书分约未毁日后寻出如同壳纸不得行用重记
眼仝族见黄席珍黄儒珍黄凤兴戚见黄纯礼何中和赖辉彝
□
道光贰拾捌年正月十二日父盛扬亲笔书立

道光二十九年二月十一日李凤兴卖分子契

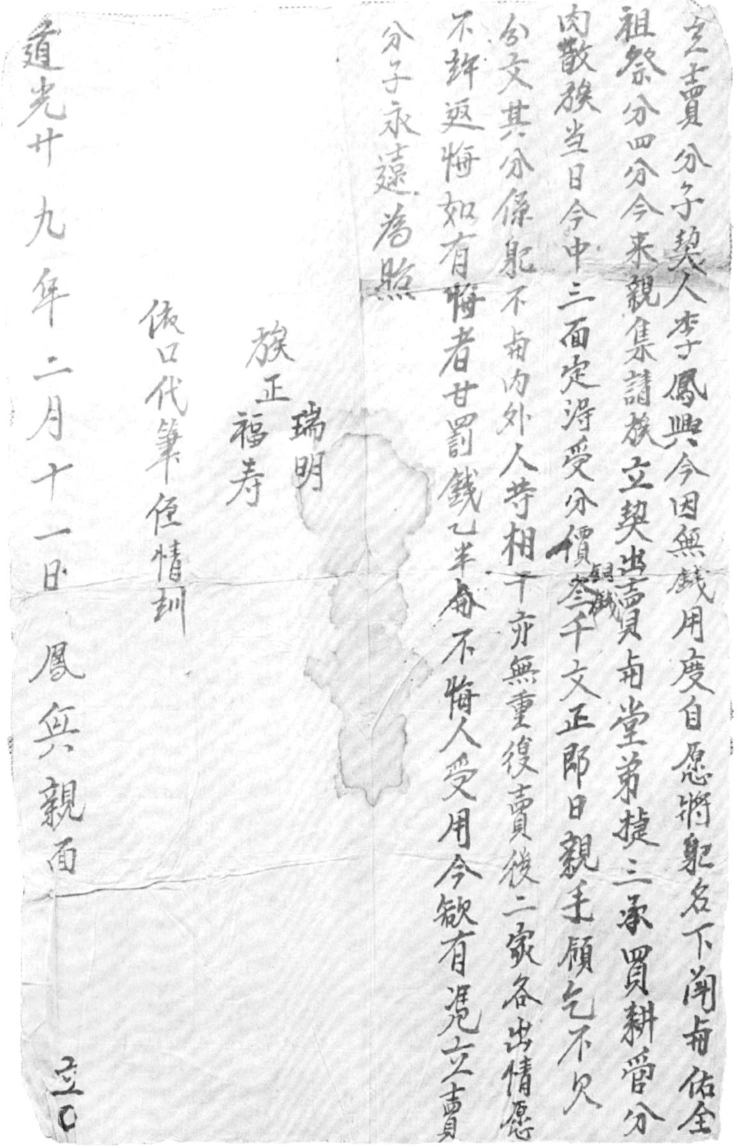

立卖分子契人李凤兴今因无钱用度自愿将己名下咠与佑全祖祭分四分今来亲集请族立契出卖与堂弟捷三承买耕管分肉散族当日今（经）中三面定得受分价铜钱叁千文正即日亲手领乞（讫）不欠分文其分系己不与内外人等相干亦无重复卖后二家各出情愿不许返悔如有悔者甘罚钱一半与不悔人受用今欲有凭立卖分子永远为照

族正瑞明福寿

依口代笔侄情训

道光廿九年二月十一日凤兴亲面立【押】

道光三十年二月十二日李凤兴卖田契

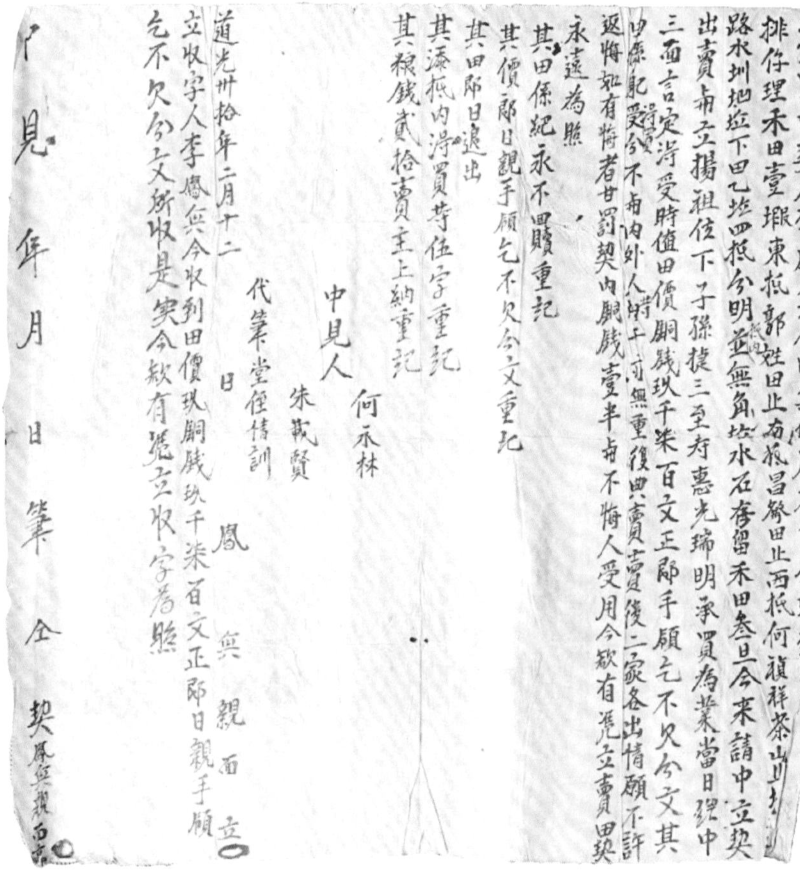

立卖田契人李凤兴今因无钱用度自愿将到☐排仔理禾田壹塅东抵郭姓田止南抵昌发田止西抵何祯祥茶山止□□路水圳坵下田一丘四抵分明抵内并无角丘水石存留禾田叁旦（担）今来请中立契出卖与立扬祖位下子孙捷三至寿惠光瑞明承买为业当日经中三面言定得受时值田价铜钱玖千柒百文正即手领乞（讫）不欠分文其田系己得买受分不与内外人等相干亦无重复典卖卖后二家各出情愿不许返悔如有悔者甘罚契内铜钱壹半与不悔人受用今欲有凭立卖田契永远为照

其田系纪永不回赎重记

其价即日亲手领乞（讫）不欠分文重记

其田即日退出

其添抵内得买等伍字重记

其粮钱贰拾卖主上纳重记

中见人何永林朱戴贤

代笔堂侄情训

道光卅拾年二月十二日凤兴亲面立【押】

立收字人李凤兴今收到田价铜钱玖千柒百文正即日亲手领乞（讫）不欠分文所收是实今欲有凭立收字为照

中见年月日笔仝契凤兴亲面立【押】

咸丰元年四月初十日李省三卖田契

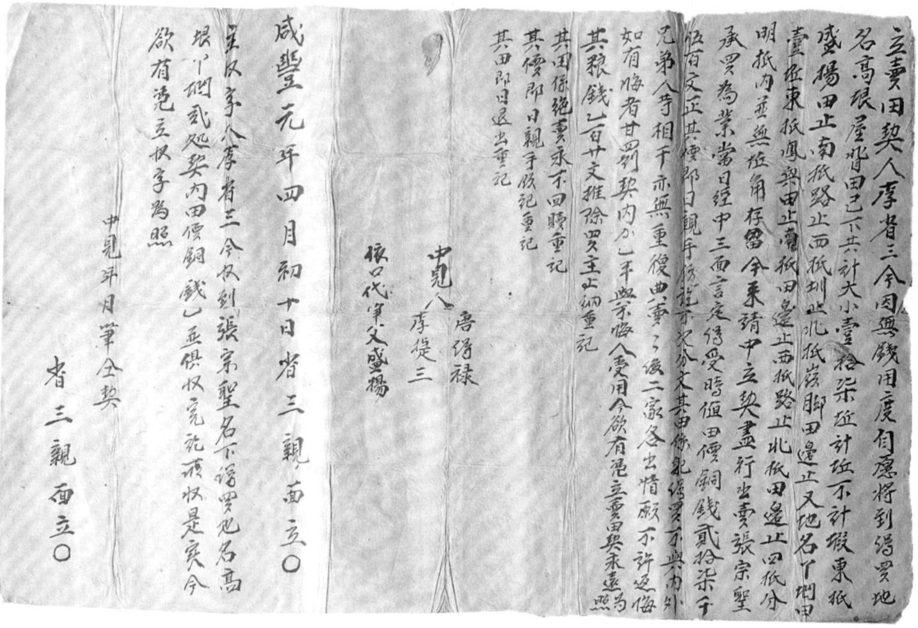

立卖田契人李省三今因无钱用度自愿将到得买地名高垠屋背田已下共计大小壹拾柒丘计丘不计堠东抵盛扬田止南抵路止西抵圳止北抵岭脚田边止又地名丫坳田壹丘东抵凤兴田止南抵田边止西抵路止北抵田边止四抵分明抵内并无丘角存留今来请中立契尽行出卖张宗圣承买为业当日经中三面言定得受时值田价铜钱贰拾柒千伍百文正其价即日亲手领讫不欠分文其田系已得买不与内外兄弟人等相干亦无重复典卖卖后二家各出情愿不许返悔如有悔者甘罚契内钱一半与不悔人受用今欲有凭立卖田契永远为照

其粮钱一百廿文推除买主上纳重记

其田系绝卖永不回赎重记

其价即日亲手领讫重记

其田即日退出重记

中见人唐得禄李捷三

依口代笔父盛扬

咸丰元年四月初十日省三亲面立【押】

立收字人李省三今收到张宗圣名下得买地名高垠丫坳贰处契内田价铜钱一并俱收完讫所收是实今欲有凭立收字为照

中见年月笔仝契

省三亲面立【押】

咸丰三年十一月二十八日李盛扬卖田契

立卖田契人李盛扬今因无钱用度自愿将到得买地名高垅禾田壹垅不计丘上至张宗圣田止下至江止左右聚贤茶山土止四至分明至内并无丘角毫毛寸土存留今来请中刘会宗尽行立契出卖与郑凤栋向前承买为业当日经中三面言定得受时值田价铜钱拾叁仟文正其钱即日亲手领讫不欠分文其田即日退出系己不与内外人等相干亦无重复典卖卖后二家各出情愿不许返悔如有悔者干（甘）罚契内铜钱壹半与不悔人受用今欲有凭立契永远为照

其田系绝卖永不回赎重记

中见人刘会宗【押】

咸丰叁年十一月廿八日盛扬长男亲笔立

咸丰四年三月十八日李润喜卖地契

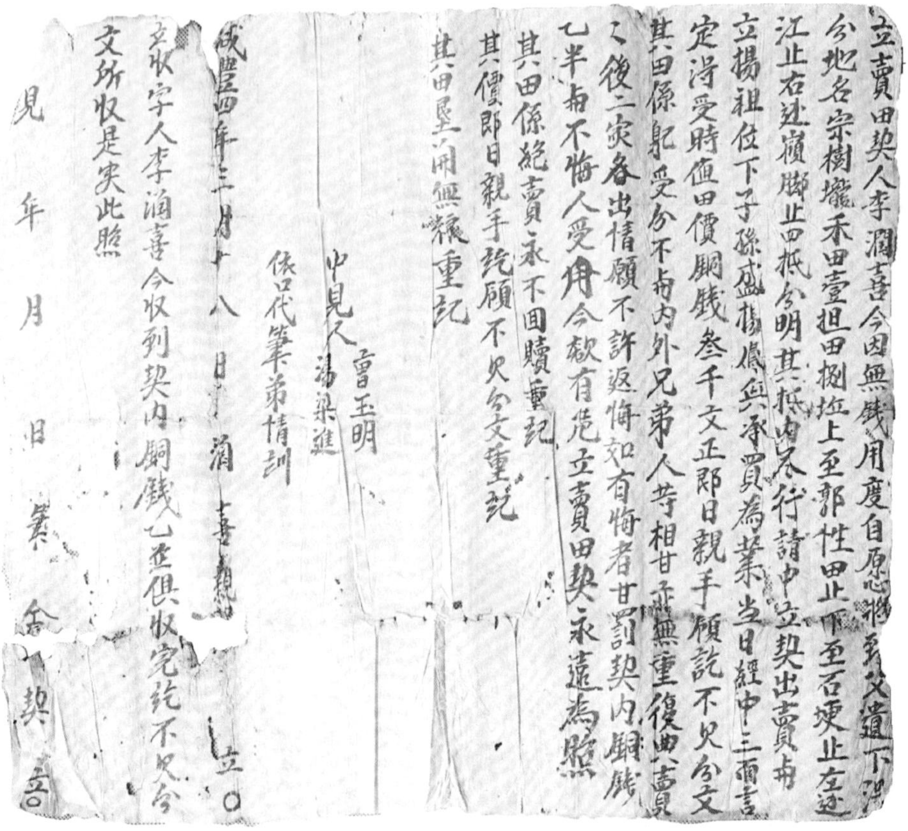

立卖田契人李润喜今因无钱用度自愿将到父遗下得分地名宗树垅禾田壹担田捌丘上至郭性（姓）田止下至石埂止左边江止右边岭脚止四抵分明其抵内尽行请中立契出卖与立扬祖位下子孙盛扬凤兴承买为业当日经中三面言定得受时值田价铜钱叁千文正即日亲手领讫不欠分文其田系已受分不与内外兄弟人等相甘（干）亦无重复典卖卖后二家各出情愿不许返悔如有悔者甘罚契内铜钱一半与不悔人受用今欲有凭立卖田契永远为照

其田系绝卖永不回赎重记

其价即日亲手讫领不欠分文重记

其田垦开无粮重记

中见人曹玉明汤梁进

依口代笔弟情训

咸丰四年三月十八日润喜亲〈笔〉立【押】

立收字人李润喜今收到契内铜钱一并俱收完讫不欠分文所收是实此照

见年月日笔仝□契立【押】

咸丰五年十月二十七日李宽怀卖田契

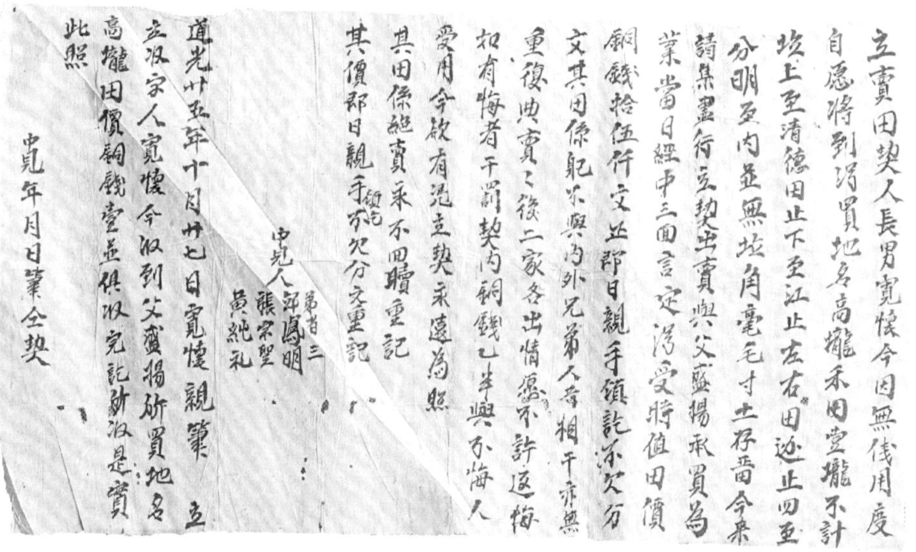

立卖田契人长男宽怀今因无钱用度自愿将到得买地名高垅禾田壹垅不计丘上至清德田止下至江止左右田边止四至分明至内并无丘角毫毛寸土存留今来请集尽行立契出卖与父盛扬承买为业当日经中三面言定得受时值田价铜钱拾伍仟文正即日亲手领讫不欠分文其田系己不与内外兄弟人等相干亦无重复典卖卖后二家各出情愿不许返悔如有悔者干（甘）罚契内铜钱一半与不悔人受用今欲有凭立契永远为照

其田系绝卖永不回赎重记

其价即日亲手领乞（讫）不欠分文重记

中见人弟省三邱凤明张宗圣黄纯礼

道光卅五年（咸丰五年）十月廿七日宽怀亲笔立

立收字人宽怀今收到父盛扬所买地名高垅田价铜钱一并俱收完讫所收是实此照

中见年月日笔仝契

咸丰九年二月二十八日李福寿卖菜园土契

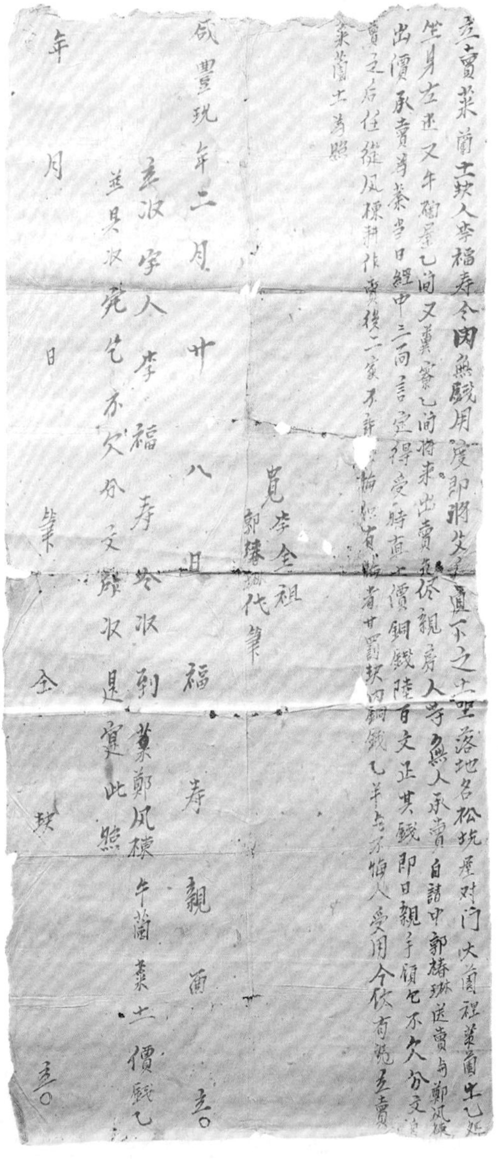

立卖菜园土契人李福寿今因无钱用度即将父手遗下之土坐落地名松坑屋对门大园里菜园土一处坐身左边又牛栏屋一间又粪寮一间将来出卖先尽亲房人等无人承卖（买）自请中郭椿琳送卖与郑风栋出价承卖为业当日经中三面言定得受时直土价铜钱陆百文正其钱即日亲手领乞（讫）不欠分文自卖之后任从风栋耕作卖后二家不许〈返〉悔如有悔者甘罚契内铜钱一半与不悔人受用今欲有凭立卖菜园土为照

中见李全祖郭椿琳代笔

咸丰玖年二月廿八日福寿亲面立【押】

立收字人李福寿今收到郑风栋牛兰（栏）菜土价钱一并具收完乞（讫）不欠分文所收是实此照

年月日笔仝契立【押】

同治元年二月十三日李捷三卖油槽契

〈立〉卖油槽契人李捷三今因无钱用度自愿将到自〈己〉名下得买地名桥子垅油槽一所上至桁橼瓦角中至〈楼〉枕下至地基四围走⍰阶檐现及槽内所辨油槽油〈槌〉杵尖铁箍打脑铁杓吊盘轮盘壹个轮子以及新⍰壹堂铁枧铁钉以及水平乾车上滚包宝斗锅甑篾炕并槽内大小动用物件以及来路水圳任从其外起地土半椺内将四分地土壹分内将己名壹分一并尽行出卖与郭翰香承买为业当日经中三面言定得受时值槽价铜钱伍仟陆百文正其钱即日亲手领讫不欠分文其槽系已不与内外兄弟人等相干亦无重复典卖卖后二家各出情愿不许返悔如有悔者干（甘）罚契内铜钱壹半与不悔人受用今欲有凭立卖油槽永远为照

其槽即日退出重记

其价即日亲手领乞（讫）重记

见何贵祥李清德李流芳

同治元年二月十三日捷三亲笔立

立收字人李捷三今收到翰香名下得买地名桥子垅〈油〉槽契内铜钱一并俱收完乞（讫）不欠分文所收是实今欲〈有〉凭立收字为照

中见年月日笔仝契立

同治二年四月二十日陆传喜等卖田契

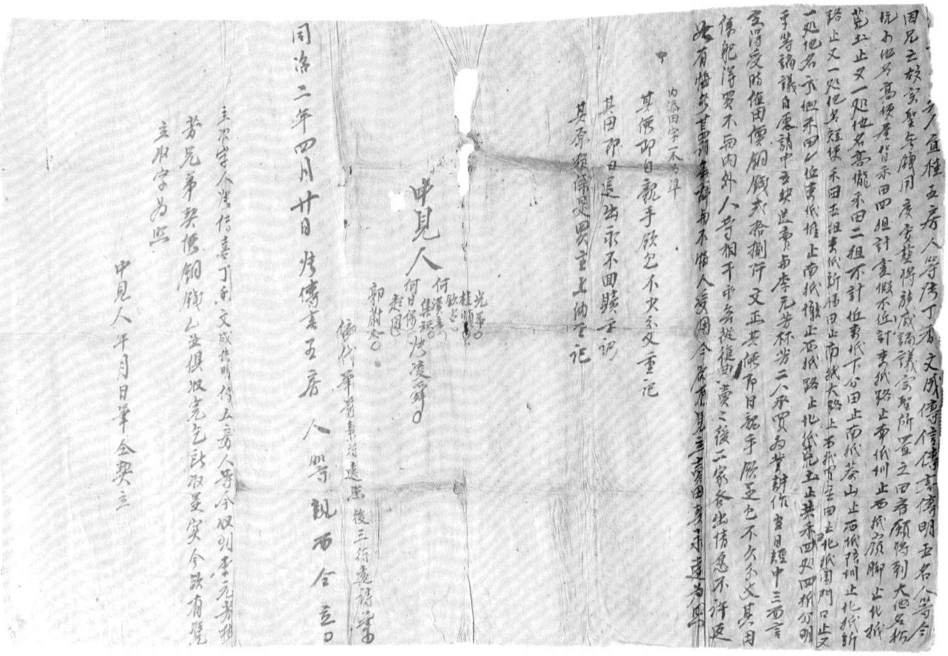

〈立卖田契〉人宣桂五房人等张丁香文成传信传喜传明五名人等今因兄亡故宗圣无钱用度安葬将族戚謪（商）议宗圣所置之田自愿将到大地名松坑小地名高埂屋背禾田四担计壹嘏不计丘东抵路止南抵圳止西抵岭脚止北抵荒土止又一处地名高垅禾田二担不计丘东抵下分田止南抵茶山止西抵陪圳止北抵新路止又一处地名短埂禾田五担东抵新福田止南抵大路止西抵买主田止北抵园门口止又一处地名亢埛禾田一丘东抵堆止南抵墩止西抵路止北抵荒土止共禾田四处四抵分明众等謪（商）议自愿请中立契送卖与李元芳林芳二人承买为业耕作当日经中三面言定得受时值田价铜钱贰拾捌仟文正其价即日亲手领足乞（讫）不欠分文其田系己得买不与内外人等相干亦无从复典卖卖后二家各出情愿不许返如有悔此甘罚无辞与不悔人受用今欲有凭立卖田契永远为照

内添田字一个为准

其价即日亲手领乞（讫）不少分文重记

其田即日退出永不回赎重记

其原粮系是买主上纳重记

中见人何光华【押】何桂顺【押】何钦占【押】何汉彦【押】何集福【押】何日保【押】何起凤【押】郭蔚起【押】 张凌舜【押】

依口代笔前素得远照后三行远诗业

同治二年四月廿日张传喜五房人等亲面仝立【押】

立收字人张传喜丁香文成传明传五房人等今收到李元芳林芳兄弟契价铜钱一并俱收完乞（讫）所收是实今欲有凭立收字为照

中见人年月日笔仝契立

光绪五年九月十八日李林古杜卖茶山契

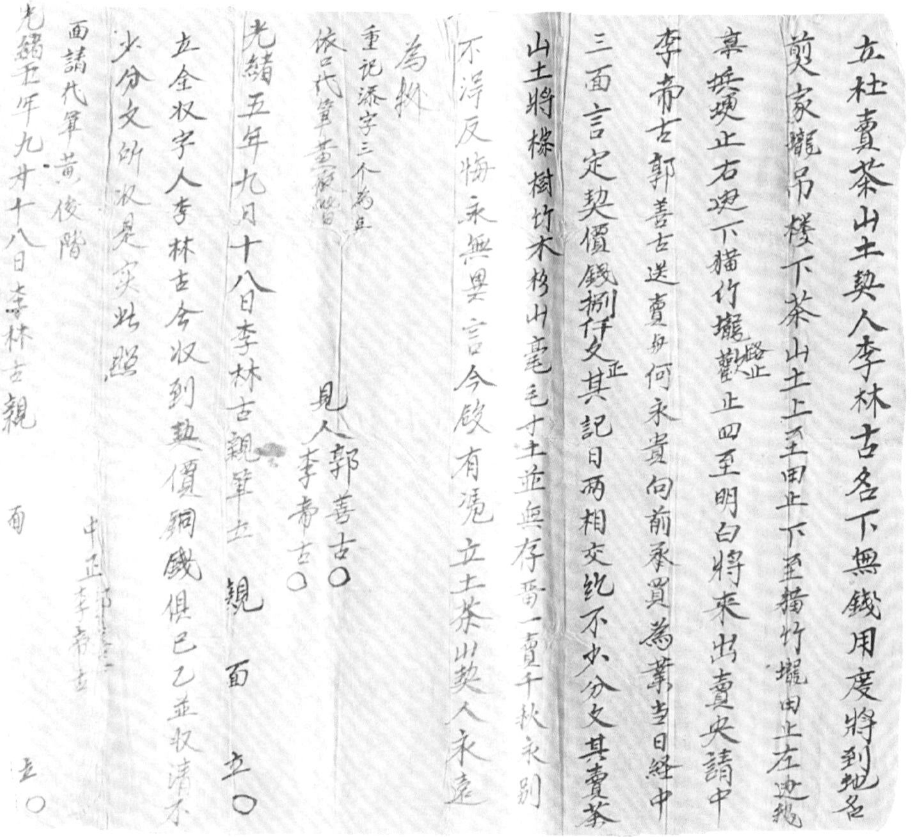

立杜卖茶山土契人李林古名下无钱用度将到地名蔸家垅吊楼下茶山土上至田止下至猫竹垅田止左边鹅巢坻埂止右边下猫竹垅路止欢止四至明白将来出卖央请中李帝古郭善古送卖与何永贵向前承买为业当日经中三面言定契价钱捌仟文正其记日两相交纥（讫）不少分文其卖茶山土将（壅）棕树竹木杉山毫毛寸土并无存留一卖千秋永别不得反悔永无异言今欲有凭立土茶山契人永远为据

重记添字三个为准

依口代笔黄俊階

见人郭善古【押】李帝古【押】

光绪五年九月十八日李林古亲笔立亲面立【押】

立全收字人李林古今收到契价铜钱俱已一并收清不少分文所收是实此照

面请代笔黄俊階

中正郭〈善古〉李帝古

光绪五年九月十八日李林古亲面立【押】

光绪七年三月十八日罗明階等收字

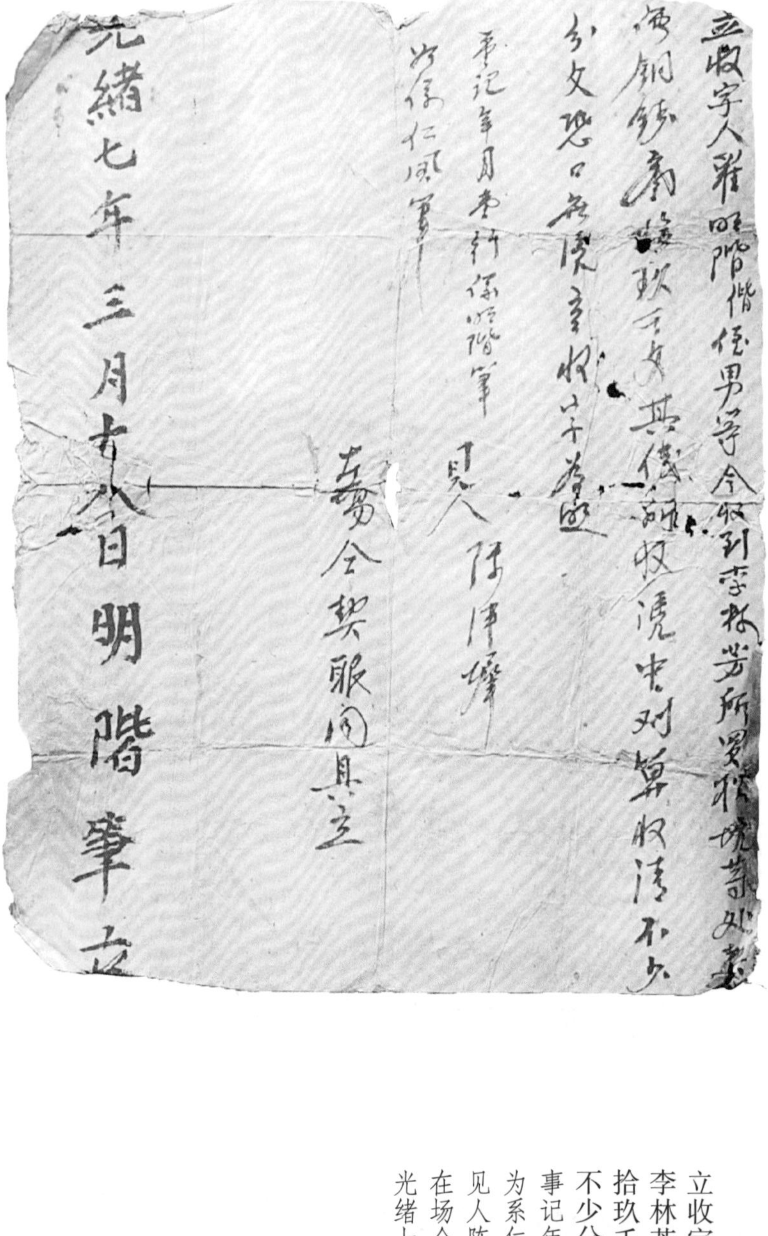

立收字人罗明階偕侄男等今收到
李林芳所买松坑等处契价铜钞叁
拾玖千文其钱所收凭中对算收清
不少分文恐口无凭立收字为照
事记年月壹行系明階笔
为系仁凤笔
见人陈伴墀
在场仝契眼同具立
光绪七年三月十八日明階笔立

光绪八年十二月二十一日李仁夆卖田契

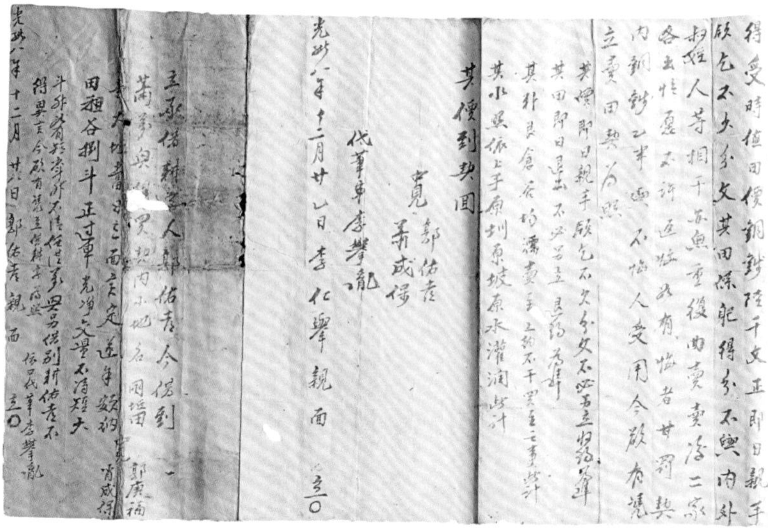

立卖田契人李仁夆今因无钱用度自愿将到祖父遗下得分地名高垠裡小地名新囦里田壹大丘其抵内上下左右岭止四抵分明其抵内并无丘角毫毛寸土水石不留今来凭中立契送卖与萧万兴出钱承买为业耕管当日经中三面言定得受时值田价铜钱陆千文正即日亲手领乞（讫）不少分文其田系已得分不与内外叔侄人等相干亦无重复典卖卖后二家各出情愿不许返悔如有悔者甘罚契内铜钞一半与不悔人受用今欲有凭立卖田契为照

其价即日亲手领乞（讫）不欠分文不必另立收约为准

其田即日退出不必另立退约为准

其粮银仓谷均需卖至上约不干买主之事此计

其水照依上手原圳原坡原水灌润此计

其价到契回

中见郭佑孝萧成保

代笔弟李攀胤

光绪八年十二月廿一日李仁举亲面立【押】

立承借耕字人郭佑孝今借到萧万兴得买契内小地名囦垳田壹大丘当日三面言定遂年额纳田租谷捌斗正过车光净交量不得短少斗升如有短少斗升不清任从万兴另借别耕佑孝不得异言今欲有凭立借耕字为照

依口代笔李攀胤

中见郭庚福肖成保

光绪八年十二月廿八日郭佑孝亲面立【押】

光绪十年二月二十八日和芳等全收字

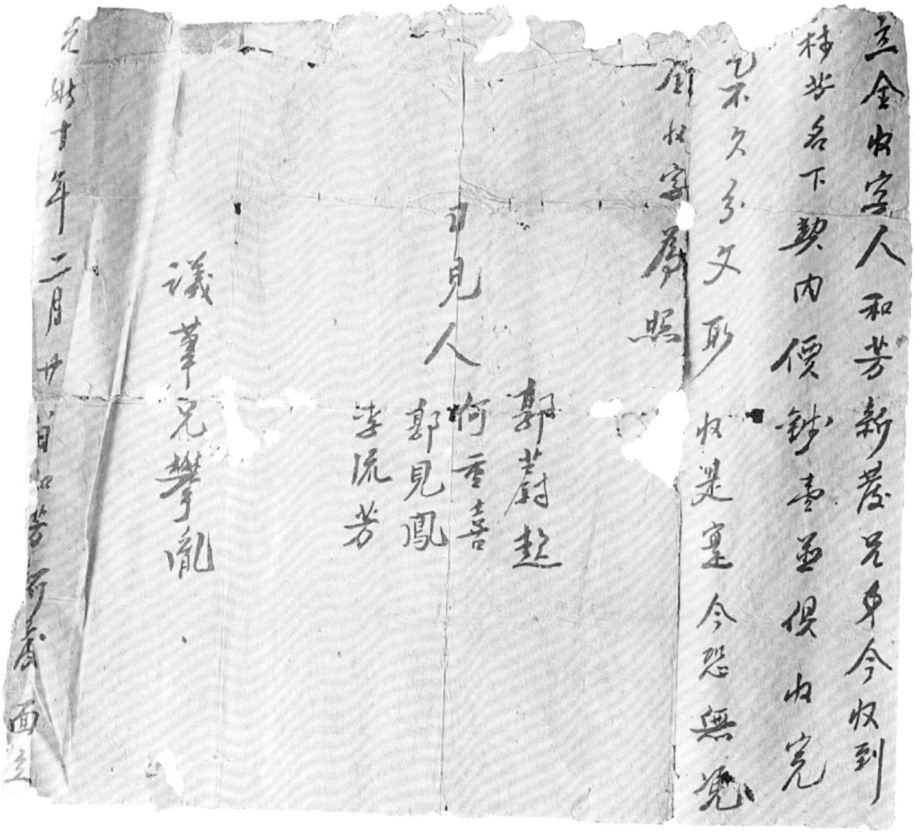

立全收字人和芳新发兄弟今收到桂芳名下契内价
钞一并俱收完乞（讫）不欠分文所收是实今恐无
凭〈立〉全收字为照
议笔兄攀胤
中见人郭蔚超何重喜郭见凤李流芳
光绪十年二月廿八日和芳新发面立

光绪十一年三月二十日李帝古等卖山税字

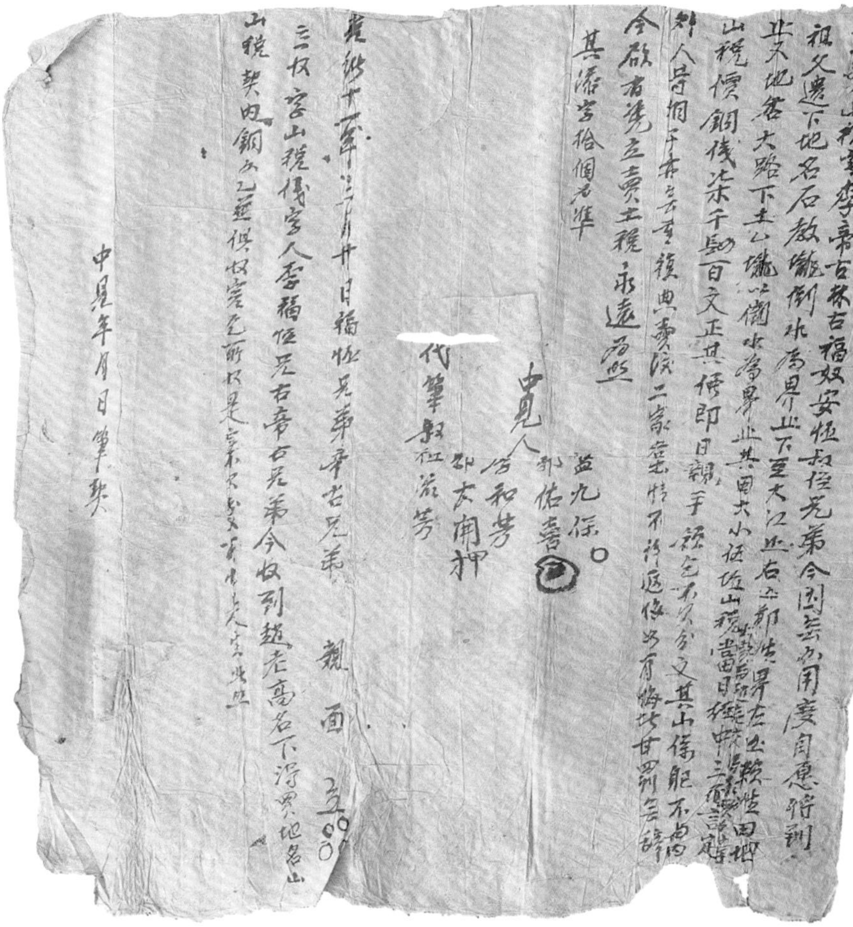

立卖山税字李帝古林古福奴安怀叔侄兄弟今因无钱用度自愿将到祖父遗下地名石教垅倒水为界止下至大江止右边郑性（姓）界左边赖性（姓）田圳止又地名大路下土一垅以倒水为界止其田大小伍丘山税出卖与赵老□得承买为业当日经中三面言定山税价铜钱柒千肆百文正其价即日亲手领乞（讫）不欠分文其山系己不与内外人等相干亦无重复典卖后二家各出情不许返悔如有悔者甘罚无辞今欲有凭立卖土税永远为照

其添字拾个为准

中见人蓝九保【押】郭佑喜【押】李和芳郭太开【押】

代笔叔祖流芳

光绪十一年三月廿日福恒兄弟帝古兄弟亲面立【押】【押】【押】【押】【押】

立收字山税钱字人李福怀右帝古兄弟今收到赵老高名下得买地名山山税契内铜钱一并俱收完乞（讫）所收是实不欠分文所收是实此照

中见年月日笔契

光绪十一年五月初八日李教古兄弟卖土税契

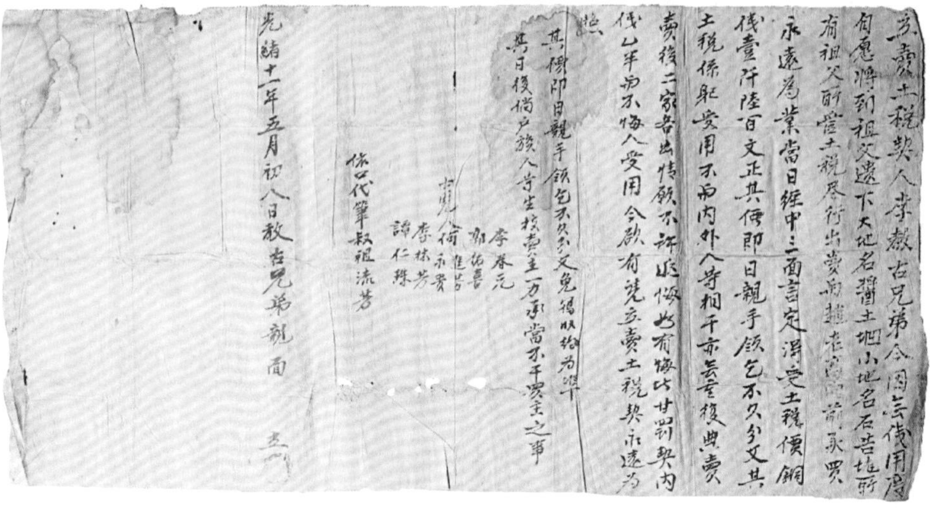

立卖土税契人李教古兄弟今因无钱用度自愿将到祖父遗下大地名酱（壑）土堋小地名石告垅所有祖父所管土税尽行出卖与赵老高向前承买永远为业当日经中三面言定得受土税价铜钱壹仟陆百文正其价即日亲手领乞（讫）不欠分文其土税系已受用不与内外人等相干亦无重复典卖卖后二家各出情愿不许返悔如有悔者甘罚契内钱一半与不悔人受用今欲有凭立卖土税契永远为照

其价即日亲手领乞（讫）不欠分文免写收约为准

其日后倘户族人等生枝卖主一力承当不干买主之事

中见人李春元郭佑喜何进芳何永贵李林芳谭仁珠

依口代笔叔祖流芳

光绪十一年五月初八日教古兄弟亲面立【押】

光绪十一年六月二十四日李聚贤分关书（一）

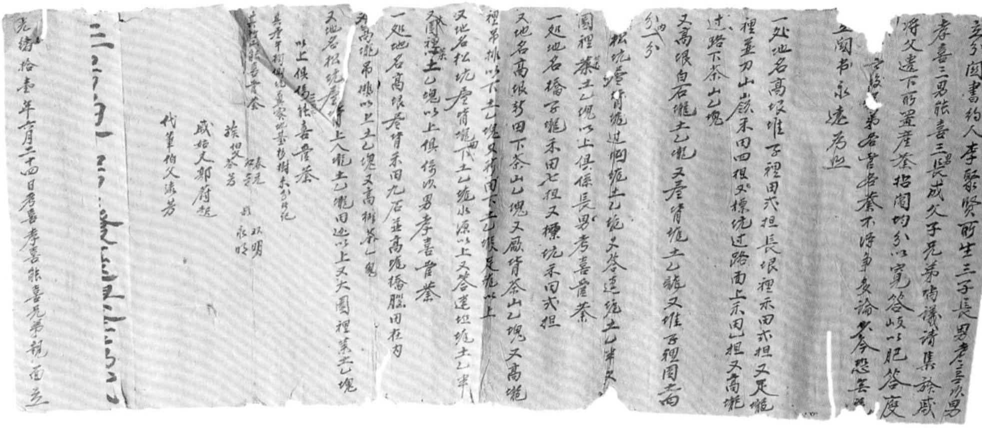

立分关书约人李聚贤所生三子长男考喜次男孝喜三男能喜三男长成父子兄弟啃(商)议请集族戚将父遗下所置产业拈阄均分以宽答(搭)歧以肥答(搭)瘦〈自分〉之后〈兄〉弟各管各业不得争多论少今恐无凭〈立〉关书永远为照

一处地名高垠堆子裡田贰担长垠裡禾田贰担又足垅裡并刀山岭禾田四担又标坑过路面上禾田一担又高垅过路下茶山一块

又高垠白石垅土一垅又屋背垅土一垅又堆子裡园土四分内一分

〈又〉松坑屋背垅过坳垅土一垅又答连垅土一半又〈大〉园裡菜土一块以上俱系长男考喜管业

一处地名桥子垅禾田七担又标坑禾田贰担

又地名高垠新田下茶山一块又厌背茶山一块又高垅裡吊排以下土一块又新田下土一塅足垅以上

又地名松坑屋背垅田下土一垅水源以上又答（搭）连坧垅土一半

又大园裡菜土一块以上俱系次男孝喜管业

一处地名高垠屋背禾田九石并高垅桥脑田在内

又高垅吊排以上土一块又高排茶一块

又地名松坑屋背上八垅土一垅田边以上又大园裡菜土一块

以上俱系三男能喜管业

其屋牛栏侧坑粪寮地基杉树未分此记

其竹山能喜管业

族伯父春元和芳芬芳叔双明永明

戚姑父郭蔚起

代笔伯父流芳

□

光绪拾壹年六月二十四日考喜孝喜能喜兄弟亲面立

光绪十一年六月二十四日李聚贤分关书（二）

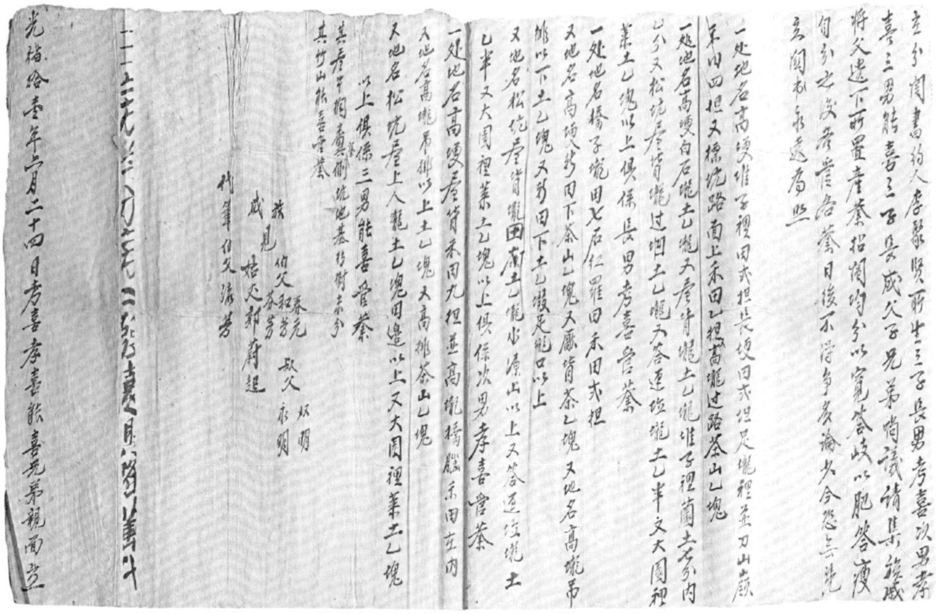

立分关书约人李聚贤所生三子长男考喜次男孝喜三男能喜三子长成父子兄弟啱（商）议请集族戚将父遗下所置产业拈阄均分以宽答（搭）岐以肥答（搭）瘦自分之后各管各业日后不得争多论少今恐无凭立关书永远为照

一处地名高埂堆子裡田贰担长埂田贰担足垅裡并刀山岭禾田四担又标坑路面上禾田一担又高垅过路茶山一块

一处地名高埂白石垅土一垅又屋背垅土一垅堆子裡园土七分内一分又松坑屋背垅过塅土一垅又答（搭）连坵垅土一半又大园裡菜土一块以上俱系长男考喜管业

一处地名桥子垅田七合红罗田禾田贰担

又地名高埂新田下茶山一块又厌背茶一块又地名高垅吊排以下土一块又新田下土一瑕足垅口以上

又地名松坑屋背垅田岭下土一垅水源山以上又答（搭）连坵垅土一半又大园里菜土一块以上俱系次男孝喜管业

一处地名高埂屋背禾田九担并高垅桥脑禾田在内又地名高垅吊排以上土一块又高排茶山一块

又地名松坑屋上人垅土一块田边以上又大园裡菜土一块

以上俱系三男能喜管业

其屋牛栏粪寮侧坑地基杉树未分

其竹山能喜管业

族见伯父春元和芳芬芳叔父双明永明

戚见姑父郭蔚起

代笔伯父流芳

□

光绪拾壹年六月二十四日考喜孝喜能喜兄弟亲面立

光绪十一年十一月二十八日赵老高父子杜卖田契

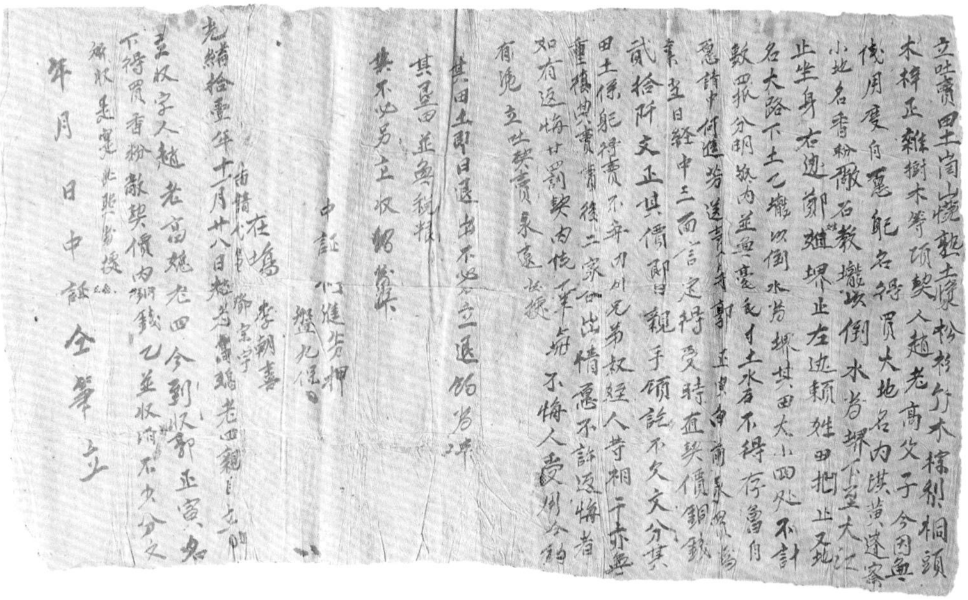

立吐（杜）卖田土岗山慌（荒）熟土浆松杉竹木棕梨桐头木梓正杂树木等项契人赵老高父子今因无钱用度自愿已名得买大地名内淇黄逢寮小地名香粉厂石教垅以倒水为界下至大江止坐身右边郑姓?界止左边赖姓田坝止又地名大路下土一垅以倒水为界其田大小四处不计数四抵分明抵内并无毫毛寸土水石不得存留自愿请中何进芳送卖与郭正寅向前承买为业当日经中三面言定得受时直契价铜钱贰拾阡（仟）文正其价即日亲手领讫不欠文分其田土系已得卖不与内外兄弟叔侄人等相干亦无重复典卖卖后二家各出情愿不许返悔者如有返悔甘罚契内钱一半与不悔人受用今欲有凭立吐（杜）契卖永远为据

其田土即日退出不必另立退约为准

其垦田并无税粮

其不必另立收约为准

中证何进芳押盘九保【押】

在场李朝喜

面请代笔邓宗宇

光绪拾壹年十一月廿八日赵老高媳老四亲自立【押】【押】

立收字人赵老高媳老四今到收郭正寅名下得买香粉厂契价内铜钱一并收清不少分文

所收是实此照为据

年月日中证仝笔立

光绪十三年三月十八日李告古兄弟卖田土契

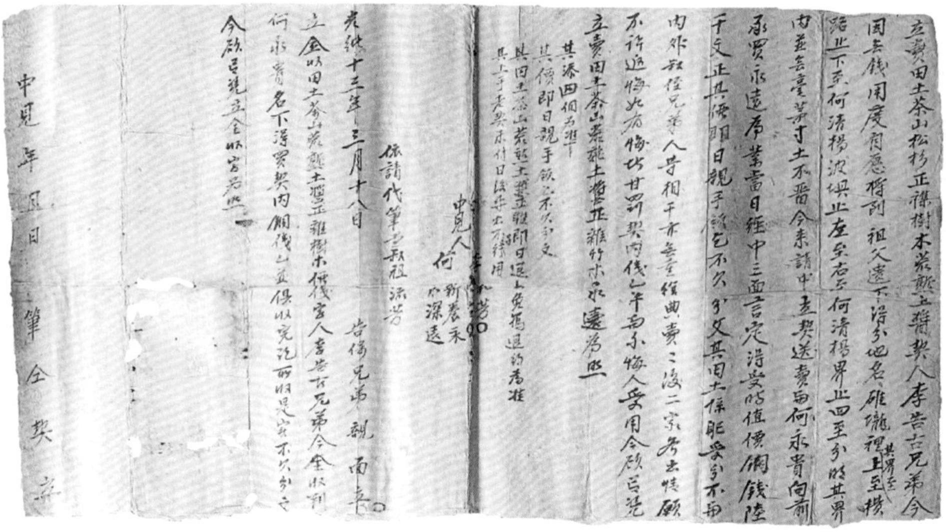

立卖田土茶山松杉正杂树木荒熟土酱（壁）契人李告古兄弟今因无钱用度自愿将到祖父遗下得分地名碓垅裡其界至上至横路止下至何清杨波坝止左至右至何清杨界止四至分明其界内并无毫茅寸土不留今来请中立契送卖与何永贵向前承买永远为业当日经中三面言定得受时值价铜钱陆千文正其价即日亲手领乞（讫）不欠分文其田土系己受分不与内外叔侄兄弟人等相干亦无重复典卖卖后二家各出情愿不许返悔如有悔者甘罚契内钱一半与不悔人受用今欲有凭立卖田土茶山荒熟土酱（壁）正杂竹木永远为照

其添四个为准

其价即日亲手领乞（讫）不欠分文

其田土茶山荒熟土酱正杂即日退出免写退约为准

其上手老契未付日后寻出不得行用

中见人李和芳【押】李□□【押】何新养何永深何永远

依请代笔堂叔祖流芳

光绪十三年三月十八日告保兄弟亲面立【押】

立全收田土茶山荒熟土酱（壁）正杂树木价钱字人李告古兄弟今全收到何永贵名下得买契内铜钱一并俱收完讫所收是实不欠分文今欲有凭立全收字为照

中见年月日笔仝契立

光绪十五年二月十一日和芳还钱契

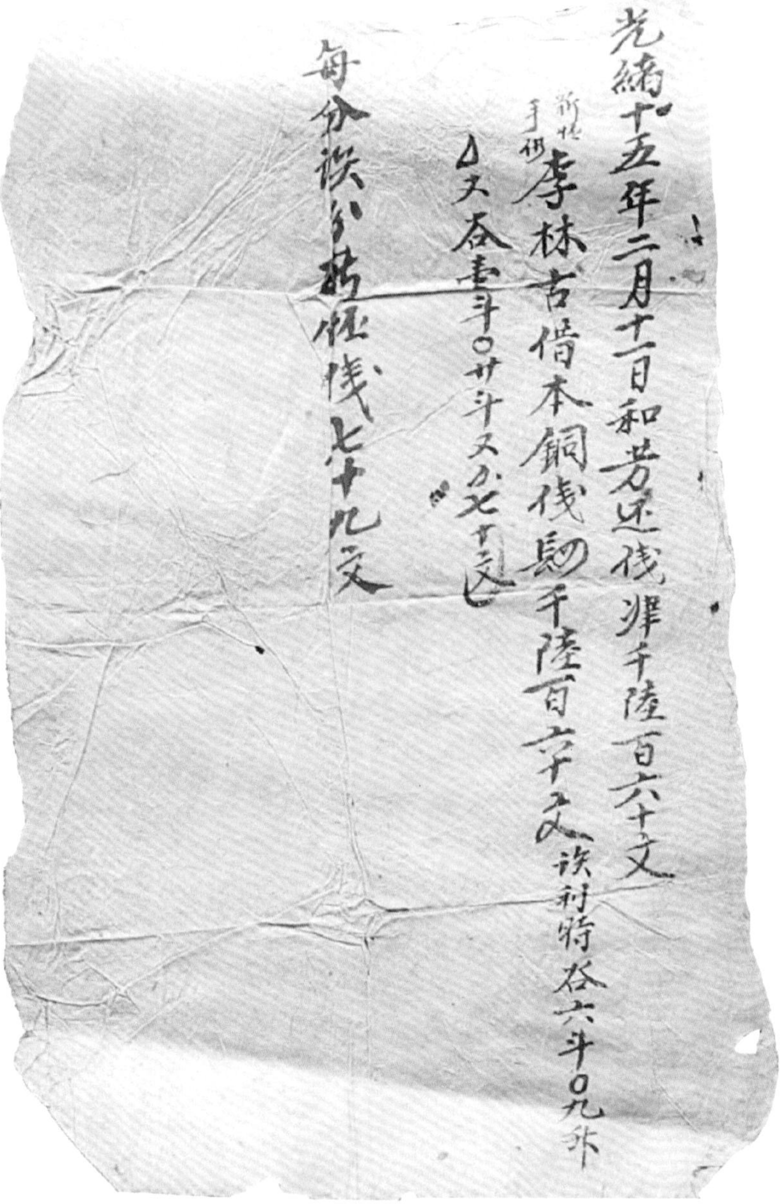

光绪十五年二月十一日和
芳还钱肆千陆百六十文
新怀手借李林古借本铜钱
肆千陆百六十文该利时谷
六斗〇九升△又谷壹斗〇
廿斗又钱七十文
每分该钱新怀钱七十九文

光绪十六年正月十八日李和芳卖田契

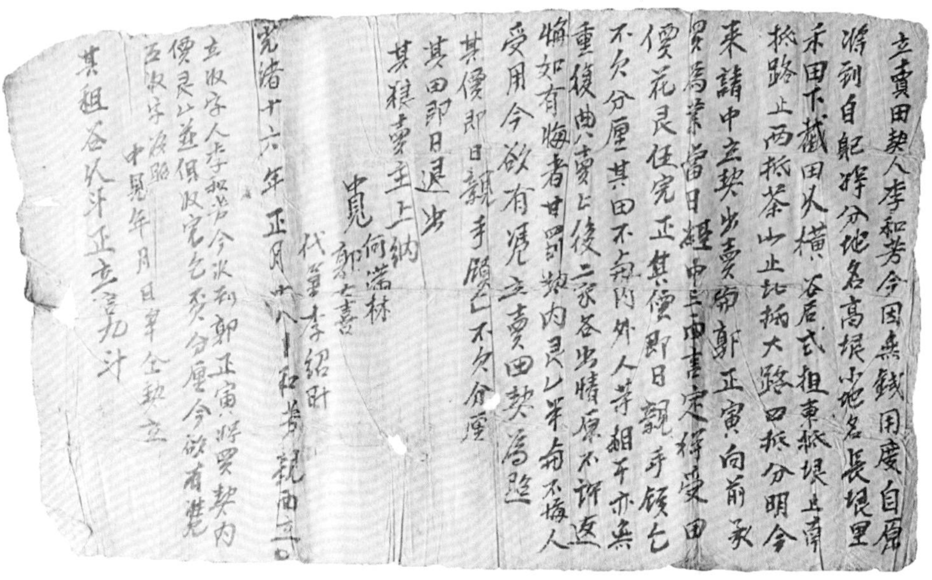

立卖田契人李和芳今因无钱用度自原（愿）将到自己得分地名高垠小地名长垠里禾田下截田以横谷后贰担东抵垠止南抵路止两抵茶山止北抵大路四抵分明今来请中立契出卖与郭正寅向前承买为业当日经中三面言定得受田价花银伍完（元）正其价即日亲手领乞（讫）不欠分厘其田不与内外人等相干亦无重复典卖以后二家各出情原（愿）不许返悔如有悔者甘罚契内银一半与不悔人受用今欲有凭立卖田契为照

其价即日亲手领乞（讫）不欠分厘

其田即日退出

其粮卖主上纳

中见何满林郭世喜

代笔李绍叶

光绪十六年正月十八日和芳亲面立【押】

立收字人李和芳今收到郭正寅得买契内价银一并俱收完乞（讫）不欠分厘今欲有凭立收字为照

中见年月日笔仝契立

其租谷玖斗正立言九斗

光绪十六年十一月初四日李林芳等人卖油槽契

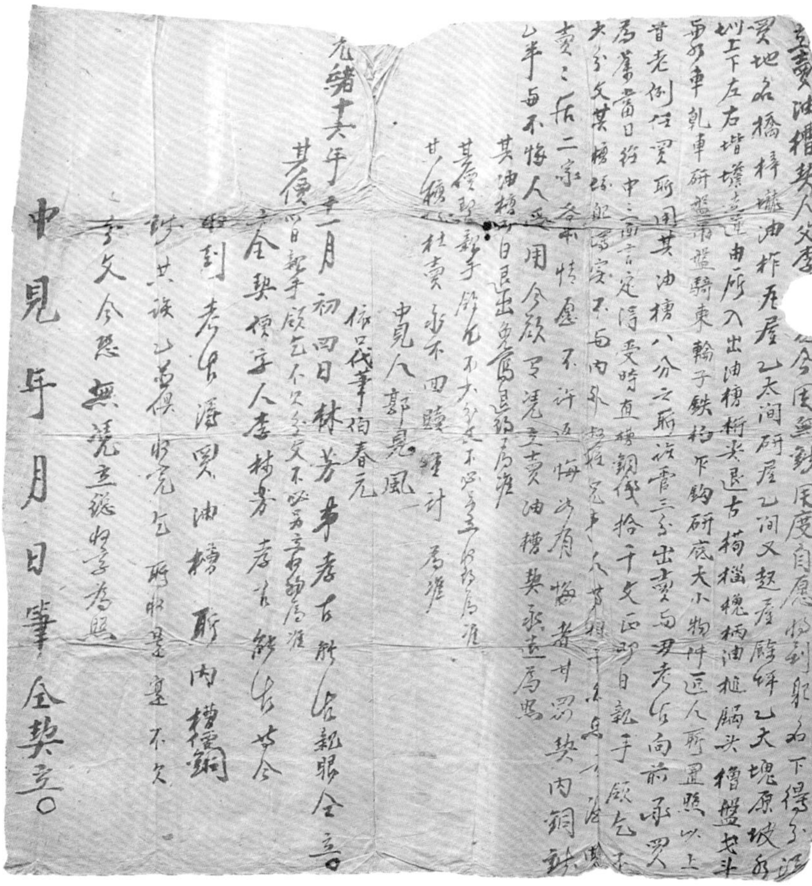

立卖油槽契人父李〈林芳〉今因无钞用度自愿收到己名下得分得买地名桥梓垅油柞瓦屋一太间研屋一间又起屋余坪一大块原坡水圳上下左右阶檐走道由所入出油槽桁尖退古枸榴槐柄油槌锅头撸盘戈斗与水车轧车研盘吊盘骑东轮子铁杓乍钩研底大小物件匠人所置照以上首老例任买所用其油槽八分之所该管三分出卖与 男考古向前承买为业当日经中三面言定得受时直槽铜钱拾千文正即日亲手领乞（讫）不少分文其槽系己得实不与内外叔侄兄弟人等相干亦无〈重复〉典卖卖后二家各出情愿不许返悔如有悔者甘罚契内铜钞一半与不悔人受用今欲有凭立卖油槽契永远为照

其油槽即日退出免写退约为准

其价即日亲手领乞（讫）不少分文不必另立收约为准

其槽后杜卖永不回赎重记

中见人郭见风

依口代笔伯春元

光绪十六年十一月初四日林芳弟孝古能古亲眼仝立【押】

其价三日亲手领乞（讫）不欠分文不必另立收约为准

立全契价字人李林芳孝古能古等今收到考古得买油槽所内槽价铜钞共该一并俱收完乞（讫）所收是实不欠分文今恐无凭立总收字为照

中见年月日笔仝契立【押】

光绪十七年九月二十二日李赞古卖岩疏土契

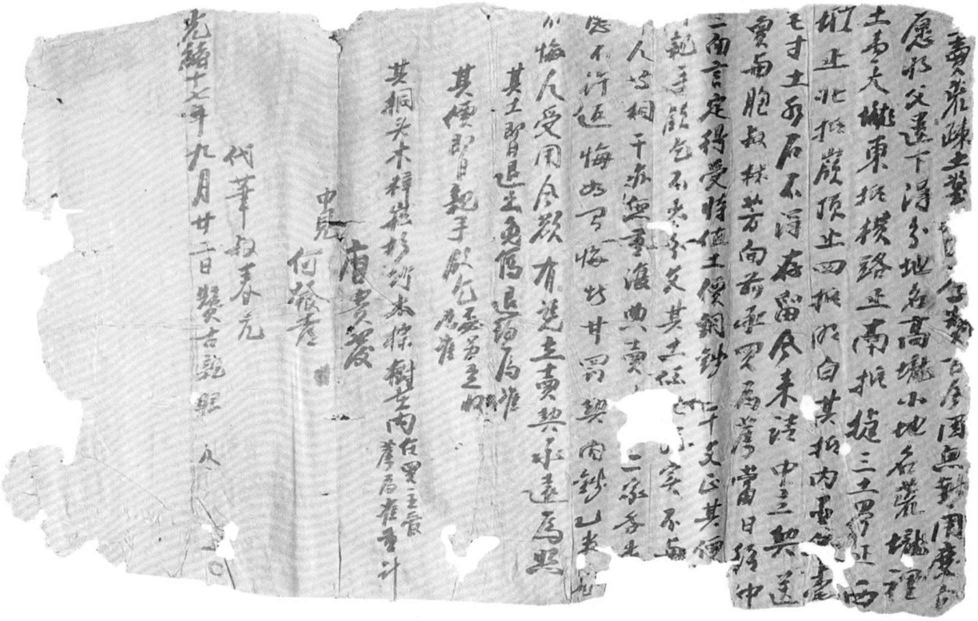

〈立〉卖岩疏土壁〈契人〉李赞古今因无钞用度〈自〉愿将父遗下得分地名高垅小地名荒垅裡土壹大垅东抵横路止南抵捷三土界止西〈抵〉丘止北抵岭顶止四抵明白其抵内⍰□毫毛寸土水石不得存留今来请中立契送卖与胞叔林芳向前承买为业当日经中〈三〉面言定得受时值土价铜钞千文正其价□□亲手领乞（讫）不少分文其土系□□实不与□□□人等相干亦无重复典卖二家各出〈自愿〉不许返悔如有悔者甘罚契内钞一半□□不悔人受用今欲有凭立卖契永远为照

其土即日退出免写退约为准

其价即日亲手领乞（讫）不必另立收为准

其桐头木梓松杉竹木棕树在内任买主管业为准重计

中见唐贵发何发喜

代笔叔春元

光绪十七年九月廿二日赞古亲照□【押】

光绪十九年二月十一日李考古卖地契

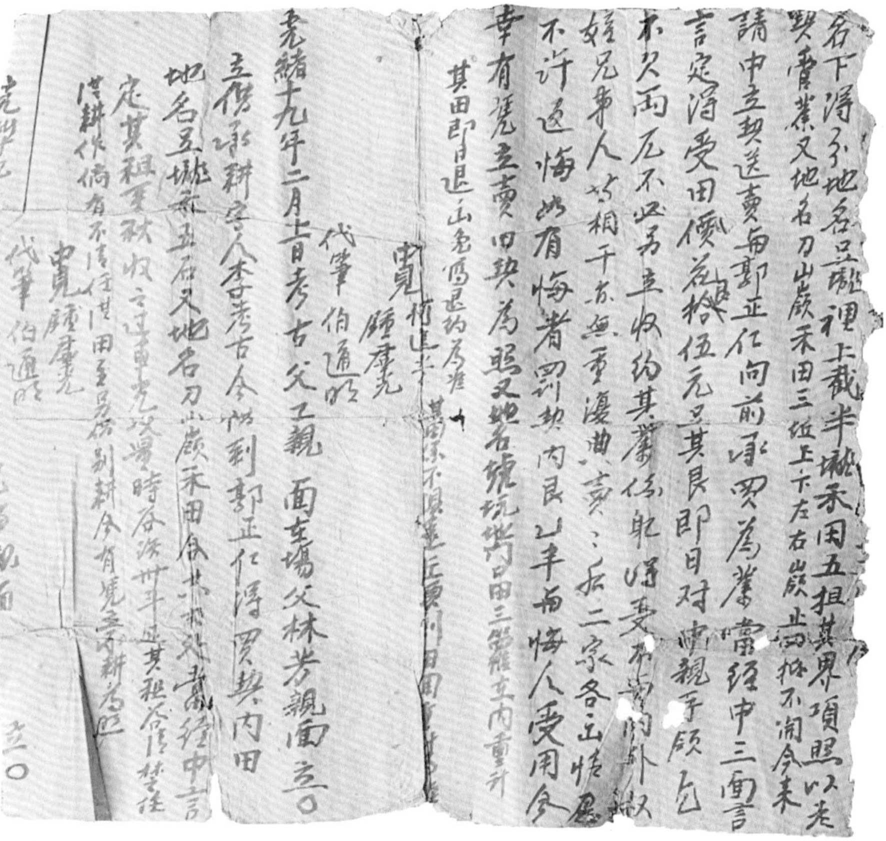

☐名下得分地名足垅裡上截半垅禾田五担其界项照以老契管业又地名刀山岭禾田三丘上下左右岭止四抵不开今来请中立契送卖与郭正仁向前承买为业当经中三面言［言］定得受田价花银拾伍元足其银即日对中亲手领乞（讫）不欠两厘不必另立收约其业系已得受不与内外叔姪兄弟人等相干亦无重复典卖卖后二家各出情愿不许返悔如有悔者罚契内银一半与悔人受用今幸有凭立卖田契为照又地名号坑址门口田三箩在内重计

其田即日退出免写退约为准

其田系不俱远近价到田回重为准

中见何进业钟群光

代笔伯通明

光绪十九年二月十一日考古父子亲面在场父林芳亲面立【押】

立借承耕字人李考古今借到郭正仁得买契内田地名足垅禾五石又地名刀山岭禾田合共贰处当经中言定其租系秋收之过车充以量时秋粮时谷口卅斗还其租谷清楚任从耕作倘有不清任从用至另借别耕今有凭立承耕为照

中见钟群光

代笔伯通明

光绪十九年二月十八日考古兄弟亲立【押】

光绪十九年二月十八日李积古兄弟卖屋园土契

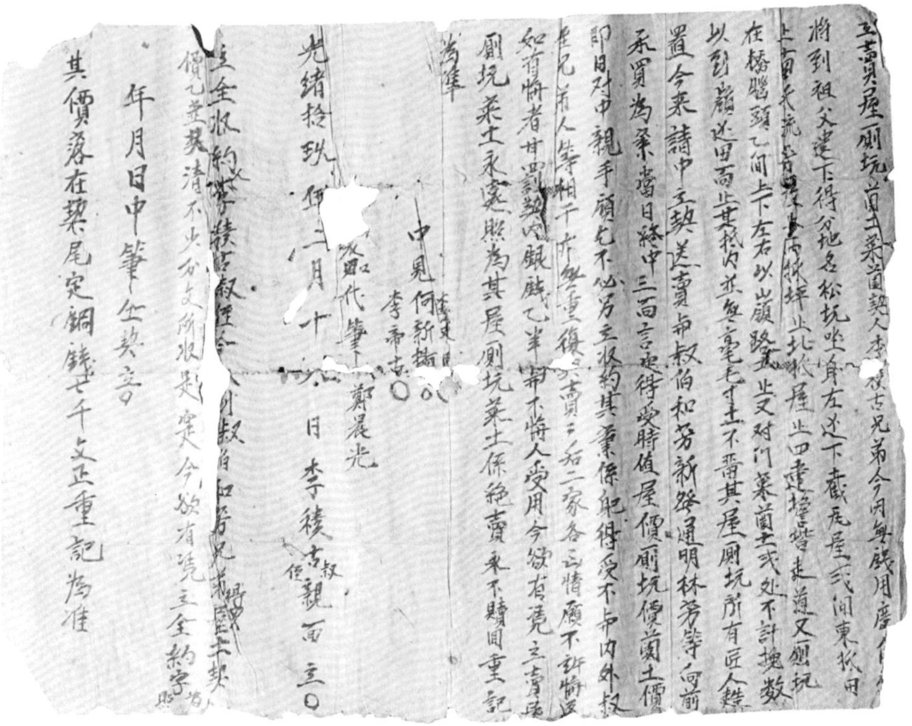

立卖屋厕坑园土菜园契人李积古兄弟今因无钱用度〈自愿〉
将到祖父遗下得分地名松坑坐身左边下截尾屋贰间东抵田上
南抵流□屋止西抵坪止北抵屋止四违（围）檐阶走道又厕坑
在桥脑头一间上下左右以岭路土止又对门菜园土贰处不计块
数以到岭边田面止其抵内并无毫毛寸土不留其屋厕坑所有匠
人造置今来请中立契送卖与叔伯和芳新发通明林芳等向前承
买为业当日经中三面言定得受时值屋价厕坑价园土价即日对
中亲手领乞（讫）不必另立收约其业系己得受不与内外叔侄
兄弟人等相干亦无重复典卖卖后二家各出情愿不许悔返如有
悔者甘罚契内银钱一半与不悔人受用今欲有凭立卖屋厕坑菜
土永远照为其屋厕坑菜土系绝卖永不赎回重记为准

中见李□□何新扬【押】李帝古【押】

依口代笔郑晨光

光绪拾玖年二月十八日李积古叔侄亲面立【押】

立全收约人李积古叔侄〈今收到〉叔伯和芳兄弟得买屋土契
价一并契清不少分文所收是实今欲有凭立全约字为照

年月日中笔仝契立【押】

其价落在契尾定铜钱七千文正重记为准

光绪二十四年五月二十九日唐桂发卖田契

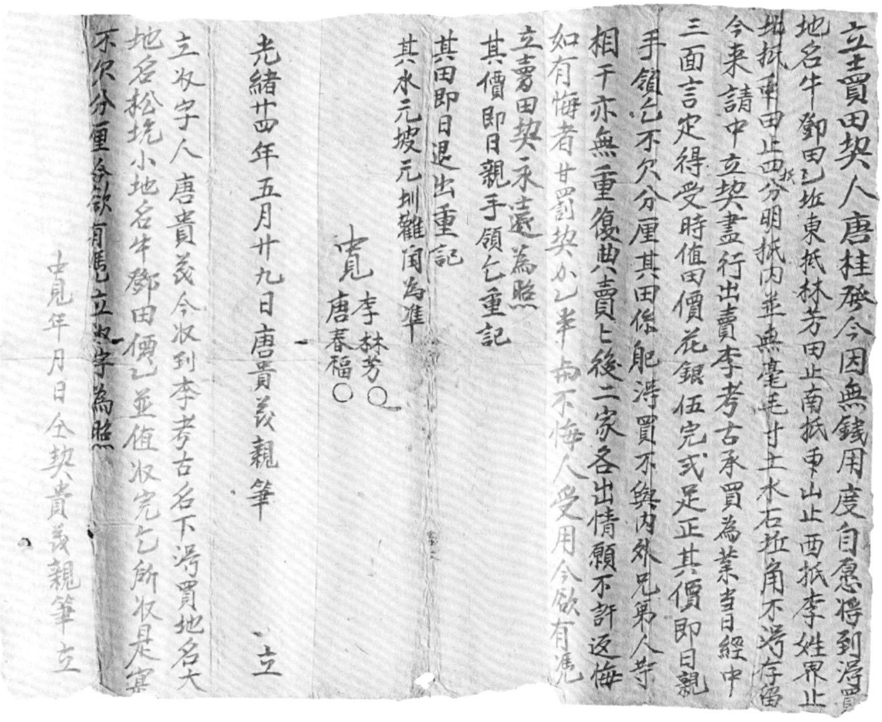

立卖田契人唐桂发今因无钱用度自愿将到得买地名牛邓田一丘东抵林芳田止南抵众山止西抵李姓界止北抵众田止四抵分明抵内并无毫毛寸土水石丘角不得存留今来请中立契尽行出卖李考古承买为业当日经中三面言定得受时值田价花银伍完贰足正其价即日亲手领乞（讫）不欠分厘其田系已得买不与内外兄弟人等相干亦无重复典卖卖后二家各出情愿不许返悔如有悔者甘罚契钱一半与不悔人受用今欲有凭立卖田契永远为照

其价即日亲手领乞（讫）重记

其田即日退出重记

其水元坡元圳灌闰（润）为准

中见李林芳【押】唐春福【押】

光绪廿四年五月廿九日唐贵义亲笔立

立收字人唐贵义今收到李考古名下得买地名大地名松坑小地名牛邓田价一并俱收完乞（讫）所收是实不欠分厘今欲有凭立收字为照

中见年月日仝契贵义亲笔立

光绪二十七年十一月十八日李忠喜兄弟卖油槽契

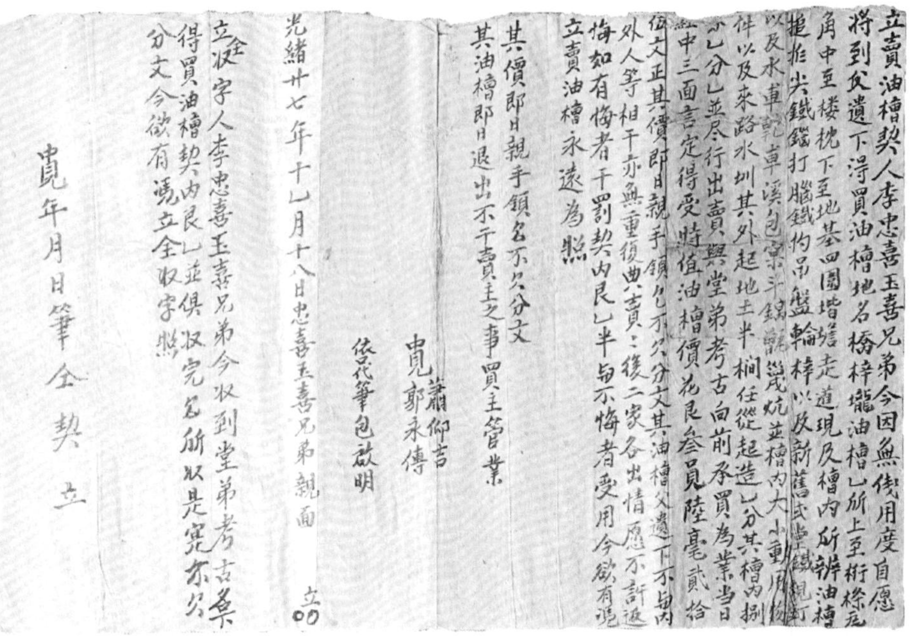

立卖油槽契人李忠喜玉喜兄弟今因无钱用度自愿将到父遗下得买油槽地名桥梓垅油槽一所上至桁樤瓦角中至楼枕下至地基四围阶檐走道现及槽内所辨油槽槌柞尖铁脑打脑铁杓吊盘轮梓以及新旧贰堂铁枧钉以及水车干车溪包宝斗锅甑篾炕并槽内大小动用物件以及来路水圳其外起地土半椇任从起造一分其槽内捌〈钱〉一分一并尽行出卖与堂弟考古向前承买为业当日〈经〉中三面言定得受时值油槽价花银叁员陆毫贰拾伍文正其价即日亲手领乞（讫）不欠分文其油槽父遗下不与内外人等相干亦无重复典卖卖后二家各出情愿不许返悔如有悔者干（甘）罚契内银一半与不悔者受用今欲有凭立卖油槽永远为照

其价即日亲手领乞（讫）不欠分文

其油槽即日退出不干卖主之事买主管业

中见萧仰吉郭永传

依口代笔包啟明

光绪廿七年十一月十八日忠喜玉喜兄弟亲面立【押】【押】

立全收字人李忠喜玉喜兄弟今收到堂弟考古名下得买油槽契内银一并俱收完乞（讫）所收是实不欠分文今欲有凭立全收字照

中见年月日笔仝契立

光绪二十九年九月二十六日李帝古卖屋契

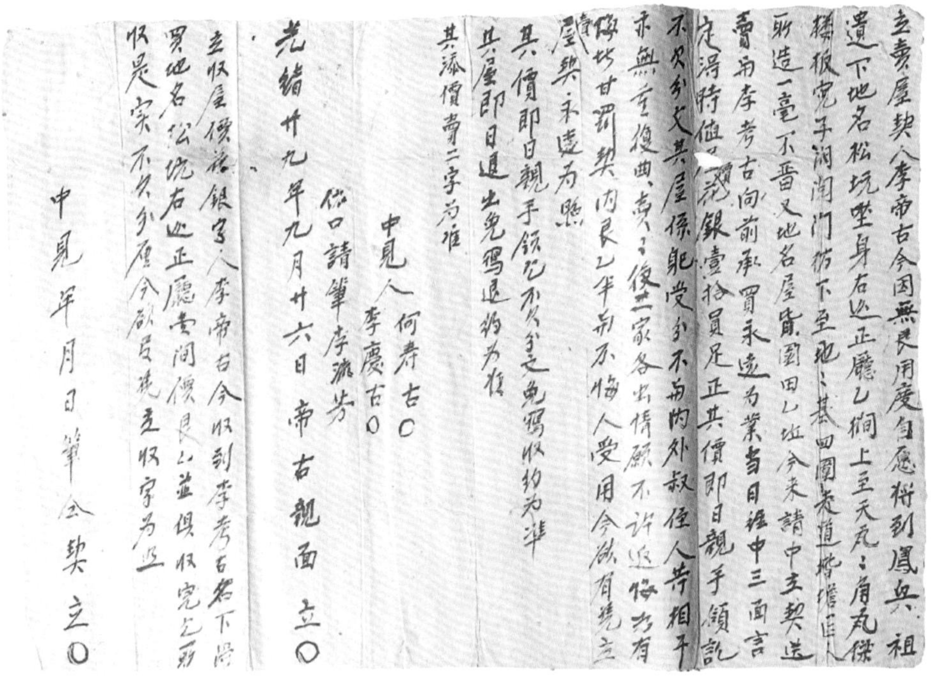

立卖屋契人李帝古今因无银用度自愿将到凤兴祖遗下地名松坑坐身右边正厅一间上至天瓦瓦角瓦樑楼楼板宽子阀阅门枋下至地地基四围走道阶檐匠人所造一毫不留又地名屋背园田一丘今来请中立契送卖与李考古向前承买永远为业当日经中三面言定得时值〈屋〉价花银壹拾员足正其价即日亲手领讫不欠分文其屋系已受分不与内外叔侄人等相干亦无重复典卖卖后二家各出情愿不许返悔如有悔者甘罚契内银一半与不悔人受用今欲有凭立卖屋契永远为照

其价即日亲手领乞（讫）不欠分文免写收约为准

其屋即日退出免写退约为准

其添价卖二字为准

中见人何寿古【押】李庆古【押】

依口请笔　李流芳

光绪廿九年九月廿六日帝古亲面立【押】

立收屋价花银字人李帝古今收到李考古名下得买地名松坑右边正厅壹间价银一并俱收完乞（讫）所收是实不欠分厘今欲有凭立收字为照

中见年月日笔仝契立【押】

光绪三十二年十二月十八日郭丙古兄弟卖田契

立杜卖垦田土岗山荒熟土浆棕杉竹木杂木等项契人郭丙古庚古春古兄弟今因无钱用度自愿兄弟谪（商）议父遗下得买地名浆土垇小地名石教垅上至领顶止下至大江止左至赖姓界止右至郑姓界止四抵分明抵内并无毫毛寸土水石丘角并不存留先尽亲房不受今请央中何永礼送卖与李考祥向前出价承买为业当今中三面言定得受契价银肆两正其价即日亲手领乞（讫）不欠分厘不必另立收限字据其田土岗山即日退出不与内外兄弟叔侄人等相干亦无重复典卖卖后二家各出情原（愿）不许返悔如有悔者甘罚契内银一半与不悔人受用今欲有凭立卖田土岗山永远管业为照

其田土即日退出不必另立退约为准

其银即日亲手领乞（讫）不必另立收约为准

其水原彼原圳原水权应

其界至不清照依上手老契管业

其田垦田系无粮开除

中见何永礼【押】何长久【押】包积养【押】李庆古【押】李寿文【押】

面请依口代笔 郭善古

光绪三拾二年十二月十八日丙古兄弟亲面立【押】【押】【押】

立全收字人郭丙古兄弟今全收到李考祥名下得买契内银一并俱收完乞（讫）不欠分厘所收是实今欲有凭立全收字为照

中见年月日笔仝契立【押】【押】【押】

光绪三十二年十二月十八日郭丙古兄弟收银字

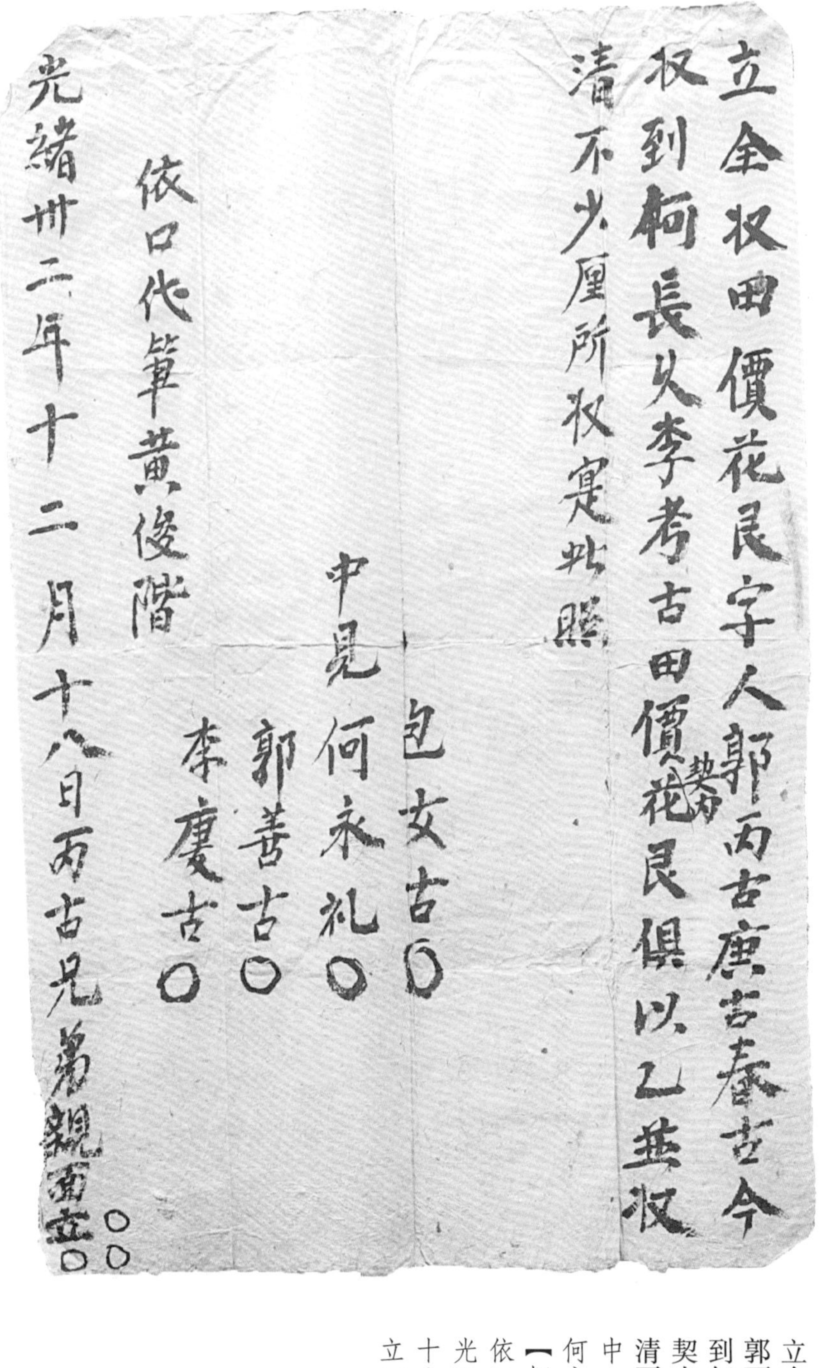

立全收田价花银字人郭丙古庚古春古今收到何长久李考古田价契内花银俱以一并收清不少厘所收实此照

中见包女古【押】何永礼【押】郭善古【押】李庆古【押】

依口代笔黄俊階

光绪卅二年十二月十八日丙古兄弟亲面立【押】【押】【押】

光绪三十四年十二月十八日黄庆显收课字

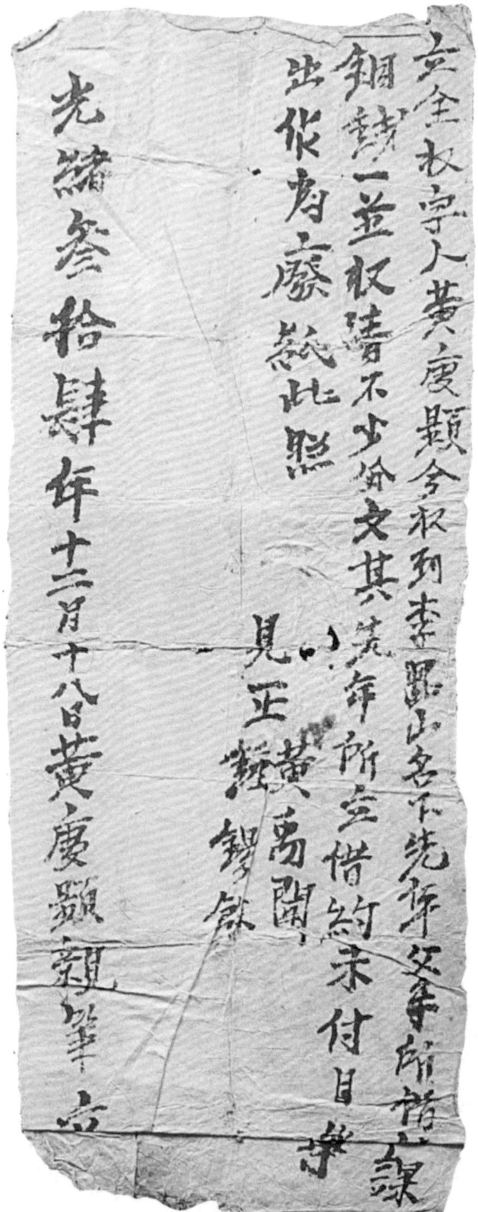

立全收字人黄庆显今收到李昆山名下先年父手所借□课铜钱一并收清不少分文其先年所立借约未付目□出作为废纸此照

见正（证）黄禹开钟锡□

光绪叁拾肆年十二月十八日黄庆显亲笔立

民国元年二月初八日李考祥卖田契

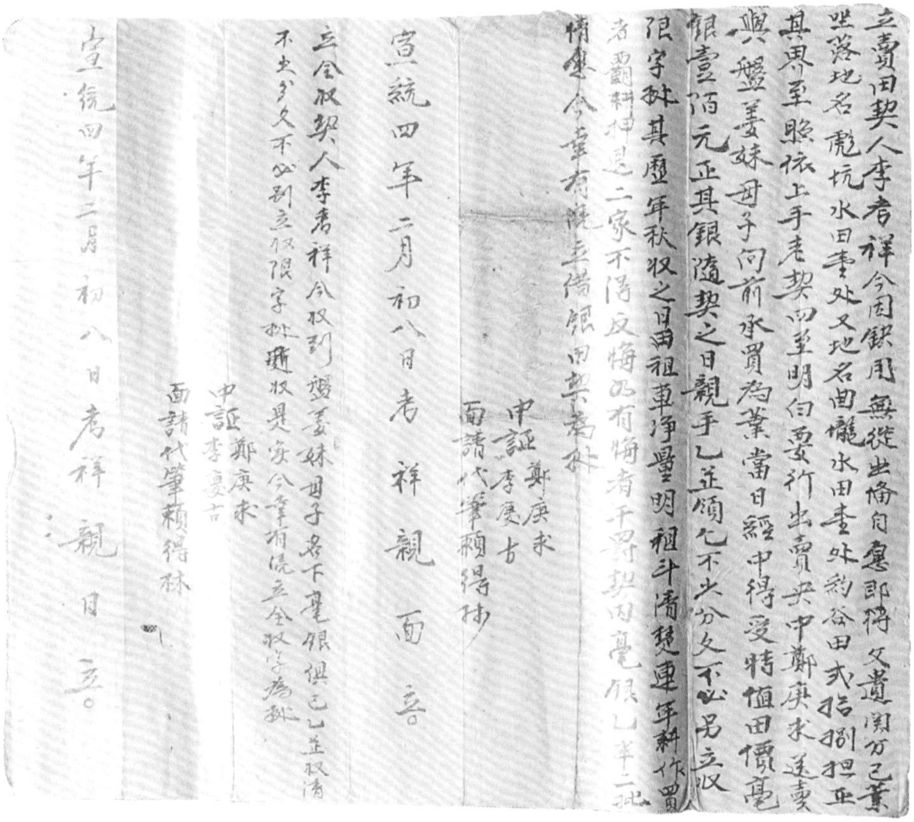

立卖田契人李考祥今因缺用无从出备自愿即将父遗关分己业坐落地名彪坑水田壹处又地名曲垅水田壹处约谷田贰拾捌担正其界至照依上手老契四至明白要行出卖央中郑庚求送卖与盘姜妹母子向前承买为业当日经中得受时值田价毫银壹佰元正其银随契之日亲手一并领乞（讫）不少分文不必另立收限字据其历年秋收之日田租车净量明租斗清楚连年耕作买者霸耕押退二家不得反悔如有悔者干（甘）罚契内毫银一半二批情愿今幸有凭立借银田契为据

中证郑庚求李庆古

面请代笔赖得林

宣统四年二月初八日考祥亲面立【押】

立全收契人李考祥今收到盘姜妹母子名下毫银俱已一并收清不少分文不必别立收限字据所收是实今幸有凭立全收字为据

中证郑庚求李庆古

面请代笔赖得林

宣统四年（民国元年）二月初八日考祥亲目立【押】

民国元年十一月十八日李庆古等卖熟土契

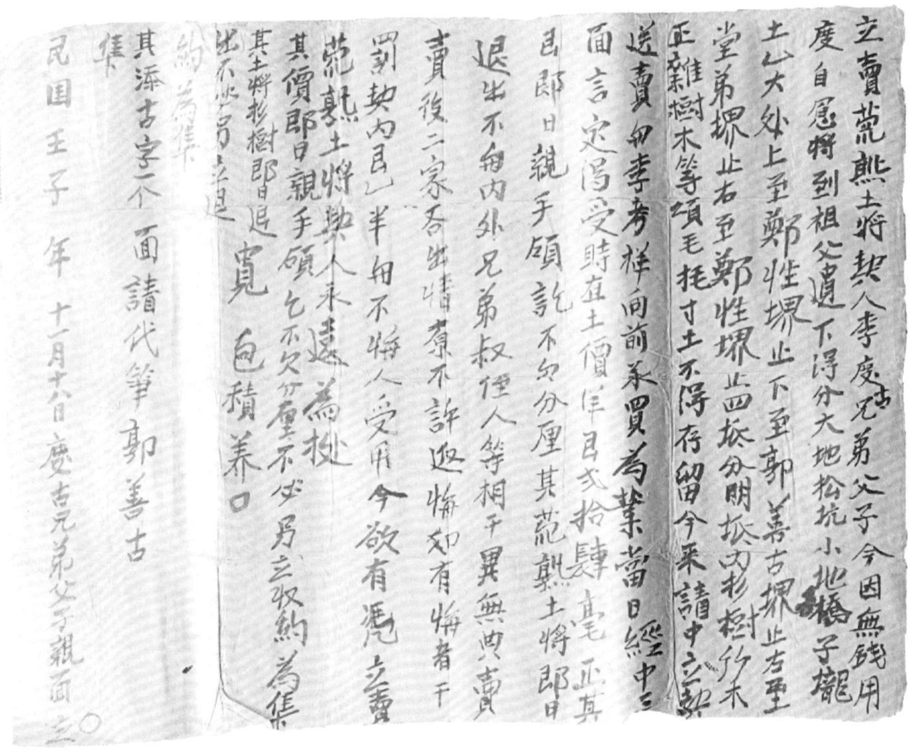

立卖荒熟土将（壆）契人李庆古兄弟父子今因无钱用度自愿将到祖父遗下得分大地松坑小地桥子垅土一大处上至郑性（姓）界止下至郭善古界止左至堂弟界止右至郑性（姓）界止四抵分明抵内杉树竹木正杂树木等项毛托寸土不得存留今来请中立契送卖与李考祥向前承买为业当日经中三面言定得受时直土价洋银贰拾肆毫正其银即日亲手领讫不欠分厘其荒熟土将（壆）即日退出不与内外兄弟叔侄人等相干异无典卖卖后二家各出情原（愿）不许返悔如有悔者干（甘）罚契内银一半与不悔人受用今欲有凭立卖荒熟土将（壆）契人永远为据

其价即日亲手领乞（讫）不欠分厘不必另立收约为准

其土将（壆）杉树即日退出不必另立退约为准

中见包积养【押】

其添古字一个面请代笔郭善古

准

民国壬子年十一月十八日庆古兄弟父子亲面立【押】

民国五年十月十八日何远清借钱字

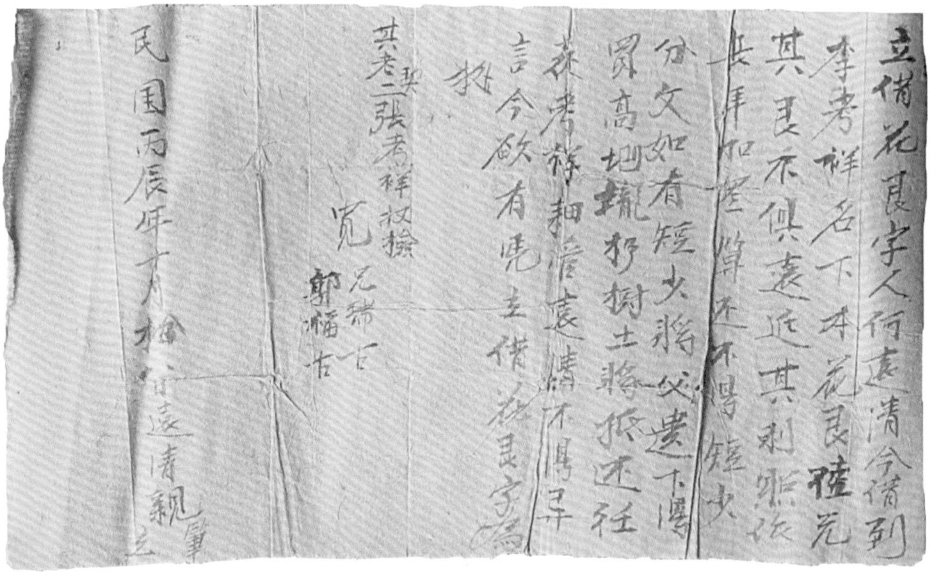

立借花银字人何远清今借到李考祥名下本花银陆元其银不俱远近其利照依长年加叁算还不得短少分文如有短少将父遗下得买高坳垅杉树土将（壄）抵还任从考祥耕管远清不得异言今欲有凭立借花银字为据

其老契二张考祥收捡

中见兄瑞古郭福古

民国丙辰年十月拾八日远清亲笔立

民国九年十月十一日陈戊章杜卖茶山土壂契

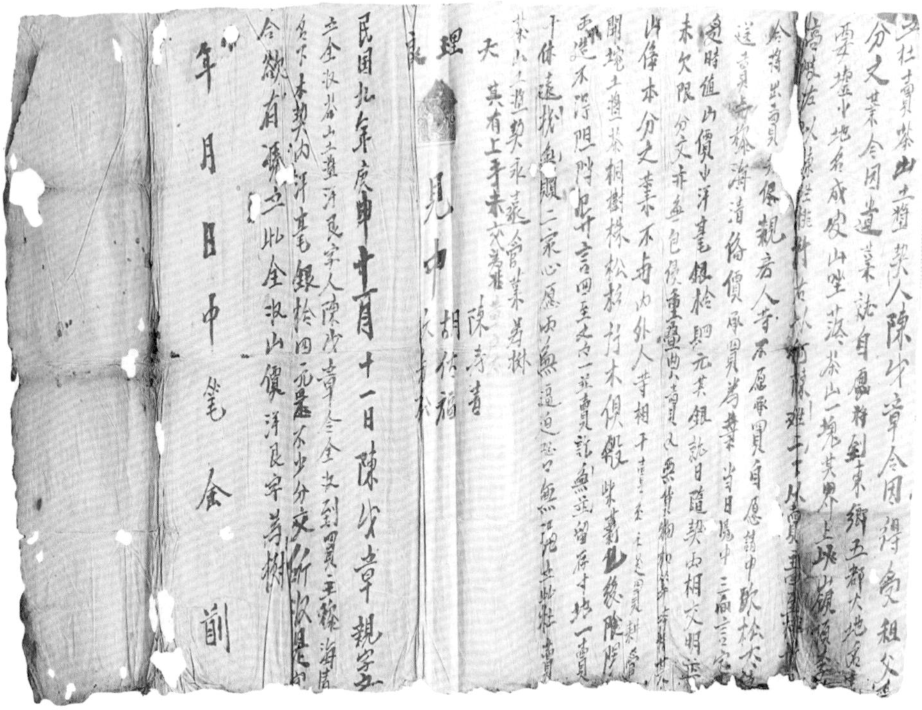

立杜卖茶山土壂契人陈戊章令（今）因得受租（祖）父（遗）分之业今因遗业就自愿将到东乡五都大地名□要墟小地名成皮山坐落茶山一块其界上以岭顶李（姓）高岐左以（陈姓）椑（竹）右以何陈二姓下以卖主四至椑竹□今将出卖（先）尽亲房人等不愿承买自愿请中欧松太（传）送卖与黎海清备价承买为业当日凭中三面言定□受时值山价小洋毫银拾肆元其银就日随契两相交明并未欠限分文亦无包侵重叠典卖又无货物（扣算等情）其山系本分之业不与内外人等相干（卖后任从）买耕管开挖土壂茶桐树株松杉竹木俱般柴薪一后阴阳两造不得阻䧟（挡）异言四至之内一并卖讫并无留存寸地一卖千休远无找赎二家心愿两无逼迫恐口无凭立此杜卖茶山土契永远管业为据

其有上手未交为准

见中黄户太陈寿青胡佑福□□松

天理良（心）

民国九年庚申十月十一日陈戊章亲字立

立全收茶山土壂洋银字人陈戊章今全收到买主黎海清名下本契内洋毫银拾四元足不少分文所收是（实）今欲有凭立此全收山价洋银字为据

年月日中笔仝前

民国十三年二月初二日何长林借银字（一）

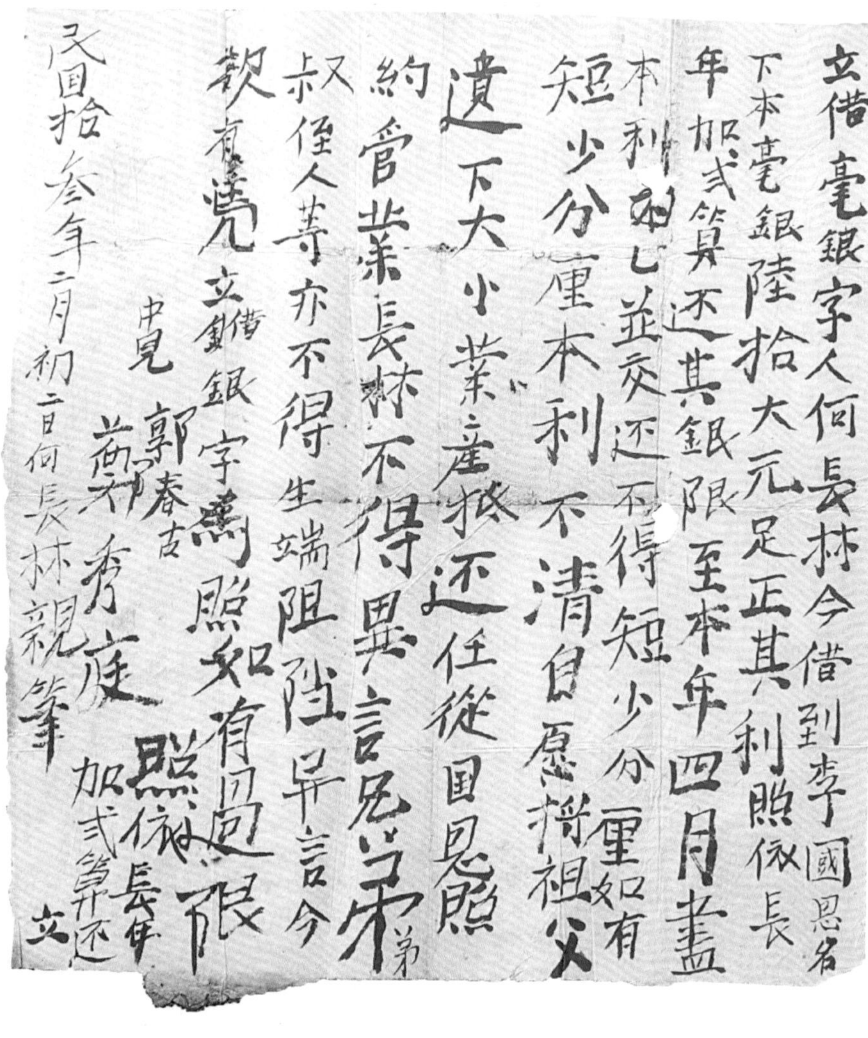

立借毫银字人何长林今借到李国恩名
下本毫银陆拾大元足正其利照依长年
加贰算还其银限至本年四月尽本利一
并交还不得短少分厘如有短少分厘本
利不清自愿将祖父遗下大小业产抵还
任从国恩照约管业长林不得异言兄弟
叔侄人等亦不得生端阻㧊（挡）异言
今欲有凭立借银字为照如有过限照依
长年加贰算还
中见郭春古郑秀庭
民国拾叁年二月初二日何长林亲笔立

民国十三年二月初二日何长林借银字（二）

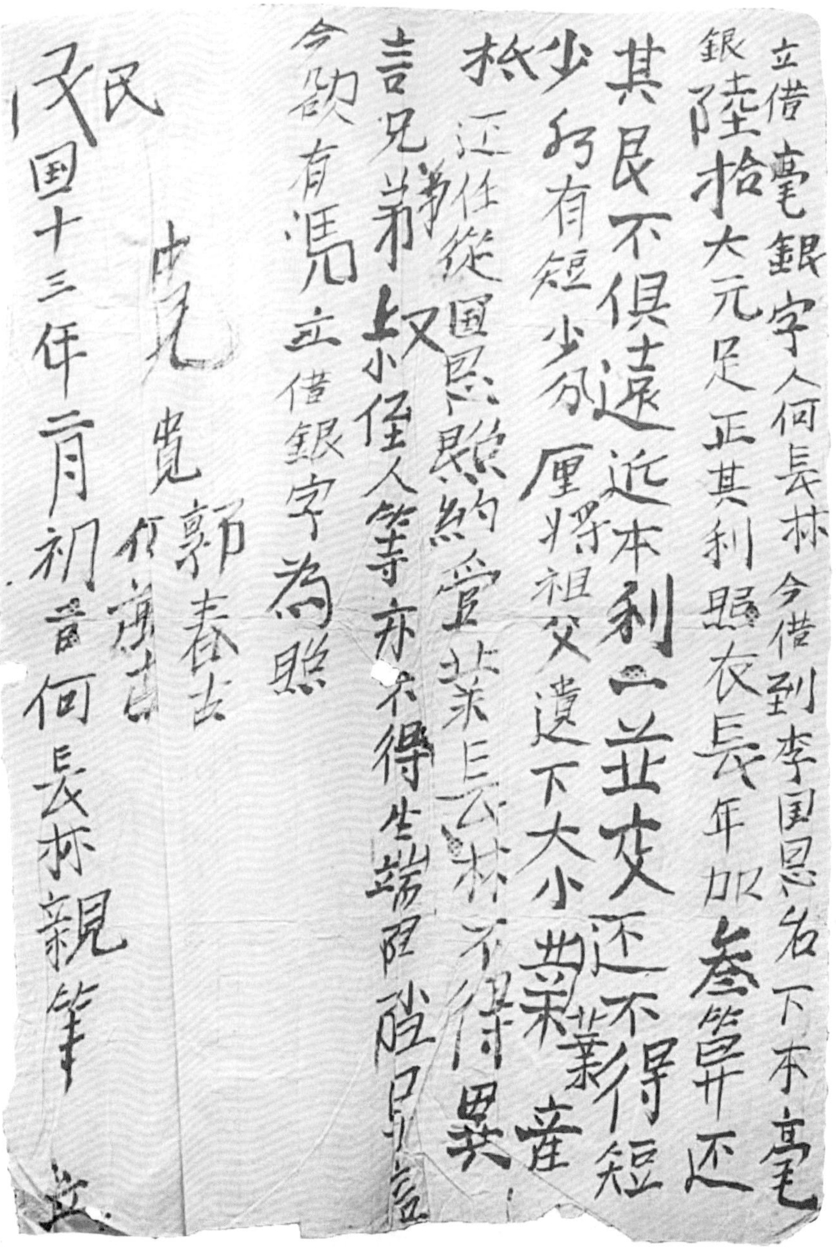

立借毫银字人何长林今借到李国恩名下本毫银陆拾大元足正其利照衣长年加叁算还其银不俱远近本利一并交还不得短少如有短少分厘将祖父遗下大小业产抵还任从国恩照约管业长林不得异言兄弟叔侄等人亦不得生端阻陷（挡）异言今欲有凭立借银字为照

中见郭春古何万古

民国十三年二月初二日何长林亲笔立

民国十四年二月二十二日李昌茂杜退荒熟土壁松杉竹木棕桐□树物字

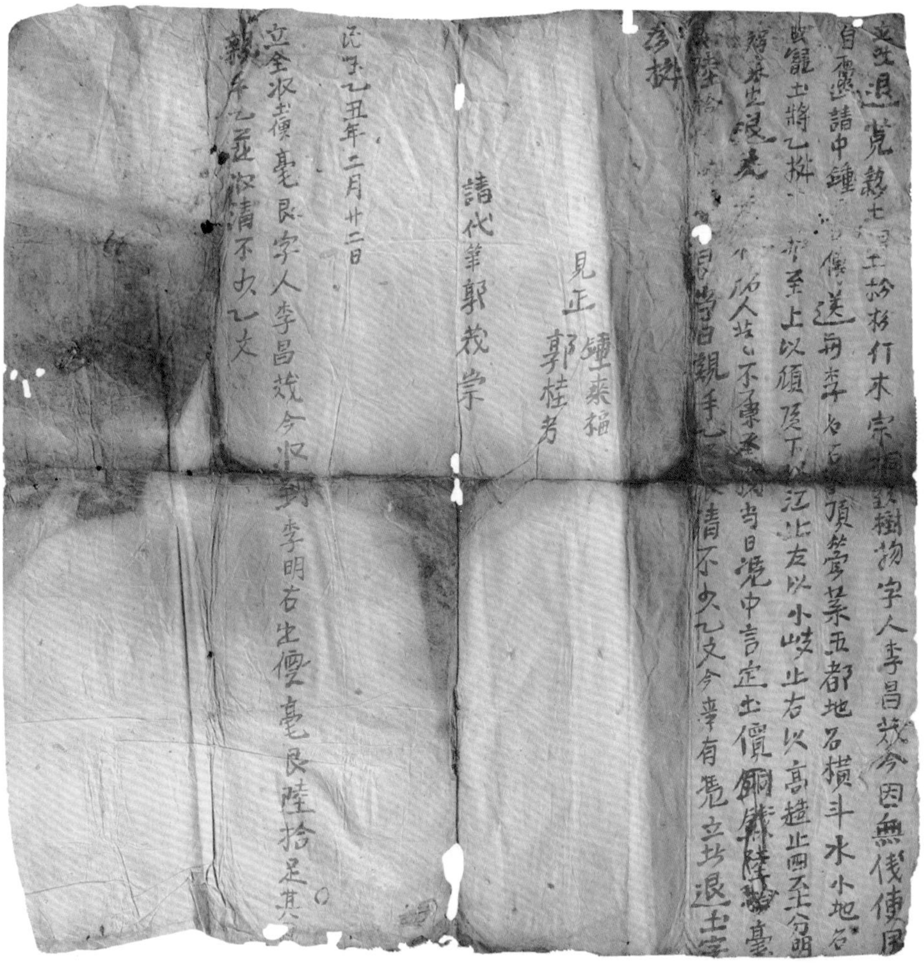

立吐（杜）退荒熟土壁土松杉竹木宗（棕）桐
□树物字人李昌茂今因无钱使用自愿请中钟
〈立古〉传送与李名古〈承〉顶管业五都地名
横斗水小地名□垅土将（壁）一处□□至上以
顽顶下以江止左以小岐止右以高趙止四至分明
得来出退□□□人等不愿承顶当日凭中言定土
价毫银陆拾□□□□银当日亲手一〈并限〉清
不少一文今⍰有凭立此退土字为据
见正（证）钟来福郭桂芳
请代笔郭茂崇
民国乙丑年二月廿二日

立全收土价毫银字人李昌茂今收到李明古出价
毫银陆拾足其银亲手一并收清不少一文

民国十四年五月二十四日何发保子孙比换田契

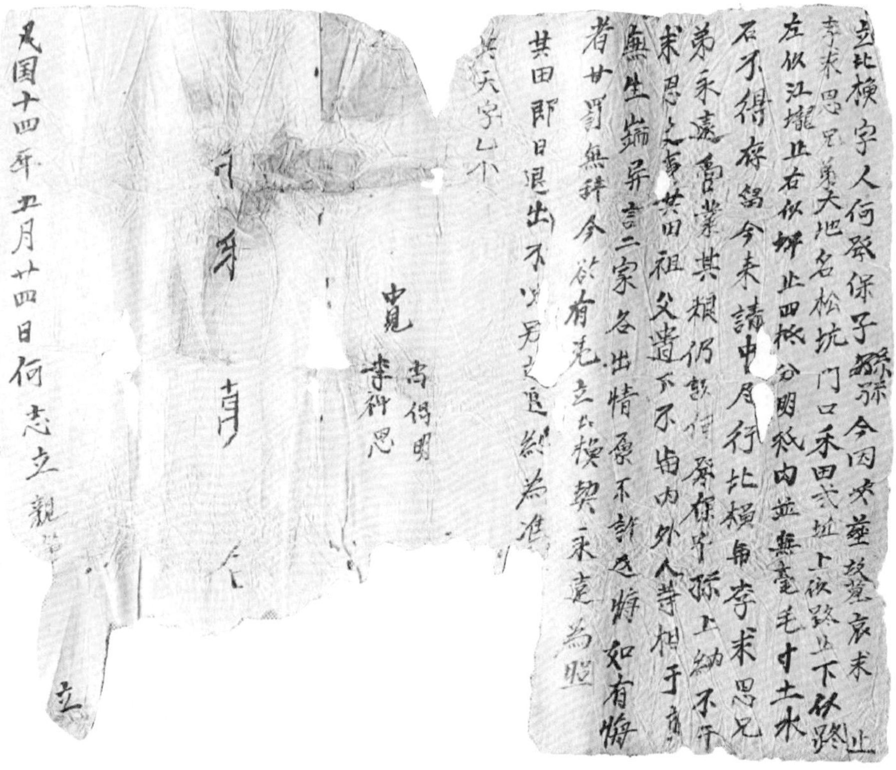

立比换字人何发保子孙今因安葬坟墓哀求 止李
求恩兄弟大地名松坑门口禾田贰丘上以路止下以
路左以江垅止右以坪止四抵分明抵内并无毫毛寸
土水石不得存留今来请中尽行比换与李求恩兄弟
永远管业其粮仍该何发保子孙上纳不干求恩之事
其田祖父遗下不与内外人等相干亦无生端异言二
家各出情原（愿）不许返悔如有悔者甘罚无辞今
欲有凭立比换契永远为照
其田即日退出不□另立退约为准
其天（添）字一个
中见尚得明李神恩
□□□□
民国十四年五月廿四日何志立亲笔立

民国十四年五月何志等比换田契

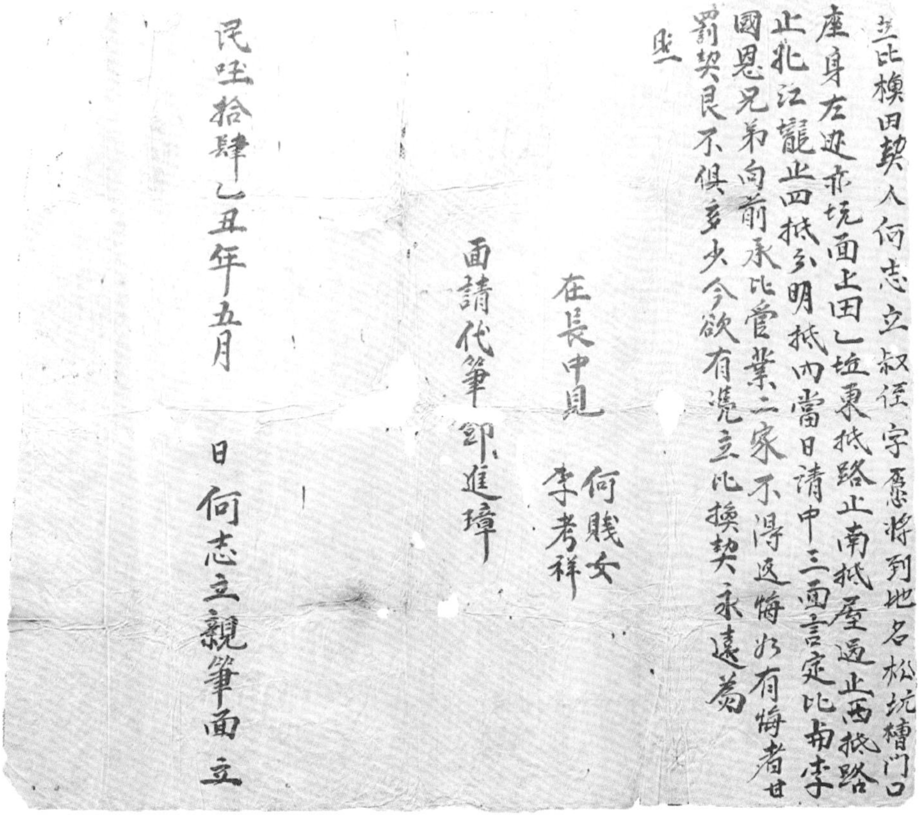

立比换田契人何志立叔侄字（自）愿将到地名松坑槽门口座身左边亦坑面上田一丘东抵路止南抵屋过止西抵路止北江垅止四抵分明抵内当日请中三面言定比与李国恩兄弟向前承比管业二家不得返悔如有悔者甘罚契银不俱多少今欲有凭立比换契永远为照

在长中见何贱女李考详

面请代笔邓进璋

民国拾肆乙丑年五月　日何志立亲笔面立

民国十五年十二月二十六日黎松柏收银字

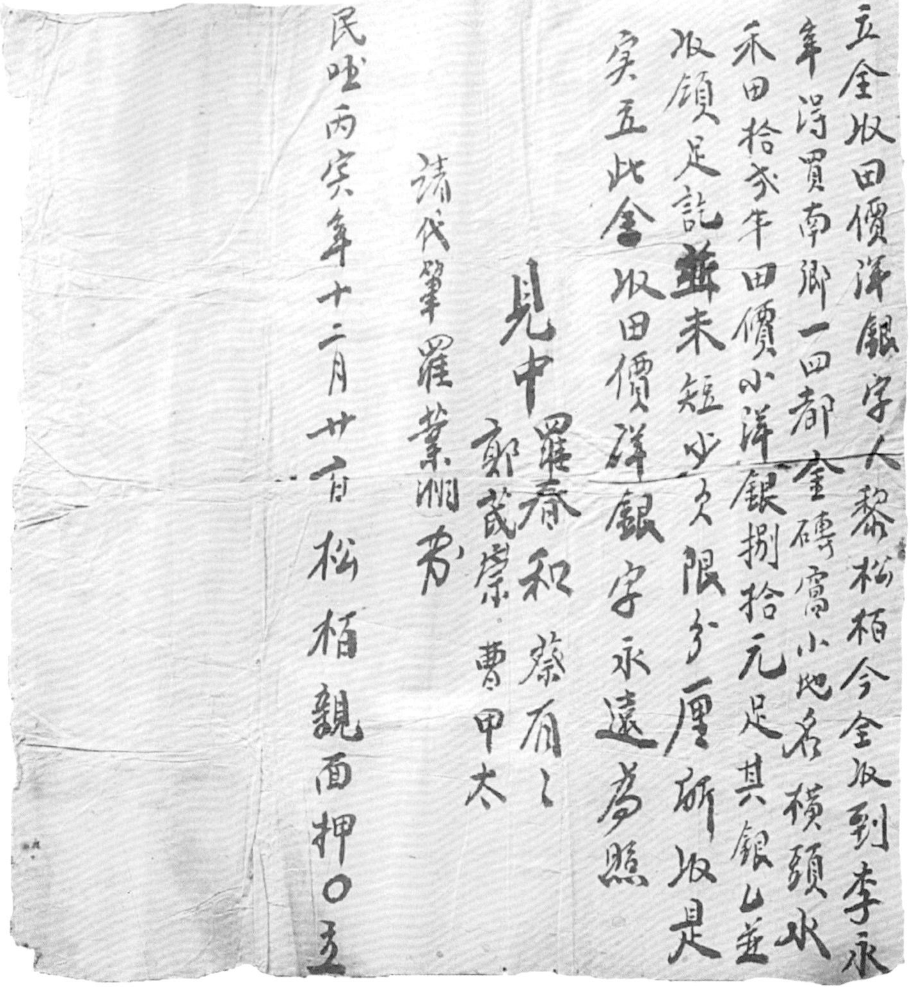

立全收田价洋银字人黎松栢今全收到李
永年得买南乡一四都金砖窝小地名横头
水禾田拾贰半田价小洋银捌拾元足其银
一并收领足讫并未短少欠限分厘所收是
实立此全收田价洋银字永远为照
见中罗春和郭茂崇蔡有有曹甲太
请代笔罗业湘书
民国丙寅年十二月廿六日松栢亲面押
【押】立

民国十六年三月十四日成恩借小洋银字

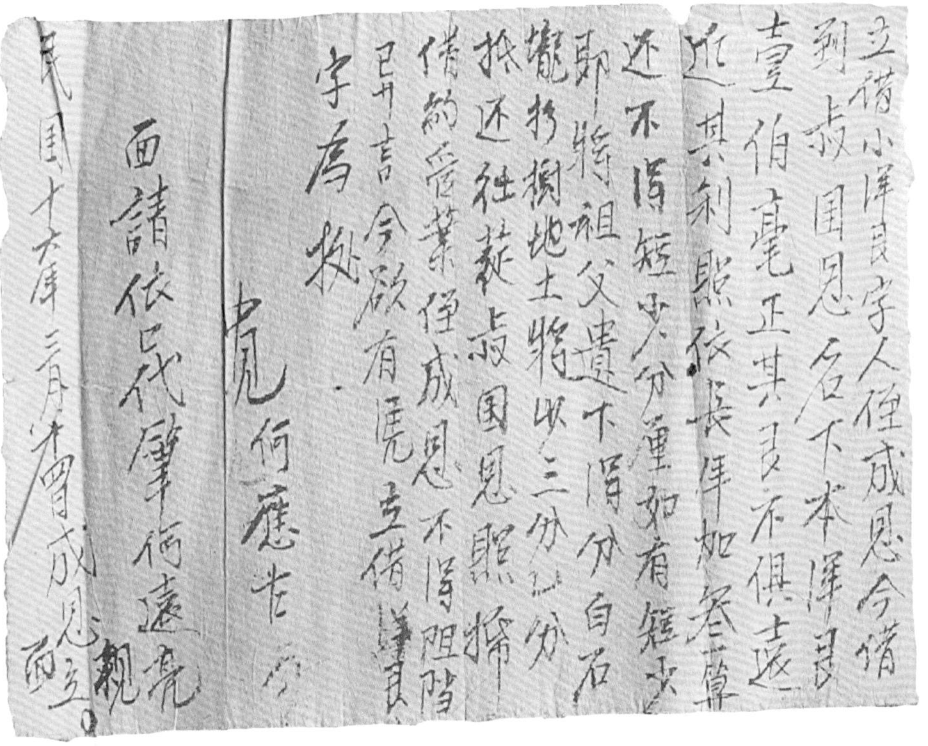

立借小洋银字人侄成恩今借到叔国恩名下本洋银壹伯（佰）毫正其银不惧远近其利照依长年加叁算还不得短少分厘如有短少即将祖父遗下得分白石垅杉树地土将（蹔）以三分一分抵还任从叔国恩照指借约管业侄成恩不得阻陷（挡）异言今欲有凭立借洋银字为据

中见何应古【押】

面请依口代笔何远亮

民国十六年三月十四日成恩亲面立【押】

民国十六年三月十四日李成恩当屋园土字

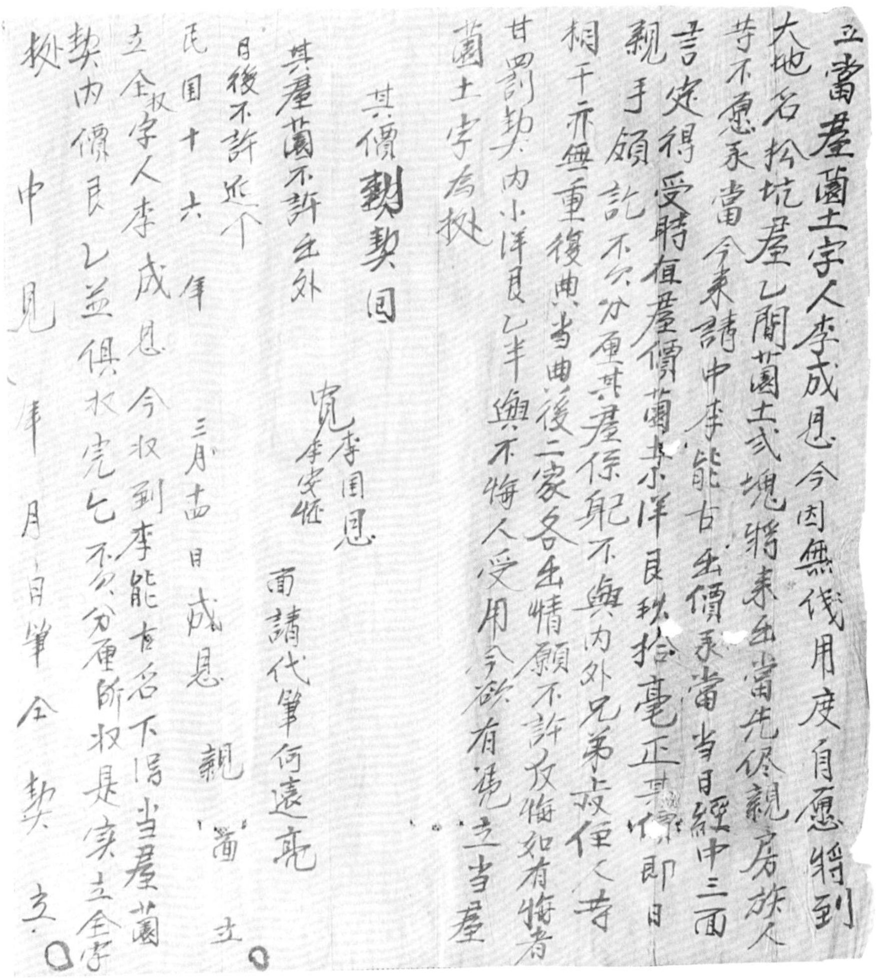

立当屋园土字人李成恩今因无钱用度自愿将到大地名松坑屋一间园土贰块将来出当先尽亲房族人等不愿承当今来请中李能古出价承当当日经中三面言定得受时值屋价园土小洋银玖拾毫正其价即日亲手领讫不欠分厘其屋系己不与内外兄弟叔侄人等相干亦无重复典当典后二家各出情愿不许反悔如有悔者甘罚契内小洋银一半与不悔人受用今欲有凭立当屋园土字为据

其价到契回

其屋园不许出外

日后不许近不

中见李国恩李安恒

面请代笔何远亮

民国十六年三月十四日成恩亲面立【押】

立全收字人李成恩今收到李能古名下得当屋园契内价银一并俱收完乞（讫）不欠分厘所收是实立全字据

中见年月日笔仝契立【押】

民国十六年七月初五日张正科借银字

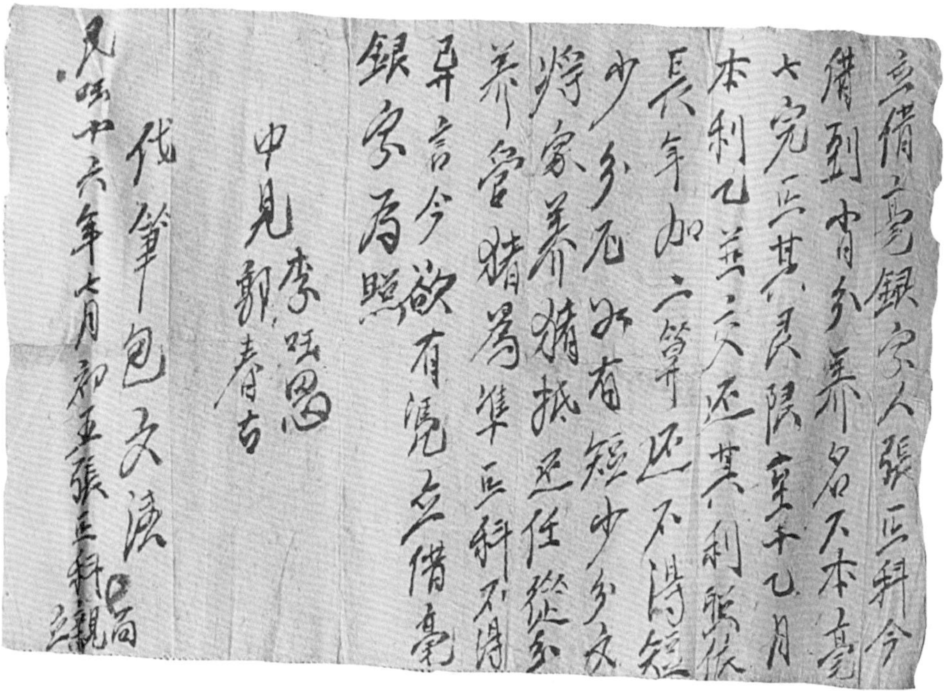

立借毫银字人张正科今借到肖分养名下本毫七完（元）正其银限至十一月本利一并交还其利照依长年加二算还不得短少分厘如有短少分文将家养猪抵还任从分养管猪为准正科不得异言今欲有凭立借毫银字为照

中见李国恩郭春古

代笔包文清

民国十六年七月初五张正科亲面立【押】

民国十七年二月二十二日李考喜分关文书

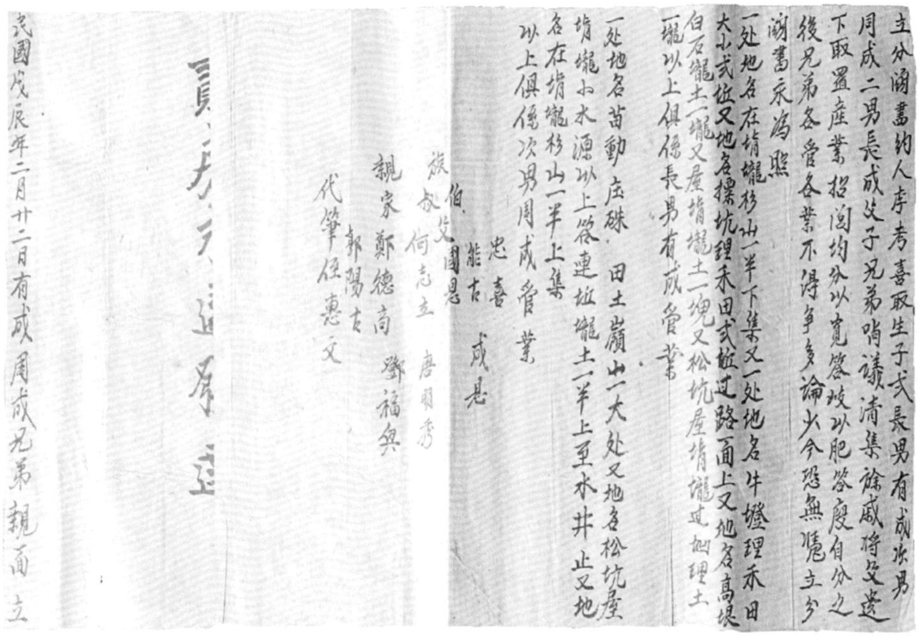

立分关书约人李考喜取生子贰长男有成次男同成二男长成父子兄弟喃（商）议请集族戚将父遗下取置产业拈闾（阄）均分以宽答（搭）岐以肥答（搭）瘦自分之后兄弟各管各业不得争多论少恐无凭立分关书永为照

一处地名在背垅杉山一半下集又一处地名牛蹬理禾田大小贰丘又地名摽坑理禾田贰丘过路面上又地名高垠白石垅土一垅又屋背垅土一块又松坑屋背垅过埛理土一垅以上俱系长男有成管业

一处地名苗动庄硃　　田土岭山一大处又地名松坑屋背垅小水源以上答（搭）连坵垅土一半上至水井止又地名在背垅杉山一半上集以上俱系次男周成管业

族伯父忠喜能古国恩成恩

族叔父何志生唐明秀

亲家郑德高邓福兴郭阳古

代笔侄惠文

□□□□□

民国戊辰年二月廿二日有成周成兄弟亲面立

民国十七年二月二十三日李成恩卖屋契

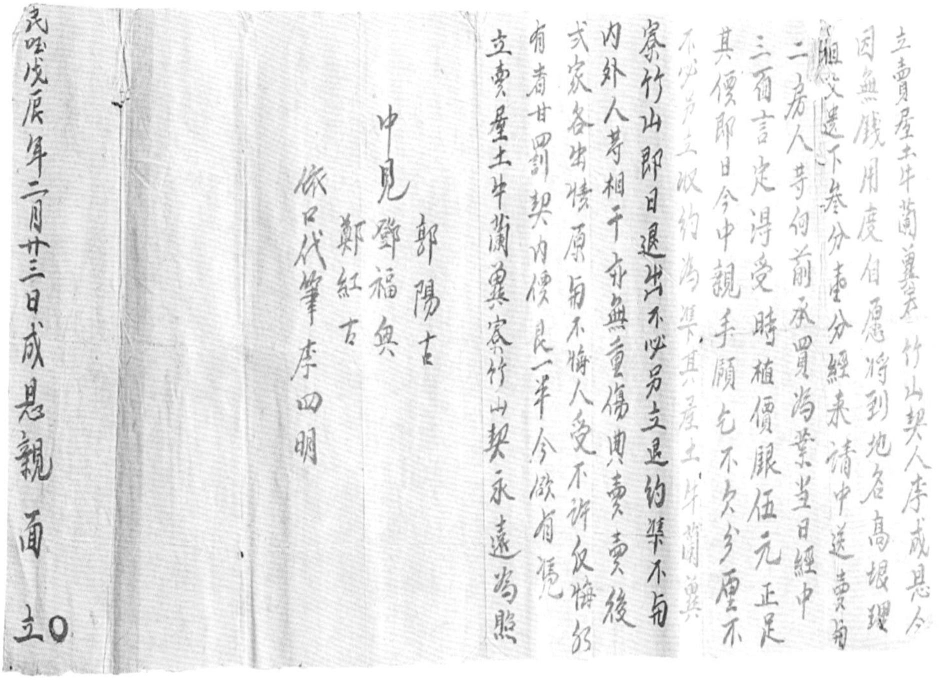

立卖屋土牛兰（栏）粪寮竹山契人李成恩今因无钱用度自愿将到地名高垠理祖父遗下叁分壹分经来请中送卖与二房人等向前承买为业当日经中三面言定得受时值价银伍元正足其价即日今中亲手领乞（讫）不欠分厘不不必另立收约为准其屋土牛兰（栏）粪寮竹山即日退出不必另立退约准不与内外人等相干亦无重伤典卖卖后贰家各出情原（愿）与不悔人受不许反悔如有者甘罚契内价银一半今欲有凭立卖屋土牛兰（栏）粪寮竹山契永远为照

中见郭阳古邓福兴郑红古

依口代笔李四明

民国戊辰年二月廿三日成恩亲面立【押】

民国十七年九月十二日郭荣芳借园土屋基茶棕字

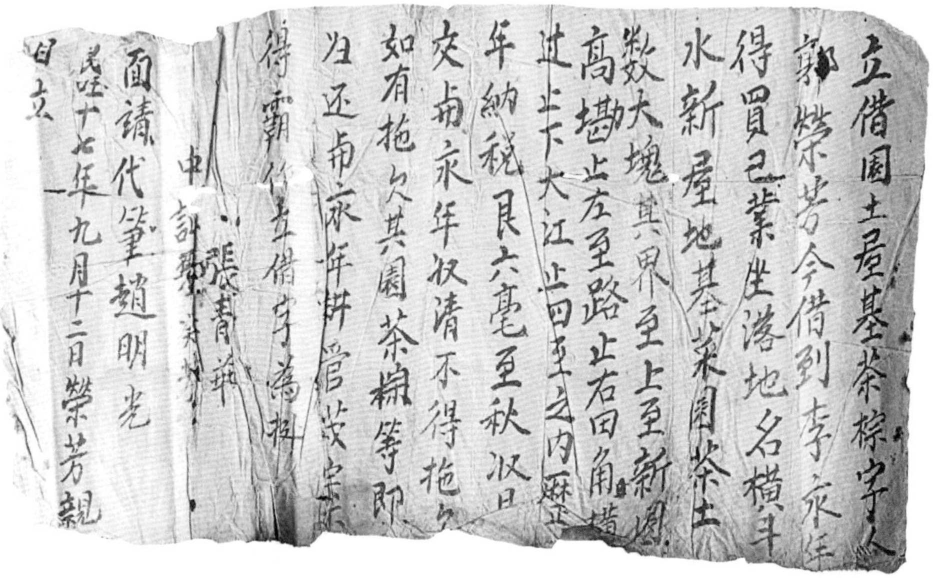

立借园土屋基茶棕字人郭荣芳今借到李永年得买已业坐落地名横斗水新屋地基菜园茶土数大块其界至上至新园高塅止左至路止右田角〈横〉过止下大江止四至之内历年纳税银六毫至秋收日交与永年收清不得拖欠如有拖欠其园茶棕等即归还与永年耕管茂宗不得霸作立借字为据

中证张青华马癸芳

面请代笔赵明光

民国十七年九月十二日荣芳亲目立

民国十九年十月二十一日黎三元卖茶山土墏契

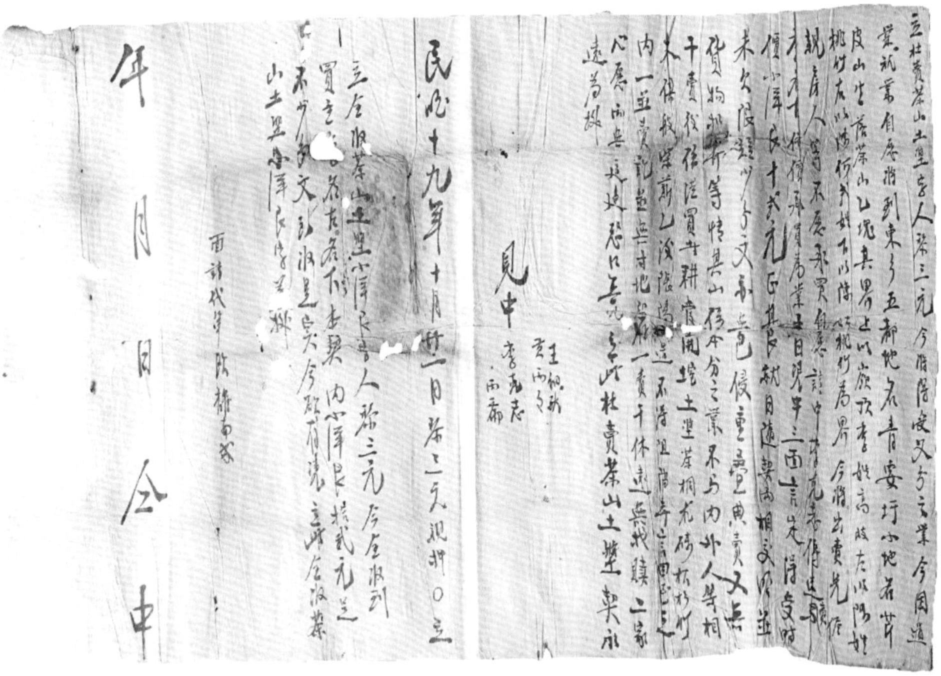

立杜卖茶山土墏字人黎三元今将得受父分之业今因遗业就业自愿将到东乡五都地名青要圩小地名芹皮山坐落茶山一块其界上以岭顶李姓高岐左以阳姓桃竹右以阳何贰姓下以陈姓桃竹为界今将出卖先尽亲房人等不愿承买自愿请中李克志传送卖与〈李名古〉备价承买为业当日凭中三面言定得受时价小洋银十贰元正其银就日随契两相交明并未欠限短少分文亦无包侵重叠典卖又无货物扣算等情其山系本分之业不与内外人等相干卖后任从买者耕管开挖土墏茶桐术（树）砖松杉竹木俱般柴薪乙（以）后阴阳〈两〉造不得阻𬮿（挡）无言目至之内一并卖讫并无寸地留存一卖千休远无找赎二家心愿两无逼迫恐口无凭立此杜卖茶山土墏契永远为据

见中王细龙黄丙文李克忠李丙斋

民国十九年十月廿一日黎三元亲押【押】立

立全收茶山土墏小洋银字人黎三元今全收到买主〈李〉名古名下本契内小洋银拾贰元足不少分文所收是实今欲有凭立此全（全）收茶山土墏小洋银字为据

面读代笔欧□□书

年月日仝中

民国二十年十二月二十一日李有神兄弟当田契

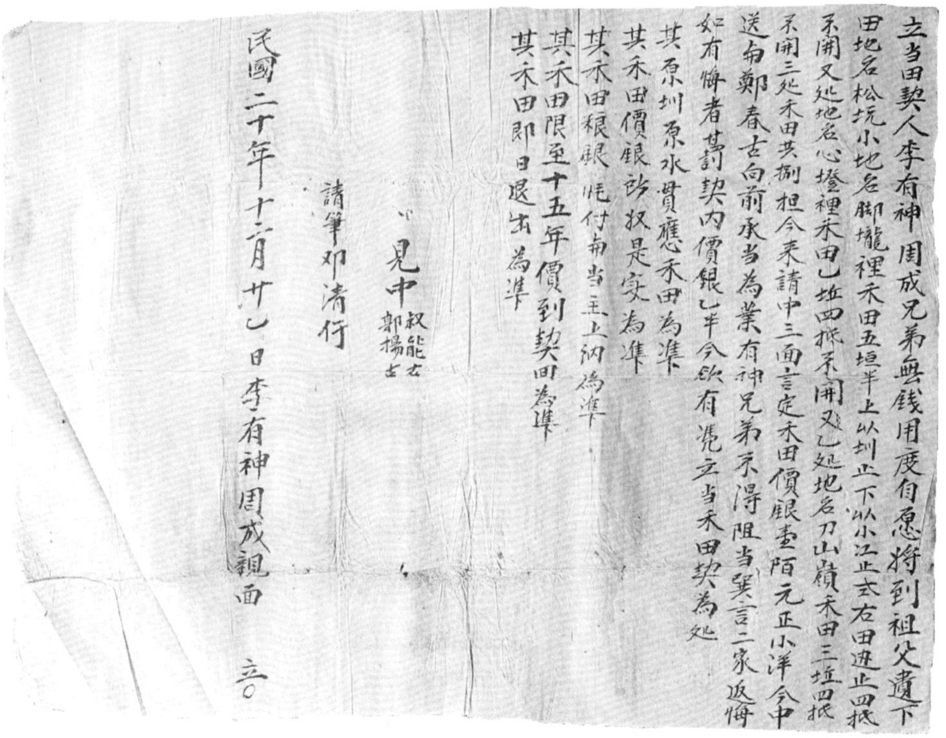

立当田契人李有神周成兄弟无钱用度自愿将到祖父遗下田地名松坑小地名脚垅裡禾田五垣（担）半上以圳止下以小江止左右田边止四抵不开又处地名心墱裡禾田一丘四抵不开又一处地名刀山岭禾田三丘四抵不开三处禾田共捌担今来请中三面言定禾田价银壹陌（佰）元正小洋今中送与郑春古向前承当为业有神兄弟不得阻当（挡）巽（异）言二家返悔如有悔者甘罚契内价银一半今欲有凭立当禾田契为处（据）

其原圳原水贯应禾田为准

其禾田价银所收是实为准

其禾田粮银二毛付与当主上纳为准

其禾田限至十五年价到契回为准

其禾田即日退出为准

见中叔能古郭扬古

请笔邓清儒

民国二十年十二月廿一日李有神周成亲面立【押】

民国二十一年正月十八日李有成兄弟当禾田契

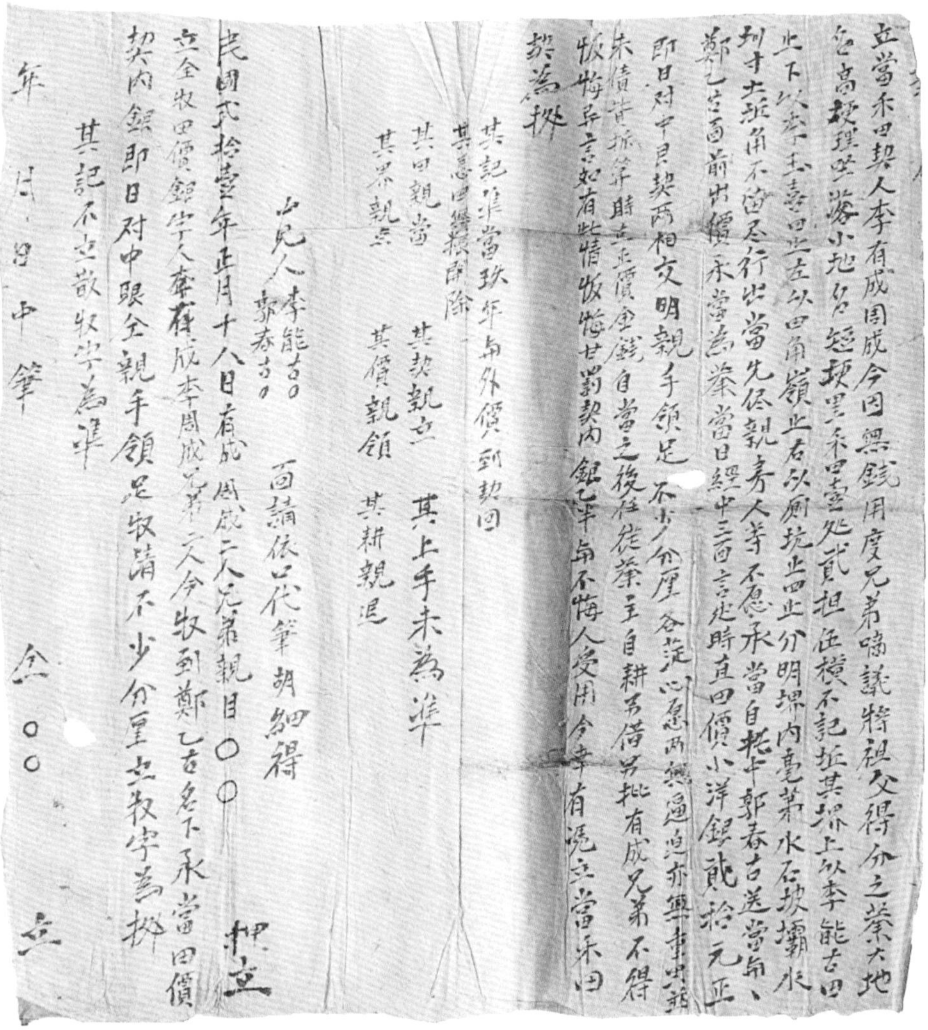
立當禾田契人李有成周成今因無錢用度兄弟嘀議將祖父得分之業大地
名高坡埋空落小地名短埂里禾田壹处貳担正横不記坵其界上以李能古田
止下以李玉喜田止左以田角嶺止右以厕坑止四止分明界内毫茅水石坡壩水
圳寸土照角不留尽行出當先侭親房人等不愿承當自托中郭春古送當與
鄭乙古面前出價承當為業當日經中三面言定時直田價小洋銀貳拾元正
即日对中艮契两相交明親手領足不少分厘 各從心愿两無逼迫亦無𠂤中貼
未債貨抵算 時立正價金錢自當之後任從業主自耕另借另批有成兄弟不得
妖悔异言如有此情妖悔甘罰契内銀乙半與不悔人受用今幸有凭立當禾田
契為據

其記准當玖年與外價到契回
其息四繼棕除
其田親當　其契親立　其上手未為準
其界親點　其價親領　其耕親退

中見人李能古〇
郭春古〇　面請依口代筆胡細得

民國貳拾壹年正月十八日有成 周成二人兄弟親目〇〇 押立

立全收田價銀字人李有成李周成兄弟二人今收到鄭乙古名下承當田價
契内銀即日对中艮全親手領足收清不少分厘立收字為據
其記不立散收字為準

年　月　日　中　筆　全　〇〇　立

立当禾田契人李有成周成今因无钱用度兄弟嘀（商）议将祖父得分之业大地名高埂理坐落小地名短埂里禾田壹处贰担伍横不记丘其界上以李能古田止下以李玉喜田止左以田角岭止右以厕坑止四止分明界内毫第水石坡坝水圳寸土丘角不留尽行出当先尽亲房人等不愿承当自托中郭春古送当与郑乙古面前出价承当为业当日经中三面言定时直田价小洋银贰拾元正即日对中银契两相交明亲手领足不少分厘各从心愿两无逼迫亦无重典并未债货拆（折）算时直正价金钱自当之后任从业主自耕另借另批有成兄弟不得恢悔异言如有此情恢悔甘罚契内银一半与不悔人受用今幸有凭立当禾田契为据

其记准当玖年与外价到契回

其恳田无粮开除

其田亲当其契亲点其上手未为准

其界亲点其价亲领其耕亲退

中见人李能古【押】郭春古【押】

面请依口代笔胡细得

民国贰拾壹年正月十八日有成周成二人兄弟亲目【押】【押】【押】【押】

立全收田价银字人李有成李周成兄弟二人今收到郑乙古名下承当田价契内银即日对中眼仝亲手领足收清不少分厘立收字为据

其记不立散收字为准

年月日中笔仝【押】【押】立

民国二十三年十二月十六日张华荣兄弟卖茶叶山场禾田字

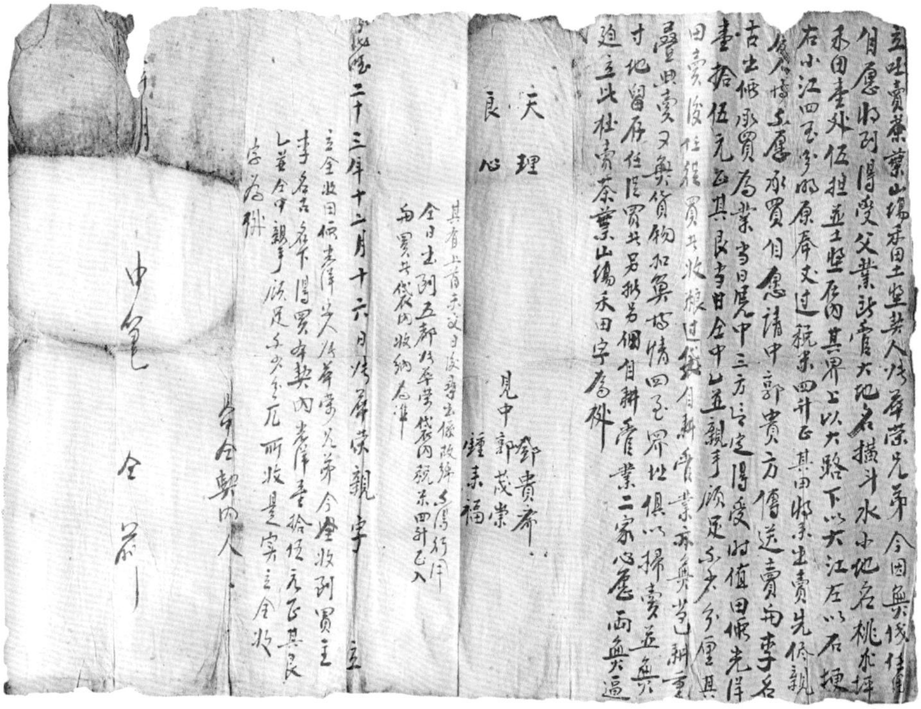

立吐（杜）卖茶叶山场禾田土塖契人张华荣兄弟今因无钱任用自愿将到得受父业所管大地名横斗水小地名桃术（树）坪禾田壹处伍担并土塖在内其界上以大路下以大江左以石埂右小江四至分明原奉丈过税米四升正其田收来出卖先尽亲房人等不愿承买自愿请中郭贵方传送卖与李名古出价承买为业当日凭中三方言定得受时值田价光洋壹拾伍元正其银当日仝中一并亲手领足不少分厘其田卖后任从买者收粮过袋自耕管业亦无当一耕重叠典卖又无货物扣算等情四至界址俱以扫卖并无寸地留存任从买者另批另佃自耕管业二家心愿两无逼迫立此杜卖茶叶山场禾田字为据

见中邓贵斋郭茂崇钟来福

天理良心

其有上首未交日后寻出系故绵不得行用

仝日出到五都张华荣袋内税米四升正入

与买者袋内收纳为准

民国二十三年十二月十六日张华荣亲字立

立全收田价光洋字人张华荣兄弟今全收到买主李名古名下得买本契内光洋壹拾伍元正其银一并仝中亲手领足不少分厘所收是实立全收字为据

人中仝契内人

〈年〉月中笔仝前

民国二十六年八月十八日张求松等发批约禾田土塋字

立发批约禾田土墼字人张求松仝长男绍良得受祖父〈遗〉业与自置之业□□□□金砖窝门首禾田柒担正又一处大田埂禾田拾担正又一处长丘排禾田伍担正共田贰担贰担正今将批与李明古耕种其田界止俱照业主印契耕种当日得受批银光洋伍元正当日三面言定逐年额租谷陆拾玖桶正至秋熟燥谷任从业立车净量明不得短少升合丰旱不得多争减少租谷清楚连年耕种倘租不清将批银扣算另批另借佃人不得霸耕阻凼（挡）自愿不耕原田退还业主不得私顶私退贰家心愿恐口无凭立此批发约禾田土将（墼）字为据

其田四股绍良贰股半长丘排连田园土在内

其有逐年东道壹席食鸭一只生肉壹斤起发租鸭一只

丰登六熟

见中罗春和陈□□

⧄

民国贰拾陆年八月十八日求松长男绍良亲笔

民国三十年十一月初一日何福明等全收字

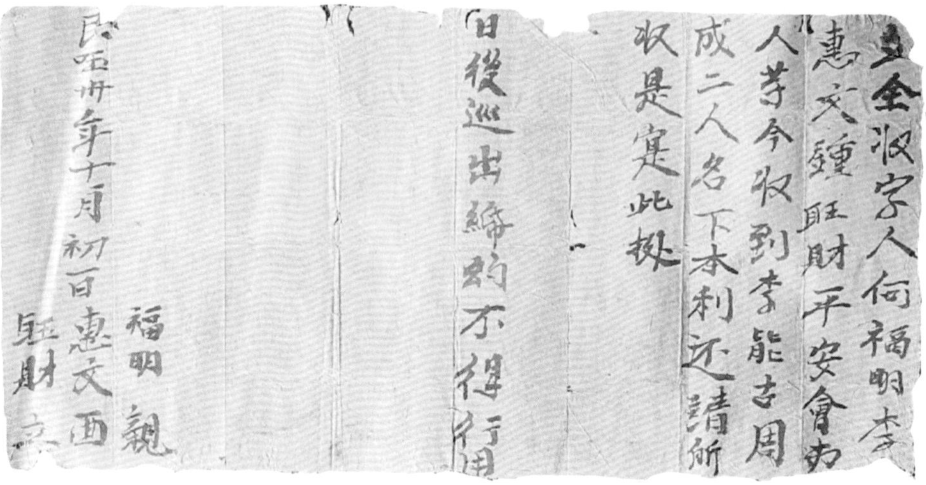

立全收字人何福明李惠文钟旺财
平安会内人等今收到李能古周成
二人名下本利还清所收是实此据
日后巡出纸约不得行用
民国卅年十一月初一日福明惠文
旺财亲面立

民国年间何长林借银字

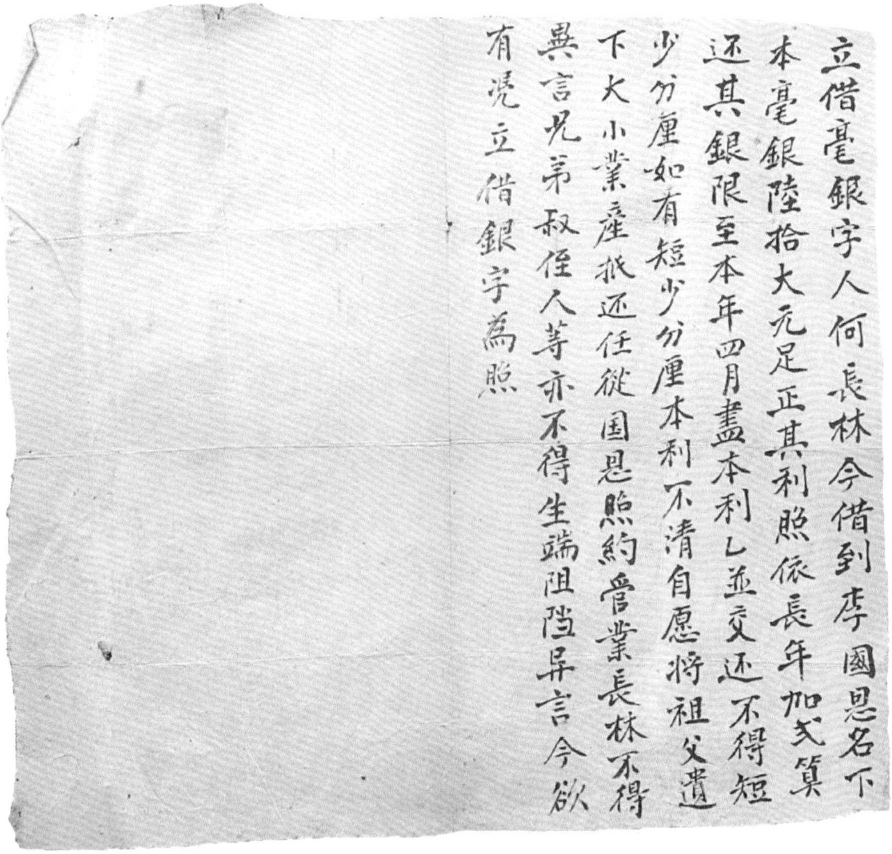

立借毫銀字人何長林今借到李國恩名下
本毫銀陸拾大元足正其利照依長年加弍算
还其銀限至本年四月盡本利乚並交还不得短
少分厘如有短少分厘本利不清自愿將祖父遺
下大小業産抵还任從国恩照約管業長林不得
異言兄弟叔侄人等亦不得生端阻㽺异言今欲
有凭立借銀字為照

立借毫银字人何长林今借到李国恩名下本毫银陆拾大元足正其利照依长年加贰算还其银限至本年四月尽本利一并交还不得短少分厘如有短少分厘本利不清自愿将祖父遗下大小业产抵还任从国恩照约管业长林不得异言兄弟叔侄人等亦不得生端阻陷（挡）异言今欲有凭立借银字为照